国家自然科学基金资助（项目批准号：71172063）

国际与比较雇佣关系

全球化与变革（第5版）

INTERNATIONAL AND COMPARATIVE EMPLOYMENT RELATIONS

Globalisation and Change

〔澳〕Greg J. Bamber Russell D. Lansbury Nick Wailes 赵曙明 李诚 张捷 编
赵曙明 李诚 张捷 等译

北京大学出版社
PEKING UNIVERSITY PRESS

北京市版权局著作权合同登记号　图字:01 - 2011 - 6949

图书在版编目(CIP)数据

国际与比较雇佣关系:全球化与变革:第5版/(澳)班贝尔(Bamber,G.),(澳)兰斯伯里(Lansbury,R.),(澳)韦尔斯(Wailes,N.)等编;赵曙明,李诚,张捷等译.—北京:北京大学出版社,2012.10

ISBN 978 - 7 - 301 - 21378 - 0

Ⅰ.①国…　Ⅱ.①班…　②兰…　③韦…　④赵…　⑤李…　⑥张…　Ⅲ.①劳资关系 - 对比研究 - 世界　Ⅳ.①F246

中国版本图书馆CIP数据核字(2012)第236838号

INTERNATIONAL AND COMPARATIVE EMPLOYMENT RELATIONS: Globalization and Change, Fifth Edition, edited by Greg J. Bamber, Russell D. Lansbury and Nick Wailes

First published in Australian in 2011

Published by arrangement with Allen & Unwin Pty Ltd, Sydney, Australia

through Bardon-Chinese Media Agency

书　　　名: **国际与比较雇佣关系**——全球化与变革(第5版)

著作责任者:〔澳〕Greg J. Bamber　Russell D. Lansbury　Nick Wailes　赵曙明
　　　李　诚　张　捷　编
　　　赵曙明　李　诚　张　捷　等译

责任编辑:刘誉阳　姚大悦　周　莹

标准书号:ISBN 978 - 7 - 301 - 21378 - 0/F·3367

出版发行:北京大学出版社

地　　址:北京市海淀区成府路205号　100871

网　　址:http://www.pup.cn　电子信箱:em@pup.cn

电　　话:邮购部 62752015　发行部 62750672　编辑部 62752926
　　　出版部 62754962

印　刷　者:北京鑫海金澳胶印有限公司

经　销　者:新华书店
　　　720毫米×1020毫米　16开本　27.5印张　477千字
　　　2012年10月第1版　2012年10月第1次印刷

印　　数:1—4000册

定　　价:59.00元

序　　言

《国际与比较雇佣关系——全球化与变革》(第5版)增加了科研和教学领域中最新的文献资料,想必又将会受到广大读者的欢迎。我们相信本书体现了国际学术的最佳理念。通过汇集来自不同国家的一流专家来阐述这一组类似的问题,Greg J. Bamber、Russell D. Lansbury 和 Nick Wailes 为读者们创作了一本能够提供丰富信息和不同国家具体知识细节的书。从这本书中,读者还可以作详细的比较。

第5版主要聚焦于全球化对主要的几个发展中国家和发达国家的雇佣关系的影响问题。同时增加了三个国家,即中国、印度和丹麦的雇佣关系。一方面,中国和印度是两个发展中的巨头;另一方面,丹麦是能够前瞻性地应对全球化挑战,保持竞争优势和较高的生活水平的国家。最近一些年,随着全球化所带来的挑战和竞争压力的日益增强,我很高兴看到这些国家在国际雇佣关系中发挥的重要作用。

毫不过分地说,现在以及未来的雇佣关系领域正面临着一些非常大的困惑和实践挑战,而这些问题的解决主要依赖于管理全球化的方式是否有利于世界经济和提高生活水平、保障发达以及发展中国家人民的雇佣权利和机会。这并不能通过市场这只"看不见的手"来解决,而是需要公共政策和私有企业的实践以及基于经验和证据形成的制度。本版中包含了这些数据和证据,从而为阐明这些挑战提供了一个好的出发点。

在以往很长一段时期内,大部分学者关注于国家制度内部的发展,但随后国际与比较雇佣关系领域的学者不断更新内容,从而使得最近几年国际与比较雇佣关系变得非常活跃。基于跨国别、资本主义、全球供应链、转型的工作系统、支持国家宏观和微观(产业、企业和工作场所)的雇佣关系和三个主体及过程的共同作用的研究之上,我们提出了更强的分析框架。本书向读者提供了新的实证证据、新的跨国研究网络和新一代的研究者。不断支持这种跨国和跨文化学习过程对世界市场成功的表现和地区贸易集团以及对有效劳动市场和新兴民主国家如欧洲、亚洲以及拉丁美洲的雇佣制度发展是非常关键的。而且,如果我们想在中东和非洲建立稳定的民主政治、和平和繁荣的社会,一些国家的经验将有必要引入这些国家。这个挑战将会对未来许多年的世界议题产生显著影响。

了解雇佣关系发展使管理者、工会领袖和政府政策制定者在形成雇佣实践时具有更广泛的选择。作为教师、研究者、学生或实践者,我们所面临的挑战是决定哪一种雇佣关系制度和实践能够有效地进行跨国转移,以及能够在不同的地方和环境中具有很好的适用性。然而,正如本书中的材料所证实的,转移的过程中具有很大的局限性,因为大部分政党都期望能够延续已经建立的传统,而且害怕改变已有的权力关系。了解和尊重国家及雇佣实践特有的文化特征也同样需要得到管理者、工会领袖及政策制定者的重视。

Greg Bamber、Russell Lansbury 和 Nick Wailes 以及其他章节的作者,将最新的框架和实证数据贯穿书中。第 5 版可以成为提倡跨国学习和参与当今各国政策讨论的极有价值的参考书。

我很高兴这本书的作者们和编者们能够继续参加劳资关系会议,并成为国际劳工和雇佣关系协会的成员,形成跨国研究团队以及由我们协会来推动本书的出版。我希望协会能够继续为未来相似的国际和比较项目提供支持。

Thomas A. Kochan
麻省理工学院斯隆商学院
国际劳资关系协会和劳资关系研究协会前主席

前言

国际经济领域发生的变化对全世界的工作具有深远影响,并激发了人们对国际与比较雇佣关系研究的兴趣。本书总结了12个重大市场经济体中雇佣关系的传统和问题,包括英国、美国、加拿大、澳大利亚、意大利、法国、德国、丹麦、日本、韩国、中国和印度,给有兴趣的读者提供了比较不同国家和地区雇佣关系政策和惯例的必要背景。

这是本书第一次在全面修订本中编入中国、印度和丹麦的章节,以及对以前版本中出现的九个国家进行全面修订和更新。印度和中国章节的编入反映了过去十年中这两个大国日益重要的国际地位。丹麦被编入是因为在全球化背景下它全新的雇佣关系被视为许多其他发达国家的榜样。

本版本还包括一个彻底修改和重写的绪论章节。本章向读者介绍了国际与比较雇佣关系领域,回顾了该领域的一些主要论题。这也凸显出雇佣关系的国际层面。

每一个章节的编写都由特别选择的各国专家完成。每章中使用相似框架分析雇佣关系的传统和问题,分析背景——经济、历史、政治、法律和社会——以及主要利益团体,如雇主、工会和政府。其次是对各国雇佣关系主要进程的总结。每章结尾扼要讨论每个国家当代雇佣关系的关键问题和挑战。

本版中,我们特别强调将多元化资本主义(VoC)方法作为理解不同国家雇佣关系相似性和差异性的框架。绪论部分介绍了多元化资本主义方法,并讨论将其应用于国际与比较雇佣关系。针对文献中发现的每个主要资本主义类型,本书中至少有两个国家与之对应,使读者能够比较不同资本主义类型内部和之间的雇佣关系政策及实务。

早期版本和随后的日语、韩语、中文、泰语版本均多次重印,并已在世界各地被广泛阅读。本书是国际上该领域最广泛订阅的书籍之一。我们希望这个新版本将继续满足对国际与比较雇佣关系感兴趣的学者和教师的需要。

尽管涉及不同语言、文化和规范的工作存在困难,撰稿人还是很耐心地更新和重新起草以符合我们的要求。我们非常感谢他们的辛勤工作。我们还要感谢阅读章节草稿并提供评论和改进建议的很多同事。

我们感谢来自各地的同事提供的反馈，告诉我们他们如何在自己的课程中使用之前的版本，并提出建设性的改进建议。本版本的改善体现了我们从国际与比较雇佣关系专家那里收到的反馈意见。多年来，我们也从学生那里学到了很多，感谢他们帮助我们完善和改进这本书。我们会一直乐意听到更多的反馈。

编译本书是一项复杂和耗时的任务。我们得到 Rawya Mansour 和 Maryan Wadick 的大力协助，非常感谢他们。特别要感谢 Susan Jarvis 辛苦的校稿工作。最后，我们要感谢我们的出版商——负责澳大利亚和新西兰出版事宜的 Allen 和 Unwin 以及负责国际出版事宜的 Sage 一直以来的热情、支持和耐心。但是，我们亏欠最多的是我们的家庭，这本书要献给他们。

——Greg J. Bamber
澳大利亚墨尔本，莫纳什大学经济管理学院管理系
电子邮件：GregBamber@ gmail. com

——Russell D. Lansbury 和 Nick Wailes
澳大利亚悉尼，悉尼大学经济管理学院工作与组织系
电子邮件：nick. wailes@ sydney. edu. au；russell. lansbury@ sydney. edu. au

作 者 简 介

Søren Kaj Andersen 丹麦哥本哈根大学社会学院副教授，雇佣关系研究中心 FAOS 主任，哥本哈根商学院商业与政策国际中心客座副教授。

Lucio Baccaro 瑞士日内瓦大学社会学教授。之前曾在美国凯斯西储大学和麻省理工学院教学，也曾在国际劳工组织担任高级研究员职务。

Greg J. Bamber 澳大利亚墨尔本的莫纳什大学管理学院教授和研究主任。他的著作包括与 J. Gittell、T. Kochan 和 A. Von Nordenflytch 合著的 *Up in The Air: How Airlines Can Improve Performance by Engaging their Employees*（康奈尔大学出版社，2009）以及与 P. Pochet 和其他作者合写的“Regulating Employment Relations, Work and Labour Laws: International Comparisions between Key Countries”（发表于 2010 年 Kluwer 第 74 期的 *Bulletin of Comparative Labour Relations*）。

Alexander J. S. Colvin 美国康奈尔大学国际劳动关系学院集体谈判与冲突解决系的副教授。他的研究和教学主要关注于劳资争议解决，强调非工会工作场所的程序和法律环境对组织的影响。

李应芳（Fang Lee Cooke） 澳大利亚墨尔本的皇家墨尔本理工大学管理学院人力资源管理与中国研究的教授，同时也是研究与创新学院的副院长。此外她还是 *HRM, Work and Employment in China*（劳特利奇出版社，2005）和 *Competition, Strategy and Management in China*（麦克米伦出版社，2008）的作者。

Jesper Due 丹麦哥本哈根大学社会学院雇佣关系研究中心 FAOS 的教授。

Janine Goetschy 政治科学家和社会学家。她是国家科学研究中心（CNRS）的一名高级研究员，同时也是南泰尔大学 IDHE 的一名成员。此外她也是布鲁塞尔大学欧洲研究学会的兼职教授。她目前参与多项由欧盟委员会资助的欧盟层次的研究项目。她已发表了大量欧洲社会和欧盟劳动关系领域的文章。

Annette Jobert 法国国家科学研究中心的研究主任并在巴黎高等师范学校开展产业关系教学工作。目前她正参与一个叫"Capright"(资源、权利、能力:对欧洲社会基础的研究)的欧洲项目,同时也是几家有关欧洲产业关系期刊的作者和编辑,包括 *Sociologie du Travail*: *les Relations Professionnelles*(同 Antoine Bevort 和 Armand Colin 合著, 2008)和 *Les Nouveaux cadres du Dialogue Social*, *Europe et Territoires*(Peter Lang, 2008)。

Harry C. Katz 美国康奈尔大学劳资与劳动关系学院集体谈判系的教授。他的主要作品包括 *An Introduction to Collective Bargaining and Industrial Relations*(第 4 版,与 Thomas Kochan 和 Alexander Colvin 合著,麦格劳-希尔出版社,2007)、*Converging Divergences*: *Worldwide Changes in Employment Systems*(与 Owen Darbishire 合著,康奈尔大学出版社,2010)和 *The Transformation of American Industrial Relations*(第 2 版,与 Thomas Kochan 和 Robert McKersie 合著,康奈尔大学出版社,1994)。

Berndt K. Keller 德国康斯坦茨大学雇佣关系系的荣誉教授。他也是几本有关德国与欧洲雇佣关系的书籍文卷的作者和编辑,包括 *Einführung in die Arbeitspolitik. Arbeitsbeziehungen und Arbeitsmarkt in sozialwissenschaftlicher Perspektive*(第 7 版, Oldenbourg Wissensch. Vlg, 2008)和 *Industrial Relations and European Integration*: *Trans- and Supranational Developments and Prospects*(同 Hans Platzer 和 Ashgate 合著, 2003)。他是 *Industrielle Beziehungen*: *The German Journal of Industrial Relations* 的共同编辑,还曾是国际劳资关系协会执行委员会的成员。

Anja Kirsch 澳大利亚悉尼大学工作与组织研究所的讲师。她目前的研究兴趣包括作为一种振兴战略的工会合并、工会中的性别平等以及全球化对零售银行业和汽车装配行业的雇佣关系及人力资源管理的影响。

Katsuyuki Kubo 日本早稻田大学商学院教授。他最近发表于《日本经济评论》的文章是"The Relationship Between Financial Incentives for Company Presidents and Firm Performance in Japan"[59(4):401—418]。

Russell D. Lansbury 澳大利亚悉尼大学经济与商业学院工作和组织研究方面的荣誉教授。他也是澳大利亚社会科学学院的研究员和国际劳资关系协会的前主席。他目前的研究主要关注于在跨国公司中管理战略对雇佣关系和劳工实践的影响。

Byoung-Hoon Lee 韩国首尔中央大学社会学院的教授。他也是韩国产业关系协会的副主席和人民团结组织的社会劳动委员会主席。他目前的研究领域是劳动力市场分割和非标准化雇佣、工会运动的复兴和服务社会的劳动体制。

Jørgen Steen Madsen 丹麦哥本哈根大学社会学院雇佣关系研究中心FAOS的教授。

Mick Marchington 英国曼彻斯特大学曼彻斯特商学院人力资源管理系主任。他也是国际劳资关系协会(IIRA)人力资源管理研究群的共同组织者和人力资源管理期刊的合作编辑。

Valeria Pulignano 比利时勒芬大学劳动与产业关系的社会学教授。她曾在英国华威大学教学,目前也是那里的副研究员。她也是加拿大蒙特利尔大学全球化与工作校际研究中心(CRIMT)的合作研究员。

C. S. Venkata Ratnam 曾任印度新德里国际管理机构的主任。不幸的是,他在合作完成本书最后一章后于2010年去世。因此,我们将出版此书视作对他的一种纪念。他曾是一名令人尊敬的学者和印度雇佣关系领域的权威,同时他在国际上也拥有非常杰出的声誉。

Hiromasa Suzuki 日本早稻田大学商学院教授。他在1970年至1986年供职于位于日内瓦的国际劳工组织。他最近发表的文章有*Korekarano Koyou Senryaku*(日本劳动政策与培训协会,2007)。

Daphne G. Taras 加拿大卡尔加里大学Haskayne商学院PhD项目主任和副研究员。在雇佣关系领域,她首要的研究兴趣是正式的非工会雇员代表形式。最近的文章有*Perspectives on Disability and Accommodation*(与Kelly Williams-Whitt合著,国家残疾管理与研究机构,2009)和*Canadian Labour Relations: Understanding Union-Management Challenges and Choices*(与Morley Gunderson和Pearson合著,2008)。

Mark Thompson 加拿大英属哥伦比亚大学尚德商学院组织行为与人力资源系荣誉教授。

Andrew R. Timming 英国曼彻斯特大学曼彻斯特商学院国际与比较人力资源管理副教授。他的主要研究兴趣是劳动关系/产业关系的发展。

Anil Verma 加拿大多伦多大学罗特曼管理学院教授和产业关系与人力资源中心主任。

Jeremy Waddington 英国曼彻斯特大学产业关系教授和位于比利时

首都布鲁塞尔的欧洲工会研究院项目协调员。他写了许多与贸易工会会员、结构和组织以及欧洲工作委员会相关的主题文章。

Nick Wailes 澳大利亚悉尼大学工作与组织研究系的副教授。他教授“策略管理与比较雇佣关系”方面的课程;他目前的研究兴趣包括跨国企业中雇佣关系实践的扩散与溢出、人力资源信息系统的战略影响。

赵曙明 美国加州克莱蒙特研究生大学(Claremont Graduate University)管理学博士,现为南京大学商学院名誉院长、南京大学特聘教授、博士生导师,企业管理国家重点学科学术带头人,享受政府特殊津贴,入选国家“百千万人才工程”(第一、第二层次)、教育部“跨世纪优秀人才培养计划”、江苏省“333 工程”首席科学家。曾多次获得教育部、江苏省哲学社会科学优秀成果奖,并获美国密苏里大学校长最高特别奖章和复旦管理学杰出贡献奖。

李诚(Joseph S. Lee) 美国麻省大学经济学博士,现为中国台湾“中央大学”人力资源管理研究所教授兼副校长。他曾先后任美国明尼苏达州大学经济学教授。他曾担任台湾大学及台湾政治大学客座教授、中钢公司顾问、台北银行理事、“中华经济研究院”副院长、“行政院”劳委会委员、国际工业关系协会常务理事、“中央大学”管理学院院长。目前亦是下列非营利机构的理事:台湾劳资关系协进会理事长、开放空间文教基金会理事、知识经济与管理研究院董事、104 人力银行董事、天下文化《远见杂志》顾问。目前他的主要研究领域是人力资源管理、比较劳资关系、知识经济与经济发展。

常凯 中国人民大学劳动关系研究所所长、劳动人事学院教授、劳动法博士、博士生导师。专业方向为劳动关系和劳动法。兼任日本九州大学法学院客座教授,并任中国劳动关系研究会常务副会长、中国劳动法学研究会副会长、国际劳工组织项目顾问等。2008 年《中华人民共和国劳动合同法》专家组成员之一。

乔健 1989 年毕业于北京师范大学,获得历史学硕士学位。现任中国劳动关系学院劳动关系系主任,副教授。兼任中国人力资源协会劳动关系分会副秘书长,中国人民大学劳动人事学院劳动关系研究所研究员。专业研究领域为职工状况、劳动关系和工会理论。

张捷 南京大学企业管理方向博士,南京航空航天大学经济管理学院副教授,硕士生导师。从事人力资源管理、雇佣关系、管理沟通等方向的教学与研究,现任南京航空航天大学艺术学院党委书记,江苏省委组织部特聘领导干部选拔命题专家,南京市行为科学学会秘书长,并入选江苏省第四期“333 高层次人才培养工程”第三层次培养对象。

目录

图表目录

图

表

缩　略　语

AC	Akademikernes Centralorganisation（丹麦职业协会联合会）
ACAS	咨询、调解与仲裁服务局（英国）
ACCI	澳大利亚商业与产业工会
ACFTU	全国工会联合会
ACM	澳大利亚制造业工会
ACSPA	澳大利亚工作与职业联合会
ACTU	澳大利亚工会委员会
ADVB	亚洲开发银行
ADGB	全体德国工会联合会
AFL	美国劳工联盟
AFL-CIO	美国劳工联盟-产业工会联合会
AFPC	澳大利亚公平薪酬委员会
AiG	澳大利亚产业集团
AIOE	全印度雇主组织
AIRC	澳大利亚劳资关系委员会
AITUC	全印工会大会
AKLU	全韩国劳工联盟
ALP	澳大利亚工党
AME	亚洲市场经济体
APWPC	《工人参与和合作法案》（韩国）
ARAN	Agenzia per la Rappresentanza Negoziale delle Pubbliche Amministrazioni（负责公共部门雇佣关系的公共机构，意大利）
ASAP	Associazione Sindacale Aziende Petrochimiche（意大利石化企业雇主协会）
AWAs	《澳大利亚工作场所协议》
AWIRS	澳大利亚工作场所劳资关系调查
BCA	澳大利亚企业委员会
BDA	Bundesvereinigung Deutscher Arbeitgeberverbände（德国雇主组织）
BJP	印度人民党
BMS	印度劳工联盟
CAGEO	澳大利亚政府雇员组织委员会
CAI	澳大利亚产业联合会

CAW	加拿大汽车、航空航天、交通工会
CCL	加拿大劳工联盟
CCP	中国共产党
CDU/CSU	基督教民主党(德国)
CEC	中国企业联合会
CFDT	Confédération française démocratique du travail(法国劳工民主联盟)
CFE-CGC	Confédération française de l'encadrement-confédération générale des cadres (法国职工工会-企业行政管理和技术人员总工会)
CFTC	Confédération française des travailleurs chrétiens(法国基督教工会联合会)
CGB	Christlicher Gewerkschaftsbund(基督教贸易工会联合会)
CGC	Confédération générale des cadres(法国企业行政管理和技术人员总工会)
CGIL	Confederazione Generale Italiana del Lavoro(意大利总工会)
CGL	劳工总会(意大利)
CGPME	Confédération générale des petites et moyennes enterprises(法国中小企业总联合会)
CGT	工人总联盟(法国)
CIE	印度雇主理事会
CIL	天主教工会联合会(意大利)
CIO	产业工会联合会(美国)
CISL	Confederazione Italiana Sindacati dei Lavoratori(意大利工会联合会)
CITU	印度工会中心
CLC	加拿大劳工总会
CME	协调式市场经济体
CNPF	法国雇主国家委员会
CNTU	全国工会联合会(加拿大,也可缩写为 CSN)
COBAS	意大利工会中央组织
COE	集体所有制企业
CO-industri	丹麦工业雇员中央组织
COPE	政治教育委员会(美国)
CPIM or CPM	印度共产党-马克思主义
CSN	加拿大全国工会联合会(也可缩写为 CNTU)
CSQ	魁北克工会中央组织
CTW	以变致胜联盟(美国)
CtW	以变致胜联盟(加拿大)
CWA	美国通信业劳工联合会
DA	Dansk Arbejdsgiverforening(丹麦企业联合会)
DBB	Deutscher Beamtenbund(德国公务员协会)
DGB	Deutscher Gewerkschaftsbund(德国工会联合会)

DI	丹麦工业联合会
DSP	民主社会党(日本)
EAP	员工援助计划
ECM	欧洲城市监察
EFCA	员工自由选择法(美国)
EIP	雇员参与
EIRO	欧洲劳资关系观察
EMS	欧洲货币体系
EOWA	女性平等机会工作局(澳大利亚)
ER	雇佣关系
ERISA	《雇员退休收入保障法》(美国)
ESDC	经济和社会发展委员会(韩国)
ETUC	欧洲工会联盟
EU	欧盟
FA	Finansektorens Arbejdsgiverforening(丹麦金融业企业协会)
FDI	外商直接投资
FEN	Fédération de l'éducation nationale(国家教育联盟,法国)
FIE	外国投资企业
FIOM	金属工人联合会(意大利)
FKTU	韩国工会联合会
FLM	Federazione Lavoratori Metalmeccanici(意大利金属劳工联合会)
FMCS	联邦劳资争议调解局(美国)
FO	工人力量总工会(法国)
FOE	外商独资企业
FRG	德意志联邦共和国
FSU	统一工会联合会(法国)
FTA	自由贸易协定
FTF	丹麦专业人员联合会
FWA	澳大利亚公平工作局
GATT	关税及贸易总协定
GDP	国内生产总值
GDR	德意志民主共和国
GFKTU	Daehan Dogrib Chockseong Nodong Chongyeonmyen(韩国工会总联合会)
GHQ	驻日盟军总司令部
HMS	印度劳工协会
HRM	人力资源管理
IAM	国际机械师和航空业工人联合会
IBT	国际卡车司机兄弟会

ICFTU	国际自由工会联合会
IFA	国际框架协定
IFC	国际金融公司
ILIU	劳工工会(美国)
ILO	国际劳工组织
INC	印度国会
INTUC	印度全国工会大会
IR	劳资关系
ITUC	国际工会联合会
IUF	国际食品、农业、旅馆、餐饮等行业工人工会联盟
JCP	日本共产党
JSP	日本社会党
KCCI	韩国工商同盟
KCTU	韩国工会同盟
KEF	韩国雇主联合会
KFIU	韩国金融业联盟
KHMWU	韩国卫生和医学工作者联合会
KL	丹麦地方政府协会
KMWU	韩国金属工人工会
KTUC	Cheonnohyp(韩国工会代表大会)
LCSMSNS	《保护国家安全特别措施法》(韩国)
LDP	自由民主党(日本)
LH	丹麦职业经理人组织
LIC	人寿保险公司(印度)
LIUNA	北美劳工国际联盟
LMC	劳动管理委员会(韩国)
LME	自由式市场经济
LO	丹麦工人联合会
MEDEF	法国雇主协会
MIT	麻省理工学院
MNC	跨国公司
MNE	跨国企业
MTIA	金属产业协会(澳大利亚)
MWC	最低工资委员会(韩国)
NAFTA	北美自由贸易协定
NBS	国家商务系统
NES	国家就业新标准(澳大利亚)
NGO	非政府组织

NJCS	全国钢铁业联合委员会(印度)
NLRA	《全国劳工关系法》(美国)
NMW	全国最低工资制
NRLB	全国劳资关系委员会(美国)
NSSO	全国抽样调查组织(印度)
OECD	经济合作与发展组织
OT	Ohne Tarifbindung(集体协议,德国)
PCI	意大利共产党
PCIRR	产业关系改革总统委员会(韩国)
PDS	Partito Democratico della Sinistra(意大利左翼民主党)
PIL	公益诉讼
PQ	魁北克党(加拿大)
PSI	意大利社会党
PVH	Philips Van Heusen
RMI	Revenue minimum d'insertion(法国最低生活保障金)
RSA	Rappresentanze Sindacale Aziendali(意大利工作场所代表机构)
RSU	Rappresentanze Sindacale Unitarie(意大利工会代表联盟)
SALA	Sammenslutningen af Landbrugets Arbejdsgiverforeninger(丹麦农业企业联合协会)
SCOPE	公共企业常设会议(印度)
SDP	社会民主党(德国)
SDP	社会民主党(日本)
SEIU	国际服务业劳工工会
SME	中小企业
SMIC	Salarie Minimun Interprofessional de Croissance(国家最低工资,法国)
SOE	国有企业
TUC	英国工会联盟
TULAA	《工会和劳工调整法案》(韩国)
TUPE	关于雇佣保障的事业转移(英国)
UAW	汽车工人工会(美国)
UFCW	食品与商业劳工工会(美国)
UIL	Unione Italiana dei Lavoratori(意大利工会联盟)
UMP	Union pour un movement populaire(人民运动联盟,法国)
UN	联合国
UNITE-HERE	成衣纺织品暨旅馆餐饮业员工工会(美国)
UNSA	全国自主工会同盟(法国)
UPA	手工业同业联合会雇主组织(法国)
USAMGIK	美国驻韩军政府

USS	团结工会联合会(法国)
USW	美国钢铁工人联合会
VEBA	自愿员工福利组织(美国)
VoC	多元化资本主义
WC	工作委员会(德国)
WCL	世界劳动联盟
WERS	工作场所雇佣关系调查
WFTU	世界贸易工会联盟
WTO	世界贸易组织

第1章 国际与比较雇佣关系:绪论

Nick Wailes
Greg J. Bamber
Russell D. Lansbury

全球金融危机与雇佣关系

雷曼兄弟公司在2008年9月申请破产后,全球经济受到严重的冲击。这是美国历史上最大的破产案,雷曼兄弟原本持有6 000亿美元以上的资产。整个事件急转直下,引发了全球金融危机。我们生活在各国经济体的关系日益密切的时代,这是全球化的一种形式。至少自20世纪90年代以来,国际上的雇佣关系(employment relations)学者一直在思考一个问题:在公司、产业与国家层面,全球化正如何重塑雇佣关系?全球金融危机已使得这个问题的思考成为当务之急。2009年,通用汽车公司(General Motors,全球最大的汽车制造商之一)申请破产,宣布要关闭工厂并在许多国家裁减数万名员工。英国航空(British Airways)要求员工不支薪工作一个月;在中国南部有2 000万以上的工厂劳工失业,返回乡间老家。层出不穷的类似案例也出现在其他国家,它们都在显示着,全球金融危机及其后果可能对许多国家的雇佣关系造成深远影响。

一般而言,全球化,尤其是全球金融危机,引出了一些雇佣关系方面的根本问题。在雇主与许多国家忙着应对全球金融危机的后果之际,传统的雇佣关系形态是否会出现重大变化?这些变化对某些国家与产业的冲击,将到达什么程度?全球金融危机是否会加速雇佣关系近期趋势(例如协商的分权化、工会成员的减少和偶发事件的上升,以及较不稳定的雇佣形态的兴起)的进行?或使一部分的这些变化逆转?全球金融危机及其后果,是否会促进或减少员工在工作场所决策上的参与？一旦经济成长减缓，发展中国家的劳工是否比以往更可能组成工会？全球金融危机爆发后，各国政府是否会强化或减弱法律对劳工的保护？为防备国际金融市场进一步动荡而建立的国际经济规章的改变，是否会鼓励或抑制雇主提供良好工作的倾向？

本书的目的是把背景资料与若干概念工具提供给感兴趣的读者，协助他们解答2008年的混乱之后国际经济环境中出现的种种雇佣关系相关问题。以下的章节由一些顶尖的国家级专家撰述，提供了12个国家雇佣关系的简明概况。本书的一些章节讨论了四个英语系国家：英国、美国、澳大利亚与加拿大，还有章节讨论了四个欧洲大陆国家：德国、法国、意大利与丹麦。丹麦比较小，但是它的雇佣关系体制在安全与弹性之间取得平衡[也许可以称之为“弹性安全”(flexicurity)]，往往被许多人视为欧洲其他国家的模范(见Auer,2008)。本书也有章节论述四个亚洲国家：日本、韩国、印度与中国。最后两个国家拥有全球最多的人口，而且它们最近几年在国际经济间正扮演日益重要的角色。

本章介绍国际雇佣关系的对照探讨，讨论以国际比较法研究雇佣关系的一些优点与挑战，就比较法文献的一些分析架构提供概览，并向读者介绍“多样化资本主义”(Varieties of Capitalism)研究法，这是影响力愈来愈大的比较分析架构。最后，本章简要地概述会影响国家雇佣关系形态的一些国际因素。

为何要研究国际与比较雇佣关系？

本书中，我们对于塑造雇主与员工双方关系的广泛因素，以及这些关系在时间推移下与跨国的异同，很感兴趣。正如Heery等(2008:2)所指出的，传统上产业关系(industrial relations, IR)的研究通常着重于雇佣关系的三个层面：雇佣关系的各方，雇佣关系的管理程序，以及这些程序完成的结果。因此产业关系通常着重于工作管理的正式与非正式制度，包括集体协商、工会、雇主联合会和劳工审理委员会。另一方面，人力资源管理(HRM)向来比较注重个体组织的水平，并关心“组织劳动力的有效全面管理，以便对组织目标与目的的达成有所贡献”(Nankervis et al., 2008:9—10)。因此人力资源管理通常着重于招募、遴选、薪酬、绩效与人力资源开发等议题。我们认为这两种观点对于了解塑造雇主与员工关系的因素，都很有价值，因而采用雇佣关系(employment relations, ER)这个词来涵盖产业关系与人力资源管理。但在适当情况下，本书也使用产业关系与人力资源管理这两个词。

虽然雇佣关系的研究着重于工作的规章,它也必须把经济与社会对于资方与劳方相对权力的更广泛影响,以及雇主、劳工、集体组织与国家之间的互动,纳入考虑。对于雇佣关系的全盘了解,需要运用来自若干个领域的分析工具,进行跨学科的研究,包括会计学、经济学、历史学、法学、政治学、心理学、社会学等,以及管理研究的其他元素。

采取国际比较研究法进行雇佣关系的研究,不仅需要具有来自多个学科的真知灼见,也需要了解不同国家的环境与背景。有些学者对这个领域的"比较"与"国际"作了区分。"比较"雇佣关系可能需要叙述和系统地分析至少两个国家。相较之下,"国际"雇佣关系需要探讨跨越国家边界的制度与现象,例如劳动市场的角色与政府之间组织的作为,以及跨国企业(multinational corporations, MNCs)与工会(cf. Bean, 1994)。这是个有用的区分,不过我们再次倾向于采取较宏观的观点,让"国际"与"比较"雇佣关系包括一系列跨越国家边界的研究。本书强调国际比较研究法,把比较与国际研究法结合起来运用在主题上。

对雇佣关系进行国际比较研究为何有益,有一些理由可以解释。第一,这个领域能够增添我们对于不同国家雇佣关系的知识。由于跨越国界的贸易与投资日益增加,全球化的一个后果是,产业关系与人力资源专业人员往往必须了解一个以上国家的雇佣关系实务(Strauss,1998)。第二,他山之石可以攻玉,其他国家或许可以作为政策制定者、经理人和劳工的模范。过去50年的不同时期,美国、瑞典、日本与德国的雇佣关系的各个层面,已被视为值得效法的模范。把丹麦纳入本书的一个原因是,有人认为它的弹性安全体制或许可供其他发达市场经济体效仿。

并非只有雇佣关系学者才会对不同国家的雇佣关系模式感兴趣。政治学者长期以来一直对雇主与劳工的组织方式如何影响国家政治,很感兴趣;有些经济学者专门研究在解释总体经济表现的差异时,劳动市场扮演的角色(Freeman, 2008:640)。

第三,对我们来说这也是最重要的一点:就雇佣关系进行国际比较研究的一个原因是,在塑造雇主与员工关系的因素与变量方面,这个研究法具有提供真知灼见的理论的潜力(Bean, 1994)。产业关系与人力资源管理这两个研究领域,都被批评为叙述太多,而且显然无能力就相关现象提出具有因果关系的解释(举例来说,见 Barbash & Barbash, 1989; Sisson, 1994; Kelly, 1998)。Dunlop 以他著名的评论表达了这个观点:

> 将今日产业关系领域形容得最好的可能是 Julian Huxley:"在人类无知的平原上有堆积如山的事实……结果是新材料供应过剩。堆积如

> 山的事实到处闲置未被利用,或只是偶尔、部分被利用。”事实先于理论。整合的理论落后于扩展的经验。产业关系的许多领域正在快速改变,比解读、解释并决定产业关系观点的改变还要快(Dunlop, 1958: vi)。

这个偏重叙述的倾向在比较雇佣关系的研究中也已有人指出(Clark et al., 1999; Schuler et al.,2002),但有学者认为,比较研究通过建立因果推论,为理论发展提供意义重大的潜能(Shalev, 1980; Bean, 1994; Strauss, 1998)。这是因为需要从特定情境中抽出概念,才能进行比较。正如 Kochan (1998:41)所说:

> 每个国家的制度都带有某些历史发展形态与特色,从而限制了文化、意识形态与制度结构等关键变化因素的变化范围,这些变化因素会影响个别的参与者对外在环境的类似变化作出的反应。采取国际观点可以扩大变化因素的比较范围,并增加发现系统变化的机会,这些系统的变化,是产生新的理论见解与解释所不可或缺的。

Mclaughlin(2009)提供了一个好例子,显示比较分析法可以对雇佣关系的研究作出理论性贡献。鉴于英国在 1999 年引进全国最低工资制(NMW)的做法并未能如期提高劳动生产率,Mclaughlin 的分析聚焦于丹麦与新西兰的全国最低工资制与生产力的关系。虽然这两个国家有相当高的全国最低工资,但两国的制度有重大差异。Mclaughlin 指出(2009:343),丹麦的生产力提升效益和政府大力资助训练有密切关联……(而且)在不同的经济层次时,雇主与工会之间的协调机制扮演了关键角色;而新西兰缺乏类似的训练资助与协调机制,这有助于解释何以全国最低工资制对于提升新西兰生产力的贡献很有限。Mclaughlin 把研究焦点放在两个都制定相当高的全国最低工资却获得不同结果的国家,他的分析凸显出制度与协商的安排具有因果关系的重要性。

在另一项证明比较分析法具有理论发展潜力的研究中,Doellgast(2008)感兴趣的是找出一些因素,能解释企业就外包(outsourcing)议题所作的集体协商结果的差异。她的做法是,考察六个电信公司协商外包的流程与结果,其中三家在德国,三家在美国。她的发现显示,尽管不同国家的雇佣关系制度有所不同,同一国家的企业的协商结果也有很大不同,而且工会在限制外包规模与范围上的成功,主要取决于它们动员重要协商资源的能力。在美国,这涉及动员外部社群与政治支持;在德国,工会的成功靠的是内部能够进行有效协调。Doellgast(2008:285)的结论是,尽管国家的环境不同,“工会能够以创新方式运用传统的协商权,在重新制定决策方面取得独立的发言权";然而,要如此作必须有"大量的努力、创意与有组织的政治行动"。

比较什么? 如何比较?

虽然国际比较研究法可以为雇佣关系的研究提供一个建立因果关系推论的基础,但是比较的行为本身并不保证一定能获得这个结果。比较研究法的一个挑战在于,选择比较"什么"与"如何"比较。

缺乏共同语言与专门用语,在进行比较分析时可能会造成混淆状况。正如 Blanpain(2010)指出的,"不同语言中的相同词语,可能有不同的含义,而相应的术语可能指的是完全不同的现实状况"。举例来说,他指出,"arbitration"(仲裁)这个词(或是法文中的"arbitrage"),通常指的是公正的第三方所作的有约束力的决定,也可以指政府调解人向冲突的各方所作的建议。法律与实际执行之间也可能很难作区别。例如,虽然澳大利亚从 20 世纪之初到至少 20 世纪 90 年代中期都正式实施了"强制仲裁",但在实务上"强制"的情形相当少见,仲裁法庭多半只是给予劝告与说服(见第 5 章)。

比较资料的搜集对于研究此领域的人而言,也是个挑战。举例来说,劳资纠纷的定义在不同国家有很大的差异。"权利"(right)的冲突涉及既有的合约或裁定,例如某个人或某一群工人适用哪一个工资等级。然而,就明显的新要求(比方说,全面加薪或减少工时)进行集体协商时,"利益"(interest)的冲突就会出现。在实务上,利益的冲突通常是集体纠纷。在美国、瑞典等地,这个区别很重要。在法国、意大利与其他一些国家,权利的冲突会进一步被区分为"个人的"(individual)与"集体的"(collective)的纠纷。一般的用意是不同的解决程序适用于不同类型的纠纷。在某些国家,只有利益冲突会导致法律或其他形式的制裁,但权利的冲突应该由劳工法庭或类似法庭,以具有约束力的裁决来解决(见 Bamber, Sheldon & Gan,2010)。

可以说,搜集真正可比较的跨国雇佣关系衡量数据的困难,说明了以实证数据集和大规模全国调查为根据的比较研究法的贡献,有可能受到限制(见 Ryan et al.,2004)。的确,Whitfield 与 Strauss 于 1998 年指出,在比较研究中使用大规模全国调查存在一些困难。

和比较分析法有关的许多问题,涉及在操作比较研究法时建立概念等同(conceptual equivalence)上的困难。Linden(1998)区分了现象等同(phenomenal equivalence)与概念等同,前者指的是不考虑环境背景而在同一概念上使用相同做法,后者则是在同一概念上使用不同做法以反映环境背景的差异。他主张，比较分析法只能在概念等同的基础上进行有效使用（Linden，1998：5—6）。

同样地，Locke 与 Thelen 主张（1995：340），聚焦于不同国家的相同问题的比较分析法有一些问题，因为这些研究"往往假定在各种不同国家间，相同的实务具有相同的含义或吸引力"。他们主张应该转而使用情境化的（contextualised）比较，着重于不同国家的雇主与员工之间的"症结"（sticking points）。例如，他们指出虽然美国的工会在 20 世纪 80 年代和 90 年代抗拒实施更具弹性的工作安排，德国工会却欣然接受工作的重新安排，因为它们认为这样可以增进工作技能。Locke 与 Thelen 主张，这个差异反映出美国工会对于职务安排具有较大的控制权（见第 3 章）。他们认为，对德国工会而言，工时与工资弹性的议题重要得多（尤其在德国重新统一的背景下），而且已成为雇主与员工之间争执的来源（见第 8 章）。

因此，有效的比较往往需要对各个不同国家的环境背景有深入了解。Strauss（1998）提出了一个有趣的命题，认为在这个领域的发展阶段，试图设计一个充分发展的、完整的比较理论是徒劳的。因此他建议，更合宜的做法是发展概论与可试验的假设（用来解释不同国家之间的差异），"以缓步迈向比较产业关系的领域"，继而那些假设或许可作为发展有用理论的基础。他让大家注意到研究经济、文化与历史传统相似的成对国家可获得的益处。这样的研究可让研究者掌握许多固定的特性并考察国与国之间的差异。

事实上，要从比较研究中找出两个更能建立因果关系推论的不同研究设计，是办得到的（Skopcol & Somers，1980；Przeworski & Teune，1970）。第一个是 Strauss 提到的，"最相似的案例"研究设计，涉及两个或更多案例的比较，它们具有许多共同特色，但在某些关键方面是不同的。

有一些比较雇佣关系研究利用国家之间的相似点来找出潜在的差异来源。举例来说，Rose 和 Chaison（2001）考察美国与加拿大的工会式微形态的差异。尽管两国之间有相似之处，工会的式微在美国比在加拿大来得快速与剧烈。Rose 与 Chaison 主张，这个差异可以归诸两个原因，一是两国法律制度不同，美国的雇主比较容易避开工会；二是加拿大的工会与中间偏左的政党有较密切的从属关系。也有一些最相似的案例比较聚焦于澳大利亚与新西兰。这些研究认为，20 世纪 80 年代和 90 年代之间这两国发展出来的雇佣关系的差异，部分可以用雇主的组织与工会的差异来解释（Bray & Walsh，1998；Wailes et al.，2003）。在新西兰，雇主之间对劳动市场解除管制的需求有高度共识，加上工会的意见分歧，让继任的政府比较容易针对雇佣关系政策完成重大改革。相较之下，在澳大利亚，雇主的意见分歧与单一、强大工会组织的存在，让传统的雇佣关系制度难以进行剧烈的改革。前面提及的 Mclaughlin(2009)的研究，也是最相似案例的研究设计实例。

第二个比较研究设计被认为是“最不同案例”的比较。由其名称可知，这个方法涉及在许多方面不同的两国之间(待研究的现象除外)作比较。虽然共同点较少，但是“最不同案例”的比较，也可能产生与“最相似案例”的比较同样多的真知灼见的理论。前面提及的 Doellgast(2008)的研究即是最不同案例比较的例子。在她的研究中，尽管两国之间有重大差异，她仍能找出一个共同因素(工会动员协商资源的能力)，有助于解释两国的企业就外包议题进行协商结果的差异。

各国雇佣关系形态的聚合与分歧

比较雇佣关系学者最持久关注的事项之一，是评估各国雇佣关系的形态是聚合(变得愈来愈相似)抑或分歧(差异愈来愈大)，以及到什么程度。原创的聚合(convergence)论点是 Kerr 及其同事在他们合撰的书 *Industrialism and Industrial Man*(Kerr et al., 1960)中发展出来的。他们的核心命题是，对于与工业化有关的技术与市场力量来说，有一个全球化的趋势在推动各国雇佣关系制度走向一致或“聚合”。这个结论建立在“工业主义脉络”(logic of industrialism)的观点上。随着更多的社会采用工业化形式的生产与组织，这个脉络创造了各个社会的“共同特性与必备条件”(common characteristics and imperatives)。为了纳入这些必备条件，Kerr 等(1960: 384—392)主张，工业社会必须发展出一个达成共识的方法，并发展蕴涵“多元工业主义原则”的雇佣关系制度，这些原则在建立这个共识时扮演中心角色。Goldthorpe(1984: 316)将此描述为一个模型，这个模型是“所有现代人的进化融合以及在某一工业化类型，也就是‘多元工业主义’基础上的现代化社会”。

图 1-1 以图形展现工业主义的脉络，显示各种社会变革及变革的主要原因——技术——如何互相关联。先进工业化社会之间的聚合最常发生于技术层级、工作场所与产业层级或城市层级，然后是国家层级。不过，Kerr 和他的同事也承认，完全的聚合是不可能的，因为在政治、社会、文化与意识形态方面，一直都有差异。虽然如此，作者承认有一些因素可协调工业主义与特定制度之间的关系，包括发展的时机与现代化精英的本质；他们也主张，工业主义脉络往往会凌驾于这些差异的来源之上，并在管理劳动市场的特定制度安排上产生聚合。

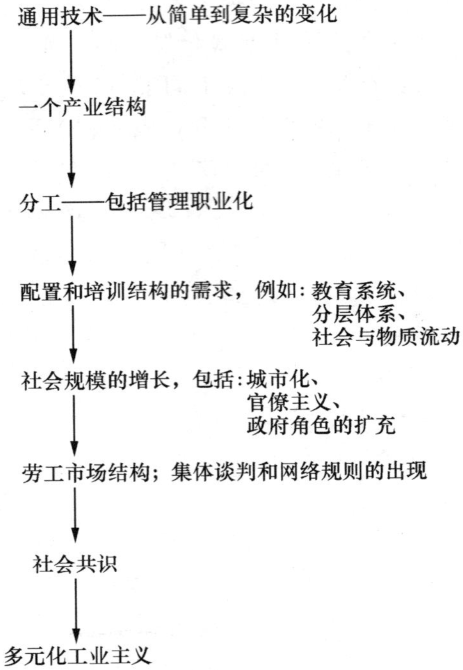

图 1-1　工业主义的脉络

资料来源：经 Brown 和 Harrison(1978:129)允许复制。

以工业主义脉络为基础的聚合假设，向来广泛受到批评。有些人指责 Kerr 等的假设是“技术宿命论”(technological determinism)，声称即使一直都有和工业主义与现代化相关的强大压力，并不表示一定会聚合而成单一一套社会制度(Cochrane, 1976; Doeringer, 1981; Piore, 1981; Berger, 1996: 2—4)。Kerr 遭到批评后，从善如流地重新检查聚合假设，他声称，工业主义脉络会导致一个倾向：聚合可能被一系列制度因素抵消(Kerr, 1983)。

Dore(1973)对于聚合的辩论有显著贡献，他认为，虽然在国家雇佣关系形态上可能有聚合的趋势，但是这个趋势倾向于日本，而非美国(以 Kerr 等的模式为基础的内隐模式)。Dore 对于技术的强调不若 Kerr 等人，他主张，由于日本的工业化相对而言开始得比较迟(比英国晚一百年)，因此日本能够向已完成工业化过程的国家学到经验。他主张，发展较迟的国家，比那些较早工业化的国家，更能采取适于工业化的组织形态与制度。

对 Kerr 等的聚合假设的第二个批评，是质疑工业主义的概念本身。*Industrialism and Industrial Man* 是在冷战期间写就的书籍之一，其他还有 Danial Bell 的 *The End of Ideology*(1962)和 W. W. Rostow 的 *The Stages of Economic*

Growth(1960),它们指出,美国的社会、政治与经济制度比苏维埃共产主义优越,值得其他国家效仿。工业主义与特定的一套社会与政治制度之间的连接是规范性的,暗指国家需要实行像美国那样的社会与政治制度,才能从现代化与工业主义中获益(Goldthrope, 1984)。

对聚合论点的批评大部分获得经验证据的证实。*Industrialism and Industrial Man* 出版后,实证研究开始增加,测试产业关系体系的聚合达到什么程度。有些人宣称会拿出聚合的证据,如 Katz 和 Darbishire(2000: 8)所言:

> 许多比较产业关系文献的重点……是各国产业关系有广泛且持久的差异,部分是受到国家特有的整套制度因素的影响。

在 20 世纪 70 年代末与 80 年代初,实证研究显示,各国的雇佣关系形态正逐渐产生分歧(diverging),而不是聚合。第二次世界大战之后,出现了长期的经济成长,通常称为"长期荣景"(Long Boom)。随着长期荣景在 20 世纪 70 年代走到了尾声,(发展中的)第三世界的成长趋缓,雇主与员工之间的冲突也开始增加,而且市场社会之间的差异也变得比较明显(Cammack, 1997; Katznstein, 1978; Crouch & Pizorno, 1978)。通过影响分析,Goldthorpe(1984)找出了这段时期的两个不同的国家雇佣关系形态。他认为,有些国家,像是挪威、奥地利、德国与瑞典,试图通过社团主义(corporatist)政策提升经济成长与降低通货膨胀,这种政策涉及雇主、工会(有时还包括国家)之间的集权式协商。相较之下,在英国与美国等国,为消除市场僵化,传统的劳动市场制度(例如集体协商)当时已被破坏。Goldthorpe 指出,这些国家的雇佣关系出现二元性(dualism),劳动力分成核心与边缘的员工;前者仍加入工会,在集体协商架构内工作[尽管是以更加分权化的模式(decentralized mode)];后者则是在个别化的工作协议下受雇,受到合约形式的控制。

同样地,Freeman(1989)找出了 20 世纪 80 年代发达市场经济体的工会成员与密度(density,译注:已加入工会的劳工比率)呈现分歧趋势的证据。他主张,"贸易工会主义(trade unionism)并未聚合成某种模式类型……在 20 世纪 70 年代与 80 年代(1989:32)的西方国家间,资本主义下的主要劳工制度的发展显著不同。自 20 世纪 80 年代起,斯堪的那维亚国家(Scandinavian countries)的工会一直维持在高水平,但是在英国、澳大利亚与美国等其他国家则大为降低。尽管在国家之间有贸易增加、技术转移与资金流动等共同因素,在工会密度方面仍然出现分歧,而人们原本预期这些国家会施压以促成相似情况。

虽然有些雇佣关系学者强调国家雇佣关系体制的多元化与分歧,其他学者则专注于研究国家之间的共同发展。举例来说,20 世纪 80 年代中期以来，许多国家内的协商一直有显著的分权化情况。一般而言，涉及的协商场所从国家或产业层级，向下转移到企业或工作场所层级。然而，分权化的程度与改变协商架构的手段，在国家之间各有不同。基于在六个国家（澳大利亚、德国、意大利、瑞典、英国与美国）的经验比较，Katz（1993）提出报告说在分权化程序中有许多相似之处。在除德国外的每个国家，雇主发起的正式协商架构中，出现了分权化的转变，结果减少了多雇主协商（multi-employer bargaining）的情形。除了澳大利亚外（当地工会与当时的工党政府有一个“协议”，见第 5 章），大多数的中央工会组织都反对将协商分权化。

Katz 评价了用来解释协商分权化发展趋势的三个假设：第一，协商权由工会移转到雇主；第二，注重弹性与员工参与的新式工作组织出现；第三，公司结构的分权化与员工喜好的多样化。Katz 的结论是，第二个假设最令人信服，它的依据是，分权化导致重新调整工作，而这显然让劳工与管理阶层都受益。然而协商权的移转以及公司与员工利益的多元化，也是促成分权化的重要因素。

国家雇佣关系形态上的聚合与分歧问题，于 20 世纪 90 年代被麻省理工学院（MIT）策略选择方法的相关研究人员重新研究（见 Locke, Kochan & Piore, 1995）。这个研究试图了解，日益加剧的国际竞争与新的生产技术对雇佣关系的冲击（Kochan et al., 1994; Womack et al., 1990）。这一研究计划发展成两个阶段，第一个阶段是要找出不同国家之间的发展并加以比较（例如 Kitay & Lansbury, 1997）。第二个阶段是要检测这些国家内特定产业的雇佣关系，包括航空业、金融业、电子业、钢铁业和电信业（例如 Bamber, Gittell, Kochan & von Nordenflytch, 2009; Katz, 1997; Kochan et al., 1997; Regini et al.,2000）。

有证据显示，许多国家的多种产业内的雇佣实务正在发生变化，而这类产业关系研究也凸显了国家层级的制度架构还是很重要的（见 Kochan et al., 1997; Regini et al.,2000）。例如，Katz（1997：11—23）总结了十个国家电信业的研究成果，指出这些国家在就业安全、工作组织、培训、薪酬、公司治理方面有广泛相似之处。不过，各国之间也有一些重要的差异。

Katz 与 Darbishire（2000）以麻省理工学院的研究为基础，检测了六个国家的两个产业（汽车制造业与电信业）。他们的结论是，这些国家的雇佣关系形态已更加多元化，并称这一点为“在分歧上聚合”（converging on divergence），认为它的特色是四个雇佣关系形态的扩展：低工资、人力资源管理、日本式取向、以共同团队（joint team）为基础。但是他们也指出这些形态在国家层级上分布的差异，以及在各国之内变化的程度。他们将这些变化归因于各国制度不同。他们特别指出,雇佣关系形态的差异反映出各国制度对下列事项的不同影响:协商集权化的程度、分权化层级协商过程相似的程度,以及各分权化协商架构的有效协调程度。因此,Katz 与 Darbishire 的结论表明,尽管有分歧的迹象,但“各种雇佣关系形态的混合情形,以及各国制度在塑造这种混合上所发挥的作用,国与国之间一直有相当大的差异,显示各国的雇佣关系制度在持续发挥影响力”(2000:281)。

全球化与雇佣关系

聚合与分歧的议题,也一直在主导着全球化对雇佣关系冲击的相关争论。诚如韦德(1996)指出的,全球化往往是指和下列事项有关的国际经济变化:商品与服务方面国际贸易的增加、外国直接投资(FDI)的更大流动,以及国际金融交易的增长。这些变化包括了更高层级国际经济活动的连通度(interconnectedness)。

有几位作者,包括赫斯特与汤普森(Hirst and Thompson,1996)和韦德,主张说各国经济已变得“国际化”(internationalised),而非全球化;而且全球化的相关压力不像其他人所宣称的那么强大。不过,正如 Perraton 等(1997)所呈现的,现代的国际经济正在发生变化,可以用“全球化”这个词来一言以蔽之。这些变化包括国际贸易的范围与强度,以及国际金融流通与跨国企业的营运。Perraton 等基于这个显著迹象而指出:

> 全世界还没有达到完美的全球化市场……错失了全球化过程的重要意义。全球经济活动相对于以国家为基础的经济活动,远比以前时期重要得多,而且对更大比例的国家经济活动,有空前的直接或间接的重大影响。

研究全球化对雇佣关系冲击的一个方法是,聚焦于全球化对各国产生共同压力的程度,以及全球化可能造成类似的雇佣关系结果。我们称之为简易全球化研究法(simple globalization approach)。这个方法假定,国际经济活动已变得非常连通化,以至于各国备受全球化的相关压力;在经济活动上,包括雇佣关系政策与实务在内,差异变得很小(Ohmae, 1990)。有关现代国际经济变化对工作条件与产业关系之影响的广泛辩论中,这个观点是最卓著的。

这个研究法的极端形式预测,在多数经济体的工资与其他劳动基准方面,会出现“竞相居次”(race to the bottom)的情形,而且国家特有的劳动市场管理体制会败坏,包括那些提供工会安全或鼓励追求平等与效能的措施(例如，见 Ohmae，1995）。

简易全球化研究法，特别是全球化已侵蚀到国家政策自主权的观点，一直广受批评。举例来说，Garrett（1998）主张，就因为各国政府面临类似的经济压力，并不表示它们对于如何适应这些压力没有选择余地。他提出证据来支持这个论点，证明各国在制定货币与财政政策方面有很大的多元性。Garrett 提出了和 Evans（1997）与 Weiss（1998）的论点一致的证据，指出全球化的相关压力，可能会增加国家在某些领域（包括劳动市场）可扮演的角色，以确保维持国际竞争力。

对简易全球化研究法的批评，以及各国雇佣关系形态持续多元化的证据，对于制度学派研究法（institutionalist approach）的发展有贡献；制度学派研究法是研究全球化对雇佣关系冲击的第二个观点，它认为各国制度的差异，可能以不同方式改变共同的经济压力。Locke 与 Thelen（1995）说，根据这个观点，"在各国经济体内国际趋势其实并未被认为是共同的压力，而是因国家制度的安排而有所不同，并转化为各国各自作的不同努力"（1995：338）。由于各国制度的差异持续得相当长久，这个研究法认为，全球化不太可能导致各国在雇佣关系形态上全面的聚合（Locke，Piore & Kochan，1995）。相反，它预测各国雇佣关系形态的分歧将持续下去甚至会扩大。这个研究法从各种学科中汲取制度独力塑造经济与政治结果的相关论点。

雇佣关系文献中采取制度学派研究法的例子是 Turner（1991）与 Thelen（1993），他们以比较架构探讨德国的产业关系。两者都主张，德国产业关系中的"双轨制"（dual system）让德国工会更有能力抗拒全球化的压力，胜过美国与瑞典的工会。Turner（1991）比较德国与美国工会介入产业架构重整的情形，特别着重于制度的差异决定了劳资双方如何响应国际经济压力。同样地，根据 Thelen 的研究（1993），德国的体系具有国家层级与产业层级的协商，而且劳工在工作场所有许多法定权利，使得要求分权化协商的压力得以在现行制度架构下获得调解。相较之下，在瑞典，由于劳工在工作场所缺乏制度化权利，而且集权化协商制度区分了蓝领与白领工人，使得要求协商分权化的压力在现行协商架构下无法被接纳。

Ferner 和 Hyman（1998）在比较欧洲国家的研究中，也强调国家制度的差异对于解释各国雇佣关系形态差异的重要性。他们尤其指出，20 世纪 90 年代某些欧洲经济体再度出现"社会统合主义"（societal corporatism），证明"国家在重订社会规范与市场（包含劳动市场）的关系中，扮演关键角色"（Ferner & Hyman，1998：xxi）。他们也发展出一个概念，认为某些劳动市场制度较能适应国际经济的变化。Traxler 等（2001）以实证研究，对于制度学派的全球化与产业关系观点,提出进一步的支持主张,他们指出,分歧是可能的,因为"市场压力间接影响劳动关系的制度,因为市场压力会因制度而改变并受到制度的取舍"(2001:289)。

制度学派研究法对简易全球化模式作了有用的修正。把焦点放在制度的调解角色上,有助于解释各国持续差异的形态,并证明全球化与各国雇佣关系之间的关联既非简易也不是注定的。它也指出在决定国家特有的产业关系形态上扮演决定性角色的关键变量,其中许多变量的性质属于国家层级。尤其是它建议,若要了解全球化对某一个国家雇佣关系的冲击,就必须了解本书接下来各章有关各国具体细节的类型。

虽然制度学派研究法对简易全球化论点的聚合逻辑作了修正,但这个研究法至少有三个限制。第一,制度学派研究法着重于国家层级的角色,倾向于强调国家之间的差异并努力以各国制度的差异来解释其共同发展(Pontusson, 1995)。因此,举例来说,即使英国(第 2 章)、美国(第 3 章)和澳大利亚(第 5 章)彼此之间有重大的制度差异,它们在最近数十年都出现了工会成员数目大减的情形。第二,许多人认为,制度学派研究法在解释变革方面有困难(Streeck & Thelen,2005)。以术语来说,制度学派的论点往往把制度视为独立变量,并测试某个制度(例如协商体系)如何影响雇佣关系的结果。然而,正如本书所展示的,许多国家雇佣关系的主要特色之一是劳动市场规章制度的变革程度。同样重要的是,同一套制度在一段时期后制造不同的结果,可以达到什么程度。比方说,Hassel(2006)说明了在国际竞争加剧的情况下,德国传统的劳动市场规章制度如何造成显著不同的结果。

资本主义研究法的种类

比较分析法的一个重要发展是多元化理论的出现(见 Deeg & Jackson, 2007,可了解梗概)。我们着重于 Hall 和 Soskice 的多样化资本主义(VoC)研究法,因为正如 Howell 所言,它"在理论精密性、解释的范围、预测的雄心方面已达到一个水平",使它快速成为这个领域内的一个主导理论。我们介绍多样化资本主义研究法,并评估它作为雇佣关系比较分析法架构的潜力。多样化资本主义和其他类似的研究法是从政治经济领域发展出来的。这个架构在试图了解并比较不同国家的雇佣关系上,有很大潜力(Martin & Bamber,2004)。我们的结论是,多样化资本主义研究法修正后的形式,为国际比较雇佣关系研究的进展,提供了良好的基础。

如前所述,对于长期荣景的结束,市场经济体的政策反应有很大差异,而且学者开始确认市场经济的不同体系(或种类)(欲知其梗概,见 Hamann & Kelly,2008)。20 世纪 80 年代新自由主义的兴起[由美国总统里根(Reagan)与英国首相撒切尔(Thatcher)夫人领军],以及 20 世纪 80 年代末苏联共产主义的垮台,为这个研究计划添加了动力。新自由主义者主张,在 20 世纪 70 年代与 80 年代困扰许多市场经济体的经济问题,是政府过度干预市场自由运作的结果,包括劳动市场;他们指出苏联共产主义的瓦解,是市场干预相关问题的极端形态。新自由主义者宣称,组成市场经济有一个最佳方式,以撒切尔夫人的话来说就是,"没有其他选择";比较分析学者对此的响应是指出资本主义的社会组织有不同形态。日本与德国在 20 世纪 80 年代的经济表现非常强劲,而这两国的制度和英国与美国盛行的制度迥然不同,令人怀疑新自由主义者论点的真实性;韩国与中国台湾地区等"亚洲四小龙"也是国家或地区在快速经济发展中扮演重大角色的明证。

Hall 与 Soskice(2001)维持这个传统,反对有最佳方式可组成市场社会的概念,他们指出在塑造市场社会如何运作上,制度安排所扮演的角色。以他们所谓的新组织经济学(new economics of organisation)为基础,他们发展了一个以企业为中心的比较制度优劣的理论。Hall 与 Soskice(2001:6—9)主张,在市场经济体内,企业面临一系列的内部与外部皆有的协调问题。他们聚焦于企业必须处理的五个合作层面:

- 产业关系
- 职业培训与教育
- 公司治理
- 企业间的关系
- 与自有员工的关系

Hall 与 Soskice 主张,对于这些协调问题,要找出两个制度的平衡(或解决方案)以产生卓越的经济成果,是有可能的。企业在自由式市场经济体(liberal market economies)中,可以倚靠市场与阶层制度以解决他们面临的协调问题。因此,与其他类型的经济体相比,自由式市场经济体可能具有下列特点:

- 发展良好的资金市场
- 局外人式的公司治理
- 产业关系形态是以市场为本,雇主对员工罕有长期雇用承诺
- 运用市场机制与契约来协调他们与供货商和企业客户的关系

美国是自由式市场经济体的典范,但是文献中通常也把英国、澳大利亚、新西兰、加拿大与爱尔兰纳入这个领域。

Hall 与 Soskice 找出的第二类资本主义是协调式市场经济体(coordinated market economies),包括其企业运用更多非市场机制以解决内部与外部协调问题的国家。和自由式市场经济体相较,协调式市场经济体更可能具有下列特点:

- 耐性型资金
- 局内人式的公司治理
- 产业关系体系是以协商为本,反映出雇主对员工更长期的雇用承诺
- 运用产业协会等非市场机制,来协调产业内的企业彼此之间的关系,以及跨行业与跨产业的企业之间的关系

德国是协调式市场经济体的典范,但是文献中通常也把其他北欧国家和日本,有时还有韩国,纳入这个领域。

Hall 与 Soskice 的中心论点,以及资本主义具有不同形态的确证在于,制度的互补性(institutional complementarities)这个概念。在多样化资本主义模式中,制度的互补性指的是两个相关但不同的效果。第一,一个制度的存在强化了另一个制度的效力,到这样的程度制度才被称为是互补的。因此,举例来说,一个内聚力强的行业协会的存在,可能会提升该行业集体协商的经济效率。在这一点上,制度的互补性有助于解释何以两个对立的制度结构——自由式市场经济体与协调式市场经济体,能够产生卓越的经济成果。

多样化资本主义模式也认为,制度的安排经年累月后,可能聚合产生某种制度的平衡。因此 Hall 与 Soskice(2001:18)主张,"在经济的某个领域具有特殊协调类型的国家,通常也会在其他领域发展出协调的做法"(另见 Amable, 2003: 54—66)。举例来说,多样化资本主义模式认为,在资金市场发展良好以及公司治理是局外人式的国家,其产业关系中的雇主很难对员工作长期雇用承诺。一段时日后,可能就会有压力要采用更加以市场为本的产业关系。如同 Gospel 和 Pendleton(2005)所论证的,企业筹集资金的形态与劳工管理的实务之间,显然有密切关系。

对于制度互补的概念,尤其是和公司治理与雇佣关系之间的连接有关者,存在一些来自实证的支持。例如,Hall 和 Gingerich(2004)估计出雇佣关系与公司治理的互补对经济成长的影响,其衡量股东的权力、管控的分散程度、股市的规模、薪资协调的层级,以及劳工的离职率(Hall & Gingerich, 2004:3)。他们获得的结果不仅显示,各国之间的制度有相当大的一致性(公司治理因素的协调层级愈高,雇佣关系因素的协调层级也愈高),还提供了实证数据支持这些实务是互补的主张(Höpner,2005)。

多样化资本主义研究法有一些特色,总体来说,有可能为雇佣关系的国

际比较分析提供有益的架构;尤其是有助于了解全球化对国家雇佣关系形态的冲击。首先,多样化资本主义模式所聚焦的许多协调问题,都和雇佣关系学者长期以来所关注的变量与议题有关,包括产业关系、技能的培养以及与员工的关系。其次,多样化资本主义研究法认为,不可能只了解单一的雇佣关系议题而不了解其他议题,比较分析法需要在较大的环境背景下变换雇佣关系中的变化因素。这一真知灼见符合比较分析法的传统做法,但是多样化资本主义研究法具有详细说明限量的相关变量的额外优势。虽然有些人主张,多样化资本主义研究法所考虑的因素范围太有限(下文会作较详细的讨论),但这个研究法的一个优势是,它直接把比较分析的重点置于有限的一些议题上。

在全球化对雇佣关系冲击的研究中,多样化资本主义研究法克服了本章先前论及的制度学派研究法的若干限制。它着重于各国制度安排的关联,克服了制度学派研究法把雇佣关系制度孤立起来研究的倾向。此外,多样化资本主义研究法以企业为中心的本质,克服了制度学派将制度和社会行动者(social actors)分开来分析的倾向;事实上,这两者是互相关联的。尤其是它把焦点放在个别公司面临的协调问题上,让它能够把雇主重新纳入雇佣关系变革的分析(Swenson, 1991)。

进一步来说,和本章先前概述过的简易全球化研究法与制度学派研究法对照之下,多样化资本主义研究法既能解释国家之间的相似之处,也能解释差异之处。举例来说,多样化资本主义的架构有助于解释,为什么全球化似乎和工会密度的明显式微有关,也和若干国家(主要是自由式市场经济体)的集体协商范围有关,但是在其他国家(协调式市场经济体)却没有产生相同的结果(进一步的讨论见 Godard,2005)。诚然,多样化资本主义研究法的一个主要影响在于,全球化对各类资本主义的雇佣关系过程与结果,可能造成不同的冲击(Hamann & Kelly,2008),因此,虽然日益增强的国际竞争可能促使自由式市场经济体内的企业,采取更倾向于以市场为本的雇佣关系实务(包括协商的分权化与个性化、个性化的支薪制度,以及更多派遣式雇佣形态),但是协调式市场经济体的制度动能(institutional dynamics)显示,日渐增强的国际竞争,可能会强化而非削弱雇主与员工之间的传统协商形态。举例来说,Thelen(2000,2001)主张,和全球化有关的压力,已强化而非削弱德国雇主对于业内协商与职工委员会的承诺。多样化资本主义研究法也认为,在协调式市场经济体内力图采取新的自由式产业关系议程,有可能侵蚀而非强化经济竞争力。举例来说,Harcourt 和 Wood(2007)说明了,自由式市场经济体内就业保障的逐渐式微,会如何降低攸关这些经济体国际竞争力的职业培训制度的效能。

多样化资本主义的架构在比较雇佣关系分析中的影响已逐渐增强,已被用来协助解释各国在许多事项上的相似与相异点,包括工会会员与工会密度、劳动市场的性别特质(gendered nature)、员工的参与与职业培训制度(Frege & Kelly, 2004; Lansbury & Wailes, 2008; Estevez-Abe, 2006; Harcourt & Wood,2007)。

尽管多样化资本主义的架构有其潜在的益处,Hall 与 Soskice 的工作一直遭到许多批评。这些批评指出,多样化资本主义研究法还需要修正,才能为雇佣关系的比较分析提供合适的架构。其中一个主要批评是,这个研究法并未包含足够的种类(Allen,2004)。它只专注于两种资本主义:自由式市场经济体与协调式市场经济体,这种做法有一些含义。首先,它的范围限定于适用这个模式的国家。Hall 与 Soskice(2001: 21)也承认,有六个欧洲国家(法国、意大利、西班牙、葡萄牙、希腊和土耳其)很难纳入这两种资本主义的范畴,也许可以将它们列为地中海型资本主义。然而,他们没有进一步发展这个看法。其次,自由式与协调式市场经济体的领域太大,以至于其架构可能忽略了同一类国家之间的重大差异。正如 Streeck 和 Yamamura(2001 and 2003)编辑的两本书中的文章所示,日本与德国虽然被列为协调式市场经济体的范例,但两国之间有重大差异,不过这一点被多样化资本主义研究法忽略了。举例来说,Jackson(2001)指出,尽管德国与日本的公司治理安排产生了相同的结果,但是在制度的基础上以及塑造两国的历史力量方面,两者是相异的。因此,举例来说,和自由式市场经济体相较,日本与德国的员工在公司治理上扮演较重要的角色。不过,德国法律明定了劳工的公司治理权,在日本则没有。

如果要以多样化资本主义研究法作为雇佣关系比较分析的基础,则很重要的一点是要增加资本主义的种类,以掌握市场经济体内社会组织的差异之处。其他的比较分析学者已发展出包含较多资本主义种类的模式。举例来说,Schmidt(2002)添加了第三种资本主义,纳入了法国的国家主权传统。Hancke 等(2006)主张应该有四种资本主义,才能把东欧国家也纳入模式中。Wailes(2007)则提出一个亚洲市场经济体(Asian Market Economy)的概念,以掌握日本、韩国等的资本主义社会组织的若干特有元素。

多样化资本主义架构中招来批评与争论的第二个特性是一些人所谓的宿命论(determinism)。Crouch(2005:1)作了很好的说明:

> (多样化资本主义研究法)的重心是……没有单一形式的资本主义……但是我愈来愈觉得在其貌似自由的中心思想背后,是矛盾的宿

命论:资本主义有两种,而且只有两种可行形式。民族国家拥有其中一种,不是这种就是那种,与之相称的制度以一贯方式延伸到广大的经济、政治与社会各领域,决定了它们制造大部分产品与生产形态的经济能力,而且一旦某国有了这样一套制度,它就很难加以改变。

这种宿命论以及这个研究法在对变化提供解释上遇到的相关困难,部分可以用一个事实来解释:多样化资本主义研究法建立在比较静态学(comparative statics)上,亦即在同一时点比较两个案例。不过,其他人认为,这些特色其实是深植于社会行为本质的相关假设上的。多样化资本主义研究法和较早期的制度学派的分析一致,通常假设社会行动者(例如雇主与工会)的作为,大部分是由他们置身的制度环境背景所决定(Pontusson, 1995; Allen,2004)。这意味着一旦某个制度的秩序建立起来,社会行为就有路径依赖(path dependent)的倾向。这样的观点并不认为代理机构、政治与冲突争议在塑造社会结果方面,有什么重要性(Howell,2003)。

多样化资本主义架构的宿命论倾向,对有兴趣检验雇佣关系议题的学者来说,尤其会造成困难。首先,物质利益与冲突争议向来被认为是了解雇佣关系的中心议题。其次,对变化的了解是学习雇佣关系者最重大的挑战之一。虽然各国的雇佣关系形态也许并不是朝向单一的新自由模式作聚合,但有个压倒性的证据显示,变化是许多国家雇佣关系的共同特色(见Traxler et al.,2001)。最后,在规范雇佣关系的制度中,更重要的是这些制度造成的结果上的变化。例如,虽然有些国家保留了集权化的协商制度,但在这些协商形态相关的工资与工作条件方面,已有重大改变(Hassel,2006)。要使用多样化资本主义研究法来解释这些变化的类型,并不容易。

雇佣关系的比较分析,应该建立在对于制度的角色较少采取宿命论的观点上。正如Deeg与Jackson(2007: 159—161)驳斥Hall与Soskice原著提出的路径依赖观点时所指出的,比较分析的资本主义文献已不再把制度和制度之间的互补性,视为社会行为的决定因素。倒是有个渐增的倾向,那就是强调一个较复杂的观点,把制度视为行为者可利用来协助他们达成目标的资源。这样把制度再概念化(reconceptualisation)成为资源,不仅将分析的核心带向代理机构、权力与冲突争议等议题,也提供了一个确认变化来源的架构(另见Crouch,2005)。举例来说,Wailes等(2009)就全球化对汽车组装业雇佣关系的冲击作了一项7国研究,他们指出,虽然各种资本主义之间有相异之处,但也有证据显示,各种资本主义的内部也是非常多样化的。他们主张,这种内部的多样化显示,经理人与工人的代理机构会影响汽车组装业内个别公司应对全球化挑战的方式。

对于多样化资本主义研究法的第三种批评，集中在它对于国际因素缺乏的关注上。正如 Hancke 等（2006：7）所指出的，多样化资本主义研究法有个倾向是将“民族国家视为密闭的（hermetically sealed），并忽视它们彼此之间的连接关系”。Hall 与 Soskice 首创的多样化资本主义模式大部分是以封闭的经济体为基础，在那样的经济体中，国界之内的制度被视为有相当大的同质效果（homogenous effects）。结果，除了经济全球化的相关竞争压力外，多样化资本主义研究法往往会淡化或忽视国际因素扮演的角色。这个议题将在下一节中作较详细的讨论。

本节中，我们回顾了具有影响力的多样化资本主义研究法，并探讨了它是否适合作为雇佣关系的国际比较分析架构。我们偏好于修正过的多样化资本主义研究法，亦即纳入比 Hall 与 Soskice 首创的模式更多种的资本主义，对制度的角色采取比较动态且比较不宿命论的观点，并注意到国家之间的关系以及国际因素的潜在作用。尤其是如果我们将多样化资本主义研究法受到的限制谨记在心，这个研究法将在全球化时代，为雇佣关系的国际比较分析提供一个前景看好的架构。

雇佣关系的国际层面

如同本书所呈现的，民族国家层级之上的事态发展，可能对各国的雇佣关系形态有重大影响。收纳在本版中的许多欧洲国家的雇佣关系，正逐渐受到欧盟（European Union）相关发展的影响。比方说，在英国这样的国家，欧洲信息与协商指令（European Directive on Information and Consultation）让英国工人第一次获得法定协商权，虽然仍有所限制（见第 2 章）。中华人民共和国同意加入世界贸易组织（WTO）的决定，也对该国的劳工法规造成重大影响（见第 12 章）。

前面已说过，多样化资本主义研究法的潜在限制是它通常会淡化国家之间的关联以及国际因素的冲击。然而，正如经济活动是发生于国界之内的政治与社会环境下，国际经济活动并非发生在真空中（Haworth& Hughes，2003）。本节的目标是要阐明，国际范围的一些方式可以影响国家层级的雇佣关系实务（见 Gumbrell-McCormick，2008）。

虽然雇佣关系中行动者的焦点往往属于地方或国家层级，但是他们的运作能够超越国家层级，确实也是如此。一个共同的观点是，劳工一向是全球化的受害者，而且劳工及其组织都受到国家的约束。这个观点忽视了工会运动历史悠久的国际合作，或称劳工国际主义（labour internationalism）。

它也忽视了工人及其代表能够也确实试图运用国际力量支持其利益的证据。举例来说,Ambruster-Sandoval(2005)回顾了一些跨国界的动员案例,是和美国当代的反血汗工厂运动有关的动员。其中一个案例是1992年至1999年间对抗危地马拉的衬衫制造厂PVH公司(Philips Van Heusen)的有组织运动。面临压制劳工政权的PVH公司的工人,和美国的非政府组织、工会建立起关系,组成了一个跨国的工运网络。在20世纪90年代初期,美国的许多工会利用美国的关税规定,提出申诉,为PVH的员工争取权益。结果该公司被迫承认工会的合法性,但是又利用危地马拉的劳工法令,避免和工会协商。1996年,这个网络发动了一场联合示威行动,于当年的销售旺季,在危地马拉PVH厂外的工人和在美国的活跃人士,鼓励消费者拒买这家公司在大卖场与百货公司出售的产品。PVH公司担心这个示威行动会对公司产品造成伤害,于是和工会进行集体协商。虽然这一胜利为期短暂(PVH在1998年关闭了设在危地马拉的工厂),但这个实例显示出,全球化为工人创造机会与带来挑战可以达到什么程度,以及国际层面在塑造雇佣关系上能发挥什么作用。

Wills(1998)主张,全球化可能需要劳工重新思考他们的代理模式与行动模式。传统上,劳工设法提升利益的方式之一是和雇主进行集体协商。有些人建议,鉴于工商业日益国际化,劳工必须追求跨国的集体协商(也就是说,跨国企业及其员工在一个以上国家的协商)。然而,正如Haworth(2005)指出的,跨国集体协商面临许多固有的困难与障碍,显然这个目标不太可能达成。那些困难与障碍包括:管理阶层对扩大集体协商的反对,担心管控权落入全国性工会之手,缺乏会员支持,各国的雇佣关系制度不同,以及缺乏国际性的规章制度。即使是在跨国集体协商的发展似乎最有利的欧洲,近期的研究也显示,欧洲真正的集体协商是有限的,确实有集体协商的地方,通常会发生这样的事情:企业在各营运单位之间作强制性比较(coercive comparisons),施加压力以降低工资与工作条件(Arrowsmith & Marginson,2006)。

一个有意思的发展反映出工会在全球化环境背景下寻求与雇主互动洽商的方式已有改变,那就是国际框架协议(International Framework Agreements, IFAs)的发展。国际框架协议是全球工会联合会(Global Union Federations, GUFs)与跨国企业之间就最低劳动基准所达成的自愿性协定。这些协议中至少包含了结社自由与集体协商权,也给予工会在总公司层级的正式代表权。正如Riisgaard所指出的,在总公司层级的这个代表权让工会有机会胜过所在地分公司不友善的管理阶级,而这是让国际框架协议有别于雇主与员工之间的其他自愿性行为规范的主要特色。这个协议也让工会联合会得以监督企业内各营运单位遵守协议(Egels-Zanden & Hyllman,2007)。

虽然国际框架协议仍然罕见,但近几年来施行协议的步调已经加速,大部分是在2004年以后施行的(Papadakis,2008)。第一个国际框架协议在1988年由法国达能公司(Danone)与国际食品、农业、旅馆、餐饮等行业工人工会联盟(International Union of Food, Agricultural, Hotel, Restaurant, Catering, Tobacco and Allied Workers' Association, IUF)。2007年12月时,共有61个国际框架协议签订,涵盖大约500万名工人(详细名单,见Papadakis 2008:101—103)。到2009年年底,估计这样的协议超过了70个。虽然国际框架协议的数目逐渐增加,但是相当少量的雇主愿意接受这种协议。

哪些因素会影响国际框架协议的施行? Riisgaard(2005)研究了美国的金吉达(Chiquita)香蕉公司与拉丁美洲的香蕉工人协同组织(Coordination of Banana Workers,COLSIUB)在2001年所签订的国际框架协议。她发现,香蕉工人协同组织之所以能成功地让金吉达接受国际框架协议,和工会联合会在内的地方高层的协调有关,也和有效发展与非政府组织的结盟有关;非政府组织能够借由针对消费者发起的运动,向企业施压。Egels-Zanden 和 Hyllman(2007)针对欧洲一家跨国企业接受国际框架协议的动机,作了一项研究。这篇研究自愿性协议的文献强调可能促成企业接受此种协议的四个主要因素:(1) 想要保有或重新取得利害关系人所认可的合法性,尤其是消费者团体;(2) 想要避免或阻挡政府的干预;(3) 道德伦理上的原因;(4) 想要利用潜在的竞争优势,例如改善供应链的标准。但是研究没有发现支持任一因素的证据。结果他认为,企业打算加入国际框架协议的决定,反映出该企业想要与企业工会维持良好关系。

这两个例子都显示,这类规定形式的增加,可能是受到两类因素的重大影响:一是不同层级工会运动之间的合作程度,二是工会与劳工导向的跨国非政府组织建立有效关系能达到什么程度。

国际层面对各国雇佣关系形态的影响实例,在近期有关跨国企业人力资源实务的文献中也可看到。多样化资本主义研究法的一个影响是,在既有的国家制度架构内,雇主往往会采取相似的雇佣关系实务。然而,已有愈来愈多的迹象显示各国的雇佣关系实务是多样化的(Katz & Darbishire,2000)。此种多样化的一个重要潜在来源是跨国企业。由于跨国企业的大小、规模日渐增长而且范围日益扩张,它们在全球营运单位复制类似的雇佣关系实务的意愿程度,对于各国的雇佣关系形态可能有重大影响(Hall & Wailes,2009)。

对于跨国企业雇佣关系实务的研究,一致显示出有一种强大的来源国效应(country of origin effect)。Ferner(1997)驳斥来源国效应主要是国家之间文化差异所致的观点,他认为,跨国企业把主要的雇佣关系实务扩散到子公司的倾向,反映出跨国企业及其管理扎根于母国(译注:即来源国)制度环境下的程度。例如,针对在欧洲营运的美国跨国企业的研究已显示,这些公司有如下的倾向:采取高度集权化的人力资源政策,强调绩效管理、工作场所多样化与反工会主义(例子见 Ferner et al.,2001)。因此,虽然美国各跨国企业雇佣关系实务的转移,部分是受到各东道国(host country,译注:即子公司所在国)的制度安排以及公司总部与子公司的权力关系影响,但也受到美国国家商务系统(national business system)的独具特色的影响,包括资金市场的架构与公司治理的主要形式(Clark & Almond,2006)。

Ferner 与 Quintanilla(1998)采用和多样化资本主义研究法有密切关系的国家商务系统(NBS)研究法,来考察德国跨国企业的人力资源实务。他们以一个精密的分析指出,虽然有证据显示德国在国际化过程中采用了英国的一些管理实务,但是"德国雇佣关系中双方所同意的要旨……强烈影响国际化的过程"(Ferner & Quintanilla, 1998: 726)。因此,他们发现德国的跨国企业鼓励员工合作,在员工培训上投入相当多的资金,并且比其他国家的跨国企业较少进行广泛的裁员。Ferner 等(2001)探讨东道国的国家商务系统,把德国独特的人力资源形态扩散到两家德国跨国企业在英国与西班牙的子公司的影响。虽然这两个国家被选为受到高度管制(西班牙)与没有管制(英国)的东道国实例,但是 Ferner 等认为(2001: 124),西班牙"缺乏强大的管理传统",意味着德国跨国企业的西班牙子公司比起在英国的子公司,可作较重大的管理抉择。

Edwards 等(2001)探讨跨国企业中的反向扩散(reverse diffusion)现象。反向扩散指的是跨国企业的实务转移是从外国子公司转移到来源国的营运单位,而且这是别具策略重要性的事情,因为它关系到跨国企业向东道国的营运单位学习的能力。Edwards 与一些同事起初假定,理论上美国的跨国企业可能有大量的从英国的营运单位反向扩散的情形。然而,根据五个案例的研究,他们发现反向扩散的证据其实非常有限。他们认为,这反映出美国商务系统的主要特色对于扩散情形的限制。因此,举例来说,他们把其中一个涉及团队合作的宽带技能开发系统案例的失败,归因于母国既有的工会避税惯例(2005: 1277)。诚然,反向扩散的少数实例之一发生在位于"保障工作权"的州的母公司,当地工会的避税比较少成问题。

针对工会的国际活动与跨国企业人力资源实务扩散情形的研究显示,

国家系统的制度架构(institutional matrix)并不像多样化资本主义研究法通常假设的那么完整(Wailes,2008)。这些例子意味着,为了充分了解雇佣关系的发展,学生们应该考虑到国家之间的关联,而非只专注研究某个国家。

国际经济的全球化,部分是因为国际贸易正式规则的改变而更加稳固,那些改变让企业得以进入更多市场,而且使国际贸易受到更少的限制,通常被称为贸易自由化(trade liberalisation),这早已通过双边与多国的自由贸易协定(FTAs)开始实施。多边贸易自由化始于 20 世纪 40 年代,当时有关税及贸易总协定(GATT)的谈判,最后在 1996 年成立了 WTO。WTO 是联合国的一个机构,目标是提倡自由贸易,并提供可解决会员国之间贸易纠纷的机制(见 Wilkinson, 2002a)。

在这个贸易自由化的过程中,对于这些贸易协议是否应该纳入最低劳动基准的参考值,一直有很多辩论。从历史上来看,国际劳工组织(ILO)向来是发展与执行国际劳动基准的主要机构(Engerman,2003),它于 1919 年依据第一次世界大战和约而成立,并于 1946 年成为当时新组成的联合国的第一个专门机构。

ILO 自设立以来,一直借由公约与建议书(Conventions and Recommendations)的运用来提升国际劳动基准。公约一旦获得会员国的批准,即具有法律约束力;建议书则是建议的标准,用意是要协助会员国把公约(不论获得批准与否)应用在当地环境中。这些工具能处理许多议题,包括:(1) 基本人权,例如结社自由、待遇平等与强迫式劳动的废止;(2) 职业卫生与安全;(3) 工作条件;(4) 社会安全与劳工薪酬;(5) 劳工管理;(6) 外来劳工;(7) 特定职业团体的具体需求或环境。整体来说,这些标准被称为国际劳工法典(International Labour Code)。

正如 Wilkinson(2002b)指出的,在 WTO 成立前的预备阶段,美国(在法国支持下)试图把最低劳动基准纳入新的世界贸易章程中。这通常被称为社会条款(social clause)。这之所以会发生,是因为美国的政策决策者认为,若无强制执行的最低劳动基准,则美国(和法国)工人将面临来自一些国家的不公平竞争,那些国家没有禁止童工等实际问题的保护措施。对社会条款的反对,主要是来自发展中国家,它们认为,最低劳动基准会被利用作为一种非关税壁垒,限制它们进入发达经济体的市场。

在这样的情况下,当时大家同意 WTO 应延迟就劳动基准与其他附加项目作出决定,直到它成立之后。尽管发展中国家与发达国家出现多起劳工运动,而且有声势日益浩大的反全球化运动,WTO 会员国于 2000 年在卡塔尔的多哈(Dohar)举行部长级会议后,发布了一份声明,重申没有必要把劳动基准直接纳入 WTO 的章程中,也没有必要让社会议题成为国家之间贸易纠纷的来源(见 Hughes and Wilkinson, 1998; Wilkinson, 2002b, 2002c)。Wilkinson(2002c: 20)认为:

> WTO 有关劳动基准的辩论结束之际,ILO 也被排除于现行的全球化政治治理系统之外,确定了有组织的劳工(在这些日益重要的国际组织中)缺乏合宜的政治发言权……鉴于这些圈子内对于贸易与工作权的分离已经出现共识,现代的全球化经济体内劳工的角色仍不稳定。

然而,WTO 在拒绝把劳动基准纳入国际贸易章程时,承认 ILO 是"有能力设定并处理这些基准的团体,而且我们确认我们支持它推动这些基准的工作"(1996 年新加坡 WTO 部长声明,Hughes 2005: 416 引述)。Hughes(2005)认为,有关社会条款的辩论,为 ILO 的策略方向创造了进行重大改变的条件,因为该组织正试图重建它在全球化时代的重要性。

新策略的第一个迹象是 1998 年的《劳动基本原则与权利宣言及其后续行动》(*Declaration on Fundamental Principles and Rights at Work and its Follow-up*)。这项宣言概述了 ILO 认定的普适与核心劳动基准(见表 1-1)。重要的是,因为是被纳入宣言中,所以这些核心劳动基准对会员国具有约束力,不论会员国是否批准了相关公约。这项宣言所包含的后续行动,要求尚未批准相关协议的会员国就实施进展提交报告。

表 1-1　核心劳动基准

基本原则	相关公约
结社自由与有效承认集体协商的权利	87 个(结社自由与组成团体权的保护)与 98 个(组织权利与集体协商)
消除各种形态的强迫或强制劳动	29 个(强迫劳动)与 105 个(废止强迫劳动)
有效废止童工	138 个(最低年龄)与 182 个(最严重的童工形态)
消除就业与职业歧视	100 个(平等薪酬)与 111 个(职业与就业歧视)

资料来源:国际劳工组织(2009 年)。

ILO 在目前的总干事胡安·索马维亚(Juan Somavia)领导下推出的体面工作议程(Decent Work Agenda),就是以这些核心劳动基准为基础建立起来的。它的目标是"借由促进社会对话、社会保护与就业机会的创造,以及尊重国际劳动基准,使每个人获得体面的工作"(ILO,2009)。体面工作议程的原则包含在《公平全球化之社会正义宣言》(*Declaration on Social Justice for a Fair Globalization*)中,ILO 在 2008 年 6 月的大会上通过了这项宣言。正如休斯(2005)指出的,体面工作议程有两个努力重点:扩大 ILO 的议程范围,认识到非传统工作形态的增长,并整合该组织的各种方案于单一概念框架内。

ILO策略方向的改变,并未获得无异议的支持。比方说,该组织一名卸任官员声称,“那项宣言……削弱了ILO,甚至使得核心基准只受到倡导式手法的监督,ILO原本能够提供技术协助以改善核心基准的实施”(Standing,2008:367)。Standing认为,把焦点放在提倡少量的公约上,而牺牲其他公约所包含的许多重要劳动基准与权利,违背了ILO赖以建立的核心使命与原则。他主张应该继续强调劳工的积极权利并强制执行,不应该采用他认为无效益的软性管理模式。他批评ILO脱离传统的强制执行劳动基准的做法,也批评它日益沉迷于自愿式行为规范模式的概念与各种形式的自我管理。Standing也质疑ILO与国际劳工法典(International Labour Code)是否还有未来。

虽然Standing的批评可能言过其实,但他的评论确实凸显了国际雇佣关系规章的改变程度。Hassel(2008)主张,这些改变是全球化劳工管理新体制兴起的结果。然而,她和Standing看法不同,反而认为这个新体制可能会产生一些正面的成果。

Hassel(2008:232)追踪那些改变,从以国家为基础的劳工权利执行制度,转变成一套包含在行为规范内的比较私下的自我管理标准[包括涵盖至少2 500家公司的联合国全球契约(UN Global Compact)]、企业社会责任宪章、国际框架协议以及其他自愿性协议。她主张,尽管全球化规章与可执行性缺乏一个法律架构,但所在地的自我管理形态、规范的制定以及国际法规,让人们对跨国经营的企业行为有更高的期许。她认为,这也成为管理的间接形式。她尤其认为,拥有高劳动基准的国际企业有强大的诱因要确保其他企业(特别是它们的竞争对手)遵守它们同意实施的标准,因此它们更有可能与非政府组织及政府结盟,以提倡实行更高标准并对成果作更好的监督。

Hassel论点的含义是,尽管全球化劳工管理体制转变成私下的自我管理,国际方面可能仍然会影响并约束企业在各个经济体实行的雇佣关系实务。因此,正如Giles(2000)建议的,研究雇佣关系的学生应该持续考虑到国际层面。

结论

本章就国际比较雇佣关系的研究作了一个介绍,认为经过适当调整后,多样化资本主义研究法的兴起,为国际比较雇佣关系的研究提供了一个前景良好的架构。这个研究法检视雇佣关系形态的发展所置身的较广大的制度环境,它尤其有潜力就各国雇佣关系形态的异同进行解释。包含两种以上市场经济体的多样化资本主义研究法,采取制度的动态观点(dynamic view)而且关注国家之间可能的连通性,能够为国际比较雇佣关系研究的发展,提供一个特别有成效的基础。

本书其余各章是由各国的专家撰写的。他们就这些经济体的雇佣关系作了简明的介绍。本书所包含的国家代表不同形态的市场经济体(如表 1-2 所示)。四个国家(英国、美国、加拿大与澳大利亚)是自由式市场经济体,三个国家(德国、丹麦与日本)可以视为协调式市场经济体。有一些章节讨论的是五个欧洲经济体,包括两个既非自由式也非协调式的市场经济体(意大利与德国)。意大利常常被视为地中海型资本主义的例子,而法国则被一些人形容为国家资本主义的例子(见 Amable, 2003; Schmidt,2002)。还有一些章节讨论亚洲四个令人瞩目的经济体(日本、韩国、中国与印度)。其中后两个是重要的新兴经济体。

表 1-2　本书所含经济体的种类

自由式市场经济体	协调式市场经济体	欧洲发达经济体	亚洲发达经济体	亚洲新兴经济体
美国	德国	英国	日本	中国
英国	丹麦	意大利	韩国	印度
加拿大	日本	法国		
澳大利亚		德国		
		丹麦		

正如本章开头所指出的,全球化正在对全世界每个经济体的工作管理方式造成深远的影响。本章中我们指出,如果设计与进行得适宜,比较分析法不仅能够加深我们对周遭世界的了解,也能让我们洞察在自身工作环境、国家与地区中,塑造雇佣关系结果的因素。以下各个章节的设计是要提供一些必要的背景资料,让读者可以开始比较各国的雇佣关系。这些章节的目标是要便于在相似的国家之间,以及在不同种类的经济体之间作比较,从而我们希望本书能帮助读者更加了解正在重新塑造我们工作、生活的各种力量。

第2章 英国的雇佣关系

Mick Marchington
Jeremy Waddington
Andrew Timming

英国总人口约5 900万,就业率将近80%。大多数英国男性从事全职工作;女性则兼职的比例很高,超过40%,远高于欧盟的平均数。自20世纪80年代初期以来,临时性雇佣情形有少量增长,目前占劳动力的6%左右;职业介绍所的数目则大幅增加,有100万以上的人员受雇于职业介绍所(DTI,2007)。将自己定位为自雇者的人数比20世纪70年代末期增加一倍以上(目前约13%)。自称是在家工作者的比例也有大幅增长,但是这个数字可能有点混淆,因为它还包括了在办公室以外场所工作的人。外来劳工已成为英国劳动市场的普遍特点,在赚取低工资的人当中尤其常见。

不但劳动力的组成已有变化,劳工在不同产业的分布也出现重大变化。英国向来是经济合作与发展组织(OECD)中农业雇佣人口最少的国家,其他的民间受雇者中,不到四分之一在制造业工作,其余人员(将近75%)在服务业工作。自1970年以来,相较于其他OECD国家,英国工业(industry)领域的受雇人数有较大的滑落。尽管在服务业的人数有相对的成长,但失业人数急剧上升,1965年时占总工作人口的1.2%,1986年上升到将近12%;当时英国的失业率高于本书中论及的多数其他国家。在20世纪90年代与21世纪之初,英国的失业人数已减少,但是近期又开始增加,因此到2008年年底时,失业率已增加到大约是劳动力的6%。以人均国内生产总值(GDP)(即劳动生产力的近似数值)来论,在工业化的市场经济体中,英国排名在中下部分。自20世纪90年代中期以来,英国的通货膨胀率多数时候是稳定的,大约在2%至3%之间;然而在2008年年底金融危机期间,通货膨胀率上升到超过5%,大半是能源的价格上扬所致。在经济不景气的压力下,预计通货膨胀率将会下跌。

英国的政治自1945年以来一直都由两大政党主导。保守党(Conservative Party)在商业与农村社区受到最大支持。相形之下,工党(Labour Party)传统上是在城市工人阶级团体获得最大支持,虽然这些小区已经扩大了。在2008年与2009年,对执政的工党的支持,下降到好几年来的最低点,而且在2010年5月,工党被保守党与自由民主党的联合政府取而代之,并由戴维·卡梅隆(David Cameron)出任首相。绿党(Green Party)赢得了第一个国会议员议席。此外,国会中还有几个政党,是在苏格兰(Scotland)与威尔士(Wales)的一些民族主义政党,它们在近几年的代表性都有增加。愈来愈多的权力转移到苏格兰与威尔士,也改变了这些区域的某些条文规定。

过去20年来,英国的雇佣关系已出现很大变化。保守党在1979年至1997年间的持续执政,定下了就雇佣关系法与劳动市场的解除管制逐步进行根本改革的基调,并试图培养具有竞争力的企业文化。1997年以后的工党政府,持续提倡民间产业通过各种计划扩大参与公共部门事务,这对雇佣关系具有潜在的重大影响。然而,和其他范围更广的社会与经济趋势一样,这一点在2008年年底已经改变,政府大力支持银行业。这是否近似于国有化,有待讨论。

过去30年来,英国的雇佣关系已出现重大变化,这是少有疑问的,尽管工作场所雇佣关系调查(Workplace Employee Relations Survey, WERS)的固定样本数据显示,这种变化在较旧的、持续存在的工作场所远比在新工作场所来得少。接着我们要来讨论雇佣关系的各方与过程,并考虑三个领域之间日益增强的相关性。

雇佣关系的各方

工会

由于英国是第一个工业化国家,许多英国工会的创始可以回溯到19世纪中叶之前。最早期且持久的工会是由技术性的工艺工人成立,而且只有他们才能加入。半技术性、无技术性和女性手工劳工广泛加入工会,在19世纪末叶才开始出现。第二次世界大战之前,大部分加入工会的白领工人受雇于公共部门。直到大约1960年,才有大量民间企业的白领工人加入工会。虽然在1920年英国有1 348个工会,但是到2008年只剩下193个工会,这主要是合并的结果。工会的会员相当集中:拥有10万个以上会员的14个工会,占了总会员数的85.3%,而三个最大工会的成员即占了总会员数的

50.6%（Certification Officer,2008）。

英国工会的运动对于工党在 1906 年的成立起了重要作用。当时政党的政治活动被视为工会活动的必要辅助行动，尤其在出现一连串的不利判决之后，显示出英国需要订立新法律来重建工会权利。如今，个别的工会可以附属于工党，通过对会员的政治征收(political levy)捐献政党基金，也可以依自己意愿选择不参加(opt out)工党。自 20 世纪 80 年代中期以来，工党领导阶层已逐渐远离工会，工会在工党年度大会上的投票权已经减小，在大会上对抗工党领导阶层而赢得的胜利已被忽视。与此同时，有愈来愈多的政党献金是来自企业界。由于目前企业界给予工党的献金已经减少，相比 1997 年后那样，工党再度较多地倚靠工会提供献金，未来这种关系的特性仍有待观察。

自第二次世界大战以来，英国工会化的程度与密度起伏不定，可以看出战后有三个明显的阶段。首先是在 1948 年至 1968 年间，会员总数从 930 万增加到 1 020 万，但是滞后于受雇人数的增加。这段期间，工会密度在 41.9% 至 44.9% 之间波动（Bain & Price, 1983:40）。其次，会员人数在 20 世纪 70 年代有显著成长，因为工人（尤其是白领）被吸引加入工会。会员人数从 1968 年的 970 万增加到 1979 年的 1 260 万，为历来之最，当时的密度高达 55.8%（Waddington, 1992）。第三阶段始于 1979 年，当时正逢保守党在撒切尔夫人领导下胜选而组成政府。保守党的政策促使制造业的就业率下跌，从而加速导致英国在 20 世纪 80 年代初期陷入严重的经济危机。失业率的急剧上升使得工会成员数目减少，其后由于就业率的增长集中在工会难以组成的民间服务业，进一步促使工会成员减少。工会密度在 20 世纪 80 年代与 90 年代持续降低。在 1979 年至 2008 年间，工会成员数目减少了 500 万，跌至 760 万人（Certification Officer,2008）；而在 1979 年至 2007 年间，密度从 55.8% 跌至 28%（Mercer & Notley,2008）。

在劳动人口中，工会密度有显著变化。非体力劳动工人占工会总人数的比例愈来愈高，而且他们现在比体力劳动工人更可能被吸收加入工会。2007 年 12 月时，公共部门的工会密度是 59%，所有工会会员中有 58.6% 是受雇的。民营部门的工会密度是 16.1%，其中 21.8% 是在制造业。女性的工会密度连续六年超越男性，在第六年，女性的工会密度是 29.6%，男性是 26.4%。全职工人（30.1%）比起兼职工人（21.9%）更可能加入工会；年逾 50 的工人（35.2%）比年纪不到 25 岁的工人（9.8%）更可能加入工会（所有数据来自 Mercer & Notley,2008）。

虽然对于促成工会式微的各种力量的相对影响，并没有一致看法，但是普遍的观点是外部影响诸如宏观经济环境、正在改变的劳动力结构、管理阶层的抗拒与工作场所的实务，以及国家政策，都不利于工会的组成（Mason & Bain, 1993; Metcalf, 1991）。此外，工会制度内的问题也是促成工会式微的一个因素。这些问题包括：招募会员计划不足，不论是在资源的分配或实务的执行方面（Voos, 1984; Kelly, 1990）；工会未能有效造福员工（Bryson & Gomez, 2005; Metcalf,2005）；工会高层对于改革的承诺（Undy et al., 1981），以及未能改革工会的政策、实务与管理以符合潜在会员的利益（Hyman, 1999; Dolvik & Waddington,2005）。不过，很明确的是，工党在 1997 年胜选执政，和工会的兴起并没有关系。1999 年的《雇佣关系法》（*Employment Relations Act*）中明订的新承认工会程序的条款，被视为让经理人得以抗拒工会的组成（Gall, 2003; Ewing et al.,2003）。虽然近期有较多数据显示，新的承认工会协议的数目正在增加，但那些协议大多集中在已有工会成立的领域，仅略多于终止承认（de-recognition）的案件（Gall, 2004; Blanden et al., 2006）。

与工会的式微同时发生的是罢工活动的式微。1970 年是巅峰时期，那年总共发生了 3 906 宗罢工案件，损失了将近 1 100 万个工作日；此后罢工案件渐减，到 2005 年时只有 116 宗，损失了 157 000 个工作日（Beardsmore, 2006）。和罢工活动式微有关的是罢工原因的改变，整个 20 世纪 90 年代，防御性（defensive）罢工是重头戏。不过在 1999 年以后，工资与相关议题仍然是多数罢工活动的抗争焦点。在英国，罢工活动的式微比别的国家来得剧烈，因为保守党政府在 20 世纪 80 年代通过了施行限制罢工的法令（Elgar & Simpson,1993）；其后上台执政的工党政府没有废止那个法令。

英国有一个主要的工会联盟：英国工会联盟（Trades Union Congress, TUC），成立于 1868 年。2008 年时，TUC 旗下有 58 个工会，代表将近 650 万个会员。TUC 从来不曾直接参与集体协商，对于旗下的工会只能展现相当小的法制权威。从历史上来说，TUC 承担三个主要任务：游说政府、服务旗下的工会、裁决旗下工会之间的纷争。在第二次世界大战期间以及战后，TUC 的游说范围扩增，当时 TUC 的政治影响力增加，曾召集工会代表参加许多涉及三方团体与半官方机构的会议（Goodman, 1994）。但是在 1979 年以后，许多涉及三方的制度被废除，TUC 被排除在权力走廊之外，以致它的影响力下降到 20 世纪 30 年代以来的最低水平。工党在 1997 年再度上台执政，但是 TUC 和工党政府已渐行渐远，双方的关系远不如前几任工党政府时期亲近，因为东山再起的工党政府，试图与工商界建立起胜过以前工党政府时期的更密切关系（Waddington,2003）。面对欧盟，TUC 再度扮演游说角色。

它仍然对旗下的工会提供各种服务,虽然当时许多较大的工会已不再依靠 TUC 提供服务,通常是由工会内部提供。TUC 裁决旗下工会争议的作用也已降低,因为纷争的情况已经减少。

政治影响力的丧失,加上对旗下工会也失去法制权威,导致 TUC 的活动在 1994 年作了重大检讨,结果它抛弃了许多委员会架构,希望成为更有能力从事运动的组织(Heery,1998)。之后出现了发起各式各样运动的倡议,其中两项很令人瞩目。第一项是以组织学院(Organising Academy)的成立为重心,旗下的工会代表可以到组织学院接受组织技能的训练(Heery et al., 2003)。组织学院设立的宗旨在于鼓励各类工会努力发展组织,作为逆转工会式微的一个手段。在组织发展的行动方针下,倡议的范围与运用的技巧非常广泛(Heery et al.,2000)。不过,虽然有一些组织发展的倡议作得很成功,但只能勉强弥补别处会员的流失。第二项令人瞩目的运动聚焦于与良好雇主建立伙伴关系。这个倡议的目的是利用员工与雇主在许多议题上的共同利益,由工会表现出对工作弹性的让步,以换取雇主对工作安全的承诺。签署了完全按 TUC 设想的伙伴关系协议的公司相对较少,许多签署了这种协议的公司当时是在重新调整结构的痛苦时期(Heery, 2002; Martinez Lucio & Stuart,2005)。

管理部门、雇主和相关协会

成立于 1965 年的英国工业联合会(Confederation of British Industry, CBI),是英国最高层的雇主组织。它是向政府与欧盟机构游说的重要组织,但是就如同工会联盟,英国工业联合会并不参与集体协商。它宣称代表 20 万个雇主的观点,这些雇主雇用了英国大约半数的劳动力(Marchington & Wilkinson, 2008: 83)。虽然规模较小的董事协会(Institute of Directors)在 20 世纪 80 年代的影响力增强了,但就雇佣关系活动而言,董事协会的重要性已经不再。

从历史上来看,雇主协会在塑造英国雇佣关系的自愿主义系统上发挥了重要作用(Rollinson & Dundon)。起初是在地方层级,然后是在国家层级(这一级更加重要),雇主协会代表各行业的雇主,与工会就承认事宜、争端解决程序,以及各会员公司的实质条件达成协议。雇主协会提供对抗工会运动的共同防御方式,而且或多或少让在同一产品市场竞争的英国雇主不在员工薪资上竞争。20 世纪 50 年代与 60 年代,有许多迹象显示雇主协会签署的协议逐渐丧失管理的有效性。工作场所奖励金与工作评价制度增长、加班工作增多以及联合管理范围扩大至原本属于管理阶层的特权领域,这些都是由工作场所的工会代表所领导的。

雇主协会的数目已经减少，从 1968 年的超过 1 350 个协会降至 2008 年的仅仅 80 个协会(Certification Officer,2008)。雇主协会通常提供一套或多套服务给其会员：(1) 集体协商通常只是建立架构，然后地方层级的各方加入架构中，以处理它们自己特有的问题与议题；(2) 协助解决争议，方法是提供独立的角色，与获得承认的工会一起解决企业层级未能达成意向的问题；(3) 就新立法给会员提供专业的建议，并回答有关工作场所的疑问；(4) 代表会员的观点，不论是在就业论坛或是面对政府与欧洲委员会(European Commission)。虽然有一些例外，不过雇主协会已变成雇佣关系的外围组织，提供法律、咨询、培训等服务，而且一般来说势力已经大为减弱。

自从 20 世纪 80 年代以来，看得出雇主的势力与行动的自由已大大强化，这是产品市场的竞争加剧与工会式微所致。虽然雇主在劳动力领域的目标仍然着重于员工的管控、生产力的提升与成本的降低，不过策略的混合与方法的平衡是多元化的；这一点不足为奇，因为在自由市场经济体内，雇主协会的影响力相当缺乏。许多协会可以被形容为采用实用主义/机会主义(Purcell & Sisson)的管理作风，强烈受到削减成本与继续经营的意图的影响；这一特点尤其存在于小型雇主或雇佣关系风格是由产业龙头公司决定的企业，例如食品零售或汽车制造业(Edwards & Ram,2006)。并非所有雇主都采取严格以成本为导向的策略，尤其是那些在产品或服务质量基础上竞争的雇主，以及依靠人力资本达到竞争优势的雇主(Marchington & Wilkinson,2008)。

管理阶层为追求更大的弹性以及让员工更具敬业精神，其发展让员工直接投入与参与的技巧及相关的人力资源管理实务。他们也引进和绩效考评连动的薪酬方式。裁员解雇的经验也广泛传播。在制造业与金融服务业，来自美国、欧洲、日本企业，以及较近期来自中国、印度与中东企业的直接投资，一直在成长。这类跨国企业的雇佣实务已对英国的工作场所造成重大影响(Pulignano,2006)。

拥有十名或以上员工的工作场所中有三分之一设有人事部门或聘有人力资源专员，其中大多数在工作场所或组织的较高层级可以找到专员协助。在较大的工作场所或组织，较有可能设有人事部门，这不足为奇。超过 60% 的民营企业在董事会设有人事/人力资源部门，但这个数据会因产业与组织大小的不同而有变化，而且在承认工会的组织这个数据更高(Kersley et al., 2006:64)。自从 20 世纪 70 年代以来，专业团体，如英国特许人事发展协会(Chartered Institute of Personnel and Development)的成员已增加到将近十倍，而于 2008 年超过 13 万人，目前是欧洲遥遥领先的最大的人事专家组织，在全世界仅次于美国的等同团体。与此相关的是，对于人力资源部门如何通过企业伙伴的角色而能在策略的决策上作出贡献，人们更加感兴趣（Ulrich & Brockbank, 2005; Francis & Keegan,2006）。

虽然如此，人事部门的未来面临一个威胁，这个威胁来自各部门经理以及专业顾问公司、外包公司与共享服务的营运单位。在许多企业，各部门经理承担范围较大的人力资源管理活动（Purcell & Hutchinson,2007），在某些情况下，这已导致企业内部人事专员功能的瓦解（Reilly et al., 2007; Marchington & Wilkinson,2008）。由于雇主面临持续的压力，必须削减成本、专注于经营核心事业而让其他公司承包更多工作，管理阶层对于雇佣关系的支持可能会加速瓦解（Marchington et al.,2005）。

人事专员对雇佣关系的主要职责仍在于员工的申诉处理、招募与遴选、人事安排及员工咨询等事宜（Kersley et al., 2006: 48）。此外，致力于促使员工积极投入与提升绩效的人力资源实务已大为增加。举例来说，工作场所雇佣关系（WERS）调查指出，将近四分之三的核心员工参与团队工作，虽然还不很清楚这对于与工作相关的决策有多少影响（Kersley et al., 2006: 91）。不过，这类政策在组织完全扎根的程度（Cox et al.,2006），以及其用处是策略性的或仅是实用性的，仍有很大疑问。

国家的角色

雇佣关系研究者传统上都认为英国具有自愿主义的特性，因为有关雇佣的法律规范属于较低层级。但是这个特性已逐渐过时。从历史上来说，“英国（政府）在雇佣关系制度的建构、维持与重建上，其实已经成为中心角色”（Howell, 2005:3）。只有在关于员工权利方面，政府大致上（虽然不是全部）避免介入。

雇佣关系法规的变革

英国的劳资革命同时为两件事奠定基础：工人空前未见地积极加入工会，以及从 1799 年的《结社法》（*Combination Acts*）开始，政府对于工会的成立采取重压式的响应。20 世纪初，自愿主义架构开始成型。英国政府没有申明员工的一套积极权利，而是从刑法与民法各领域为工会选择了一套豁免事项。这个过程受到 1906 年《劳动争议法》（*Trade Disputes Act*, Wedderburn, 1986）的加强，直到 20 世纪 80 年代，这条法令一直是工会法的基础。

自愿主义的主要特色包括：(1) 对集体协商没有法律约束力；(2) 雇主自愿承认工会的存在；(3) 雇佣关系结构形式化(formalisation)的程度相当低；(4) 国家提供一个辅助解决争议的轻型、自愿主义架构，政府不动用权力下令中止罢工活动或施行冷静期(cooling-off period)。这种放任主义的管理方式获得工会与雇主的支持。

从战后到20世纪70年代，工会的设立增加，同一时期英国的经济表现弱势。为了逆转颓势，雇佣关系的改革成为政府施政的优先项目。虽然唐纳文委员会(Donovan Commission, 1968)的报告主张继续采取自愿性改革，但其后几年继任的政府都诉诸立法。一个例子是保守党在1971年通过的《雇佣关系法》(*Industrial Relations Act*)，该法令试图削弱工人发动罢工的能力(Rideout, 1971)。这条不走运的法令追随美国的模式，目标之一是让集体协议成为依法可强制实施的合约。但工会集体抵制它的大部分内容，雇主也很少遵行，因此它大致上没有效果。除了不公平解雇条款外，这条法令大部分的内容在1974年被工党废除。

撒切尔夫人领导的保守党在1979年赢得政权后下定决心要击溃工会。Fairbrother(2002)强调这个时间点是英国脱离传统的自愿主义，转向新自由、干预主义国家的一个转变。其后上台的保守党政府执政期间实施的改革包括，通过旨在限制工会进行合法罢工或怠工(industrial action)的立法，减缩了工会传统的具有法律免责权的项目，让次级(secondary)罢工行动成为非法，在进行罢工或怠工之前举行秘密投票，禁止公司行号只雇用工会会员，并废除可促进工会获得承认的法定程序，如此一来让工会很难团结与扩增会员。此外，新法令以命令方式干预工会内部的管理。

从整体来看，1997年后上台的工党政府并未改变保守党引进的雇佣关系法的基本架构，虽然其放宽了一些细节，例如减少工会会费，并为工会订立了一项获得雇主承认的新机制(Simpson,2000)。1999年还有一项成功的行动，即实施全国基本工资制以应对低薪问题。除了这些固有的倡议，布莱尔(Blair)首相决定加入《马斯特里赫特社会协议》(*Maastricht Social Protocol*)的行动，或多或少强化了法定的就业权，包括代表参与架构、工时的规定、平等的机会、不歧视、遣散的保障、卫生与安全条款等领域，皆是欧盟的指令移入英国劳工法的结果(Deakin & Morris,2005)。因此可以下一个结论：近代的英国雇佣关系规定，一直在从自愿主义转向法律化，至少在最低的权利与标准方面是如此。

经济政策

英国的经济政策已有大幅演变，尤其是自战后以来。第二次世界大战刚结束时，以国家主导的收入再分配和充分就业承诺为基础的需求面经济学，是当时的主流。保守党在 1979 年上台执政后，对凯恩斯理论（Keynesian）的共识突然终结。撒切尔夫人领导的政府选择了以供给为主的解决办法来管理经济，采用货币学派政策与财政紧缩，并且对公共部门的薪酬施加更多管制。除了这些改革，还有对经济的解除管制以及劳动市场的弹性化。最后，打击通货膨胀成为施政的第一优先项，而且在这方面保守党或多或少算是成功的（Matthews & Minford, 1987）。

1997 年，工党的胜选导致一连串的政策变革（Dickens & Hall,2006），但是保守党密切关注的通货膨胀问题，也成为布莱尔首相与其后上台的布朗（Brown）首相管理经济的重点。相对而言，英国的通货膨胀率整整十年都维持在低位。工党政府把制定利率的能力移交给独立的英格兰银行货币政策委员会（Monetary Policy Committee of the Bank of England），而把年度目标定在不超过 2.5%（后来是 2%）上。然而，通货膨胀率在 2007 年突破了 3%，就在那时英国的金融市场与更广大的经济前景开始恶化。2008 年以后发生的全球金融危机使经济有衰退之势，都是在通货膨胀率上升的环境下发生的。自由民主党的卡梅隆-克莱格（Cameron-Clegg）政府将如何处理这个危机以及对薪资与就业机会会有什么影响，仍然有待观察。不过，卡梅隆政府正在大量削减公共支出，并可能对劳资争议采取更强硬立场。

争议的解决

第二次世界大战结束以来，英国政府已提供调解与仲裁服务，以补充自愿性集体协商与争议的处理程序。这些服务最初是在 1945 年由劳工部的人事管理顾问服务处（后来改称为雇佣关系服务处，又改为雇佣关系委员会）所提供的（Kessler & Purcell, 1994）。但是在 1975 年，威尔逊（Wilson）政府通过《就业保护法》（*Employment Protection Act*），设立了独立的“咨询、调解与仲裁服务局”（ACAS）。自那时以来，ACAS 一直由雇主、工会选派人士、人数相当的独立会员组成的三方委员会所管理。借由这些方法，继任的政府努力避免介入劳资争议，虽然政府在公共部门仍是具有重大影响力的相关一方。

ACAS 的服务是由政府提供经费，包括对个人申诉法定就业权遭到违反案件的调解（这是它的主要活动，而且已大为扩张），以及对集体争议的调解。它也提供就业方面的信息，并在雇佣关系与政策的各方面向劳资双方提供咨询。ACAS 人员执行个人与集体的调解并提供建议，但是他们指派独立的专家（通常是学者）担任项目调解人与仲裁者。英国的仲裁和其他许多国家的不同,既非强制性的(不同于澳大利亚),也不具法律约束力(不同于北美与澳大利亚)。虽然 ACAS 是由工党设立的,但在保守党执政下继续运作,不过保守党确实限制了仲裁在公共部门的运用,削减了 ACAS 进行调查的功能,并卸除它先前所负的促进与改善集体协商的责任(Goodman,2000)。

举例来说,ACAS 在 2007 年至 2008 年收到 896 件集体调解的要求,其中超过 90% 获得解决(ACAS,2008)。同样在那年,ACAS 国内咨询服务电话收到 885 353 通电话,而且服务人员作了将近 2 000 次的指导访问(ACAS,2008)。除了调解与仲裁,ACAS 也自行进行雇佣关系的调查,并提供经理人与员工代表的训练与培养计划。举例来说,ACAS 的平等与多样化服务处(Equity and Diversity Services)提供旨在预防争议爆发的工作场所训练。这些活动的结果是,有 76% 的企业采取或修补特定或全面的平等与多样化政策或程序(ACAS, 2008:22)。因此这个组织在确保工人与雇主有公平关系方面,扮演重要角色;这个议题在本章结尾处将再作讨论。

公共部门

对英国占很高比例的劳动力来说,政府是很重要的一个直接或间接的雇主(在 2008 年,英国所有工人中有将近四分之一受雇于公共部门),而且通过它的影响力,间接扮演其他雇主的模范的角色。20 世纪大部分时间,英国政府努力作个优良雇主,鼓励工会吸收会员,并提供可比较的条件及大体上比民营部门安全的就业机会。撒切尔夫人在 1979 年再度上台执政,象征一个重要的转折点。

在 1979 年至 1997 年间,随着继任的保守党政府努力限制公共开支与减少国家角色与规模,公共部门逐渐转型。最令人瞩目的变化是公有企业(电信业、航空业、煤矿业、钢铁业与铁路业)以及公共事业的民营化。原则上,民营化的目标是要在这些产业中注入竞争力,从而提升效能与生产力。一个显著的效果是,公共部门雇用人员减少,从原本占劳动力的 30% 降至 22%(Winchester & Bach, 1995)。此外,严格的现金支出限制与预估的效率提升被纳入来年预算(forward budgets)中,以便把公共部门许多领域的加薪幅度限制在通货膨胀率之下(Beaumont, 1987)。公共部门的罢工,例如 1980 年钢铁工人的罢工与 1984 年煤矿工人的罢工,遭到抵制,要求仲裁的渠道也被关闭或受到限制。

保守党也在许多领域撤销管制规定,例如公营运输系统、地方当局与国家健康服务系统(National Health Service, NHS)。许多行政部门的功能经重组后纳入权责皆扩大的执行机关,其他领域则大幅削减雇用人员并接受市场考验(Stewart & Walsh 1992)。在最佳价值的法律规定下,地方当局受命要把一些服务发包给民营部门去作,其后国营与民营的伙伴关系被引进到地方政府与 NHS(National Health Service Trusts),对雇佣关系有重大影响(Rubery et al., 2002; Grimshaw et al.,2002)。这个过程的用意在于要在公共部门建立起民营部门的价值与实务。这样作实际上造成了一个结果,也就是工作被分散到不同的组织中(Marchington et al.,2005),其影响将在下文中讨论。

正如在法律改革与经济政策方面一样,1997 年以后,工党政府广泛保留了保守党的许多提案以改变公共部门的雇佣关系,做法是持续推动竞争力的提升与谨慎的财政政策。此外,为了履行提升公共部门绩效的竞选诺言,工党政府努力引进与绩效连动的薪资制度,尤其在教育与卫生保健方面。

雇佣关系过程

雇佣关系的重心在于规范薪资水平、工时、工作方法与程序以解决劳工与雇主分歧的条款。这些条款可以用各种不同的方式制定,包括法令施行、管理决策(不论是否向员工咨询),以及工会与雇主之间的集体协商。集体协商的范围与规模已经缩减,而且在许多情况下,管理部门会直接设定条款,而非与工会协商。Towers(1997)把集体协商减缩(以及强制性员工咨询制度的普遍缺乏)所留下的真空状态描述为代表性落差(representation gap)。

集体协商

集体协商在英国有长远的历史。19 世纪末在一些产业发展出产业级的协商,其他产业则在第一次世界大战后不久通过联合产业委员会(Joint Industrial Councils),也有了集体协商。20 世纪 20 年代初期,体力劳动者的多雇主协商制已经建立起来,而且产业级的协商受到继任政府的鼓励,成为建立有条理的雇佣关系的一个方式。虽然有例外,但是横跨所有产业的集权式协商,大致上没有留下什么空间以供工作场所的协商。

在第二次世界大战期间以及战后的某些产业,工会代表(shop stewards)逐渐成为工作场所的协商人员,以弥补全国性工会干部与雇主协会代表之间的产业级协商的不足。这个发展是因为集权式协议无法详尽制定工作场所规章,而随着劳动市场的紧缩,工会代表的权力增加了,结果产生了工资草案(wages draft)。成立于 1965 年以检讨雇佣关系问题的唐纳文皇家委员会(Donovan Royal Commission)主张,工作场所的协商应该制度化,因为这会减弱全国性多雇主协商的影响，同时能消除所谓的混乱状态，那是由未经协调的企业内协议造成的。雇主与工会接受了这个建议，以至于单一雇主的协商受到大力支持，而且从20世纪70年代中期开始，在大部分的民营部门，集体协商已成为分权化协商。

在1970年，集体协商涵盖了大约70%的劳动力，但是自从那时以来已经减少到大约27%，而在70%的工作场所是由管理阶层单方面制定薪酬(Kersley et al., 2006: 179)。此外，工作场所就薪酬而进行集体协商的百分比，已从1998年的30%降至2004年的22%(Kersley et al., 2006: 182)。在不同行业之间有相当大的差异，公共部门的百分比最高(83%)，民营部门服务业的百分比最低(14%)。不同工作场所之间的集体协商形态与特性，也有很大的变化，和下列三者有关：协商发生的层次、任何协议所含括的员工单位的规模与结构，以及联合规章(joint regulation)所决定的主题范围(Kersley et al., 2006: 179—180)。自20世纪80年代初期以来集体协商范围的缩减，已导致一些人认为，工会对工作场所雇佣关系规范的介入已经被边缘化，而且许多集体协商的安排是空壳子(hollow shells)，因为经理人拒绝和工会代表磋商(Marchington & Parker, 1990)。

民营部门已很少有多雇主协商，公共部门的多雇主协商也已减少。1990年以后，迈向单一工会制度与单桌协商(single-table bargaining，即所有获承认的工会一起协商)的行动加速进行。2004年，承认工会的工作场所中，有将近半数承认单一工会，将近三分之一承认两个工会，大约有五分之一承认三个或以上的工会。单桌协商的情况发生在60%的承认一个以上工会的工作场所(Kersley et al., 2006: 123)。实际上，拒绝为了集体协商的目的而承认工会的资方数目正在增加。工作场所雇佣关系调查(WERS)指出，为了集体协商而承认工会的工作场所数目，已从1984年的66%降到2004年的39%(Blanchflower et al.,2007)。因此，目前英国的集体协商没有西欧其他地方那么普遍，承认工会可代表协商的资方数目也低于西欧其他地方。

员工的介入与参与

过去一个世纪以来，员工参与工会的兴趣起起落落，当雇主觉得他们受到劳工的威胁时，员工参与的活动激增；当这个威胁消退时，员工参与的动能就消失了(Ramsay, 1977)。可用来说明这种情况的例子包括：19世纪末通过利润分享，以及两次世界大战期间及其后通过劳资协商(joint consultation)，员工参与的情况增加了；此外在20世纪70年代通过英国工会联盟与布洛克调查委员会(Bullock Committee of Inquiry)，劳工董事的数目增加了。

最近劳工参与的兴趣与活动的增加，体现在 20 世纪 80 年代以来打着“员工参与”旗号的活动，而这和先前的员工参与形态大为不同。它倾向于个别化与直接的参与（相对于集体式与通过代表的参与），由管理阶层单方面发动，目标是让员工更加投入工作以及认同资方。在员工与工会没有施加太多压力的情况下，员工的参与增加了；法律方面对于员工入股、与利润连动的薪酬、信息与咨询，都有所支持。

从多次的工作场所雇佣关系调查（WERS）获得的资料可知，员工参与的情形已有增加。Millward 等（1992）指出，在 20 世纪 80 年代，管理阶层主动提议增加员工参与的次数增加了，这个趋势持续到 20 世纪 90 年代。Cully 等（1999）指出，最顶尖的五项新管理措施与员工参与计划中，有四项是采取员工直接参与方式。工作场所雇佣关系调查进行时，团队简报已很普遍（超过 90% 的工作场所宣称实施这个做法），以及更系统地使用管理链（management chain）在组织内散播信息。相较之下，联合协商委员会（Joint Consultative Committees）已较少被广泛采用；只有 14% 的工作场所采用（1998 年有 20% 的工作场所采用），在工作场所以外，联合协商委员会式微的情形没有那么急剧。个案研究的资料（Marchington & Cox 2007）支持这种看法，并指出，直接的员工参与比通过工会的间接员工参与更加有效（Bryson，2004）。

直接的员工参与有几种不同形式：（1）通过团队简报与员工报告等方式，经理人由上而下与员工沟通；（2）通过质量循环（quality circles）与员工提案改善制度（suggestion schemes）等做法，汲取员工的知识与意见，由下而上解决问题；（3）任务参与，即通过工作轮调、工作丰富化（job enrichment）与团队合作等做法，让员工受到鼓励或期待扩大工作的范围与类型（Kelly，1982；Appelbaum et al.，2000）。还有财务上的参与，其目的是让个别员工的部分薪酬与他们自己的绩效和/或他们所属单位或集体的绩效有联动关系。这些包括利润分享计划与各种不同的员工入股计划；2004 年的工作场所雇佣关系调查（WERS）估计，实行其中一种计划的工作场所仅略超过 20%（Kersley et al.，2006：191），涵盖了 300 万名工人。

虽然直接的员工参与自 20 世纪 80 年代以来已有大量增加，不过由代表参与的情形并未完全消失。20 世纪 60 年代，强大的工会代表组织发展起来后，人们觉得联合协商委员会（JCC）不太可能继续存在，然而它们在 20 世纪 70 年代再度出现，20 世纪 80 年代以后才又式微（Kersley et al.，2006）。它们较常见于公共部门、较大的工作场所、工会获得承认的工作场所，较少见于民营部门、较小的工作场所、工会不获承认的工作场所。它们的式微主要是工作场所的结构组成与部门组成正在改变之故，尤其较大型企业的数目正在减少。工作场所雇佣关系调查(WERS)小组的固定样本数据(Kersley et al., 2006:191)指出,联合协商委员会(JCC)很少被引进以替代工会,而且在管理阶层积极鼓励或不鼓励工会的工作场所,都可能有直接的员工参与。

当前与未来的课题

工作的公平性

雇佣关系的一个日益重要的课题是工作的公平性。我们对公平性采取广义的定义以纳入绝对与相对的薪酬、移民的公平对待、工作场所的性别平等以及霸凌与骚扰议题。这些议题就如有关劳工发言权的议题,每一个都可以置于有关工作尊严的较大范围来讨论(Hodson,2001)。

英国的低薪酬议题已经明显受到重视,尤其在保守党政府于1993年以加大劳动市场弹性的名义,废止了工资理事会(wages council)后。1997年,新当选的工党政府设立了由三方参加的低薪酬委员会(Low Pay Commission),而在两年后开始实施全国最低工资制,主要目标是对社会公平作出积极贡献(Grimshaw,2009)。近期的证据显示,最低工资制不仅减少了英国拿低薪的工人数目,而且并未因此让劳动市场失去弹性。在此情况下,以法定最低工资制的形式来促进工作的公平性,对受雇者、工会与雇主而言,都可视为积极正面的发展。

在不容忽视的相对薪酬方面,劳工还有待努力。收入不平等的情况在撒切尔夫人与梅杰(Major)政府执政时急剧上升,而在布莱尔于1997年上台时达到前所未有的程度(Grimshaw,2009)。在那之后,尽管工党努力减少不平等现象,但在收入的分配上不平等现象还是略有增加。所以,尽管薪酬水平已经提升,但收入高的人群收入增长更多。另外值得一提的是,如前所述,工作场所的不平等,在工党政府于公共部门实施薪酬与绩效连动时,成为制度。在微观层次上,与绩效连动的薪酬,利用结构的不平等来提升生产力(Armstrong,2002)。虽然薪酬结构上的不平等可用来作为激励手段,但也可能造成员工的疏离感与高流动率之类的问题。

另一个重要趋势是,自1997年以来,外来移民加速移居英国。据估计,英国的净移民数(net immigration)在工党胜选后增加为原先的四倍(Somerville,2007)。这些新移民中有很大比例是来自东欧的经济移民与暂时性移民(Dustmann & Weiss,2007)。如此大量的人口组成的变化,对英国工会来说,在工作上构成了种族与民族歧视相关的威胁,这也是在招募黑人与少数民族会员方面,以及回应社会包容议题的不同观点的新挑战(Martinez Lucio

& Perrett,2009)。2007 年,平等与人权委员会(Equality and Human Rights Commission)设立,以备案并对抗广义的歧视问题。这个委员会目前正在研究移民在英国受到的不平等待遇。

自从 1970 年英国通过《平等薪资法》(*Equal Pay Act*)以来,性别平等向来是政治上的重要课题,虽然这方面的进展缓慢,但在工党执政下并没有失去这个课题在当代的适用性。虽然全国最低工资制对于缩小性别上的薪资差距有一些贡献(Grimshaw,2009),但女性在工作场所仍处于劣势,而且在许多企业高层中女性代表的数量仍然不足。鉴于这种性别的差异持续存在,女性主义与女性主义者应该在主流的雇佣关系中扮演更积极的角色,以便更精确掌握超越社会阶级的就业复杂性(Holgate et al.,2006)。

英国新出现的有关工作公平性的辩论中,日益重要的一个议题是工作场所的欺凌与骚扰问题(Hoel & Bealle,2006)。这个议题显然与薪酬结构(由于它们产生了不同的权力关系)中的低薪与不平等问题、对移民的公平待遇(因为他们常遭到欺负),以及性别的不平等(因为女性在工作场所常受到性别歧视)有关系。欺凌的来源包括同事(Vartia & Hyyti,2002)、顾客(Bishop et al.,2005)与经理(Hoel & Beale,2006)。虽然欺凌的议题常被认为和肢体暴力有关,但它也有心理上的因素。在欺凌与骚扰这个领域作进一步研究是应该的,那不仅是道德上的当务之急,而且在工作场所互相尊重对生产力也有好处(Appelbaum,2008)。

加入欧盟对英国雇佣关系的影响

英国在 1973 年加入欧洲经济共同体(EEC)时,雇主在英国工业联合会的领导下通常是支持英国参与 EEC,而工会的许多运动则是反对英国加入 EEC。自 1973 年以来,虽然雇主对于英国采用欧元并没有一致的立场,但多数的雇主组织支持欧洲以发展单一欧洲市场的方式,进行经济上的整合。相形之下,欧洲社会政策议题的扩充已遭到许多雇主组织的抵制。英国工会在 1979 年之后对于 EEC 的立场已经改变,与之相关的转折点是欧盟委员会(European Commission)主席德洛尔(Delors)于 1988 年在英国工会联盟年会上的演说。这次演说之后,多数工会支持欧洲经济进行更深入的整合,同时也在更广泛的社会层面上作整合。撒切尔夫人领导的保守党政府的政策在两方面影响了工会立场的改变。第一,工会会员被排除在外,不得与政府打交道,而且撒切尔政府制定的限制性立法,限制了工会会员的政治活动空间。第二,EEC 日益增加的社会议题,让英国雇佣关系获得了在本国原本没有的机会,虽然保守党政府在 1992 年选择不参加《马斯特里赫特条约》的社会条款(社会宪章),让工会会员有可能被排除在这些福利之外。因此,工会会员立场的转变,是由想获得社会政策措施的福利所致,那些措施可弥补英国这方面措施的欠缺。

工党政府在1997年胜选后,一反先前立场,加入了欧盟的社会宪章,承诺英国接受一系列的社会政策,包括欧洲员工委员会(European Works Councils)的指令(94/45/EC)。不过,普遍来说,工党力图保有来自前任保守党政府所制定规章的竞争优势,尤其在有关劳动力弹性化(labour flexibility)方面。为了这个目的,获得雇主组织支持的工党政府发起运动反对采取信息与咨询(Information and Consultation, 2002/14/EC)的指令,只有在其他少数成员国不再反对这个做法时,英国才不再反对;并对工时的规定引进许多例外情形,而且部分予以废除;此外,不赞同修订欧洲员工代表会的指令以对信息与咨询作更具体的定义。欧洲社会政策蹒跚的前行,以及欧盟委员会新自由政策目标的日益显著(Hyman,2005),也使英国许多工会重估它们对于欧盟的立场。欧盟基本权利宪章(EU Charter of Fundamental Rights)的未能获得批准,以及博尔克斯泰因(Bolkestein)有关服务业自由化指令中新自由派提议的进展,都是目前趋势发展的例证。

英国在广泛的卫生与安全事务上,已有许多立法,此外,欧盟具有影响力的立法对于英国劳工法与雇佣关系的影响,集中在两大领域:个人就业权和信息与咨询权。

英国的自愿主义传统让我们了解了1960年以前的许多雇佣关系实务。由于英国于20世纪60年代和70年代通过了限制经理在招募、平等、停职、遣散费、不公平解雇等方面的立法,自愿主义的传统已经减弱(Anderman,1986)。不过它的影响仍然很明显,从英国个人就业权的范围比西欧其他国家来得狭窄可以看出。自从英国在1997年一反不参加社会宪章的立场后,源自欧盟的一系列新权利已经制定实施,其中较显著的是涉及下列事项的规定:工时、紧急家庭事务假的权利、育儿假的权利、兼职工作者平等待遇权与定期合约工作者受保护权。最后两项权利是来自欧洲社会伙伴之间的架构协议。由于英国是欧盟成员国且承诺接受社会宪章,因此个人就业权得以扩展。

欧盟的法律影响到英国雇佣关系实务的第二个领域是信息与咨询。有关欧洲员工委员会的指令(94/45/EC),尤其是指令(97/74/EC)扩展到英国,而在信息与咨询方面(2002/14/EC),结合了欧洲公司章程(Regulation No. 2157/2001)以及它附带的有关欧洲公司员工参与的指令(2001/86/EC),构成了一个覆盖面广的规章网络,使用范围在国家与国际的层面上。

起初,不参加社会宪章让总部设在英国的公司无须遵守有关欧洲员工委员会的指令。该指令的规定允许总部设在英国的公司可自行作一些选择,因而吸引了其中许多公司在 1994 年 9 月起以后的两年间设立了欧洲员工委员会。然而到今天,这些公司已不再采用欧洲公司的身份。同样地,英国雇主、工会与员工对于信息与咨询规定(即移转到英国的信息与咨询指令)的反应已经冷淡(Hall,2006)。因此,信息与咨询规定的指令让英国得以从单一渠道转变到双重的代表制,还有待未来的发展(Davies & Kilpatrick,2004)。

网络化组织的雇佣关系

近几年来,由于网络的成长,雇佣关系的概念已变得模糊且零碎,目前已成为英国的一个重要现象,这是民营化加上民营企业为降低成本而将现有工作转包的情况增加所致(Legge,2007)。这和我们刚刚检视过的两个主题有关。在工作公平性方面,它使供货商公司的员工受到的待遇不如客户公司或业界领导公司。它和欧盟成员国的关系在于,许多指令,例如和信息与咨询、低薪酬与工时有关的指令,冲击到转包商或代理商员工的工作情况。这也让人担心雇佣关系、人力资源管理与法律定义的方式未能把多雇主网络作适当理论化。一旦受雇于一家公司(例如供应链更上游的代理商或转包商)的员工待遇条件受到另一个雇主的重大影响甚或被其决定时,这一点尤其很有关系(Purcell et al., 2004; Marchington et al., 2005; Coyle-Shapiro et al.,2006)。在这些情况下,雇主与员工之间的内部雇佣关系不再是单纯(或相当封闭)的事情,而是被客户与转包商/代理商之间的契约规定与权力关系塑造而成。客户实际上可以制定薪资并塑造在他们营业场所的工作组织形态,以及集体协商与员工参与等事宜。以下三个例子可说明,沿着这条供应链与阶层组织而下的风险是如何影响到供货商公司的雇佣关系的。

一旦工作从客户那里移转到供货商那里,就业保障就明显地受到影响。在某些情况下,起初承担工作的人会被移转,例如从一个公共机构转到赢得合约提供服务的民营雇主。在这种情形下,受雇者可以从营业转让的就业保障规定(Transfer of Undertakings Protection of Employment Regulations, TUPE)获得至少在一段时间内的保障。但是这个规定在范围上受到限制,而且经过一段时间后它的影响力减退,结果是被移转的员工享有的待遇常常不如在原先雇主处的待遇(Marchington et al.,2005)。在其他情况下,仅仅工作被移转,而且没有法律保障受雇来作这个工作的人。结果他们获得的就业保障往往低得多,这是由于新雇主或代理商采取较严苛的政策,或由于他们在未来会被遣散。然而,即使代理商的员工后来没有被遣散,他们也可能经历较大程度的不安全感(Purcell et al.,2004)。

第二个例子是薪酬与福利。受雇于转包商的员工拿到的酬劳可能不如受雇于核心雇主者;的确,许多雇主认为把工作转包出去是很好的事情。如果来自不同组织的人员在同一团队内一起工作而拿不同的薪酬,也可能引发问题。在 Rubery 等(2004)作的机场研究中,行李工签订各种不同的合约受雇于不同的公司。有些人一开始就受雇于当地的市政机构(公共部门),在就业期间享有受保障的待遇;第二组人由季节性的员工组成,他们的薪资比原始员工少得多;第三组人是由另一个公司转包的,也是拿不同的薪酬。所有这三组工人作的是完全相同的工作,但领的薪水却不同,难怪他们之间会出现紧张情况。

最后一点,工作的零散性对于员工的发言权有影响,这些受雇者若不是其工会较难(或根本无法)获得承认并取得集体协商权,就是在工作场所没有员工参与权。对试图将受雇于不同组织的人组织起来的工会来说,不仅有动员问题,还有工人团结方面的问题。这就难怪那些核心公司的员工对受雇于转包商的人(通常领较低薪酬)会有敌意。此外,长期雇员(permanent staff)相关的议题可能不同于临时雇员的议题,不论任何行业都是如此(Grimshaw et al.,2003)。如果来自不同组织的人员一起工作但获得的沟通渠道与参与的论坛不同,或是根本无法取得企业内网络所供应的有利于工作质量与顾客服务的信息,那么类似的问题也会发生。

结论

过去 30 年来,英国雇佣关系制度出现了大幅变化。工会密度目前大约是在 1979 年高峰期的一半,工会正奋力要在 21 世纪找到明确的身份,不论是在国际与工作场所的形象上,或是在工会传统的与工党的关系上。它们能否成功,多半取决于吸收更多工会成员的组织模式能否成功、承认工会的法律的直接或间接的影响,以及工会为员工与雇主提升伙伴关系的能力。在公共部门已大为减少的工会,面对着一些特定的挑战,而且对于民营部门涉及公共服务的情况增多,有日益不满的迹象。

雇佣关系尽管已日益法律化,但缺乏强大且集中管理的制度,意味着雇主有相当大的自由去制定或商议他们认为适合自身竞争环境的工作条件。雇主在遵守合约规定的路线方面显然已日益出现分歧,有些雇主采取高承诺管理,其他雇主则选择成本最低的模式。从 2004 年的工作场所雇佣关系调查也可明显看出,工会的代表性与人力资源的管理可以并存,而且确实如此。

英国政府在雇佣关系上的角色也面临着改变。在某些方面,随着公共部门规模的缩减,政府的角色也在缩减;在其他方面则由于法律对许多领域的雇佣实务加强规范,政府的角色也随之扩张。这些事项大部分是受到欧盟法律的推动所致,尤其在个人就业权的强化方面。同时,通过个人向特别法庭申诉而行使的法定权的扩张,对雇主与工会构成了潜在威胁;多数的雇主与工会最近已设法对现况维持一个共识。

英国最近期的雇佣关系方面,已引进一些会影响未来发展的议题:工作的公平性、欧盟法律的角色与新的组织形态。尽管罢工或怠工行动只在低层级,整个局面显得相当稳定,但英国的雇佣关系中仍然充斥着紧张与矛盾。这些问题的处理仍将是雇主、工会与政府的主要任务。

英国雇佣关系大事记

1780—1840	第一次工业化时期。
1799—1800	《结社法》针对劳工的“结社”给予额外刑罚。
1811—1814	鲁德派(Luddites,译注:反对新技术或新工作方法的工人)开始捣毁机器。
1824—1825	废除《结社法》。
1834	托普德尔蒙难者(Tolpuddle martyrs,译注:指 Tolpuddle 村因组织工会而被判处流放的六名工人)因宣誓成立工会而被流放至澳大利亚。
1868	英国工会联盟(TUC)首次集会。
1871	《工会法》(*Trade Union Act*)赋予工会法律地位。
1891	下议院通过公平工资决议案。
1899	英国工会联盟设立劳工代表委员会(Labour Representation Committee),该委员会在 1906 年发展为工党。
1906	《劳资争议法》(*Trade Disputes Act*)豁免工会因劳资争议而罢工的损失责任。
1913	《工会法》让工会的政治捐献合法化,但需设立独立的基金,个别会员得以选择不捐献。
1926	发生全国大罢工与长达九个月的矿工罢工。
1927	后继法规限制罢工的纠举,且对政治性罢工加诸刑事责任。
1945—1951	工党胜选后废除 1927 年的法案;英格兰银行、石油、电力、内陆运输、医疗单位、钢铁收归国有。
1968	唐纳文调查报告倡议自愿性改革产业关系。
1971	《雇佣关系法》通过,目的是改革;多数工会拒绝遵守。该法引入不公平解雇的概念。
1974	一次矿工罢工促成保守党政府垮台。
1974	《工会与劳工关系法》取代了 1971 年法案,但保留不公平解雇概念,设立咨询调解暨仲裁服务局,并预示着一个新的社会契约。
1974	《工作场所卫生与安全法》(*Employment Protection Act*)通过。
1975	《就业保障法》(*Employment Protection Act*)扩大劳工与工会的权利;《平等薪资法》实施。

1976	《种族关系法》(*Race Relations Act*)通过。
1979	“不满意的冬天”之后是撒切尔夫人领导的保守党胜选上台执政。
1980—1992	《就业法》限制工会如下权利:要求公司行号只雇用工会会员、纠察与罢工,削弱个别员工的权利。
1984	《工会法》要求对干部的选举、罢工的举行以及政治基金的持续核准,举行常态的秘密投票表决。
1984—1985	矿工罢工。
1988—1990	《就业法》对于只雇用工会会员的公司行号撤销所有法律支持,进一步限制工会及其发起罢工或怠工的范围。
1991	英国选择不参加《马斯特里赫特社会协议》。
1993	欧盟委员会建立单一的欧洲市场。
1997	布莱尔领导的工党政府以高席次当选;工党在 2001 年与 2005 年再次胜选。全国最低工资制开始实施,《雇佣关系法》纳入新的承认工会条款。
2005	《信息与咨询规定》开始实施。
2007	平等与人权委员会成立(结合了先前由种族平等委员会、残障人士权利委员会和平等机会委员会负责的活动)。
2010	逾 35 年来英国首次出现没有多数党的议会,导致保守党与自由民主党组成联合政府,由卡梅隆领导。

第3章
美国的雇佣关系

Harry C. Katz

Alexander J. S. Colvin

市场的力量向来在美国经济史上发挥强大的作用,因而美国长期以来一直以员工工作环境的多样化而著称。最近几年,美国劳动力市场的多样性显著增强,部分是由于加入工会的劳动力比例持续下降所致(从20世纪50年代初期最高峰的35%下降到1983年的20%,再到21世纪初的12%)(Bureau of Labor Statistics, 2008a)。

工会的代表性降低之际,美国部分的劳工运动致力于重振工会,这也是导致劳动力市场多样化的一个原因。因此,招募新成员时虽然持续遭遇困难,美国劳工运动仍一直致力于创新与实验。在集体协商的结果上也呈现多样化,因为虽然许多劳工与工会在破坏性极大的罢工中失利或被迫作出重大让步,但至少有些工会赢得了重大的契约式成果,有时是由在集体协商方面采取了创新的策略所致。

正如美国高达142 940亿美元(Bureau of Economic Analysis,2008)的国内生产总值以及15 470万人。Bureau of Labor Statistics(2008b)的劳动力所显示的,美国的经济是本书讨论到的经济体中最大的。由于经济规模庞大而且向来在全球政治事务中占有重要地位,美国在其他国家制度的发展中也扮演重要角色。

历史背景

在工业化于18世纪90年代展开之前,美国技术熟练的手工业者(craftsmen)即已开始组成工会。[①] 工业化之前出现的这些早期工会的手工业本质、

---

① 感谢Hoyt Wheeler允许作者在该历史部分引用与他在本书前版的"美国"一章中共同撰写的材料。

实际目标与经济策略，对美国工会产生了长远的影响（Sturmthal，1973）。不过，自从1776年的美国独立革命后，美国劳工运动也带有激进的平等主义色彩。此外，在19世纪初，许多工人被各种乌托邦式计划吸引（Foner，1947）。

19世纪50年代和60年代里，美国普遍建立工厂制度，将大量的农村妇女、儿童以及来自爱尔兰、英国、德国等国的许多移民带进工业体系。这些早期工厂的工人并未组织工会，部分原因可能在于他们的工资大致上与美国农民相当，而高于欧洲的工厂工人。也可能因为工人改换其他工作的流动性高，加上社会流动性大，阻碍了工人发展出促成工会普遍建立的团结力量（Lebergott，1984：373，386—387；Wheeler，1985）。此外，美国历史后来经常出现雇主直接或借由政府的行动强力压制工会活动，以及抑制工会成立的情况（Sexton，1991）。

尽管存在这些困难，熟练的技工还是在19世纪60年代建立了全国性工会。这些务实的商业工会迅速将竞争者驱逐了出去，并在1886年建立了全国性的高峰组织——美国劳工联盟（AFL）（Taft，1964）。

大约在1900年，交通运输系统的改善使得大企业得以进入庞大的国内市场而日益壮大，进而在美国工业时代居于主导地位。这些复杂、缺乏人情味的组织需要系统化策略来管理员工。针对这个需求，科学管理之父泰勒（Taylor）及其在工业工程界的追随者对美国管理的意识形态与实务产生了重大的影响（Hession & Sardy，1969：546—567）。这些管理理念在美国普遍被接受，进而在欧洲与世界其他地方产生影响。泰勒主义者宣布工作与薪酬设计的科学化原则，动摇了以权力本位的协商来决定这些事情的工会基本理念。此外，势力强大且声望崇高的资本家持续强力反对，也使工会的运作更加困难（Sexton，1991）。

职业工会在20世纪初期继续存在并且繁荣兴盛，部分原因在于第一次世界大战期间采取了合作机制，并且基于爱国心而支持战争。然而到了20世纪20年代，虽然铁路与印刷等少数行业的工会继续有所斩获，但许多原本志得意满、势力强大的职业工会却因为一些因素而地位大幅滑落，这些因素包括：泰勒主义的影响、雇主利用公司主导的工会来取代工会、雇主在集体协商中行为强硬、雇主团体广泛采取反工会的宣传，以及法律环境不利于工会。

直到20世纪30年代，美国工会首次作为影响广泛且持久的一股势力兴起。当时美国工会首度渗透到大规模生产行业中，把大量的工厂工人组织起来。这个局面是在因缘际会下造成的，成因包括：工人的工作环境与薪酬恶化；罗斯福（Roosevelt）于1932年当选总统后，美国的政治环境已改变；

1933—1934 年发生了一波罢工潮，许多罢工行动获得胜利；1935 年的《华格纳法案》（*Wagner Act*）让多数工人首次获得联邦政府保障的组织工会与罢工权利。在这种环境下，组成工会的是产业工人［汽车业工人联合会（United Automobile Workers）、矿业工人联合会（Uniter Mine Workers）与钢铁工人联合会（United Steel Workers）］而非手工业者，他们团结在新的劳工运动“产业工会联合会”（CIO）之下，他们采取大规模运动的策略，促成了汽车、钢铁、橡胶、煤炭等产业的联盟（Bernstein，1970；Wheeler，1985）。

20 世纪 40 年代和 50 年代，虽然工会在这个时期受到联邦法律的限制与规范，但仍持续成长。也是在此时期，他们在战争劳动局（War Labor Board）支持下发展出集体协商制度；这个机构把集体协商制度化，并基于工资与物价稳定且不间断战争物资生产的需要，制定了争议解决机制。第二次世界大战后，在雇佣关系平和下，美国一片荣景，生活水平不断提高。这段时期，主要产业采取的工资自动调升机制（生活费用调整条款），提高了工人的生活水平。在 20 世纪 60 年代和 70 年代，学校教师带头掀起组织工会浪潮，全美许多地方的政府雇员也发展出强大的工会组织。

主要各方

在美国，雇佣关系体系的各方参与者都有一些影响力。但是雇主往往才是最有影响力的一方，而且其主导地位还在上升，下文将讨论这一点。

雇主及其组织

美国的大企业在 20 世纪扩张之际，主要行业的企业内出现了结构化且层级分明的内部劳动力市场，其中包括定义明确的工作层级、正式的工资与福利政策（Doeringer & Piore，1971；Jacoby，1985）。在成立工会的行业，即使是经济循环变动很大的建筑等行业，都带头发展结构化与高薪的雇佣实务。

不过美国还保有较多的非结构化雇佣实务，大多是在小型公司与乡间公司，这些公司的薪水较低，管理也较不正规。此外，和大型民营或国有企业相较，这些次级公司的工作层级、争议解决程序与其他雇佣实务，也比较不正式而且质量较低。

雇主的组织在美国比较不重要（Adams，1980：4）。美国和其他许多国家不同，从来没有一个全国性的雇主联盟全程介入雇佣关系的活动。但是美国长期以来一直有雇主组织，其使命是避免成员企业的员工联合起来组织工会。19 世纪的全国制造业厂商协会(National Association of Manufacturers)就是为这个目的而设立的。此外,许多地区性商会将避免工会成立列为其活动之一。这些雇主团体忙着进行反工会诉讼、游说与公关活动。

和较弱势的雇主组织比较起来,代表雇主的管理顾问与法律事务所在美国扮演较重要的角色。管理顾问在提供雇主人力资源政策方面很受重视,例如在薪资制定上,雇主通常倚靠顾问公司提供薪资调查信息。管理顾问加上以管理为主的法律事务所,也从事教育雇主如何避免工会设立这一利润丰厚的业务。

工会

一般认为美国的劳工运动是一种特殊案例,因为美国具有一种与政治无关的商业工会主义(business unionism)意识形态,狭隘地关注现有组织成员的利益。历史对此作了最具说服力的解释(Kassalow,1974)。第一,美国没有封建主义的传统,这让美国的阶级区分不像欧洲大部分地区那么明显。第二,美国资本主义的发展形式,让美国得以普遍繁荣兴盛。第三,人口的多样化,尤其是种族与族裔的众多,阻碍工人阶级在更大的范围组织工会运动。第四,投票权与全民义务教育早在19 世纪就已实施,消除了潜在的工人阶级问题。第五,从工人阶级到企业家阶级的社会流动使阶级界线变得模糊,从小木屋到白宫的神话广植人心。结果是劳工运动很少用阶级的术语来界定自己。此外,工会主义者的历史经验是,有阶级意识的工会(例如那些承担了社会主义重担的工会),往往受到美国资本主义强大力量的压制(Sexton, 1991)。

美国工会向来以集体协商搭配罢工威胁为主要武器。这个策略已影响到劳工运动的其他特色:让工会得以在工厂担任有效角色,以便在平时执行劳资协议;工会必须在财务上具有偿付能力,以确保罢工能构成威胁;促成了全国性工会、地区性工会、地方工会的三级组织架构,而把工会的权力置于能在集体协商中作最大限度发挥之处,依集体协商的地点而定(Barbash, 1967: 69)。

全国性工会对于罢工基金的掌控,是工会能够发展共同规则并有效罢工的关键。这种做法促使(甚或要求)工会独立于政党之外,以免政党将经济置于政治之后。这也是美国整体工会密度相对低的一个原因,因为参与集体协商的组织只有在涉及自己的经济领域时,才会关注工会密度。

虽然工会将重点放在集体协商上,但也参与政治。工会政治活动的主要方式是奖励政界朋友与处罚政界敌人,游说议员进行立法,并避免涉入工党的组建。美国劳工联盟与产业工会联合会(AFL-CIO)的政治教育委员会(COPE)和类似的工会政治组织,是工会参与政治活动的主要资金支持者,最常作的是支持民主党候选人。这些政治活动的目标常常和工会的经济目标密切关联,目的是使集体协商更加有效。但是对于民权法、最低工资、关厂通知、社会安全等涉及一般公民利益的议题,劳工运动也是促进政治进步的主要支持者。

和西方其他国家的工会运动相较,美国的劳工运动结构相当松散,因为各个全国性工会一直不愿将集体协商的权力授予 AFL-CIO。而 AFL-CIO 是全国工会的联盟,包含了占很大比例的工会成员,为劳工运动担任全国性的政治与公共关系代言人,并负责解决旗下工会之间的管辖权争议,推动执业伦理守则,且反对施行具有种族与性别歧视的政策,同时也是美国劳工与国际劳工运动的主要联络者。

最近几年 AFL-CIO 发生了两个重大改变。1995 年,约翰·史维尼(John Sweeney)竞选 AFL-CIO 联盟主席而形成了空前的选举战。史维尼是国际服务业劳工工会(SEIU)主席,在联盟内成功地联合其他工会领导人,击败了前任主席选定的接班人,这个主席是遭到史维尼挑战而引退的。史维尼领导的 AFL-CIO 致力于处理工会密度下降的问题,强调通过各种新方案来吸收新成员。本章稍后将更详细地阐述其中创新的措施。虽然史维尼是以倡议改革入主 AFL-CIO,但各会员工会在政治与组织策略等议题上持续分歧不和。这种分裂状态在 2005 年达到顶峰,当时一群主要的全国性工会退出 AFL-CIO,另组一个称为“以变致胜联盟”(Change-to-Win)的新工会联盟。AFL-CIO 的分裂以及以变致胜联盟的成立,也将在本章后面的部分详细阐述。

在这个劳工运动内,全国性工会被形容为占有主要地位(Barbash, 1967:69)。它们拥有集体协商的重要功能:最终解释权(ultimate power),主要通过他们对罢工基金的管控获得。全国性工会可以建立并解除地方性工会,也能随意退出全国工会联盟,就如以变致胜联盟的成立一样。

自 20 世纪 80 年代初期开始,全国性工会出现了许多合并与合并提案,这个趋势持续发展。最近的合并例子包括两个最大纺织工会的结合。此外,有许多独立的小型工会开始选择加入全国性工会,进一步巩固了美国工会主义的架构(McClendon et al., 1995)。

地方性工会处理劳工运动的日常工作,通常是就新协议的条件进行协商并执行罢工行动;在某些产业则是由全国性工会作这些事。地方性工会执行集体协商协议带来了一系列复杂权利。工会成员之间的社会活动发生在地方层级,那里有工会文化(Barbash, 1967: 26—41)。

政府

公共部门的工会在20世纪60年代和70年代快速增加,这可能是美国劳工运动自20世纪30年代以来最重要的发展。教师因抗议薪资与福利不如其他劳工且抗议成功,而起了带头作用。继而公共部门的工会成员快速增加,而且愈来愈活跃好战。

20世纪70年代中期,虽然工会的代表性(占公共部门整体劳动力的一部分)维持稳定,但是纳税人开始反弹,从而减缓了公共部门工会成员的增加。接着在20世纪80年代中期,由于民众担心他们获得的公共服务不足,教师与公务员团体因而受益,他们的谈判权力也有所回升。20世纪90年代,重新改造公共部门的呼声促成了多项策略,包括裁员缩编与民营化,以及加强授权和关注公共服务的质量。

《全国劳工关系法》(*National Labor Relations Act*, NLRA)不适用于联邦政府、州政府与地方政府的雇员。各种不同的法令规范不同领域的集体协商。除了薪资与福利外,联邦政府雇员根据肯尼迪总统在1962年签署的10988号行政命令,有权组织工会和协商雇用条件。1970年,为改善邮政服务,国会授予邮政雇员集体协商薪资、工时与工作环境的权利。1978年,国会以第一个全面性的联邦法取代了肯尼迪总统的行政命令(以及尼克松总统的相关命令),授予联邦雇员集体协商的权利。其后,联邦部门的集体协商是由联邦劳工关系局(Federal Labor Relations Authority)统筹管理。解决僵局的责任交由联邦服务僵局解决小组(Federal Services Impasse Panel),这个小组可使用调解、调查或仲裁手段来解决争议。联邦雇员罢工的权利被禁止。

截至2006年,除了九个州外,美国各州皆已通过立法,授予某些州政府或地方政府雇员组织工会与集体协商的权利。24个州通过了涵盖各种职业团体的全面性法律;其余尚未通过公共部门集体协商法律的州大多在南方。在州法律的有利支持下,公共部门成为工会最活跃的领域,加入工会的政府雇员超过三分之一(Bureau of Labor Statistics, 2008a)。

美国政府不但是雇主,在雇佣关系上还有两个主要功能:一是直接规范雇佣的条件与条款,二是规定加入工会的雇员与管理者之间以何种方式互动。

对雇用条件与条款的直接规范限于下列领域:雇佣歧视、员工安全、失业补偿、最低工资、最长劳动时间以及退休(Ledvinka & Scarpello, 1991)。

1964年,政府禁止在种族、肤色、性别、宗教信仰或国籍方面的雇佣歧视,后来这条法律又强化并扩展到禁止歧视残障劳工。

不寻常的是,和其他发达市场经济体比起来,美国在雇佣法律方面的争议是通过一般法院体系来解决,而非通过特别的劳工法庭或就业裁判庭来解决。也就是说,在美国实施的就业法反映出美国诉讼的本质,是具有高度程序复杂性且需要长时间才能解决争议的体系,同时,其赔偿金有时比其他国家高得多。重大损害求偿案的高昂诉讼费用、结果的难测加上赔偿金可能甚高,使得雇佣方面的诉讼成为美国雇主所担心的一个主要问题(Colvin,2006)。

从20世纪80年代开始,雇佣关系的广大领域出现了大量的立法活动,部分是为了弥补工会影响力下降造成的空白。在最低工资、终止雇佣、种族与性别歧视、养老金、保健与安全、工厂关闭、毒品测试、对残障劳工的歧视、测谎器的使用、家庭事务假与病假等方面的立法倡议,都受到注意,从而产生了许多新法律。同时,美国在雇用上的规定向来是随意雇用(employment-at-will)式的,也就是说,解雇员工无需正当理由,员工也没有权利要求合理的通知或离职金。

失业救济由各州分别提供,但联邦政府提供一些资金与管理;非自愿性失业与正在找工作的人获得给付,给付的期间比大多数其他国家来得短。联邦和州的薪资与工时法律,规定了最低工资水平以及加班的额外工资率,不过许多工人被排除在这些法律涵盖的范围外。

退休金通过两种主要方式来规范。第一是通过社会保障制度,雇主和员工按规定把一定比例的工资存入政府基金。政府再从这个基金中拿出退休金支付给符合条件的退休雇员(《社会安全法》)。第二种方式是政府规范雇主自行设立的私人养老金。1974年的《雇员退休收入保障法》(ERISA)要求退休计划须有财务保障,并且必须投保,还要求员工在工作一段时期后才能享有终身领取退休金的权利。最近几年,ERISA中"确定给付制"(defined benefit plans)退休基金计划(译注:系指雇主承诺员工于退休时,按约定退休办法支付定额之退休金或分期支付一定数额之退休金给员工)的规定已较少被雇主采用,愈来愈多雇主采用"确定提取制"(defined contribution plans,译注:系指雇主或员工依退休办法每年或每月提取一定数额之退休基金,交付信托人保管运用,于员工退休时将员工与雇主共同提取之资金和运用孳息给付退休之员工),因后者受到的规范较少(Salisbury,2001)。

政府对民营部门雇佣关系的规范主要包括一系列规定,借由这些规定,劳资双方确立双方关系的条件,并据此而行事。政府通过1935年通过、1947

年与1958年修订的《全国劳工关系法》(NLRA),建立了一个规则架构,以确保某些受雇者集体行动的权利。

法律就民营部门工会的合法成立给予认证与集体协商的程序与规则,是美国雇佣关系较不寻常的特征。《全国劳工关系法》明确规定了组织工会的多个步骤,其中最后一个步骤通常是通过工人的匿名投票来决定他们是否希望工会获得合法认证。就法律规范工会的代表性进行选举的目的是确保员工有自由选择权。为了达到这个目的,由全国产业关系委员会(NLRB)确认适合的投票单位,举行匿名选举,在工会获得多数票支持时确认工会为协商的唯一代表,并在员工申诉其雇主有不当做法(例如雇主惩罚支持工会的劳工)时予以裁决。若工会在投票中获胜,则由全国产业关系委员会发出一份证明书,要求雇主与工会真诚协商。工会也有同样的义务。

许多争议集中在工会投票选举的程序是否按照立法的初衷在执行。这已导致各界持续争论法律是否充分保护劳工组织与劳工加入工会的权利。雇佣关系未来委员会[Commission on the Future of Worker-Management Relations, 即邓洛普委员会(Dunlop Commission)]在1994年提出,应该修改劳工法以方便工会的组织活动。然而这些建议至今很少被采纳以改革劳工法,因为大多数雇主对现有法律架构带来的结果已感到满意。民主党在2009年再度掌控国会与白宫,改革劳工法的议题,例如旨在去除工会成立障碍的《员工自由选择法》(*Employee Free Choice Act*)草案,可能再度获得注意。

在民营部门,政府在集体协商程序上发挥的作用很有限。虽然它要求真诚地进行协商,但在影响民营部门雇佣契约方面,政府通常采取袖手旁观的立场;不过铁路业与航空业是显著的例外,这两者另有法律规范。

雇佣关系的主要程序

在没有工会的行业,雇主系统性地设计了一套决定薪资与工作条件的管理实务。就薪资而言,广泛采用的是一套结合工作评价与个人绩效考评的系统。支付给员工的薪资率的范围,系依据其工作对企业的价值来评估(例如工作评价)。某个员工的薪资率系由其年资、绩效与其他因素来决定。薪资之外的福利,例如医疗保险、退休金、年休假与国定假日等,依公司政策确定。所有这些事宜进行时,必须注意到外部的劳动力市场,以确保企业提供的所有薪酬足以吸引并留住它们需要的员工(Gomez-Mejia, Balkin & Cardy, 1995)。

在有工会的行业,集体协商的架构相当零散,而且这种情况日益严重。

正如在其他许多发达市场经济体一样，下文将详细讨论的趋势显示，集体协商的所在地正下移到企业或工作场所的层级（Katz，1993）。在制造业中，单一公司或单一工作场所的协议是标准做法。多数集体协商都发生在这些层级。即使有全公司的协议，例如在汽车业中，还是有很大范围留待地方决定。

虽然政府在民营部门的集体协商协议中发挥的作用很有限，不过联邦劳资争议调解局（Federal Mediation and Conciliation Service，FMCS）雇用的调解人在商谈新协议时相当积极，而且他们的工作通常受到争议各方的欢迎。在涉及政府雇员的谈判中，有些州的法律对于新协议的条件无法解决的争议，给予具有约束力的仲裁。这在涉及消防员与警察之类的政府雇员时尤其常见，而且被认为是必要之举，因为这些人员的工作若是中断将对大众造成很大伤害。在民营部门的劳资新协议谈判中，则很少看到有关利益的仲裁。

集体协商的协议或合约有很多种类，但大多具有一些相同的特点。多数的协议与合约制定得很详细，通常包括薪资、工时、假期、退休金、医疗保险、寿险、工会承认、管理权限、资历在升迁与解雇中的作用、带薪休假，以及对员工申诉的处理。多数的协议都有期限，通常是一年至三年。

在民营与公共部门，几乎所有的协议都提供正式的多步骤申诉程序，最后的一项动作就是权利仲裁。正式的程序明确规定了一系列的步骤，集体协商的各方通过这些步骤，可以解决在执行与解释既有集体协商协议时的歧见。这些程序几乎都会受到一个法规的保护，这项法规要求工会与雇主共同选出独立的仲裁人。和多数发达市场经济体比较起来，美国对正式申诉仲裁的重视，是美国雇佣关系中较不寻常的特点。由于有大量的仲裁决定，私法已经增长，提供雇佣关系的一套规定，常被应用在无工会与有工会的行业中。美国历史上，法院向来将仲裁人的决定视为最终、具有约束力、不可上诉的（Feuille & Wheeler 1981：270—281）。

1991 年，最高法院通过吉尔莫（Gilmer）案的裁定，允许以仲裁来解决法定就业权的主张。这鼓励了“另类争议解决”程序的广为使用，尤其是在无工会的行业中，以解决有关解雇或种族歧视之类的争议。2001 年，最高法院所作的“巡回城市”（Circuit City）决定，进一步推动了所谓的就业仲裁。有些分析家指责说，以私下审判取代法律程序是对受雇者权利的侵犯（Stone，1996）。就业仲裁已证明对许多雇主具有吸引力，因为它让雇主得以避开可能得在诉讼制度中付出大额赔偿金的风险。研究显示，美国的就业仲裁程序涵盖的受雇者多于工会代表的受雇者（Colvin，2007；Lewin，2008）。比较不清楚的是，在美国，就业仲裁是否只能取代诉讼，或是否能代表无工会工作场所雇佣关系本质的实质改变。

21世纪：对雇佣关系日益增强的压力

21世纪，美国雇佣关系制度出现了愈来愈大的压力，然而适应这些压力的改变相当有限。在收入与集体协商方面的两极化持续增强。医疗保健与退休基金方面的费用增加，决定了许多集体协商的结果。虽然货品的出口只占美国国内生产总值的12%，比其他OECD成员国来得少（2001年美国总统经济报告），但来自全球化的压力仍然变得很强烈。出口在美国经济中的重要性较低，反映出美国庞大的国内市场有强大的自给自足潜力。但是国际贸易与国际投资对于总部设在美国的跨国企业日益重要。来自国际竞争的工资与其他成本控制的压力，使得资方对工会采取更具攻击性的管理行为。区域贸易协议，尤其是北美自由贸易协定（NAFTA），有助于推动进一步的全球化。

福利议题于21世纪成为集体协商的关键议题。在美国制度下，多数在工作年龄的人与65岁以下的退休者是通过雇主提供的计划接受医疗保险的，因此对多数雇主来说，医疗保险是一项主要劳动成本。在20世纪末和21世纪初，医疗保健费用提高，大大超过全面通货膨胀的速度，使得雇主的成本结构受到愈来愈大的压力。雇主试图通过一些措施控制成本，例如要求员工与退休者支付较大比例的保险费，降低了福利并提高自付额。尽管这些改变可以由雇主片面施加在无工会员工身上，但若雇主企图与加入工会的员工就类似措施进行谈判，往往会在集体协商时产生严重的紧张情势。2000—2010年，最大的劳资争议之一，是2003—2004年南加州7万名食品杂货店员工发动的长达五个月的罢工，主要原因是雇主力图降低员工医疗费用与福利（Katz et al., 2007：215）。

退休金也是集体协商的一个主要议题，尤其是在汽车与钢铁等必须给付庞大退休金的行业，数十年前雇用的大量劳动力衍变成现在庞大的退休成本。在钢铁业，钢铁工人工会与雇主和联邦政府商议一项协议，以便将退休金给付义务转移到自愿员工福利组织（VEBA）的信托基金。在汽车业，通用汽车公司（General Motors）为降低退休人员医疗费用所作的努力，导致2007年的一场大罢工，结果促成通用汽车、福特（Ford）与克莱斯勒（Chrysler）汽车公司，安排自2010年元旦起将其退休人员的医疗保险支付义务转移到由工会掌管的自愿员工福利组织（Bureau of National Affairs，2007）。汽车工人工会（UAW）受到进一步的压力，要在通用汽车与克莱斯勒于2008年年底接受联邦纾困措施以免破产时,降低福利(与工资)费用。

全球化持续成为影响美国经济的一股主要力量。贸易逆差在2006年达到创纪录水平的7 530亿美元(US Census Bureau,2008)。工作外包是雇佣关系中日益被关切的问题,尤其是在先前较无国际竞争压力的服务业。例如,在2004年有两个主要的服务业工会,国际服务业劳工工会(SEIU)与成衣纺织品暨旅馆餐饮业员工工会(Union of Needletrades, Industrial, and Textile Employees and Hotel, Entertainment and Restaurant Employees, UNITE-HERE),通过开设外包公司以及和其他国家的工会结盟,推动一项联合计划以处理服务业工作外包问题。2006年,美国通信业劳工联合会(Communications Workers of America, CWA)和美国电话电报公司(AT&T)谈判而达成一项协议,把海外的技术服务支持工作带回美国(Katz et al., 2007:395)。在政治上,有组织的受雇者一直积极游说,力促在贸易协议中纳入劳工权利条款。

尽管存在这些压力,美国的雇佣关系制度在21世纪初还是停滞不前。在联邦层级,没有通过什么重要的雇佣关系新立法,反映出布什总统支持企业界管理者的立场,也反映出企业界对其权力地位大致感到满意,而劳工及其盟友则缺乏政治势力。有些创新出现在州的层级,例如加州实施美国第一项有薪产假措施,虽然产假只是区区六星期。随着民主党在2006年重新掌控国会,大家预期会有新的政策创新出现。

劳工运动持续努力以促使劳工法的重大改革倡议《员工自由选择法》(EFCA)的通过。EFCA是民主党在2008年选举时提出的一条重要政纲,目的是在2008年奥巴马执政且国会由民主党掌控后,进一步提升员工组织工会的可能性(Bureau of National Affairs,2008)。EFCA的主要条款是以加拿大劳工法部分特点为模板,允许通过卡片查验确认身份(card-check recognition)成立工会;加速处理有关解雇的不公平雇佣实务申诉;提高对不合法遣散员工的雇主的罚则,以及在各方无法达成第一项合约时提供利益仲裁(interest arbitration)。虽然EFCA可去除组织工会的一些障碍,并可能增加工会成员,但这个法案(如果能通过的话)对工会会员资格与权力的最终效益还不明显。此外,这个法案能促成美国产业关系制度本质的改变,但会相当有限。特别是,它无法改变美国集体协商制度中相当分权化且对抗的本质,也无法改变美国雇佣关系中缺乏强制性咨询或参与结构的现实。

改变中的雇佣关系

随着资方积极抗拒工会的组织并利用新科技和执法宽松的劳工法来改

变美国国内或境外的工作，或是依靠外包或派遣式劳工来应对竞争压力与工会努力的筹组，导致在民营部门，无工会的行业持续增加。

工会的复兴

面临日益成长的无工会行业，劳工运动自 20 世纪 90 年代中期以来已展开创新，努力激励新工会的成立。组织运作者在好几个工会中获选为领导人。全国性的工会与 AFL-CIO 开始投入更多金钱在工会的筹组上，而且使用创新性的组织战术（包括努力在“全国产业关系委员会”程序以外的社区或地区筹组工会）（Turner et al.,2001）。

组织 AFL-CIO 的一个目的是，通过劳工运动将旗下工会的一些成功的组织策略传播出去。UNITE-HERE 与 SEIU 等工会在筹组时已经有超越平均水平的成功表现。这些工会在展开运动时招用年轻、受过良好教育的筹划组织者，并广泛与潜在成员进行接触，同时和一些社区团体（如教会）保持联系。

这种组织工会的方式被称为大众化的风格，和较传统的由上而下的沟通模式形成对比；后者系由受指派的人负责筹划组织，并采用正式的沟通策略。大众化组织方式也试图将照顾子女、同工同酬等劳工关切的议题现代化并扩大处理解决，企业员工就是因这些议题而被工会吸引的。研究显示这种组织工会的方式在民营部门比传统方法更成功。

在 20 世纪 90 年代与 21 世纪初期，很少证据显示这些新的组织工会创举获得任何广泛效果，因为工会会员比率持续下降，在 2006 年只有 12%。但是在 2007 年，工会会员数目增加了 311 000 人，是 25 年来增加最多的一次，而且工会会员比率小幅提升（Bureau of Labor Statistics, 2008a）。虽然增加的百分率很小（只有 0.1%），但值得注意的是，这是自 20 世纪 50 年代以来，美国工会会员比率首次增加。初步估计显示，工会会员比率在 2008 年进一步提高（Milkman & Kye,2008）。衰颓中的制造业工会目前代表的美国劳工比例达到空前低点，虽然还看不出这个趋势是否会持续，但这点仍值得注意。相形之下，服务业的工会如 SEIU 与 UNITE-HERE 正在成长，这个行业中大部分组织工会的新活动都是集权式的，代表美国较大比例的参加工会的劳工。

AFL-CIO 的分裂与“以变致胜联盟”的成立

伴随工会会员比率下降而来的是，劳工运动内部就如何最佳地重建工会势力而引发了分歧。1995 年，史维尼提出了挑战 AFL-CIO 方向与领导权的改革政纲而当选主席。十年之后,一群新的工会领导人崛起,挑战史维尼在 AFL-CIO 的领导权,并为 AFL-CIO 提出了新方向。2001 年,木匠工会(Carpenter's Union)因为对 AFL-CIO 的改革步调与本质有异议而退出这个总工会。2004 年时,一群主要的工会开始在 AFL-CIO 内呼吁改革,要求投入更多资源在吸收会员上,并鼓励较小的工会合并成较大、较有势力的工会(Katz et al., 2007:146—149)。

2005 年,对于 AFL-CIO 未来走向的冲突达到顶点。当年 5 月,四个主要工会[SEIU、UNITE-HERE、国际卡车司机兄弟会(IBT)、劳工工会(LIUNA)],发布了一项联合提议,要求 AFL-CIO 进行改革。这些改革提议集中在三个主要领域。首先,他们主张应该把较多的资源投入吸收会员的活动上。为了鼓励这点,他们建议把积极吸收会员的工会缴给 AFL-CIO 的半数会费退还给那些工会。其次,他们认为许多既有工会规模太小,其能力不足以吸收会员。改革提议是指定"带头工会"将某些产业、手工业或雇主组织起来,并鼓励较小的工会合并成较大的工会。最后,他们认为 AFL-CIO 参与了太多政治活动以帮助某个政党即民主党的候选人胜选。相反,劳工的政治行动应该专注于发展劳工运动与建立工人的势力,包括支持亲劳工的共和党或第三党的候选人。

AFL-CIO 的执行委员会拒绝这些改革提议,反而采取了主席史维尼提出的反向提议(counter-proposal)。反对改革提议的一个观点是,担心将资源从政治活动抽离转而用在吸收新会员上,会减损让更多亲劳工候选人当选的能力,同时若推动较小的工会合并,将会否定工人选择代表权的自由。

2005 年 6 月,四个有异议的工会和食品与商业劳工工会(United Food and Commercial Workers, UFCW)宣布它们成立了新组织,名称为"以变致胜联盟"(CTW)。2005 年 7 月初,在 AFL-CIO 大会上(颇具讽刺意味的是,那是原本应该互相竞争的 AFL 与 CIO 合并 50 周年的庆祝大会),服务业人员与卡车司机宣布他们要脱离 AFL-CIO,CTW 的其他成员工会很快也将脱离 AFL-CIO。2005 年 9 月,CTW 在圣路易市(St. Louis)举行成立大会,标志着 50 年来美国首度出现两个主要劳工联盟。除了创始的五个成员(工会),木匠工会与农场工人工会(United Farm Workers)也加入了 CTW。这七个工会总共代表约 600 万名劳工;还留在 AFL-CIO 的工会则代表 900 万名劳工。

CTW 的支持者认为,在工会力量衰颓下,需要有更具动能、更具创新性的工会新运动,而那是既有的 AFL-CIO 联盟无法提供的。相形之下,批评 AFL-CIO 分裂的人则认为,把 AFL-CIO 分成两个相互竞争的联盟,将减损这个组织的力量与团结。支持 AFL-CIO 领导人的一些会员则认为,分裂其实是有关AFL-CIO领导权与控制权纠纷的结果。令人瞩目的是史维尼与安迪·史坦(Andy Stern)之间的分裂,前者在成为AFL-CIO领导人之前是SEIU的主席;后者则是CTW最杰出的领导人,他曾于1995年接替史维尼成为SEIU的主席。

AFL-CIO分裂之后,会员主要担心这两个联盟会互相竞争,无法在具有共同利益的事务上合作,但初步的发展是两个组织能够在一些领域上合作,例如某些政治活动。

AFL-CIO戏剧化的分裂有什么影响?对工会运动来说,一个危险是它在政坛上发言的分量将因此而减弱。这是还留在AFL-CIO内的工会强烈指出的一项关切点。正如钢铁工人联合会主席李欧·吉拉德(Leo Gerard)在分裂当时的评论所言:"今天是悲惨的一天,因为离开这个总工会的人将削弱我们的力量,他们真可耻!"(Bureau of National Affairs,2005)。在美国历史的较早时期,一直都有相互竞争的工会联盟。的确,工会会员人数最大幅的增长是发生在1935年至1955年间,当时工会联盟分裂成AFL联盟和CIO联盟。2005年6月发布的以变致胜联盟的第一项声明,就举出工业组织委员会(Committees for Industrial Organization)为了组织新的大规模生产行业工会而在20世纪30年代成立的例子。未来CTW是否能够发挥同样的作用,以及是否会有类似相互竞争的AFL与CIO在20世纪50年代合并的情形出现,是尚存的重要议题。

雇佣实务的变化

经济的压力使得雇佣实务在数量与性质上出现很大变化。变化的扩大,部分是由工会式微以及有工会与无工会行业之间的差异所致。最令人瞩目的可能是,在有工会与无工会的行业中,由于各种多样化雇佣实务的扩展,变化不断增加。集体协商的另一个分歧层面是,工会的代表性在公共部门比在民营部门重大得多,前者的工会密度约为36%,后者约为7.5%(Bureau of Labor Statistics,2001)。

促成雇佣关系多变化的一个主要因素是,工会的大量减少,以及无工会行业的雇用类型增加。美国的工会密度从来不像其他许多国家那么高。美国工会密度较低,而且其他的规范对管理行为的影响有限,以致美国普遍来说有很多低薪雇佣的行业。然而,也有一些无工会的公司参照公家机构、人力资源管理或日本导向的雇佣模式,选择支付高薪,这往往是它们雇佣策略的一部分。

工会的成立逐渐减少,这个趋势使得雇佣条件的变化增多了,因为在有工会之处，它会制定高度标准化的雇佣条件。控制工作的工会制度非常重视契约的规定与模式化的谈判，会把行业内与行业间的契约协议互相结合（Katz, 1985:38—46）。相形之下，无工会的雇佣制度的共同特征，向来是依照一些程序，依个别员工的特质与组织的目标来制定薪酬与其他雇佣条件。结果是无工会制度下个别员工、企业与行业的雇佣实务的变化，远高于有工会的雇佣制度。

集体协商新创举

近几年来工会一直在奋力扩展吸收新会员，并勉力维持在有工会的工作场所的影响力。为了达到这个目标，工会已在集体协商的过程与结果上作了很大的改变，包括企业改造运动（corporate campaign），并把集体协商和组织策略与政治策略结合起来。企业改造运动历来只是偶尔被美国劳工运动采用，但这些运动在20世纪90年代被加强使用，力度也在增加；其后工会努力寻找各种方法来对抗资方通过外包、全球化与永久解雇罢工者等方式而获得的权力优势（Block et al.,2006）。

企业改造运动的特征在于利用媒体、政治、金融、社团及监管机关的压力来建立谈判权。钢铁工人联合会（USW）尤其积极发展这些战术，并成功运用在与雷文斯伍德铝业公司（Ravenswood Aluminum Corporation）（Juravich & Bronfenbrenner,1999）的争议上；并且在它和橡胶工人联合会（United Rubber Workers）合并之后，以企业改造运动解决了普利司通公司（Bridgestone）的争议（在1996年解决）。美国的工会从菲道公司（Phelps Dodge）（Rosenblum, 1995）和国际纸业公司（International Paper）（Getman,1998）罢工失败的经验中学到，企业改造运动必须有良好的发展规划并及早起步，才能获得成功。

美国通信业劳工联合会（CWA）的重新崛起，凸显了组织、政治与集体协商三方协调机制的优点（Katz et al.,2000）。在这种三方策略上，任何一方的工会活动都会影响并弥补另一方活动的不足。举例来说，CWA通过新奇的措辞用语在电信业[与地区性贝尔电话公司（Regional Bell phone companies）]集体协商的协议中赢得胜利，获得了在代表选举中以卡片查验确认身份以及在代表选举中雇主保持中立的成果，这些是该工会发展组织工作的关键部分。同样地，CWA把两件事结合起来，一是针对规范价格与进入电信业的政府机关采取政治行动，二是加强工会的罢工效力，从而在集体协商中赢得更多胜利。

劳工运动登上国际舞台后，势必要找到一些方式来扩大三方机制。国际贸易的扩展与多国籍公司的加速扩张，使得国际市场不断扩大。John R. Commons(1909)对美国早期鞋匠工会的组成作了经典的分析，他解释说，随着市场范围不断扩大，为了抵制竞争性威胁及保住讨价还价的力量，工会在20世纪初期转变为全国性架构。这种具有代表性的架构和当时正在出现的全国性市场结构是相匹配的。

全球劳工运动所面临的问题是，它们需要跨国的工会联盟，但是建立这种联盟的努力遭到很多阻力。这些阻力包括：各方利益分歧(例如每个劳工运动都希望得到雇佣保障)，以及国家之间在语言、文化、法律与工会结构上的差异。然而工会必须找到一个国际机制，类似CWA追求的国内的三方协调机制。近期美国各工会有国际活动增加的迹象，其中一些案例是美国的工会在北美自由贸易协定涵盖的地方从事跨国施压活动(Katz et al., 2007: 390—391)。在加拿大和美国都有很多会员的钢铁工人联合会宣布和英国两大工会结盟，部分是为了适应钢铁业愈来愈受到多国籍雇主的控制的情况。即便如此，美国工会从这类国际结盟活动获得的利益相当有限，而且各种障碍依旧令人却步。

工会不断创新谈判策略，但值得注意的是，它们仍然成功地运用罢工(或罢工威胁)等传统的集体协商施压战术来争取利益。一个案例涉及国际机械师与航空业工人联合会(IAM)所代表的波音公司(Boeing)机械师；由于有大量飞机订单未能如期交货，加上波音的能力受限，必须把复杂的技术性产品移转到别处生产，那些机械师运用谈判力量获得了有利的雇佣契约(虽然这些契约的利益是在长期罢工后才得到的)。

薪酬可能是最重要的雇佣成果，而且有明确证据显示，收入差异正在扩大(Levy & Murname, 1992: 1333)。许多国家都出现收入日益不均的趋势，但这种差距在美国显得特别大。愈来愈多的证据显示，市场与制度的因素结合后(最重要的是工会的数目少以及集体协商的分权架构)，引发了收入不平等的现象，而且有助于解释为什么美国收入不平等的程度是如此的大(Blau & Kahn,1996)。

集体协商架构的分权化

集体协商有各种不同的结果，美国的集体协商架构也正出现重大改变，最重要的可能是分权化(Katz & Darbishire,2000)。直到20世纪80年代初期，影响工会会员的谈判架构还是多雇主、整个公司与工厂层级的混合体(Kochan et al., 1994)。但是在那之后，正式的集权化谈判架构崩溃，集体协商的架构开始分权化，谈判的领域从兼具公司与工厂层级的谈判架构转移到仅有工厂层面，而且模式化谈判式微。公司策略与产品市场的压力各有不同，导致以往相似的公司产生利益分歧，这也促成了这种分权化现象。

同时，全公司的集体协商协议已转变成工厂层级的协议。在许多案例中，如轮胎业与航空业，这涉及所在地薪酬与/或工作规则的让步。这些谈判经常让管理阶层坐收渔利，他们会威胁地方工会与工人，说如果不作足够让步，工厂可能关闭（Cappelli, 1985; Kochan et al., 1994: 117—127）。在某些案例中，工作规则的让步促成了一些新安排，让工人与地方工会干部获得了更广泛的决策参与权，那些权力以前只属于管理阶层。随着谈判的增加，工作规则的协商开始涉及是否采用联合团队式做法，或是涉及执行上述团队工作安排的争端。

即使在继续采取公司层级的集体协商的地方，各公司的集体协商结果也呈现愈来愈大的多样性。这种多样性已取代了先前非正式地将谈判架构集中到多雇主层级的模式化谈判。例如在航空业与农具业，模式化谈判已经式微，而且企业之间的薪资与其他契约条款也出现了重大差异（Erickson, 1992, 1996; Block et al.,2006）。

由于工作重组的分布情况并不均衡，企业间与产业间的工作实务甚至呈现出更大的差异。有些工厂采取团队工作制，有些则不采取。各工作团队的形式与角色也有很大差别。在某些地方，有许多工厂层级与工作团体层级的谈判，内容涉及团队制度、为知识付薪资与其他依绩效定薪酬（contingent compensation）的机制，以及工作时间安排上的改变（Kochan et al., 1994: 146—205）。在许多有工会的行业，经理人与工人愈来愈常直接沟通。因地制宜的谈判与工作规则的调整，在许多有工会的地方促成了“参与式”雇佣制度的出现。参与式雇佣形态在服务业中最详尽的实例是凯萨医疗集团（Kaiser Permanente）与 AFL-CIO 的合伙关系（Katz et al., 2007: 324; Bureau of National Affairs,2000）。

但是在某些工作场所，员工与工会参与企业决策或其他形式的工作架构重组，一直相当有限。在一些知名例子中，例如通用汽车（GM）钍星（Saturn）部门的员工与工会的参与决策都是失败的（Rubinstein & Kochan, 2001）。Osterman（2000:186）发现，虽然整体而言创新的工作实务已经增加，但是在他研究的那段期间，采取工作团队制的比率是下降的。Applebaum 和 Batt（1994）对工作实务变化的多样性提供了详实的描述，并对新工作实务的传播为何缓慢而且存在差异，作了深入的分析。

结论

随着无工会情况的雇佣增加,而且有工会与无工会雇佣实务的变化增多,美国的雇佣关系愈来愈多样化。在有工会的领域,企业与产业中的模式化谈判衰微,同时,按团队或企业绩效定薪酬的情形增多,而且依个人表现定薪酬的情况也增多了,这些都造成了工作规则与薪酬的多样化。在薪资实务上的改变,促使美国收入不平等的情况显著大增。

虽然在某些公司内团队制度已经得到传播,而且其运作已是雇佣制度的一个关键部分,但在其他公司,仍维持较传统的工作组织。分权化、较直接的管理者与员工的沟通、员工(与工会)参与企业决策的情况增加,种种这些都造成了美国工作实务有很大的差异。

近期集体协商的做法也有广泛的差异。在某些公司,冲突激化的情形增加,而其他公司的劳资双方则建立起伙伴关系。资方运用全球化与无工会企业的增加所带来的优势权力,让一些员工饱受打击。在其他环境下,工会运用创新的协商或传统的罢工手段而有所斩获。

工会已表现出愿意为了提升生产力与产品/服务的质量而配合工作场所的改变;创新中也包括达成工会的目标。如同这样,集体协商的流程与美国的商业工会主义(business unionism)一致,在适应竞争力压力方面展现出弹性做法。劳工运动面临的挑战是要找出一些方法,把集体协商的成功与工会的复兴结合起来,进一步提升价高质优的雇佣结果,并限制低工资雇佣形态与收入不平等情形的增加。

美国雇佣关系大事记

1794	联邦鞋匠协会(Federal Society of Cordwainers)在费城成立，是美国第一个长期存在的工会
1828	工人党(Working Men's Party)成立。
1834	全国行业工会(National Trades Union)成立，是第一个全国性劳工组织。
1866	全国劳工工会(National Labor Union)成立，是第一个全国性改革主义者(reformist)工会。
1869	劳工武士组织(Knights of Labor)成立，是一个致力于社会变革的改革主义组织，但它仍然卷入为提高工资与改善工作条件而举行的罢工。
1886	美国劳工联合会(AFL)成立，这主要是以“劳工生计”(bread-and-butter)为目标的松散工会联盟。这一年劳工武士组织的成员人数达到巅峰(70万人)，之后开始下降。
1905	无政府工团主义者(anarcho-syndicalist)联盟世界产业工人组织成立。
1914—1922	在俄罗斯革命后的“红色恐怖”(Red scare)时期，激进工会因为反战而受到压制。
1915	第一个由企业主导的工会“Ludlow”在科罗拉多州成立。
1920s	美国劳工运动式微，会员减少。
1932	罗斯福当选总统，工会也有了“新政”(New Deal)。
1935	《全国劳工关系法》(《华格纳法案》)通过，联邦政府赋予受雇者组织工会与集体协商的权利。一个产业工会联盟——产业工会联合会(CIO)成立。
1935—1939	工会快速发展，涵盖了主要的大量生产行业。
1941—1945	第二次世界大战期间，工会成长并且发展出集体协商制度。
1946	主要产业在战后爆发了罢工浪潮。
1947	《塔夫特-哈特法案》(*Taft-Hartley Act*)通过，禁止工会从事某些组织运作与协商活动。
1955	AFL与CIO合并成为AFL-CIO。
1959	《兰德勒姆-格里芬法案》(*Landrum-Griffin Act*)通过，规范工会内部的运作。

1960	纽约市教师罢工,这是公共部门雇员展开劳工运动的开始。
1962	肯尼迪总统颁布第 10988 号行政命令,赋予联邦政府雇员有限的集体协商权。
1960—1980	公共部门雇员的工会成长,制造业的工会密度下降。
1977—1978	由于雇主反工会的运动获得支持,劳工法修正案在国会未获通过。
1980	里根当选总统,新的联邦政策大致上都反对劳工运动。
1981	经济衰退。
1988—1989	联邦立法,对毒品、测谎器、工厂关闭、最低工资都有相关规定。对员工进行毒品测试与终止雇佣,必须由法院裁决。
1991	联邦立法,禁止歧视残障劳工。联邦立法,强化雇佣歧视法。
1991	最高法院通过吉尔莫(Gilmer)与相关裁决,允许法定雇佣权争议可以通过(私下)仲裁解决。这个争议解决方式后来扩及其他领域,尤其是没有工会的行业。
1991—1992	经济衰退扩大。
1992	克林顿当选总统。新联邦政府对劳工较为友善。
1992—2000	经济持续成长,伴随着低失业率、低通货膨胀率与有限的实质工资成长。
1994	雇佣关系未来委员会(邓洛普委员会)建议对全国劳工法进行多处修改,但被国会驳回。
1994	共和党赢得国会选举,新国会非常保守。
1994	北美自由贸易协定去除了美国、加拿大与墨西哥之间的关税与其他贸易障碍。
1995	国会通过提高最低工资的议案。
1995	史维尼当选为 AFL-CIO 主席,刺激了工会的加速复兴。
2000	布什以些微票数赢得总统选举。共和党随后赢得了参众两院的控制权。
2001	经济衰退;“9·11”恐怖攻击爆发。
2002—2007	经济缓慢复苏,伴随实质工资与工作的有限成长。
2005	AFL-CIO 分裂,“以变致胜联盟”成立。
2006	民主党赢得国会选举。
2008	奥巴马当选总统。民主党在国会的多数席次优势扩大。

第4章
加拿大的雇佣关系

Mark Thompson
Daphne G. Taras

加拿大的雇佣关系建立在几个基本特性上。其劳动力在很大比例上直接或间接受到集体协商的影响，而且集体协商受到法律的强大保障。加拿大有对立主义与温和罢工的传统，雇佣关系的结构不像其他国家那样集权化；虽然结合了雇主、工会与源自美国的公共政策，却产生了一套独特的雇佣关系制度。

从比较的观点来说，加拿大是个自由市场经济体，雇佣关系也展现出这个模式的特性。企业建立在阶层体系与市场上；协商的结构是分权化的，而且工会通常不是参与经济与劳工政策制定的主要角色。

加拿大的历史、政治与社会经济背景

加拿大的联邦政府是全世界最分权化的体系之一，它赋予十个省份处理辖区内大部分雇佣问题的权力。联邦政府的权力大部分仅限于规范“国营”事业的公共服务与雇佣问题，例如省际交通。加拿大劳工约有8.4%属于这类。虽然这种分权化的制度提供了许多试验公共政策的机会，但是各省皆有类似的劳工法。

历史加上法属加拿大的传统，使得加拿大这个原本已相当复杂的混合体更加复杂；魁北克省(Quebec)具有和北美其他地区迥然不同的社会、经济与法律传统，是加拿大人口次多的省份，仅次于相邻的安大略省(Ontario)。许多魁北克居民抱有强烈的民族主义，使得加拿大原本就已经很强大的分权力量更加强大。这个国家是以双语和双文化著称；但以地区而论，分成讲法语为主的魁北克省及其毗邻省份部分地区，以及讲英语为主的省份，通常称为“其余的加拿大”(Rest of Canada)。

移民仍是很重要的人口组成部分,最近几年劳动市场的增长中有80%来自移民[加拿大统计局(Statistics Canada)资料],而且加拿大全部人口中有将近20%是移民。第二次世界大战后,欧洲(尤其是英国)是最大的移民来源。20世纪60年代以来,移民的形态转为来自发展中国家(尤其是南亚、东亚)。到了2006年,中国(包括香港地区)是移民的最大来源。近期的移民没有早期欧洲移民的工人阶级行动主义(working-class activism)传统。

同时,美国较保守的政治传统,向来是对加拿大人影响颇深的典范。这些影响力结合了英国议会政治制度(及其对较小政党的包容),而产生了一种价值体系,包含了自由市场经济中的美国式个人主义,以及欧洲合作市场经济中的集体主义传统。

政治上,加拿大采取代表地区利益的多党制。数十年来,加拿大的政治由两个对立政党所主导:自由党(Liberals)与保守党(Conservatives);另外还有一个有力的第三党:新民主党(New Democratic Party),这个党偶尔有举足轻重的力量,而能让一些中间偏左的议程获得通过。自20世纪30年代以来,自由党一直主导联邦政坛,偶尔会组成少数党政府或落败而把大权交给保守党。自由党是务实的改革派,传统上拥有魁北克省与安大略省的支持。保守党是中间偏右政党,其票源通常来自东部与西部地区。保守党在1984年与1988年赢得大多数议席,并曾于2006年与2008年组成少数党政府。虽然它们有市场导向并且比较喜欢小型政府,但保守党政府并非欣然接纳英国撒切尔夫人或美国里根总统的社会与经济政策。长期执政的政党可能交替采用保守与自由的经济政策。

加拿大在20世纪90年代选举中明显改变了政党政治的本质。保守党在1993年的选举中受重挫,几乎从国会中消失;这次惊人的运势大逆转后直到2000年,它都在艰难地重建先前拥有的支持度。坚持社会民主理念并受到工会强大支持的新民主党,传统上都占有国会少数议席以及15%—20%的支持率,也在1993年遭到惨败。虽然新民主党于2001年后重新夺回其支持率,但已沦为边缘政党。有高比例的选民把原先对这三党的忠诚,转移到地区新党上。20世纪90年代,魁北克省主张独立的“魁北克政团党”(Bloc Quebecois),与西方数省的保守政党“加拿大联盟”(Canadian Alliance),双双在国会赢得众多席次。

魁北克在1980年与1995年就独立与否举行公民投票,结果支持留在加拿大者获胜,但是在1995年的公投中,正反双方差距很小。20世纪90年代末期,加拿大联盟党(Canadian Alliance Party)成为国会中的官方反对党(official opposition,译注:即首要的在野党,主要职务是监察政府,获分配的资源多于在野党),坚持偏激的财政与社会保守主义。2003 年,西方省份势力最大的保守党吸收了加拿大联盟党,把右派政党团结起来,强化了自身的政治根基,成为官方反对党。三年后,即 2006 年,保守党组成了少数党政府,并在 2008 年获选连任。

由于加拿大各省对于 90% 以上劳动力的雇佣关系拥有专属管辖权,省级的政治相当重要。每个省都有其独特的政治文化,反映出在加拿大各种不同经济体中的地域差异、移民形态与政治态度。没有一个联邦政党在各省都很强大,而且在三个省内只有省级政党在治理:魁北克、萨斯喀彻温(Saskatchewan)、英属哥伦比亚(British Columbia)。虽然新民主党从来没有在联邦舞台上赢得政权,但已在四个省赢得选举。但是新民主党在魁北克几乎无人支持,当地主张独立的魁北克人党(Parti Quebecois)在社会与经济议题上采取与新民主党类似的立场。

省级劳工政策的回顾,透露出在支持劳工的政党赢得省政府执政权时,劳工运动得到较有利的待遇,即使该党很少在联邦达到多数党地位。2010 年时,新民主党或魁北克人党在四个省是官方反对党,在两个省是执政党。

虽然加拿大的生活水平不低于西欧较繁荣的国家,但严重依赖原料与半成品的生产与出口,包括石油、矿物、粮食与林产品。尽管加拿大在这些物资的生产上大多拥有比较优势,但其市场并不稳定,而且主要产业并没有大量的直接雇佣员工。在安大略省与魁北克省,有大量的制造业,不过,制造业仅占国内生产总值的 16%,而且在近几年出现大幅衰退。由于加拿大缺乏大规模的国内市场,在 1988 年和美国签署了自由贸易协定(FTA);在 1994 年与墨西哥和美国签署了北美自由贸易协定(NAFTA)。自由贸易带来的直接冲击是,加速了制造业与较大的北美经济体的整合;纺织与家具等传统产业大幅衰退;但在汽车制造与化学品等其他产业,起初业务皆有扩张,直到 2008 年经济不稳定时才停止。

一般来说,加拿大的出口约占国民生产总值的 34%,进口占 32%。美国为主要市场,占加拿大出口值的 78%。相较之下,与墨西哥的贸易就比较不重要了。除了自由贸易协定,加拿大与美国地理位置邻近且两国有天然的互补性,加上加拿大许多主要与次要产业为美国人所有,种种这些都促进了两国的贸易关系。

加拿大属混合式经济,"国营"与民营企业往往同时活跃于同一个产业内。"国营"企业的成立通常是出于务实之故:提供必要的服务、开发天然资源或是保障工作。因此加拿大的联邦政府与省政府一度拥有许多公用事业、交通运输与通信公司。国有资产民营化在20世纪80年代中期蔚为风潮后，联邦政府与省政府除了减少控股，还出售了许多天然资源、交通运输与基础建设公司。其后，这个趋势消退，但有一些省份与民营公司结为伙伴关系，开创并经营新事业。

从2000年至2008年，加拿大的经济表现良好。20世纪90年代最迫切的财政问题是必须消除政府赤字。加拿大的失业率在2007年达到32年来的新低：5.8%。天然资源业在2000年后发展兴旺，对于失业率的下降有贡献，如表4-1所示。在艾伯塔省(Alberta)的“非传统”油料开发(利用类似采矿的技术从沙与页岩中提炼)，是加拿大经济表现良好的一个主因。这一劳动力密集技术和开矿地点的偏远，吸引了来自其他地区的工人，因而降低了全国失业率。

表4-1 收入、价格、失业 单位：%

年份	工资变化比率——主要集体协议	CPI年变化比率(从前一年)	年失业率
1974—1978	11.4	9.2	7.1
1979—1983	9.8	9.7	9.0
1984—1988	3.8	4.2	9.6
1989	5.3	5.1	7.5
1990	5.6	4.8	8.1
1991	3.6	5.6	10.3
1992	2.1	1.4	11.3
1993	0.6	1.9	11.2
1994	0.3	0.1	10.4
1995	0.9	2.2	9.5
1996	0.9	1.5	9.7
1997	1.5	1.7	9.0
1998	1.7	1.0	8.2
1999	2.2	1.8	7.6
2000	2.5	2.7	6.9
2001	3.1	2.5	6.8
2002	2.9	2.2	7.5
2003	2.5	2.8	7.6
2004	1.8	1.8	7.2
2005	2.3	2.2	6.8
2006	2.5	2.0	6.3
2007	3.3	2.2	6.0
2008	3.2	2.6(10月)	6.2(10月)

资料来源：加拿大统计数据(Statistics Canada, Special 2000 Labour Day Release)，工会报道记录(Perspectives on Labour and Income)。加拿大统计局劳动力调查表，HRSDC福利指标。2003—2008年平均工资协议。www. hrsdc. gc. ca/en/labour/labour_relations/info_analysis/wages/settlements/yearly. shtml(2008.11.21)。

虽然经济成长并未引起通货膨胀的升高,但现在加拿大人之间的收入差距还是大于先前数十年的收入差距。相对而言,加拿大的收入差距高于欧洲人,但低于美国人,部分是因政府收入转移之故。政府政策的一个平衡作为是汇率。加元升值提高了加拿大人对外国商品的购买力,但是加元贬值则可降低失业率。加元在近几年变动激烈,在 2003 年曾跌至 1 加元兑 63 美分,其后在 79—96 美分之间浮动。

在 20 世纪 70 年代通货膨胀时期,政府施行直接干预以降低物价压力。1975 年至 1978 年间,联邦政府与十省中的九省施行反通货膨胀方案,对公营事业及其工会的冲击最大。民意对此方案的影响看法不一,通货膨胀率在此三年期间下降,但是工资的增长速度加速降低。不过劳资双方都反对此方案的限制,因此没有继续实施。

1982 年经济衰退期间,联邦政府与省政府再度对公共部门的薪资实施暂时性管控,以降低政府开支。其后十年,加拿大经历了缓慢的经济增长。2000 年之后,加拿大的通货膨胀率低于 2.5%,是工业化国家中最低者之一。加拿大银行(Bank of Canada)由此制定 2% 的通货膨胀率为努力目标。

政府处理经济问题的努力,受到政治结构的限制。加拿大与澳大利亚一样,是以国会为中央机构的邦联制,十个省握有管理雇佣关系的大权,只有少数产业(例如交通运输与通信业)是由联邦当局管辖。各省经常是在魁北克省的带领下,不仅反对联邦政府扩大权利,还逐渐增大对联邦机构支出控制的权利。

加拿大政治体制的根本变革发生在 1982 年。自由党政府推出了加拿大第一个成文宪法,包括《权利与自由宪章》(*Charter of Rights and Freedoms*)。这个宪章保障人民的某些基本自由,包括结社、思想、信仰与言论自由。宪章适用于联邦政府与省政府,以及大多数公共机构,但是并不适用于民营部门,包括民营雇主。

起初,这个宪章对雇佣关系几乎没有影响,法院裁定该宪章不适用于民营部门雇佣关系中的各方,即使是在法律制度下运作以保障集体协商。最高法院在 2007 年作了与先前裁定相反的裁决,这个宪章保障集体协商,视之为一项制度,而且法院在解释这项权利时,应以国际标准为准则。这项裁决在下文中有较详细的讨论。

雇佣关系中的各方

工会

加拿大劳工运动虽然长期形态不一,但自 20 世纪 30 年代以来一直呈现稳定温和的发展。由工会代表谈判所涵盖的员工数目,在21世纪之初超过400万人,在2008年占了非农业受雇员工的29%(Statistics Canada,2008)。虽然工会代表的员工数目持续增加,但是劳动力的增长更加迅速,因此自1984年以来工会密度缓慢下降,这和美国相反。工会会员分成两类:两个全国性工会和许多独立工会。加拿大工会密度的数字,反映出女性工会成员的增加与公共部门的高工会密度。公共部门之外,工会密度最高的是在第一产业(primary industries,如农、林、牧、渔)、建筑业、运输业与制造业。19世纪末与20世纪初,加拿大最早成立工会的是建筑业与运输业,大部分是建立在手工业的基础上。20世纪30年代与40年代之间,产业工会主义(industrial unionism)传布到制造业与第一产业,但未包括民营部门的白领。自20世纪60年代末期以来,工会成长的主要来源一直是公共部门。首先是公务员,接着是卫生与教育行业的工作人员加入工会。专业人士(尤其是教师与护士)长期以来一直是他们自己协会的会员,这些协会已转型为工会,因为工会成员在集体协商中有较大利益。公共部门雇员加入工会的比率几乎是民营企业的四倍。2007年有超过19%的加拿大劳工被归类为公共部门员工。表4-2呈现出依行业、领域、性别、年龄、就业状况与省份来区分的工会密度。

表4-2 依选定特征区分的工会密度

	密度(%)*
依行业区分	
教育	68
公共行政	68
公用事业	67
保健与社会协助	53
运输与仓储	42
建筑业	31
制造业	28
信息、文化与娱乐	25
自然资源	20
经营管理、行政与支持	13
贸易	13
金融、保险、房地产与租赁	9.7
住宿与食品	7.4
专业、科学与技术	4.3
农业	3.5
其他	10

（续表）

	密度（%）*
依领域区分	
公共部门	72
民营部门	17
依性别区分	
男性	29
女性	30
依年龄区分	
15—24	13
25—44	30
45—54	38
55 以上	35
依就业状况区分	
全职	31
兼职	23
依省份区分	
纽芬兰（Newfoundland）	37
爱德华王子岛（Prince Edward Island）	30
新斯科舍（Nova Scotia）	29
新不伦瑞克（New Brunswick）	27
魁北克	36
安大略	27
马尼托巴（Manitoba）	36
萨斯喀彻温	33
艾伯塔	22
英属哥伦比亚	31

* 工会密度以加拿大劳工参加工会的百分比来呈现。这个“会员”数字略低于集体协议“涵盖”的加拿大人数目，因为有些加拿大人虽然不是工会会员（例如由于宗教因素不加入工会），但也由工会代表他们。2007 年，加拿大工会密度将近 30%。若以涵盖的人数而论，则有将近 32%。

资料来源：加拿大统计局，2007 年。

加拿大约有 250 个工会，规模小至不到 100 个会员，大至将近 50 万个会员。三分之二的工会附属于两个中央联盟之一，其余（主要是在公共部门）独立于任何全国性中央联盟之外，或是位于魁北克省。15 个最大工会包含全部成员的 59%。工会的合并已创造出“超大”工会，会员集中在少数大型组织内。表 4-3 列出各类工会的规模与隶属机构。各类工会的理念都获得了表达。大多数历史悠久的手工业团体仍然采取美国式、不关心政治的“商业工会主义”(business unionism)。较多的工会认为自身能够发挥较大的作用,而且积极支持新民主党与各种社会目标。少数团体(主要是在魁北克)介入政治甚深,有时会从社会主义的观点批评盛行的经济制度。不过除了发表言论外,所有工会的主要功能仍是集体协商。

表 4-3　成员最多的劳动力组织

超过 60 000 人的工会名称及所属的组织	成员人数
加拿大公共雇员工会——CLC	548 880
政府和公众的国家公会——CLC	340 000
联合钢铁、报纸和林业、橡胶业、制造业、能源业、联合产业和服务业工人国际组织——AFL-CIO/CLC	280 000
加拿大汽车、航空航天、交通工会(CAW Canada)——CLC	265 000
加拿大食品和商业工会——CtW/CLC	245 330
加拿大教师联合会	219 000
加拿大公共服务联合会——CLC	166 960
安大略教师联合会(1)——CLC	155 000
加拿大通信、能源、报业联盟——CLC	150 100
加拿大护士联盟——CLC	135 000
桑特和社会服务联合会——CSN(CNTU)	117 130
安大略公共服务工会(2)——CLC	113 500
加拿大卡车司机、汽车司机、仓库工人和佣工国际工人兄弟会——CtW/CLC	108 510
加拿大服务业雇员国际联盟——CtW/CLC	86 860
安大略小学教师联盟——CLC	71 690
艾伯塔省员工联盟——Ind	69 000
加拿大警察联合会	66 800
北美劳动者国际联盟——CtW	65 000
FTQ 建筑——CLC	61 600
BC 政府和服务业雇员联合会(2)——CLC	61 564
安大略中学教师联盟——CLC	60 700
魁北克工会中央组织——CSQ	60 000

*“以变致胜联盟”(CtW)是由 2005 年 9 月从美国劳工联盟和产业工会联合会(AFL-CIO)分离出来的一些美国国际组织构成的。

资料来源:Strategic Policy, Analysis, and Workplace Information Directorate, Labour Program, Human Resources and Social Development Canada。

总部设在美国的加拿大“国际”工会的角色,是加拿大劳工运动的特殊之处。加拿大多数历史最悠久的劳工组织,一开始时都是美国工会的一部分(因此冠上“国际”一词)。两国文化与经济的密切关系促使其工会联合起来,而且美国的工会规模较大,发展较早,从而吸引了加拿大工人加入。多年来,加拿大绝大多数工会成员隶属于这类国际工会,这类工会也经常密切管控着加拿大劳工。但是在20世纪60年代与70年代,工会在公共部门发展快速,使得本国工会地位上升,因为国际工会很少有公共部门的员工。自20世纪70年代以来,许多加拿大工会脱离了国际工会,因为美国工会的保护主义与加拿大的民族主义,使得加拿大工人的需求未受到注意。由于这些因素,国际工会会员的比例从20世纪60年代中期的超过70%降至2006年的低于28.5%。加拿大的经历显示出工会在进行跨国运作时面临的困难。

尽管有这样跨国界入会的历史,加拿大工会在某个领域享有美国工会所没有的独特优势。大多数由工会所代表的加拿大人,依规定必须缴交会费,不论他们是否想要成为会员。这种防止“搭便车”的做法,是加拿大多数省份劳动法规的规定,依据的是通称为“兰德规定”(Rand Formula)的安排。因此在加拿大没有等同“工作权”的运动,这种运动已大幅削弱了美国工会发展组织与运作的能力。

最重要的中央联盟是“加拿大劳工总会”(Canadian Labour Congress, CLC),代表加拿大98个全国工会与国际工会中将近72%的所有工会成员。CLC旗下成员分布在国内各个地区与产业;它是加拿大劳工主要的政治代言人,但是势力不如其他许多国家的总工会。例如,CLC在协商时没有什么作用,也没有实质力量可管理旗下工会,不像德国与北欧国家的工会。由于加拿大联邦政府(CLC的显著接触对象)在劳工运动认为重要的许多领域(例如劳工法、产业监督或人权)的宪法地位不强,CLC的政治角色进一步受到限制。在国家政治上,CLC一向支持新民主党。新民主党在联邦选举的表现不佳,进一步削弱了CLC的政治力量。CLC在各省都有特许的联合会(chartered federations),各地的工会隶属于这些联合会。有些联合会在省内具有重大影响力。

第二大的总工会是“全国工会联合会”(Confederation of National Trade Unions, CNTU),代表6.4%的所有工会成员,多数位于魁北克。CNTU于20世纪初在天主教会的赞助下成立,是保守的法语系工会,有别于大多讲英语的加拿大与魁北克其他地区的俗世工会。由于魁北克在第一次世界大战期间与战后经历工业化,天主教工会的成员对于他们工会缺乏战斗性且不愿对抗保守的省政府,日益失去耐心。天主教工会快速转向俗世社会,切断了其与天主教教会的关系,放弃了先前的保守主义,成为魁北克快速社会变革的先锋。自那时以来,魁北克劳工运动中产生了激烈竞争,CNTU可能已成为北美最激进、最政治化的劳工组织。它支持魁北克独立运动并采取左派政治立场。这样的历史加上目前的政治态势,以及魁北克大量的省级公共机构，使得 CNTU 的成员主要是公共部门雇员。

资方

大多数有工会的企业都是在不甘不愿的情况下承认工会的，但是很少公开抨击工会。在工会历史悠久的行业，例如制造业与运输业，人们接受工会，视之为正常商业环境的一环。但是无工会的企业则竭力维持现状，有的是在薪资与工作条件上比照有工会的企业，有的是以软硬兼施的手段阻止工会设立。有些企业实施替代工会策略，提供如同有工会的工作环境，例如开设申诉渠道、品管圈或咨询机制。和美国不同的是，管理者主导无工会员工的代表性形式，在加拿大是合法的。加拿大有将近 20% 的无工会劳工，其工作场所设有正式的无工会员工代表组织，而这些组织涵盖了其中半数（即 10%）以上的员工。因此，虽然由工会代表的劳工人数只略多于 29%，但是有组织集体代表他们的劳工人数却多得多。

加拿大经济中有许多企业主是外国人，这一点对加拿大经济有全面性影响，但是很少直接影响到雇佣关系。全部产业中，大约 25% 的资产为外国人持有（主要是跨国企业）。大约 75% 的国外投资来自美国的跨国企业，所有权属于外国人一事影响到经营管理决策，例如产品线或重大投资等。但是在有工会企业，外国雇主对雇佣关系决策的影响似乎很小。他们倾向于维持自身产业中对雇佣关系的主流做法，而非强行实施自己公司的政策。

和加拿大自由市场经济一致的是，虽然各地区的雇主组织有很大差异，但雇主并不依靠组织来发挥雇佣关系方面的功能。没有全国性团体直接介入雇佣关系，而是由一些全国性团体在面对政府与大众时，代表资方的观点。由于多数雇佣关系法规的管辖权都属于省，因此在地方立法下，没有任何产业有全国性协商架构。在魁北克与英属哥伦比亚两省，地方环境与公共政策都鼓励由专为协商目的而成立的雇主协会参与协商。在其他地方，单一工厂与单一工会的协商盛行，在少数拥有许多中小型企业的产业如建筑业、陆上装卸搬运业与货运业内，多雇主协商很普遍。

加拿大雇主喜欢政府在经济上功能有限，能解除对他们活动的管制。他们喜欢片面控制雇佣关系，不愿意承认工会。2000 年后，一波企业收购风潮改变了加拿大的经济面貌。包括总部位于发展中国家的跨国公司在内，外国公司买下加拿大数十家大型企业，包括拥有标志性工会的企业。

政府

加拿大政府在雇佣关系上有双重角色：管理雇佣双方的行为，并直接或间接雇用大约19%的劳动力。

在工会与资方的关系上,政府有完备的规范,不过是基于自愿式原则。各省政府与联邦政府在其辖区内的各种产业内,都有至少一个法案涵盖雇佣关系与就业标准。就业标准立法通常定有最低工资或最低休假日数,反映出加拿大的自由市场经济。在少数领域,尤其是产假方面,法律引导多数雇主的作为。但是这些法律往往没有被严格执行。

工会与资方的法律,结合了美国《全国劳工关系法》(*Wagner Act*)的许多特色以及加拿大旧有的靠调解来处理劳工争议的模式,只是在细节方面有很大变化。每个法规订立并保护大多数员工组织工会的权利,并定有一个程序,让工会在证明它获得一群人中的大多数的支持之后,取得独家代表这些人的权利。工会的设立通常发生在工作场所层级,这再次强化了加拿大雇佣关系中分权化的架构。雇主必须和获得认证的工会协商。法律上对于程序通常已有明确详细的规定,由一个准司法机构劳工关系局负责执行这个程序与规定。

加拿大的法律对于集体协议的基本内容鲜有规定,但有很多例外情况,而且愈来愈多。法律禁止员工在集体协议实施期间罢工,也规定每项协议必须包括申诉程序与协议期中争议的解决办法。尽管有这些限制,在集体协议施行期间,大约有15%会出现罢工情况。这些罢工大多为时短暂,而且很少招来法律诉讼。

联邦与大多数的省份对公共部门的雇佣关系另有立法。这些法令适用于公务员与准公务员,例如教师或医护人员。除了两大领域以外,这些法令仿照民营部门的劳工关系法制定。劳资协议的范围受到以前公务员人事管理措施和更宏观的国家政策考虑的限制。多数省份对某些公务员的罢工权有所限制,其中最常见的是警察与消防员,但是没有共同的限制形式。没有罢工权的员工组织有强制仲裁的制度可以利用。当法令要求仲裁时,相关各方通常有权选择仲裁程序与仲裁者。

雇佣关系程序

加拿大雇佣关系的主要正式程序是集体协商,工会的实力取决于罢工的能力。劳资协商是偶尔才有的。各省有关卫生保健与安全的立法要求在相关主题上进行劳资协商,但最小型的企业不受此限。约四分之一的企业在产品质量、技术变革或绩效等不涉及法令的主题上,与劳方进行协商。虽然现在盛行员工参与,但员工参与管理的正式制度仍然罕见。更多的集体协议发展了文字条款，这些条款推动了严格工作规定的放松、技术多样化和交叉化、教育和培训的消费以及其他。纠纷的仲裁大多局限于公共部门。

集体协商

加拿大的集体协商是分权化的。最常见的协商单位是单一营运单位(single establishment)对单一工会，其次是多个营运单位对单一工会。这两类协商单位总共占了全部协商单位的将近 90%，涵盖全部受雇者的 80% 以上。以公司为单位的协商常见于联邦管辖区，如铁路、航空与电信业，以及集中在单一省份内由官方管理的产业，例如汽车业与木材业。

虽然是分权化的协商架构，但协商往往采用地区性模式，全国性模式很少见。各地区的一两个关键产业通常会影响到全省的协商模式，例如在面积较大的安大略省与魁北克省，钢铁、造纸或汽车业等重工业的协商模式往往居于主导地位。

协商的结果是达成详尽、复杂的集体协商协议，其内容很少是出于法律；商定的条件通常包括薪资、工会会员安全条款(union security)、工时、休假、裁员与各种附加福利。申诉的程序由法律规定，而且最后必然是强制性仲裁。此外，通常会有一些附带协议，涵盖特殊情况或工作区域的工作规则。几乎所有集体协议中都有年薪的规定，包括裁员、晋升、调职等，依据在职时间的长短或能力制定权值。

集体协商中有很多细节，而且当事人偏好诉讼，因此权利的仲裁很常见而且非常注重法律细则。这种对精确书面条约的强调在加拿大雇佣关系中很普遍。

罢工与调停办法

集体协商的另一个结果是停工，这是加拿大雇佣关系中最具争议性的特色。加拿大多年来因劳资争议而导致的停工天数，超过本书中论及的任何其他国家。从 1986 年至 1995 年，加拿大的罢工率为 OECD 中 24 个国家平均罢工率的 2.5 倍。不断有人指责(虽然从来没有真正被证实)说，劳资纠纷阻碍了加拿大的经济成长。加拿大和其他工业化国家一样，在 20 世纪 90 年代的罢工风潮中，经济持续衰退。而这十年来，尽管所有停工时间还不到工作时间的 0.1%，加拿大损失的工作日仍然超过本书中论及的任何其他国家。

从历史角度来看，罢工水平有其周期性。在 20 世纪初有一波罢工风潮，另一波在第一次世界大战前后，第三波始于 20 世纪 30 年代末期，第四波在

20世纪70年代。最近一波在1983年开始退潮,此后劳资争议的规模与次数等大幅降低。以国际标准来说,加拿大罢工的两个突出特征是停工时间长,而且集中在少数几次纠纷中(见表4-4)。劳工的参与率为中度至低度(每年约有3%—10%的工会成员参与),而且罢工的规模并非特别大(平均每次罢工人数为350—450人)。规模最大的五六次罢工占所有损失工时的35%。最近几年,罢工期平均为12—15天。这些特征的成因还有待解释。

表4-4 加拿大包含500人或以上工人的罢工

时间	总数	参与工人数	未工作的天数	罢工占工作时间的百分比(%)
2008*	10	19 126	113 822	—
2007	27	49 172	1 243 190	0.03
2006	11	27 583	260 230	0.01
2005	41	179 482	3 645 060	0.10
2004	37	236 843	2 396 003	0.07
2003	26	56 730	1 076 560	0.03
2002	31	142 089	2 273 000	0.07
2001	44	189 240	1 296 960	0.04
2000	44	112 468	779 410	0.02
1999	56	127 372	1 415 010	0.04
1998	63	214 847	1 631 460	0.05
1997	32	237 246	2 855 740	0.09
1996	32	250 406	2 484 250	0.08
1995	39	125 531	993 430	0.03
1994	29	55 283	736 470	0.03
1993	25	73 757	498 680	0.02
1992	44	121 831	1 145 810	0.04
1991	36	218 377	1 452 400	0.05
1990	66	226 665	3 520 150	0.12

*2008年的数据反映的是1—6月份的。

资料来源:www.hrsdc.gc.ca/en/labour/labour_relations/info_analysis/work_stoppages/index.shtml(2008年11月21日发布)。

调停与斡旋是长期以来加拿大集体协商的特点,有两种模式:一是由当局指派一个三方委员会负责调停,并授权委员会就劳资争议提出公开报告;二是由一批调解人进行调停,但他们无权发布报告。在许多省份,参与某种形式的调解是获得合法罢工权的先决条件。尽管强制性因素已经减少,但仍有半数以上的集体协议是在第三方介入后达成的。

在公共部门之外,利益纠纷罕用强制性仲裁,但是可能有特别的立法来平息公共部门或基本服务业的特定争端。复工法(back-to-work laws)在劳工运动中并不受欢迎，而且在某些领域已导致雇佣关系的政治化。在公共部门，利益的仲裁很常见；仲裁者通常是以项目方式选自法官或专业仲裁人（多半是律师或学者）。整个程序非常注重法律细节，并不使用复杂的经济数据。集体协商最初出现在公共部门时，有人担心强制性仲裁将会造成协商的没落，但是经验显示，虽然允许强制仲裁确实降低了达成协议的可能性，但集体协商与强制性仲裁是可以共存的。

当前与未来的课题

多数发达市场经济体对于集体协商的未来存在相当的质疑，大部分争论在于重工业与体力劳动业工人的工会，是否可以维持甚至扩大其传统势力基础。虽然在加拿大这些行业的工会密度已经降低，但是工会成员总数并未下降，而且仍然高达美国的两倍。然而，加拿大的工会面临和其他发达国家的工会同样的困难：都在成长快速的服务业与技术先进产业难以招募到会员。由于许多工作从产品制造产业转移到服务业，集体协商在劳动力中所占比例逐渐缩小，例如自 1976 年至 1998 年，在加拿大传统的工会化行业——产品制造业，受雇者占劳动力的比例从 32% 降至 22%。与无工会行业的雇主相较之下，劳工组织在员工权利的扩张和薪资与雇佣条件的改善上，发挥了主导作用。如果集体协商局限于日益走下坡路的产业，则这种主导功能也会降低。

在加拿大制造业因 2008 年的全球金融危机而大幅衰退后，这个困境更加恶化。在制造业，尤其是汽车业，数以万计的工作因美国汽车制造商减产而消失。在 2008 年年底，这些改变的全面影响还不明朗。不过，自 20 世纪 30 年代以来，加拿大民营部门的“带头工会”向来是在重型制造业，这些组织在就业条件方面作了许多创新，曾经大力参与政治，而且在省级总工会内占有很大比例。面临严峻的经济变化时，它们不太可能保有先前的影响力。

在 2008 年危机之前的数年，集体协商处于外国竞争与解除管制的压力下，这种情况在发达市场经济体中很普遍。加拿大长久以来一直非常依赖对外贸易，因此外国的竞争并非新事。关税阻碍在 20 世纪 60 年代与 70 年代缓慢减少，而在 1989 年的自由贸易协定生效后快速减少。加拿大制造业在加元贬值的助力下，对这些挑战作出了良好反应。集体协商的分权化架构似乎有利于对经济变化的适应。虽然制造业的雇佣人数停滞不增，但出口值稳定上升。这些发展对涉及雇佣关系的组织来说，是压力的来源，但压力的增加是渐进的。

同样的结果发生在解除管制后。政府在20世纪80年代与90年代解除了对大部分运输业与交通业产品市场的管制。此外,这些产业中的一些"国营"企业被民营化。在这些产业内,新竞争者多半是无工会的,而有工会企业的雇佣人数逐渐减少。这些发展是渐进的,而且大致上没有造成纠纷。

集体协商短期内的前景,取决于政府与管理者面对工会的经济与政治力量时采取的行动。联邦政府与省政府继续尊重集体协商与积极的劳工运动的合法性。例如,1995年对联邦管理的产业所作的雇佣关系报告中,会发现涉及雇佣关系的各方集体协商组织的强力支持。即使在最右派的政党执政时,立法与其他公共政策也反映出这种承诺。右翼政府为改变协商的法律架构偶尔所作的努力,也未能打乱这种制度的特征。

总体来说,在加拿大,法律对集体协商的支持似乎不会有显著的改变,但是政治上很少有人支持能强化工会势力的改革。由于加拿大更加倾向于右翼的执政计划,较可能出现的情况是进一步轻微降低工会的法律地位,但不会全盘瓦解集体协商制度。

管理阶层与集体协商

20世纪80年代的经济衰退之后,加拿大的雇主和其他发达市场经济体的民营部门的雇主一样,都面临必须降低成本的市场压力:对外贸易、本国服务业的激烈竞争、解除管制。公共部门的雇主奉令要限制或降低劳动成本;与美国签订的自由贸易协定和北美自由贸易协定增加了竞争压力。许多雇主为适应这些变化而进行裁员,导致很多行业的就业人数大幅减少,并大量雇用兼职工与临时工,但普遍上仍然维持工会机制。

在工会机制盛行的行业,传统做法结合了法律力量,促使加拿大雇主在集体协商制度下来适应竞争压力。虽然许多管理者私下会表现出对工会组织的敌意,但是公开挑衅表达反工会立场的人并不多。各大雇主组织通常会提倡与工会合作,不曾呼吁要解除对劳动市场的管制。在企业层级,针对雇佣关系与人力资源经理人所作的调查显示,雇主加大力量抑制工会的扩张,但无意促使既有工会解散。

法律对雇主采取战术的约束,使得雇主想要排挤工会一事变得非常困难,而且能有效保护工会。雇主在协商方面的成功,已降低了要求改变架构的压力。雇主所推动的民营部门协商架构的分权化,有效地将薪资引入市场化。工作规则经常因协商而修改,但是在20世纪90年代中期,薪资的冻结与协商的让步更加常见。在少数行业,劳资协商达成的集体协议有效时间长达半年,通常会纳入薪资冻结,之后是小幅调升薪资,以及对多数协商单位的成员提供雇佣保障。由于通货膨胀率低,除了微幅调升薪资外,工会很难争取到任何好处。

在有工会行业的工作场所,由于工会抵制加上缺乏资方的承诺,以员工高度敬业为基础的大幅工作重组与工作系统的推行,一直受到限制。工会往往担心这些方案会降低劳工对工会的支持,或是有这样的倾向。推行这些方案的场所失败率相当高,但是许多雇主(尤其是制造业)试图走出传统雇佣关系的对抗体系。比方说,管理者对工会的咨询与沟通渐增就是个常见的发展趋势。在工作实务上已有许多温和的改变,大多是在正式雇佣协商之外。不过,许多变革方案持续的时间很有限。

目前还不清楚的是,加拿大雇主在面临经济衰退时接受集体协商,有多少是因为法律保护工会与集体协商,有多少是因为他们认同这些制度的合法性。如果雇主只是遵守法律,那么对集体协商的支持,显然会受制于变动的政局与法律环境。如果对集体协商的支持是一种文化,那么雇佣关系制度可能得以维持,而且会逐渐发展。

劳资争议

加拿大雇佣关系中最重要的议题历来就是前述的罢工问题。走过经常罢工的 20 世纪 70 年代与 80 年代初期,加拿大在 1982 年以后随着经济遭逢严重衰退与失业率上升,罢工情形大幅减少。由于集体协商采取分权化架构且制造业雇用人员减少,20 世纪 80 年代在民营部门的大型罢工几乎绝迹。20 世纪 90 年代与 2000 年之后的大型罢工大多发生在公共部门。尽管大众关注罢工,但很少有人去探究罢工的根本原因,甚至不作进一步的了解。

旨在减少劳资争议的公共政策不外乎两个模式。模式的选择主要是依据政府当局的立场。一是鼓励劳动管理咨询。在 20 世纪 70 年代与 80 年代,数任政府采取主动建立类似西欧国家的劳动管理咨询制度。遇到大规模裁员时,就(在有工会与无工会的工作场所)委任劳资联合委员会。之后联邦政府支持三方委员会处理架构重组。这些委员会运作良好,而且数目在缓慢增加;但是仍然没有证据显示,在雇佣关系制度的这个层级的合作,会影响各方在其他层级的行动。

在多数工作场所,各省都要求成立卫生与安全联合委员会。在有工会的组织,这种委员会是集体协商之外具有影响力的途径。这些委员会在大型工作场所运作,罢工或严重的卫生与安全争议相当罕见。不过,雇主强硬抗拒以任何方案来加强卫生与安全委员会的法定权力。强制性的劳资合作，明显背离政府在工作场所仅扮演有限角色的北美传统，并在有工会与无工会领域之间，维持集体代表性明确的区分。

处理劳资纠纷的第二个模式，是以法律来控制工会势力的施展。保守党政府常常修订法律，让工会更难获得承认。中间偏左的政党上台执政时，他们的做法就与保守党背道而驰。一如在英国等国家，即使各辖区政府立法反对工会，多数大型企业雇主似乎也不愿公开提倡这类与员工对立的法律。严重威胁现行集体协商制度合法性的做法，很少获得支持，而且舆论支持现行制度。

公共部门的雇佣关系

公共部门是加拿大雇佣关系中最易受变化影响的领域。从 20 世纪 60 年代中期到 20 世纪 80 年代，各省政府与联邦政府都发展出成熟的集体协商制度。1982 年经济衰退开始，数个省政府以限制公共部门的薪资水平来应对预算短缺问题。一般说来，各省政府是靠立法而非协商来处理财政问题。到了 1987 年，法律的限制已经去除。1991 年年初，联邦政府对公共部门的协商与薪资作了另一番限制。到了 1995 年，多数省份对公共部门的协商设限，这是财政紧缩计划的一环。

范围最广的一个财政紧缩计划，是安大略省的一个被误称为“社会契约”(Social Contract)的计划。1993 年，新民主党政府试图和一百多个公共部门的谈判代表协商大幅减薪事宜。协商失败后，政府扬言如果无法达成协议，将通过立法减薪。在压力下，几乎所有工会都同意在不降低薪酬等级的情况下，削减劳动力成本。举例来说，强制性的休无薪假成为安大略省公共部门的一个常见现象。这些政策使安大略省的劳工运动分裂；之前劳工运动向来支持政府，大体上是走公共部门对抗民营部门的路线。新民主党政府的强势作为，是对公共部门集体协商设限的一个政策转向。严厉的政策不再被视为右翼政府的异常行为，也使得较保守的政权较容易实施类似或更加严厉的管控措施。例如在 1994 年，艾伯塔省削减了公共部门 5% 的薪资，并减少许多社会服务项目的经费，包括医疗保健与教育。安大略省劳工运动的分裂，是反工会的保守党政府胜选的一个原因。

公共部门工会反对所有紧缩计划，但是大体上都徒劳无效。政府发现，限制公共部门的薪资与协商权，在政治上是受欢迎的。依靠立法或其他手段来冻结人事或裁员，让人质疑加拿大政府对许多法规中明订的集体协商制度的承诺。在此情况下，工会对政府做法的响应也可能是政治性的。20 世纪 80 年代，魁北克、安大略与英属哥伦比亚（人口最多的三省）的公共部门工会，发起大规模的示威与罢工活动，向政府施压，要求采取较温和的政策。一个传统上走温和路线的联邦层级工会发起全国大罢工，显示出公共部门的雇员面临他们认为不公平的紧缩政策时，也会被动员起来。但是最后，政府雇主取得胜利。在联邦政府领导下，降低赤字成为全国普遍认同的主要课题。联邦政府雇佣人数大幅减少，数个省政府也裁员并减薪。在此情况下，工会在减少损失方面几乎无能为力。

针对公共部门雇员及其工会的政策中，最严厉的例子发生于 2001 年的英属哥伦比亚。当时新当选的右翼政府（误称为“自由党”）排除了公共部门集体协议中的许多条款，强制性地将卫生部门的工作排除在雇佣合约之外，并裁减了超过一万名员工。省政府不曾与受到这些改变影响的工会协商，即快速通过授权施行的法律。工会会员示威抗议但无效。这项法律也适用于公立学校系统，只是没有那么严厉。

卫生保健工会依据《权利与自由宪章》向这条法律提出挑战。加拿大最高法院在 2007 年的裁决认定政府违反宪章，和先前的一些案例相较是倒退的做法。这条有问题的法律并没有被废除，但是最高法院将宪章的保护范围扩大到集体协商，并陈明“国际劳工组织”的标准未来应适用于这一保障。

这项判决的全面影响还需要好几年才能看得出来。但是目前可见的是，法院禁止政府以较严峻的立法来影响公共部门的集体协商。

除了立法行动的冲击，联邦与省政府层级的自由集体协商实践，已遭到显著破坏。20 世纪 90 年代至 21 世纪初的中期，复工法的频繁出现，让工会戒慎在心：在谈判桌上不能违抗政府的财政政策。目前已发展出一个模式：政府提出条件，通常是符合经济情势的，然后在公共部门工会上施行。

劳工运动的政治角色

虽然许多工会与工会领袖在政党政治上非常活跃，劳工组织还一直无法界定自己在政治上的角色。正式说来，CLC 支持新民主党，但是这一联盟已出现一些问题。在联邦层级，新民主党一直无法提高得票率（和议席）到 20% 以上，而劳工界一直无法给予新民主党大量选票。2003 年与 2005 年的竞选资金改革措施，规定候选人不得收受企业与工会的政治献金，而个人的献金不得超过 1 000 美元。目前各政党是按得票比例获得政府补助选举款，并由政党依照新的限制规定，举办募款活动以补不足。

在经济与社会政策上与劳工进行有限度协商的自由市场经济模式，比以前任何时候都更加根深蒂固。总体说来，加拿大劳工在联邦层级的影响是有限的，而且没有扩大的迹象。未来劳工法律地位的提升可能要通过法院的作为。

就省级而言,情况则有所不同。新民主党在安大略省与三个西部省份执政。当新民主党是可能入主省政府的政党时,劳工的政治地位较高。然而,劳工运动在省级选举中偏向某一政党,则会有一些风险:使劳工议题更加政治化,而且在政府换党后易遭受剧烈变化。魁北克的工会向来支持该省的独立运动,而且在主张独立的政党于魁北克执政时工会享有很大的政治影响力。在政治上,魁北克比加拿大其他地区更像是协调式市场经济体,而且劳工在重大的政策考虑上都有参与。

安大略实施"社会契约"后,劳方更加进退两难。公共部门工会在1995年选举中袖手旁观,不支持新民主党,以致新民主党败选。这一事件表明,劳工组织对于新民主党选举的作用是无可取代的。对新民主党的惩罚,反而提高了更加反劳工的政党的当选机会。在新民主党有望击败省政府的执政党时,劳工在公共政策上有发言权(虽然不一定是强有力的发言权),包括在公共部门的雇佣关系方面。

雇佣关系现状正受到加拿大社会中一个趋势的影响:受雇者自己担负责任与风险。这并非加拿大的独有特色,这个倾向是由最主要目标所推动的一系列具体行动之一,而别的国家也有同样的目标。雇主希望劳工像个商品:有弹性、受过训练,而且轻易就可抛弃。他们不再期望与员工维持长期的雇佣关系,并要求员工规划自己的职业生涯。雇佣制度中按绩效定薪资的企业愈来愈多,而退休基金计划已从"确定给付制"变成"确定提拔制"。工时已增加,而工会会员领取加付薪酬的情况已经减少。在生产可以转移至他处的地方,薪资就有议价空间。当劳动力在2000年后显现不足时,联邦与省级政府从发展中国家引进数以千计临时性、容易解雇的移民工,而非让市场力量推动国内工人的薪资大幅提高。雇主运用科技来更密切地监督个别员工的行为。在一些产业中,包括部分的建筑业、肉品包装业、卡车运输业与伐木业,由于工人不加入工会、分权化协商盛行以及政府解除管制,微工会式(de-unionisation)的现象已经发生。分店众多的服务业雇主借着提供与工会协议条件相同的待遇,来防止工会势力扩张。

政府已有十多年未曾有较大动作提升劳工的法定权利。雇佣标准的实施软弱无力,而且雇主很少被起诉有规避法律的行为或因而受罚。即使在传统上向来有劳工参与的政策领域,学徒制、卫生与安全以及有组织劳工的角色,也不再受到高度重视。

不论在公共部门还是民营部门,这些政策已削弱了劳工运动的力量。2008年时,加拿大人的收入差距大于20世纪20年代以来的任何时候。联邦层级的主要政党——自由党与保守党，没有一个提倡劳工权，连故作姿态都没有。新民主党在反对这些倾向上，影响力一向有限，大多局限在省级。加拿大人很少指望工会能有效处理加拿大社会或经济的问题。

结论

加拿大的雇佣关系不太可能发生重大改变，它的雇佣关系制度本身未出现结构变化的明显迹象，这和其他发达市场经济体不同。加拿大不像美国，工会主义与集体协商制向来不会遭到资方的攻击。它和英国截然不同的是，政府很少发动持久的反工会运动，虽然并非没有这种例子（1996 年在安大略省就发生过）。劳工运动在加拿大是合法的，和女性运动与消费者团体有密切关系。劳工组织被视为劳工在经济与社会协商方面的代言人。但是有组织劳工的地位正逐渐持续地被削弱，不论是在被视为生产的要素的方面，或是在重大公共政策的考虑上。

加拿大温和的经济成长记录，穿插着以商品为主的繁荣与萧条，让想要把经济表现归咎于集体协商或工会主义的政客或雇主，找不到证据。集体协商制已成功适应了大部分经济情势的变动。近来的加拿大劳工没有显示好战迹象，但若因 2008 年的全球金融危机导致工作可能不保，则这一情况可能改变。除了在传统工会据点以及加拿大劳工普遍的工作环境外，有关劳工代表性的更广大问题，由于雇佣关系中各方缺乏危机意识，使得这方面的辩论受到抑制。除非始于 2008 年的全球经济危机对加拿大劳工市场的稳定性带来直接的冲击，否则它近期的逐渐适应模式应该会持续下去。

加拿大雇佣关系大事记

1825	魁北克省拉欣市(Lachine)木工为争取较高工资进行罢工。
1825—1860	许多孤立的工会开始发展。
1867	加拿大邦联(Confederation-Canada)成为一个独立国家。
1872	工会豁免于英国法律施加的刑事与民事责任。
1873	地方工会联合组成加拿大劳工工会(Canadian Labour Union),是第一个全国性劳工工会。
1886	国际手工业工会成立了"劳工总会"(Trades and Labour Congress, TLC)。
1900	依据《劳资纠纷调解法》(*Conciliation Act*)成立劳工部,威廉·里昂·麦肯齐·金(William Lyon Mackenzie King)被任命为首任副部长。第一期《劳工公报》(*Labour Gazette*)发行。
1902	"柏林宣言"(Berlin Declaration)发布,TLC 回避所有不属于国际工会组织的工会。
1906	世界产业工人联合会(Industrial Workers of the World)加拿大分会成立。
1907	《加拿大劳资争议调查法》(*Canadian Industrial Dispute Investigation Act*)通过,是第一条全国性劳工立法,强调调解。
1908	依据《政府年金法》(*Government Annuities Act*),联邦劳工部执行一项协助加拿大个人供应自身晚年所需的计划。
1909	联邦政府依据《劳工部法》(*Labour Department Act*)设立劳工部长职位,威廉·里昂·麦肯齐·金成为首任部长。
1919	温尼伯(Winnipeg)总罢工,是北美历史上最彻底的总罢工。"国际劳工组织"成立,加拿大是创始会员。
1921	"加拿大天主教劳工联合会"成立;天主教工会魁北克联盟成立。
1927	"全加拿大劳工联盟"(All-Canadian Congress of Labour)成立。
1930	《公平工资与八小时工作日法》(*Fair Wages and Eight-Hour Day Act*)通过,适用于联邦辖区内的劳工;经济大萧条(Great Depression)导致《失业救济法》(*Unemployment Relief Act*)的通过,在各省和地区设立失业给付制度。

1935	美国的《全国劳工关系法》(华格纳法案)通过后,加拿大人要求制定类似的法律。
1937	安大略省奥沙瓦(Oshawa)的通用汽车公司工人罢工,确立了加拿大的产业工会主义。
1939	TLC 将美国产业工会联合会(CIO)的加拿大分会除名。
1940	CIO 分会加入全加拿大劳工联盟,组成了加拿大劳工联盟(Canadian Congress of Labour, CCL);失业保险委员会归联邦劳工部管辖。
1944	《枢密院令 PC1003 号》(Order-in-Council PC 1003)保障工会的组织权(结合了美国华格纳法案的原则与强制性调解原则)。对雇主与雇主的谈判代理人赋予法律职责以确保其协商诚意;在 20 世纪 30 年代后期与 40 年代中期,许多省份开始扩展《枢密院令 PC1003 号》的适用范围,使之涵盖其雇佣关系情况,或是起草类似的法令。
1948	《雇佣关系与争议调查法》(*Industrial Relations and Disputes Investigation Act*)通过,集体协商权有了坚实的法律基础;加拿大劳工关系局在联邦辖区内成立。
1949	为维护法律,魁北克阿斯贝斯托斯市矿工发动罢工,展开魁北克的"宁静革命"(quiet revolution)。
1956	TLC 和 CCL 合并,组成了加拿大劳工总会(Canadian Labour Congress)。
1958	依据《年度休假法》(*Annual Vacation Act*),联邦政府全职员工每年享有两周的带薪假期。
1960	加拿大天主教劳工联合会切断与天主教工会的关系,成立了全国工会联合会(Confederation of National Trade Unions)。
1965	联邦政府依据"加拿大劳工(标准)法典"[Canada Labour (Standards) Code]制定了联邦辖区劳工的工时、薪资、休假与国定假日的最低标准。
1967	联邦政府赋予公共部门员工协商权,其他辖区亦跟进。
1975	联邦政府实施第一次的和平时期薪资与物价管制措施。
1977	《加拿大人权法》(*Canadian Human Rights Act*)通过,禁止歧视某些群体。

1982	联邦政府制定“人权宪章”(Charter of Rights)。
1984	“加拿大劳工法典”增加防范性骚扰的保护条款。
1986	依据“加拿大劳工(标准)法典”在工作场所设置雇佣安全与保健联合委员会。《平等雇用法》(*Employment Equity Act*)通过以处理歧视问题。
1987	“人权与自由宪章”(1982 年制定)开始生效。
1991	依法可以冻结联邦政府雇员薪资。
1994	加拿大、美国与墨西哥签署“北美劳工合作协议”(North American Agreement on Labour Cooperation),三国承诺将维护劳工标准并执行本国劳工法律。
2001	英属哥伦比亚省政府废除集体协议中保健的主要部分,导致成千上万人被裁员。
2007	加拿大最高法院撤销英属哥伦比亚省政府在 2001 年的大部分诉讼,宣布宪法保障公共部门员工有集体协商权。

第5章 澳大利亚的雇佣关系

Russell D. Lansbury
Nick Wailes

澳大利亚曾是英国殖民地，有丰富的矿藏与能源，人口稀少。2008年时，澳大利亚有2 100万人口，国内生产总值超过1兆美元。民间雇佣人数约有1 000万人，其中75%受雇于服务业，20%在制造业与建造业，但是澳大利亚的经济仍然高度依赖来自采矿业与农业的外销收入，这两个行业所需的劳动力仅占5%。

自20世纪80年代中期至2007年的强劲经济成长，加上实质工资的降低，使得澳大利亚劳动力市场扩大且失业率降低。但是在20世纪80年代末期与90年代初期恶化的经济形势，导致失业率在1991年至1993年升高到11%。由于政府采取紧缩的经济政策，加上1990年至1991年经济急剧衰退，通货膨胀率于1992年至1993年下跌至1%，但是此后开始回升，到2008年时达到4.5%，这一年正是全球经济形势恶化，人们忧虑日深之时。

失业率自21世纪中期起维持在5%以下，但在2008年全球陷入经济危机时再度扬升。最近几年就业结构已发生剧烈变化，全职的长期工作减少，各式各样非标准的雇佣形态则增加。这种情况的发生是由下列事项增加所致：零散的工作、暂时性工作、外包工作、经纪人与其他劳动力市场中介公司。正如Burgess和Campbell(1998)所指出的，20世纪90年代出现的新工作大多是零散的；在快速成长的就业领域，最具代表性的是兼职工作。

法律、经济与政治背景

澳大利亚在1901年成为联邦国家。前殖民政府同意建立澳大利亚联邦(Commonwealth of Australia)时，对于就业与产业关系，只给予新联邦政府有限的管辖权。依据澳大利亚联邦宪法(1901 年),联邦仅能就下列相关情况制定产业关系法:"为防范与解决跨州的劳资争议而作的调解与仲裁。"(第 51 条第 35 款)但是联邦管理产业关系与其他事项的权力范围逐渐扩大,尤其在第二次世界大战后。

从 20 世纪 80 年代末期起,澳大利亚的制度发生重大改变。1988 年,工党政府以《1988 年产业关系法》取代了《1904 年调解与仲裁法》。"联邦调解暨仲裁委员会"的名称改为"澳大利亚产业关系委员会"(Australian Industrial Relations Commission, AIRC),但是功能大致维持不变。更显著的改变是制定《1993 年产业关系改革法》(简称《改革法》)、《1996 年工作场所关系与其他修正案》(简称《工作场所关系法》)、《2005 年工作场所关系修正法》(简称《工作选择法》)。工党政府在 1993 年制定的《改革法》,首次在联邦辖区内让无工会行业的集体协议得以获得认证(Bennett, 1995)。此外,这一法案让劳方在指定的"协商期"有权进行有限制的罢工或怠工等行动,从而把争议的"利益"与"权利"之别,引进澳大利亚。

表 5-1 选择的经济变量

年份	实际 GDP(变化百分比,%)	通货膨胀(CPI 的变化百分比,%)	失业率(占劳动力的百分比,%)
2001—2002	3.9	2.8	6.3
2002—2003	2.8	2.7	6.1
2003—2004	3.8	2.5	5.5
2004—2005	2.3	2.5	5.1
2005—2006	2.8	4.0	4.9
2006—2007	3.2	2.1	4.3
2007—2008	3.7	4.5	4.2

资料来源:ABS 5204.0 澳大利亚的国民经济核算体系(数年);ABS 6202.0 澳大利亚劳动力(数年);ABS 6401.0 消费者价格指标(数年)。

自由党与国家党联盟在 1996 年赢得大选上台执政,终结了工党长达 13 年的政权,预示着产业关系制度将出现进一步变革。1996 年通过的《工作场所关系法》试图限制澳大利亚产业关系委员会的权力,并首度允许称为"澳大利亚工作场所协议"的个别契约注册登记(Pittard, 1997; McCallum, 1997)。虽然霍华德(Howard)领导的政府试图进一步解除对产业关系的管制,但敌对的参议院(上院)进一步阻挠立法改革,直到工党在 2005 年赢得参议院多数席位,重新执政为止。

2005 年通过的《工作选择法》包含了先前被参议院驳回的改革,并引进了对澳大利亚产业关系制度的根本变革。整套改革的关键目标,是要对劳动力市场的监督管理创造单一的全国制度,扩大"澳大利亚工作场所协议"

(AWAs),让它能取代判决,增加对工会行动的限制,并减少澳大利亚产业关系委员会的功能。依《工作选择法》建立了一个新机构——澳大利亚公平薪资委员会,负责制定与调整最低工资标准,让员工少于一百人的中小型企业豁免于不公平解雇法,并引进五种新的最低就业条件,以及排除“无不利情况测试”(no disadvantage test)。依此测试,只要雇主的“整体情况”与相关裁定相比并没有更糟,工作场所协议就一定会获得认证。

《工作选择法》造成很大争议,也是促成自由党与国家党联盟在2007年联邦大选中落败丧失执政权的一个原因。工会组织发起了一个称为“你的工作权”的高调运动,在电视与报纸上大登广告,也通过网络进行诉求。这个法案对于工会进入工作场所运作并代表劳工协商,施加重大的新限制。因而,工会对抗“工作选择”的运动强调工作的不安全性,并强调员工少于一百人的企业其员工反抗不公平解雇的权利被废除。工会争取到来自教会与社区领导人的强大支持,这些人也强力发言,抨击政府的新工作场所法规“太过分”。虽然联邦政府最后为所有的新协议重新制定“公平考察”(fairness test)方式,但已经太迟,并未能冲淡改革不受欢迎的效应(Cooper & Ellem,2008)。

《工作选择法》最重要的一个层面是,改变联邦产业关系立法的法制基础,从调解与仲裁权变成规范公司权(corporations power,译注:澳大利亚宪法第51条第20款赋予国会的立法以规范境内公司权)。此外,它允许联邦政府直接设定最低雇佣条件,无须诉诸解决劳资争议的裁决。尽管州政府对这个法案有所争议,指其违宪,但高等法院支持这个新法案,并开放新渠道让联邦政府得以排除州法,但有一些特殊例外情形。不过,联邦政府虽然能将其权力扩展到产业关系法律,但澳大利亚约有15%的劳工并非受雇于贸易与金融公司,因此并不受这个法案的管辖。在这个领域,迄今高等法院的裁决仍显著扩展着联邦政府的管辖权。

工党于2007年11月的大选获胜后,总理陆克文(Kevin Rudd)与副总理暨就业部部长茱莉亚·吉拉德(Julia Gillard)承诺,新政府将在“公平前进”的大旗下施行“公平且平衡”的产业关系政策。但在该政策细节公布后,批评者指责它“避开《工作选择法》太过分之处,而非根本重塑产业关系”(Hall, 2008: 376)。

工党允诺要“撕碎工作选择法”,但它要这样作的能力受到限制,因为自由党与国家党联盟加上无政党人士,控制了参议院。因此新政府慎重行动,并与所有利害相关团体,包括商界社群,进行长期协商。政府制定了不承认新的《澳大利亚工作场所协议》的过渡期议案,并提供法定的临时性个别协议,列出法定的全国雇佣新标准,并下令澳大利亚产业关系委员会展开现代化的裁决程序。2009 年通过的《公平工作法》的主要特色如下：

- 设立“澳大利亚公平工作局”（Fair Work Australia, FWA），成为新的产业关系监管机关，取代既有的六个团体，包括澳大利亚产业关系委员会。成立“公平工作视察官”（Fair Work Ombudsman）办公室，以促使成员依照新工作场所法规行事。
- 法定的个人协议如“澳大利亚工作场所协议”被废止，但允许个人的普通法雇佣契约。
- 制定十条新的全国就业标准，为国家制度涵盖的所有工人制定最低工作条件。全国就业标准包括年度休假条款、事假、育儿弹性工作安排、终止雇用通知、遣散费。
- 制定“现代化裁决”的新制度，为大多数受雇者提供额外的安全保障。
- 扩大对于受到不公平解雇者的保护，涵盖全职工作少于 15 个（两个兼职相当于一个全职）的企业的所有员工。只有在试用期（小企业通常是 12 个月，较大企业通常也是 12 个月）被解雇的员工，才没有涵盖在内。
- 制定企业弹性条款，允许年薪在 10 万美元以上的员工，无须依据裁决来制定雇佣契约。
- 雇主与工会按规定需以诚信进行协商，但这个法案并未规定双方一定要达成协议。不过，澳大利亚公平工作局获准在任一方漠视诚信协商原则时，作出工作场所的裁决。
- 澳大利亚公平工作局获得授权，在罢工或怠工行为拖长以致对大众或经济造成危害时，解决劳资双方争议。
- 有工会或无工会代表员工的协议，两者并没有区别，但协议需获得员工的同意。代表员工协商的工会，得向澳大利亚公平工作局申请采用经员工同意的协议。
- 工会干部若持有澳大利亚公平工作局颁发的许可证并遵守某些许可条件，即有权进入工作场所和员工讨论。
- 有条款规范单一目的或多重目的的协议的制定，要求以诚信履行协商责任，并有一个考察，要求每个员工的情况整体而言应该优于适用裁决的情况。

联邦政府提议，自 2010 年 1 月起，“现代化裁决”与“全国就业标准”两个制度皆开始实施。虽然政府在参议院并未掌握多数席位，尚需小党支持，才能确保通过这个法案，但自由党与国家党联盟已宣布，基于工党已在 2007 年大选中获得人民的托付，“原则上”会支持工党的变革提议。不过，在野党内对于这个法案的哪些部分他们应该赞同或反对，已出现意见分歧情形，让人对于在野党于《工作选择法》废止后的政策究竟如何，感到困惑。

主要各方

工会

仲裁制度的建立，激发了工会与雇主协会的快速成长。1921 年，澳大利亚劳动力中大约一半有工会代表他们。工会密度时高时低，20 世纪 30 年代初期经济大萧条期间，跌至 40% 左右；20 世纪 40 年代则稳定上升，并于 1953 年达到 65% 的高峰。

一如在英国，澳大利亚的工会主义最初是从手工业发展出来的，但是随着制造业的成长，一般工会与产业工会变得比较普遍。澳大利亚工会组织的基本单位是分会，它可能涵盖整个州或一州的大片地区。工作场所层级的组织通常比较不正式，但在蓝领与白领领域，都有生产场所委员会和工会服务组织的存在。

过去二十多年来，澳大利亚工会会员一直稳定减少（见表 5-2）。工会密度从 1990 年的 49% 降至 2007 年的 19.5%。工会会员减少的原因既多且复杂。Peetz（1998：82）所作的研究结论是："据合理估计，1992 年之前的十年间，工会密度跌幅中约有一半可以用结构因素来解释。"这些因素包括：经济结构的改变，其中又包括制造业（传统上工会活跃的行业）雇佣人数的减缩；以及服务业（工会向来不活跃的行业）的成长。有个相关变化是全职雇佣人数的减少，以及非标准化雇佣的盛行。这些现象都是最先进工业化国家的特色，但其他国家的工会式微情况并非都像澳大利亚工会那样严重。造成澳大利亚工会式微的其他因素还包括：反对工会的雇主增加，以及集权式仲裁体制的制度化安排（例如既有的强制成立工会制度）被废除，那些安排是以人为方式提升工会会员数目。还有人认为，工会的政策也可能是造成会员人数减少的一个原因（见 Peetz，1998）。

表 5-2　工会会员最近的变化

年份	工会覆盖率（%）	与前一年的变化（%）	公共部门覆盖率（作为工会成员的比例，%）	私人部门覆盖率（作为工会成员的比例，%）
2002	23.1	-1.4	46.5	17.7
2003	23.1	0	46.9	17.6
2004	22.7	-1.8	46.4	17.4
2005	22.4	-1.3	47.2	16.8
2006	20.3	-10.3	42.6	15.2
2007	19.5	-4.1	44.1	15.1

资料来源：ABS 6310.0 澳大利亚员工收益、福利和工会会员（数年）。

主要的体力劳动者与非体力劳动者的联合工会是“澳大利亚工会委员会”(Australian Council of Trade Unions, ACTU),成立于1927年,涵盖约95%的所有工会会员;它与另外两个联合工会合并后大幅扩张,一是在1979年与先前代表白领工作者的“澳大利亚受薪者与专业人员协会委员会”(ACSPA)合并;二是在1981年与“澳大利亚政府雇员组织委员会”(CAGEO)合并。

在澳大利亚工会委员会指示下,各工会最近几年制定了旨在扭转工会式微的策略。在20世纪90年代,工会运动聚焦于结构重整与合并,结果有360个在联邦注册的工会合并成20个以产业为主的“超级工会”。成立这些工会的理念是:释放资源以改善对会员的服务。虽然这个策略在改变澳大利亚工会的架构与减少工会数目方面成功了,但并没有遏止工会密度的下降。

工会运动于联合政府1996年胜选后所采取的这项策略,以及(澳大利亚工作场所)协议的终止,都是以“组建工会”为基本原则。工会向来受鼓励要建立工作场所的行动主义,发展与较大社群的联盟,并强化其进行策略运动的能力。目标在于,工会应该重新界定自己,以求更加自主,减少对官方的依赖。1994年,澳大利亚工会委员会启动了“组建工作”计划,部分是基于美国工会的经验,以建立工会的组织技能和推动工会运动的能力,并实施“组建工会模式”。在澳大利亚工会委员会2000年召开的大会上,一个新策略开始推动:在工作的工会(Unions@ Work),这一策略强调以“组建工会模式”为中心,来建立包容广泛的社会运动途径以走向工会化,从而增加会员(Cooper,2000)。

澳大利亚工党于2004年联邦选举中落败后,形势显示,霍华德政府将利用在参议院的多数党地位,引进先前被工党与小政党封锁的激进式产业关系改革;澳大利亚工会委员会发起了一个运动,口号是“你的工作权:值得一搏”。这个委员会也发起了一系列“全国行动日”,在各州首府宣扬“你的工作权”;这些活动吸引了将近25万人。大量的资金也花在各种媒体与海报的宣传广告上。工会运动动员了大批成员,游说边缘选民反对霍华德政府,以致这个政府在2008年大选中落败(Cooper & Ellem,2008)。

雇主协会

澳大利亚工会早期的成长,鼓励了雇主协会的发展,并导致它们比其他一些国家的工会更加重视产业关系的功能。许多雇主协会在产业关系上发挥直接的作用且有直接利益影响(Plowman, 1989)。然而,雇主协会在规模与复杂性上有很大差异，从小型、单一产业的团体到试图涵盖某一州所有雇主的大型组织，不一而足。1977 年，澳大利亚产业联合会（CAI）成立，是单一的全国性雇主团体，此时距澳大利亚工会委员会的成立已有将近 50 年。1983 年，一群大企业主设立了澳大利亚企业委员会（BCA），部分原因是他们认为澳大利亚产业联合会未能满足大企业内大量且多元化会员的需求。澳大利亚企业委员会的成员包括澳大利亚最大公司的执行官，因此在这个委员会就雇佣关系等事宜发表讲话时，都非常引人注目且极具权威性。

分裂与不团结是雇主团体一直都存在的问题。20 世纪 80 年代中期以来，澳大利亚产业联合会曾有几次重大分裂，包括一些大型附属组织的脱离，例如金属产业协会（MTIA）在 1987 年，以及澳大利亚制造业公会（ACM）在 1989 年的脱离。造成的一个影响是，雇主们在全国工资案听证会等场合发表各自不同的见解。1992 年，澳大利亚产业联合会试图表现得更加团结，以吸引以前附属组织的归队，乃与澳大利亚商会（Austrian Chamber of Commerce）合并，组成了一个新组织：澳大利亚商业与产业公会（ACCI）。

支持企业的自由党与国家党联合政府于 1996 年胜选执政后，雇主的代表性有进一步变化。有个重大发展是，雇主协会出现了一个趋势：从提供产业建言转变成向会员提供多项付费服务。这个转变可以说部分反映了集权式协商制度的减少，以及对建言的需求。Sheldon 和 Thornthwaite（1999）认为，这个转变使得雇主组织竞相争取会员，也促进了雇主协会的合并。其中最令人瞩目的是澳大利亚制造业公会与金属产业协会在 1998 年合并组成“澳大利亚产业集团”（AiG）。

2007 年竞选活动期间，雇主团体内高层干部出现分裂情形。澳大利亚商业与产业公会和澳大利亚企业委员会强烈维护《工作选择法》，并批评工党的政纲，宣称《工作选择法》的任何“倒退”情形，将冒劳资争议升高的风险，而且工党政府将受到工会利益的制约。澳大利亚商业与产业公会指责联合政府在 2007 年竞选期间制定“公平考察”方式，其实是企图转移指称它的政策过于苛刻的批评。不过，澳大利亚商业与产业公会是雇主以“全国企业行动基金”名义资助的一个宣传活动的主要筹划者，在此活动中，19 个雇主协会努力为政府的产业关系改革辩护（Hearn MacKinnon，2008）。澳大利亚产业集团虽然是《工作选择法》的支持者之一，但它减少了对 ACCI 与 BCA 领导的雇主宣传活动的献金，并宣称自己是超政党的雇主组织。工党胜选后，指派澳大利亚产业集团执行长海瑟·里道特（Heather Ridout）加入一些顾问委员会，让他在其他雇主协会遭受较不利的待遇时，代表雇主。

政府

一如前文所述,联邦政府管辖产业关系的权力受到宪法的限制,直到高等法院在 2007 年就规范公司权作出裁决才出现改变。联邦政府缺乏立法权,尤其在物价与薪资方面,使得种种政治疏导连遭挫败。

霍华德领导的联合政府通过 1996 年的《工作场所关系法》快马加鞭进一步努力解除对雇佣关系制度的管制。该法案中主要的政策改变包括:裁决的角色与重要性降低,限用于可强制执行的最低工资与工作条件保障措施;新的企业协商安排,包含无工会介入的个人协议;删除对特殊形态劳动力的使用与工时的限制。虽然在参议院内举足轻重的一些较小政党迫使政府对原始议案作了许多修正,但新法案中保留了主要的改革内容。

2004 年的胜选,让霍华德领导的联合政府在参众两院都占有多数席次;自 2005 年起,参议院展开了 1904 年以来澳大利亚产业关系最激进的改革行动。霍华德政府一直在提倡要解除对劳动力市场的管制,《工作选择法》则是对产业关系"解除管制"的最具雄心的尝试。它代表对仲裁、工会与集体协商的全面出击,甚至令许多雇主感到很意外。事实上,在汽车制造等主要产业的一些大企业主,赶紧在《工作选择法》实施以前和他们的工会制定协议,因为这样一来他们有较大的自由与余地来纳入他们认为重要但被新法排除在外的事。

尽管《工作选择法》并不受较广大选民(也就是那些支持工党赢得 2007 年联邦选举的选民)的欢迎,陆克文领导的工党政府还是小心翼翼地着手修改这个法案。即便如此,霍华德政府运用国会的立法规范公司权效应,让继任的联邦政府有更大权力就产业关系进行立法。

雇佣关系的程序

从历史观点来说,澳大利亚的调解与仲裁制度是基于一个假设:若各种调解程序已经用尽,还无法解决问题时才能诉诸仲裁。仲裁制度在两方面是强制性的:一是一旦诉诸仲裁,争议的各方必须依照法定程序提出其论点;二是法庭的裁决对争议的各方具有约束力。裁决中明确规定雇主需提供的工资与工作条件的最低标准,不遵守的雇主会遭到法律制裁。但是工会与雇主可自由协商超出最低标准的部分。仲裁制度的正式规定与实际运作的情形必须加以区分。实际上,争议的各方直接进行协商的情形一直都很常见。雇主与工会直接协商达成的协议可以和仲裁的裁决并存,或取而代之。如果这些协议获得调解与仲裁委员会的批准,则被称为"共识裁决",可以全面处理特定工作场所的工作条件,或补充既有协议。以这种方式运作,实务上的裁决比正式的裁决实际上更具弹性。

20 世纪 70 年代,澳大利亚的非正式直接协商大幅增加(Niland, 1976)。20 世纪 80 年代初期,由于"调解暨仲裁委员会"试图控制工资以致非正式直接协商中止,但到了 20 世纪 80 年代末期,政府鼓励劳资双方在委员会设定的范围内进行更多集体协商(McDonald & Rimmer, 1989)。在 20 世纪 90 年代,为了因应经济不景气与日益增强的政治压力,雇佣关系程序有进一步分权化的趋势。1993 年的《产业关系改革法》借由削弱产业关系委员会审查工会协商企业协议之能力,以及引进"企业弹性协议"(EFAs),而扩大企业协商范围。这些发展使得无工会工作场所的工人也可协商达成工作场所协议。产业关系委员会保留一个角色,确保"企业弹性协议"的工作条件与相关的裁决比较之下,不至于对员工不利。然而,"企业弹性协议"为霍华德政府于赢得 1996 年大选后颁布的"澳大利亚工作场所协议"(AWAs),奠定了基础。

这个倾向因霍华德政府的立法改革而进一步被强化。这些改革的一个关键因素是制定"澳大利亚工作场所协议",这个协议使得(并试图鼓励)雇主和员工订立个别的(无工会介入的)工作合约。陆克文领导的工党政府已放弃了"澳大利亚工作场所协议",成立了一个新管理机构——"澳大利亚公平工作局",并持续重视集体协商,但并未恢复强制仲裁的做法。

争议的处理

实施强制仲裁的一个主要动机是让罢工变得没有必要。在仲裁制度下,"法治"原本是要取代"野蛮的权宜之计——罢工行动"(Macintyre & Mitchell, 1989)。《调解与仲裁法》曾有许多年规定罢工不合法,而且会受到惩罚。虽然这一条款已于 1930 年废除,但联邦体系下的澳大利亚劳工只有在 1993 年才获得有限的合法罢工权。

1993 年的《产业关系改革法》赋予工会与雇主一段豁免期,可以免受普通法以及有关工人罢工与停工的次级抵制行动(secondary boycott actions)的约束。根据这一法律,任一方均可在指定的协商期间,通知另一方它将采取的罢工、怠工或闭厂行动。产业关系委员会若认为双方没有诚意,达成协议的机会渺茫,或是并非基于公共利益之考虑,则可以介入并发挥传统的仲裁功能。为了解决争议,从事非法罢工的团体会面临罚款,以及被中止或取消裁决。霍华德政府在1996年制定的《工作场所关系法》中,维持指定协商期间的有限罢工权;强化委员会处理罢工或怠工行动的权力;禁止支付报酬或工资给参与罢工的工人,也禁止他们收受报酬或工资;并在《商业法》(*Trade Practices Act*)中恢复次级抵制条款,违者重罚。

另一项较旧的制裁手段是法庭较少使用的:撤销不遵守法庭命令的工会的登记。由于撤销登记既困难又复杂,法庭通常希望这一规定本身已足以构成威慑作用。然而这一威吓对于"建筑业劳工联合会"(Builders Labourers' Federation)并无多大作用,该组织于1986年被撤销登记,其会员很快就被其他工会吸收,只留下曾有强大势力的工会的空壳子。

在20世纪80年代与90年代,平均每千位受雇者因争议而损失的工作日数减少了一半。Beggs和Chapman(1987)认为,总体经济形势的变化,是促成因争议而停工的绝对与相对日数下降的一个原因,物价与所得协定(Price and Incomes Accord)也是原因之一。虽然澳大利亚在2000年的罢工率高于OECD的平均值,但却远低于之前十年的数字,而且几乎只是1980年数字的十分之一。不过,澳大利亚劳资争议的减少是否可以归因于霍华德政府的作为,尚有疑问。因为罢工活动的减少,始于前任的工党政府执政之时。

在民营部门,雇主发起的闭厂不开工行动增加,以支持无工会介入的协议(Ellem,2001)。在矿业与航运业等传统上有强大工会的领域,由于雇主试图引进无工会介入的协议,而激起一些令人瞩目的争议(Briggs & Cooper,2006)。这类雇主一直借着闭厂手段的运用,努力将工会自其营运与活动中排除,这个战术的运用在霍华德政府时代大幅增加(Briggs,2005)。

2005年的《工作选择法》解除了澳大利亚产业关系委员会的强制仲裁权,进一步削弱了这个委员会在调解争议上的作用。虽然也许有人曾寄望于工党政府会恢复该委员会的仲裁角色,但其仲裁权已被归于澳大利亚公平工作局,而且只有在雇主与工会的工资谈判破裂或陷入僵局,或是罢工或闭厂等手段对各方带来重大经济损失时,委员会才能介入。

工资的决定

仲裁制度导致澳大利亚发展出相对集权式工资制度。尽管有宪法的限制,但因联邦法庭对于重大工资议题的影响力增加,这一制度得以形成。联邦法庭最初是在1907年将"基本工资"一词描述为意图满足"生活在文明社会的一般受雇者的正常需求",而介入制定最低工资。基本的(男性)工资水平设定在足以满足一家五口、单薪家庭的最低需求，后来成为无技术工作的可接受工资。女性劳工的工资定为基本工资的 57%。技术劳工的基本工资有差别（高于无技术劳工之差额）的习惯做法，形成于 20 世纪 20 年代，主要依据是历来金属业与工程业的工资差别（Hancock, 1984）。

因此，委员会及其前身通过全国工资案例听证会上就"基本工资"与"差额"的决定，开始管理工资与差别部分。这些是广为人知且定期举行的仪式，通常每年只有一次全国性工资裁定。雇主、工会（通过澳大利亚工会委员会）和政府（联邦与州级）分别向委员会提出建议，委员会随后作出裁定。

从 1983 年至 1996 年，澳大利亚工资裁定的主要特色是有一个"物价与收入协议"（Price and Incomes Accord），这原本是澳大利亚工党与澳大利亚工会委员会在 1983 年大选之前协商出来的（Accord Mk1），并在 1985 年与 1996 年间重新协商了七次（Accord Mk2—8）。根据该协议，政府与澳大利亚工会委员会向全国工资案例听证会提出一项联合建议。这段期间的多数时候，除了 1990 年至 1991 年的第六次协议的显著例外，委员会大致上接受这些建议，并引进了目的在于使其生效的工资原则。

在最初阶段，这一协议导致澳大利亚的工资制定采取集权式做法。第一个协议基本上是个自愿性收入政策，其中澳大利亚工会委员会承诺不在工会运动中作额外的工资协商要求，以换取政府再度实施工资指数化。政府方面则承诺一些事项，包括展开一系列税制改革，以提升"社会工资"，并实行多项产业政策（Lansbury, 1985; Rimmer, 1987）。

霍华德政府在 1996 年胜选上台执政后，终结了该协定在制定工资政策上的角色。1996 年的《工作场所关系法》进一步将澳大利亚工资的裁定分权化。该法保留了裁决的部分与保障措施的调整机制，但是降低了澳大利亚产业关系委员会审核无工会企业协议结果的能力，并引进"澳大利亚工作场所协议"——一种新的无工会介入的个别工资协商方式。

工资协商持续的分权化，导致澳大利亚的工资出现进一步的差距。1997 年，产业关系委员会制定了跨产业与职业的联邦最低工资，设定在对金属业所作裁决的最低水平。然而最低工资持续落在每周平均收入之下，而在 2000 年，全职的成人基本的联邦最低周薪是平均周薪的 46%，女性的最低周薪是平均周薪的 58%。的确，澳大利亚的工资差距扩大的速度，比 OECD 中多数的欧洲大陆国家来得快。

在《工作选择法》下，设定最低工资的责任已从澳大利亚产业关系委员会移到澳大利亚公平薪酬委员会（Australian Fair Pay Commission, AFPC），该委员会有权自行决定设定最低工资的流程与程序。虽然公平薪酬委员会被期待严格遵守政府的政策，但它主动设定较高的最低工资，超过霍华德政府所宣扬的，令工会惊喜。不过，这个委员会并没有产业关系委员会的独立自主性，而且最初任用的人往往倾向于反映霍华德政府的政治偏好。公平薪酬委员会的裁决主要是着重于总体经济的考虑，而非产业关系委员会所依循的大原则。陆克文的工党政府在澳大利亚公平工作局之下设置最低工资小组（Minimum Wages Panel），取代了公平薪酬委员会。

当前的课题

失业与工时

过去十年来，澳大利亚经济大多数时候为充分就业且劳工短缺，其后官方统计的失业率则从2008年年中的4.3%上升至2009年年中的5.3%；而且由于全球金融危机引发经济衰退，预计失业率将持续上升。不过，政府的经济振兴方案对抗失业有功，把失业率抑制在5.3%（2010年2月）。同时，消费者物价指数从2008年的4.5%下降至2009年的2.0%。这段期间的劳动参与率也有下降，从65.3%降至64.7%。失业率的上升对工资与工作条件造成压力。在经济困难时期，雇主往往比较喜欢雇用临时契约工，而且倾向于雇用零散工或兼职工。工会发现其协商权已不如以往，而且会员人数在减少。失业率上升的结果还包括贫富不均的扩大与债务水平的增加。

未充分就业也是日趋严重的一个问题，因为许多工人受雇时间缩短，且大材小用。研究发现，高比例的兼职工想要有更长时间的工作，往往是为了维持他们的生活水平。相反，雇主希望全职工能够工作更长时间，但不提供加班费，因此许多全职工希望能缩短工时。近期数据显示，受雇者中有五分之一的人每周工作50个小时以上，而全职者平均每周工作44个小时。将近30%的人希望减少每周工作时数。

陆克文政府已把“要求弹性工作安排的权利”，列为十项全国就业新标准（NES）之一。此条款允许家有学龄以下儿童的父母，能够要求改变工作安排以照顾儿童，例如改变工作时间、工作形态与工作地点。合格者限于已为雇主工作满一年的员工，以及长期的零散工。不过，雇主可以“基于合理商业立场”而拒绝员工要求，员工没有上诉渠道。学界人士与其他有关的当事人一直表示，应该责成雇主郑重考虑员工的要求，并强化让雇主顺从要求的机制，此外员工应该有权上诉（Charlesworth & Campbell，2008）。英国的经验显示，这些条款将只限于女性，除非“采取普遍的照护者/工作者模式，鼓励、方便男性也与女性一样作兼职工作并花时间照顾儿童”（Himmelweit，2007）。

工作上的性别平等

澳大利亚的受薪劳动力中,有48%是女性,而且女性的劳动参与率(15岁至65岁)是58%,男性的参与率则为72%。虽然澳大利亚女性的劳动参与率不像其他许多发达经济体那么高,但在近几年已逐渐升高。不过,女性在劳动力市场的收入不如男性,因为她们的工资较低,且向来集中在工资较少的工作领域,此外她们的各种权利也不如男性,例如在有薪病假与休假方面。

两性之间的薪酬差距这几年一直维持在16%左右,各州与不同产业之间也有差异(见Preston & Jefferson)。以往,达成薪酬平等的重大进展是来自产业关系委员会的案件考察,工资的增加则是通过平等薪酬原则的运用。但是这些进展在2005年《工作选择法》通过后停顿了下来。再者,这一法律带来的改变对妇女有负面影响,尤其在不公平解雇与工作安全,以及领取公平、应得的薪酬方面(Pocock et al.,2008)。企业协商在提升公平薪酬方面向来成果有限,因为许多妇女从事的产业与职务只提供有限的协商权,例如零售业与接待工作。女性劳工的困境,如低薪酬、工作不安全和欠缺照顾儿女的时间等,是澳大利亚工会委员会反对《工作选择法》的诉求重点(Muir,2008)。

新的《澳大利亚公平工作法》(2009年)允诺改善女性工作情况。澳大利亚工会委员会指出,它将"消除对于薪酬平等原则不限于'相同的'工作的任何疑虑,且会明确地把'类似的'工作纳入"(ACTU, 2008:16)。新的法律让公平工作局得以下令要求同工同酬,或从事价值类似的工作也应有相同薪酬。这取代了限制较大的条款:作等值的工作,领相同的薪酬。要求相同薪酬的申请者,无须证明因歧视而造成两性的薪酬差距。这样一来就除去了一个高门坎,即先前的《工作场所关系法》所规定的必须先证明有歧视情形的存在才能提出要求;先前由于有此规定,以致从未有任何要求相同薪酬的案件成功获得联邦法院的受理(Smith & Lyons, 2006:28)。

《公平工作法》也为低薪员工引进了新的多雇主协商方式,因为知道低薪员工往往缺乏进行有效协商的技能与协商权。公平工作局有义务协助低薪员工达成协议,并指引他们按程序达成协议。不像其他类的协商,公平工作局能够强制执行诚信协商条款,为低薪员工推动协商的进行,同时作出裁定。据估计有多达20%的劳动者有资格采取这类协商方式,其中许多是女性。

澳大利亚缺乏普遍且全面的带薪育儿假,最近几年有许多人讨论这个主题(见 Baird & Charlesworth,2007)。在民间与公共部门的经济领域,一直有个混乱的组合安排,造成了大约 55% 的女性工作人口无法获得带薪育儿假。只有约三分之一的工作母亲真正能休带薪育儿假(Whitehouse et al., 2006),而且雇用至少百人员工的企业中,不到半数依据女性平等机会工作局(EOWA,2008)的规定提供带薪育儿假。此外,只有 22% 左右的现有企业协议纳入带薪育儿假条款。

不过,陆克文政府在 2009 年的联邦预算中宣布,将从 2011 年起为职场上家有新生儿需要照顾的为人父母者,提供 18 周的育儿假。

员工参与决策

对于关乎员工自身的决策,员工的影响力达到什么程度,持续存在讨论。澳大利亚工作场所产业关系调查(AWIRS)发现,在 1990 年和 1995 年期间,工作场所设有联合咨询委员会的比例,从 14% 增至 33%;在雇用至少 500 名员工的大型工作场所,设有咨询委员会的更加普遍。但是经理人被询及他们在之前一年,是否曾就会影响工作场所的重大变革向员工咨询时,只有 29% 作出肯定答复,而且只有 18% 的经理人说员工对决策提出了重要的意见(Morehead et al., 1997:244)。

一直有人在讨论,以法定强制方式,让员工通过工作委员会而在企业层级的决策上获得较大影响力的做法有何优点(Gollan et al.,2002)。McCallum (1997)主张,需要以立法来强化"产业公民权"(industrial citizenship),并给予员工参与工作场所治理的权利。他提议,雇用至少百名员工的企业应该设立工作委员会,这些工作委员会得以就广泛事项与雇主商讨,包括引进技术变革、工作班次与时间协议、福利设施,等等(另见 McCallum & Patmore, 2002)。

反对设置工作委员会者,是因为担心委员会缺乏先决条件,无法发挥功能以成为集体协商的代表和社会保障的工具。Buchanan 和 Briggs(2002)认为,管理主义的复兴与雇主的好斗性,以及雇主不愿承诺会实行"社会伙伴关系"策略,意味着工作委员会可能使管理者的特权更加牢固,而非填补工会式微后留下的"代表性缺口"。他们认为,只有在采取措施处理日益严重的不平等问题,并重建协调一致的协商架构与集体主义后,才应该考虑设置工作委员会。但是有些人(包括工会领导人)认为,有必要把目光放远,超越传统的工会与工作场所的架构,以"确保员工拥有取得信息与获得咨询的实质民主权利"(Combet,2003)。单单等候工会的再度勃兴,不啻是放弃以其他方式展现员工发言权与代表性的良机,例如以法定工作委员会来强化劳工在企业内决策的角色(Lansbury & Wailes, 2003; Lansbury,2009)。

结论

20 世纪 90 年代是澳大利亚雇佣关系出现重大转变的时期。劳动力市场的管理变得更加分权化,此事由工党政府开始推动,而在自由党与国家党联合执政时,加速发展。新世纪之初,雇佣关系的重心是在个别而非集体的途径上,劳资裁判庭(industrial tribunals)扮演的角色愈来愈小,而且工会日渐被边缘化。和以前的集权化制度比较起来,雇主、工会与政府对未来雇佣关系方向的共识变少了。工会式微后,雇主组织的势力也变小了,而且在雇佣关系方面,雇主提倡以企业为本的做法,愈来愈重视人力资源策略,工会的作用则日益降低。虽然员工参与非正式活动的情形已增加,但雇主并不愿建立较正式的员工联合咨询机制。工会试图扭转会员日益减少的情况,聚焦于在工作场所组建工会及增强工会的代表性。

《工作选择法》的不受欢迎,是陆克文领导的工党政府得以在 2007 年胜选的一个关键。工党在产业关系上的"公平前进"政策,承诺要恢复劳工(雇用至少 15 人的企业的劳工)反对不公平解雇的权利,终结"澳大利亚工作场所协议",并推行雇主与工会诚信协商之道。新的产业关系机构"澳大利亚公平工作局"承担了既有的劳动力市场机构大部分的责任,包括澳大利亚产业关系委员会的仲裁权。对于陆克文政府意图保留《工作选择法》的关键部分,限制工会进入工作场所以及发动罢工与怠工的能力(除了有限的例外情况),工会表达了它们的不满。霍华德政府以宪法赋予国会的规范公司权,而非以宪法中比较有限的产业关系权为基础,进行立法改革,大大扩张了联邦政府对于劳动力市场管理的影响力。陆克文领导的工党政府支持这一政策,也努力建立单一制度,并降低了各州及其产业关系裁判庭的重要性。因此,工作选择的立法为澳大利亚的产业关系制度带来了根本变革,未来将持续产生长远的影响。

澳大利亚雇佣关系大事记

1788	欧洲移民抵达新南威尔士(New South Wales),后来建立了数个英国殖民地。
1856	建筑业工会赢得每天工作八小时的认同。墨尔本工会堂委员会(Melbourne Trades Hall Council)成立。
1879	第一届殖民地工会会议召开。
1890—1894	大罢工。工会遭雇主与殖民政府连手打败后,在每个殖民地成立工党。
1901	澳大利亚联邦成立,澳大利亚建国。
1904	依据《联邦调解暨仲裁法》设立“调解暨仲裁法庭”,具司法强制执行力。
1907	哈维斯特案(Harvester Case)确立了基本工资原则,法庭可以裁决提高技术劳工的基本工资。
1927	澳大利亚工会委员会(ACTU)成立。
1929	保守党政府在一项联邦选举中落败,而削弱“调解暨仲裁法庭”权力的提议,是选举的主要议题。
1956	在锅炉制造工案(Boilermakers' Case)判决之后,仲裁法庭遭解散。具有仲裁功能的“调解暨仲裁委员会”,以及负有司法责任的“劳工法庭”(Industrial Court)成立。
1972	工党赢得联邦选举,取代已执政23年的自由党联盟政府。
1975	推行工资指数化;工党政府败选下台。
1981	废止工资指数化措施。
1983	霍克(Hawke)领导的工党政府胜选。工党与澳大利亚工会委员会的“物价与所得协议”成为政府政策的重心。回归到集权化的固定工资与全部工资指数化。澳大利亚企业委员会成立。
1985	澳大利亚雇佣关系之法律与体制检讨委员会提出报告[简称汉考克报告(Hancock Report)]。
1988	结构效率原则制定;联邦《产业关系法》进行改革。
1989	重定裁决的架构;国内航线机师产生劳资争议。
1991	十月间的全国工资案裁决,宽恕了偏向企业协商的做法。保罗·基廷(Paul Keating)取代霍克担任总理。

1992	政府进一步推动协商分权化，包括对联邦《产业关系法》进行修订。
1993	基廷领导的工党政府连任成功，成为工党空前首见的连续第五任政府。
1994	1993年通过的《产业关系改革法》开始实施并扩大到企业协商的范围。
1996	霍华德领导的自由党与国家党联合政府赢得大选。
1997	1996年通过的《工作场所关系与其他立法修正案》正式公布。
1999	霍华德政府提出“更多工作、更佳报酬议案”，试图进一步改革产业关系，但遭参议院否决。
2001	霍华德领导的自由党与国家党联合政府再度胜选，得以再执政三年。
2005	霍华德领导的自由党与国家党联合政府破纪录地第三度胜选，掌握参议院多数席次。
2006	2005年通过的《工作场所关系修正案（工作选择法）》开始实施。
2007	陆克文领导的工党政府赢得大选，产业关系改革是大选的主要议题。
2009	参议院作了小幅修正后，通过了陆克文政府的《公平前进法》。

第6章 意大利的雇佣关系

Lucio Baccaro
Valeria Pulignano

意大利的雇佣关系制度向来令比较学学者感到困惑，他们一直觉得难以将它归入跨国的分类系统，不论是源自合作主义文献的系统，还是另一个（较近期的）基于多样化资本主义文献的系统（Hall & Soskice，2001）。虽然意大利似乎向来缺乏有利于合作主义决策的制度与组织上的特色（例如社会—民主派主导的政府、高度集权化的利益社团），然而政府往往试图达成合作主义的协议，而且有时候竟然出人意料地达成了。此外，虽然意大利的雇佣关系制度显然有一些和"协调式市场经济体"相同的特色，例如集权式协商，但它在工作场所缺乏发展良好、专门培养行业特殊技能与合作关系的学徒制度[就如同德国的工作委员会（work councils）]，使得它成为一个混合体，无法清楚归类到"自由式"或"协调式"阵营（Thelen，2001）。

在意大利国内，学者争论的语气往往带有批判性，甚至语多责备。和其他发达国家相较而言，意大利的雇佣关系显得混乱、缺乏制度性，也不够成熟。长期以来，人们一直认为主要问题是意大利工会的好斗性和政治分歧，而且他们不愿妥协接受急需的集权化工资节制（wage moderation）政策。缺乏一套大家共同接受的明确规则，也常常被单独认为是一个重要原因。在20世纪80年代初期，全国性协议无法达成，再加上随之而来的集体协商的分权化，让这些批判观点获得实证的支持。

从20世纪90年代初期开始，意大利雇佣关系的情况出现大幅变化。政府、工会与（在较小程度上）有组织的雇主签署了一连串的集权化协议，带头在欧洲启动了社会契约与合作决策的新时代。集体协商的架构在1993年进行了彻底改革，各种协商层级的连接远比从前理性得多，制度化程度也高得多。

本章的主要论点在于，自20世纪90年代初期以来，意大利的雇佣关系一直在演进（绝非直线式的），走向一种新的合作主义（Rhodes，1996，2001；Baccaro，2007）。过去15年来，工会参与所有主要的政策决定，即使有时它们之中也不完全赞同某些措施可取。不过，集权化协商产生极少的重分配与去商品化（decommodifying）的结果，这两者以前是斯堪的那维亚合作主义的特色。在意大利以及其他国家崛起的新合作主义，动员了社会支持以薪资温和成长和严控公共开支为基础的严厉经济政策，虽然这会造成经济不平等加剧。近期意大利的经济困顿（包括经济增长停滞、日益不平等以及民众广泛的经济不安全感）有许多原因，但新的意大利合作主义要求持续多年强制实施工资限制政策，可能是一个原因。此外，意大利的合作主义对于遏止工会组织力量的销蚀，毫无作为。自20世纪80年代初期以来，工会化的比率已逐渐降低，目前民营部门的工会密度（估计低于20%）让人纳闷，在工会理当最受工人重视的民营部门劳工的力量如此衰弱，合作主义是否已成为一个空壳。

本章其余部分的架构如下：首先回顾意大利雇佣关系的历史，直到1992年，我们认为这一年是个分水岭。然后分别检视雇佣关系的参与者与过程，最后概述目前与未来的挑战，作为总结。

1992年之前意大利雇佣关系的发展

整体来看，第二次世界大战后意大利雇佣关系的发展轨迹，和意大利政治制度的演进密不可分。1944年，不同意识形态导向的工会团体（共产主义者、社会主义者、天主教徒等）结合起来，建立了一个工会联盟：意大利总工会（Confederazione Generale Italiana del Lavoro，CGIL）。工会的组织架构几乎从头开始重新建构，成员多半是缺乏工会经验的各党成员（Romagnoli & Treu，1981；Turone，1992）。

冷战开始后，在政府层级与工会层级的反法西斯团结力量，都消失无踪。左翼政党［共产党、社会主义党与较小的行动党（Action Party）］在1947年被逐出政府，由基督教民主党与较小的中间党执政。1950年，天主教派系与共和/社会民主派系脱离意大利总工会，分别建立了独立的工会联盟：意大利工会联合会（Confederazione Italiana Sindacati dei Lavoratori，CISL）和意大利工会联盟（Unione Italiana dei Lavoratori，UIL）。

20世纪50年代，意大利的工会力量特别衰弱。企业界利用劳动力市场萧条的优势，把工厂内的工会积极分子清除了（Pugno & Garavini，1974；Acconero, 1976)。工会化的比率大幅下降。举例来说，在金属加工业，工会化比率从1951年的60%重挫至1960年的20.3%(Pizzorno et al., 1978: 295)。[①] 此外，国家层级的集体协商几乎全部集权化。

集权化集体协商之所以普遍，有几个因素。集权化协商符合意大利产业联盟(Confindustria)的利益，那是主要的商业协会，因为集权化协商把最具活力的产业部门的劳动成本，和最落后部门(例如农业)的普遍经济条件密切连接起来。此外，工会缺乏分权化集体协商所需的组织基础设施。工会的工厂层级代表架构若不是很薄弱，就是根本不存在。即使工厂层级代表在场，也很少能有什么作用。再者，意大利总工会对于组织的集权化持怀疑态度，因为它担心分权化结构若不是发展为公司工会，就是变得太自主，从而危及共产党对劳工阶级的控制(Cella, 1976; Garavini, 1976)。

20世纪50年代反而是有组织企业的黄金时期(Locke, 1995: 71)。由于集体协商集权化，这些年的工资落后于生产力(Salvati, 1984)。罢工很罕见，如果出现的话其主要动机是政治性的(Bordogna & Provasi, 1989: 297—282)。工资合理适中加上劳动力稳定平静，为低成本、以出口为导向的经济成长策略创造了先决条件，从而出现了20世纪50年代末期和60年代初期的经济奇迹。

意大利雇佣关系在20世纪60年代发生了巨大变化。劳动力市场的情况变得对劳工有利得多，特别是在意大利的西北部。此外，基督教民主党和社会党之间的政治联盟，导致一系列中间偏左政府的出现，以及梵蒂冈第二次大公会议(Council Vatican Ⅱ)引进神学的创新，鼓励天主教徒和马克思主义者(Marxists)进行对话，并缓和了许多意识形态的紧张态势；那种紧张态势在前几年曾造成劳工阵营的分裂。由于福特模式(Fordist models)的工作组织在大公司内日益普遍，工会开始比以往付出更多的心力与资源对工厂生产区的工作条件进行谈判。

随着所谓的"秋老虎"(Hot Autumn)的出现(指1968年民众因为养老金改革而发动示威所激起的大规模罢工浪潮，这持续到了1969—1972年的集体谈判回合)，意大利劳工组织内的政治分裂被基层克服了(Pizzorno et al., 1978; Sabel, 1982)。在许多行业的厂房，特别是在金属加工业，三大工会联合会决议统一行动。1972年，意大利劳工运动出现了局部的再度统一，建立了所谓的CGIL-CISL-UIL"团结总联盟"(Federazione Unitaria)。这个单一的总联盟并未取代旧的工会联合会，而是努力通过各种协调架构，建立三者之

---

① 上述的工会化率仅仅是根据隶属于CGIL和CISL的工会会员计算的，并不包括UIL的会员(由于缺乏数据)。

间更紧密的联合关系(Lange & Vannicelli, 1982)。

"秋老虎"推出了集体协商上的许多创新做法:统一蓝领与白领职位分类系统的运动,废除工资水平的地域差异,要求平等提升所有劳工(不论技术水平如何)的工资,改善卫生与安全条件,降低工作的速度与持续时间,以上都是这些年来推动的。

在此期间,全国的产业联合会能够吸收在大型行业设施内推广的、最创新的实务做法并加以发扬光大,从而大大增加了它们的势力(Romagnoli & Treu, 1981: 165—197; Santi, 1983)。CGIL、CISL、UIL这三大工会联合会旗下的金属加工业联合会,结合了单一的"金属劳工联合会"[Federazione Lavoratori Metalmeccanici (FLM)],成为整个劳工运动的先锋(Golden, 1988)。它们采取统一行动,用实力争取更高工资、限制加班、规范裁员、限制内部流动性,以及减缓工作步调。

"秋老虎"几乎推翻了战后时期建立的所有社会、政治与经济模式,然而,它对意大利以出口为主的发展策略的影响是灾难性的。1970年至1974年间,单位劳动成本上升了59.5%。通货膨胀率从1970年的5%升至1974年的21.2%,第一次石油危机也是原因之一。意大利成为先进工业化国家中劳资冲突最严重的(Bordogna & Provasi, 1989: 285)。在较高工资、较短工时与更严格的劳工法规压制下,企业获利大幅下滑(Barca & Magnani, 1989: 27—38)。因此,意大利在国际市场上的竞争力急剧恶化。在短短几年里,意大利经常账户余额由正(1968年的3.1%)转负(1973年的-1.7%)。据OECD估计,单是在1973年,意大利就失去了10%的市场占有率(OECD, 1984:31)。

20世纪70年代中期,意大利的政治与经济精英之间普遍达成一个共识:工会的要求与劳资冲突,正在意大利经济上强加无法承受的成本。即使总工会领导人也开始担心工会先前几年的策略,正在破坏本国经济;那些策略主要是在工厂层级进行基层动员,同时在政坛进行全国动员以要求社会改革(Lama, 1976: 83—149)。随着意大利经济危机在20世纪70年代后半期日益恶化,CGIL、CISL、UIL三大工会联合会采取了一个新策略,后来被称为"EUR政策"。依据这个新策略,他们同意节制工资要求并限制劳资冲突,以换取参与国家决策(Lange & Vannicelli, 1982)。

1977年,由劳工作轻微让步的第一个三方协议经过谈判讨论。为了换取这些让步,政府同意实行一系列立法措施,目的是通过规划手段纠正行业不平衡现象、创造就业机会并(希望能)重新启动经济增长的过程。但是这些立法条文获得的具体成果很少。总体而言,初期的这一工会节制与行业干预联合行动未能达到预期。

尽管这个初步行动失败了,国家层级的谈判在1980年年初仍继续进行。1983年,一个三方协定削减了工资指数化(scala mobile),且在行业的集体协商谈判中施加一连串工资上限,并禁止工厂级的工资谈判,为期18个月。1984年,政府提议再次削减工资指数化,以重新修订并更新以前的三方协议(Carrieri, 1985; Regini, 1985)。政府的这个倡议遭到意大利劳工运动的大力反对。规模最大的一些企业内的工会动员工人反对它。最后,意大利工会组织分裂成不同政党:CISL和UIL支持该协议,CGIL则拒绝签字。面对工会的分裂,政府通过行政命令实施这项协议。一年后,共产党推动公民投票,希望废除政府的这项政令。CGIL内的共产党人发起运动支持废除行动,而CISL、UIL以及CGIL内的社会主义者则站在政府这一边。全民公投的结果支持亲政府派系的主张,却导致三大工会联合会统一行动的瓦解。"团结总联盟"被解散。

1985年的失败协议和随后的全民公投严重损害了三大工会联合会之间的关系。集体协商的架构被分权化,甚至连行业协议也失去了它们以往的角色(Locke, 1992)。但是集权化协商的失败只是暂时现象。的确,这一类型的协议在20世纪90年代初期再度崛起,成为主导力量。但是在分析近期的这些发展之前,下一节将检视意大利雇佣关系制度中的各个参与者。

雇佣关系中的各方

工会密度的趋势

从比较的观点来看,意大利的利益代表制出现显著的各自分立情况,各组织对于工会功能与政治路线存在意见分歧。最重要的雇主协会是意大利产业联盟,这个组织代表各种企业的利益。不过,也因为加权投票制的缘故,大型企业的利益普遍占主导地位(Vatta,2007)。

传统上,两种不同的策略方向在产业联盟内争夺权力:一方是大公司的利益,大公司往往面临公司层级的强大且好战的工会,因此通常不会怀着成见反对与全国层级的工会保持某种形式的对话。另一方是中小型企业,它们普遍面临工作场所层级的疲软工会,因此对于雇佣关系与劳动力市场的政策主张采取较强势的做法。2001年,产业联盟的主席被推选登上一个平台,这个平台强调必须加强中小型企业的发言权。其结果是组织改变政策,由支持全国性的三方协商,转变成支持政府引进雇佣与解雇的弹性措施,包括单方面措施(Baccaro & Simoni,2004)。

对雇主组织来说,工会代表性与密度的可靠数据难以取得,是众所周知的。2002 年,意大利产业联盟宣布,它旗下组织雇用的劳工总数为 4 280 085 人(Vatta, 2007: 218)。在同一年,生产制造业(包括建筑业)与服务业的员工总数为 15 398 000 人,这与工会密度 28% 相符合。然而,如果只把非手工业(non-craft)公司的雇员列入考虑,则密度可能会高得多(Vatta,2007)。

除了产业联盟,意大利还有其他专门的雇主组织,代表小企业、零售和服务业、以手工业为本的公司(这些公司有特殊的法律地位)与合作社。代表零售与服务业、以手工业为本的公司与合作社的组织,是按政党划分路线,一个组织和中间偏左的政治阵营关系较密切,另一个组织则倾向于另一阵营。虽然另外的这些雇主团体参与全国性协商者日渐增多,但他们在这些协商中塑造雇主阵营整体策略的能力是有限的,而且通常是跟随产业联盟的路线。

至于工会,传统上学者的关注都集中在三大工会联合会:CGIL、CISL 和 UIL。但是,其他还有一些团体声称代表某些行业或技能领域的劳工。不过,有关这些组织成员的数据很少,而且往往不可靠。如果要采信他们提报的成员人数,则意大利劳工加入工会的比率至少会增加一倍。

图 6-1 绘出了三大工会联合会从 1960 年至 2006 年的工会密度统计数据。它显示,劳动力在 20 世纪 70 年代后期达到最高峰约 50% 后(在"秋老虎"动员后),工会密度已或多或少稳定下降至今。尽管工会密度下降,但工

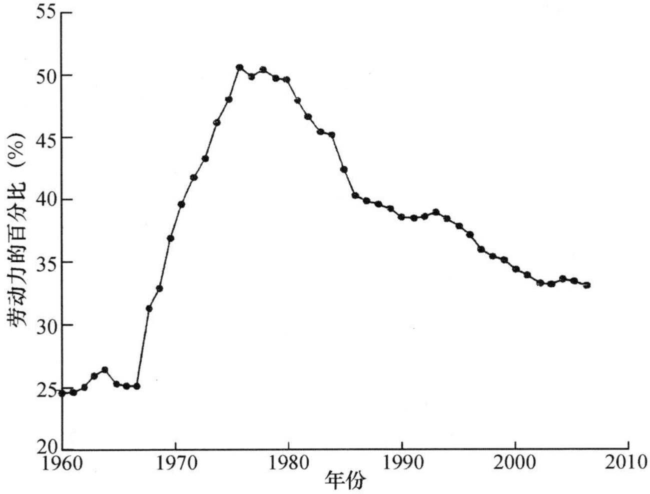

图 6-1　工会密度,CGIL-CISL-UIL 比率

资料来源:阿姆斯特丹大学的耶勒·维瑟提供。

会成员人数不断增加，这要归因于隶属于三大工会联合会的退休员工数目稳定增加（至 2005 年）。加入工会的退休人员，受惠于被称为“赞助计划”（patronati）的半公开制度化安排，这个计划处理劳工的退休申请，并说服劳工加入退休职工协会作为交换。

在某一国家，自行提报的会员数据通常会高估工会密度，若把来自行政机关和得自劳动力市场调查的两种数据加以比较，即可看出这一点；某些国家两种数据都有提供。[①] 根据自行提报的会员数，在 2006 年，意大利三大工会联合会的工会化比率略低于 33%（Giacinto，2007）。然而，根据调查的数据，估计在 2008 年，在职劳工的工会总密度低于 33%，为 29%（见表 6-1）。这个比率包括隶属于所有工会组织的工会成员，而不仅仅是 CGIL、CISL、UIL 三大联合会。这些数据是根据有代表性的样本，共约 1 600 个 18 岁（含）以上的劳工和退休人员，通过劳动力市场分层状态（在职/退休）、性别与居住地区统计得到的。[②] 退休劳工的工会密度估计是 28%。三大工会联合会把 81% 的工会会员纳入其组织，因此是目前为止最具代表性的组织。

表 6-1　劳动力市场状况测算的工会密度比率

	非成员	成员
退休	72	28
在职	71	29
总数	71	20

注：行部分，$N = 1\,525$

资料来源：作者运用未公布的调查数据进行的估计，数据来自 IRES-CGIL。

依据前述调查数据，估计 2008 年私人部门的工会密度只有 19%（见表 6-2）。在公共部门则高得多，估计有 44% 的工会密度（见表 6-3）。官方认证的数据：2002 年为 46.46%，是得自负责公共部门集体协商的公共机构 ARAN，有趣的是，调查所得数据和官方的数据并无很大差异。[③] 顺便一提，这些官方数据显示得很清楚：非传统的工会联合会多半会夸大其代表性。

---

① 参阅 OECD. Stat 上关于工会会员和雇员的 OECD 数据库（网络接入受限）。

② 这个数据得益于 IRES-CGIL。

③ 数据可在 www. aranagenzia. it 上查到。

表 6-2　工会密度比率(私人部分的比例)

	非成员	成员
退休	65	35
在职	81	19
总数	74	26

注:行部分, $N = 948$
资料来源:作者运用未公布的调查数据进行的估计,数据来自 IRES-CGIL。

表 6-3　工会密度比率(公共部分的比例)

	非成员	成员
退休	80	20
在职	56	44
总数	68	32

注:行部分, $N = 577$
资料来源:作者运用未公布的调查数据进行的估计,数据来自 IRES-CGIL。

调查数据还能够对工会在不同年龄群的吸引力作评价(见表 6-4)。不出所料,估计 18 岁至 34 岁劳工的密度只有 19%,即远低于较年长劳工的密度。

表 6-4　由年龄分布百分比表示的工会密度

	非成员	成员
大于 34	81	19
35 < 年龄 < 54	66	34
大于 54	71	29
总数	71	29

注:行部分, $N = 1\,525$
资料来源:作者运用未公布的调查数据进行的估计,数据来自 IRES-CGIL。

应该强调的是,通常对调查数据不能完全采信,因为可能会有抽样误差。然而,它们均符合官方认证数据,看来似乎可靠。它们绘出的景象远比以前的学术著作(包括我们自己的)所透露的黯淡得多(Baccaro et al., 2003)。由于私人部门的密度只有 19%,工会在吸收年轻职工方面存在明显困难(也因为在这些年龄群派遣式工作增多),而且工会成员中在职者不断取代退休者,工会不再是劳动力市场的重要参与者这一前景,在不久的将来不再显得遥不可及。

组织的结构

雇主的组织结构与劳工的组织相互匹配:意大利产业联盟和三大工会

联合会都有垂直式、产业导向的组织结构和横向结构。以意大利总工会(CGIL)来说,最重要的横向结构是地方性的“劳工会”[Camera del Lavoro,(Labour Chamber)]。其他的联合会也有类似组织。“劳工会”的涵盖范围大约对应于意大利的省份。工会的垂直结构连接了企业层级、省级行业组织和全国的行业联合会。2008年,有13个行业联合会隶属于CGIL(1985年是19个),有19个行业联合会隶属于CISL(1985年是17个),有18个隶属于UIL(1985年是28个)。和其他国家一样,经年累月后,出现了行业联合会通过合并走向统一的倾向(Ebbinghous, 2003b)。除了这一趋势,在工作场所层级以上的工会组织结构或多或少仍然稳定,虽然这一层级已出现很大变化。事实上,这是长期以来组织创新中出现的最令人感兴趣的领域。

第二次世界大战后初期的组织模式是内部委员会(Commissione Interna)模式。这是盛行于前法西斯时期的工作场所代表性结构,雇主代表与劳工代表于1943年通过全国性协议再度引进这个结构。它不是正式的工会组织,没有讨价还价的特权,也不能号召发动罢工。它是一个小议会,负责确保劳工(包括加入工会和未加入工会的)与企业之间有顺畅的关系。它的功能范围从咨询到监督执行外部工会所签的集体协议等。然而,由于战后初期自由工会尚未建立,内部委员会在一些情况下受到指派而有协商权。

在“秋老虎”的罢工浪潮下,工作场所的结构发生了巨大变化。内部委员会被“工厂委员会”[Consigli di Fabbrica(factory councils)]取代,“工厂委员会”由小型且同质的劳工团体选出的劳工代表所组成,并对这些劳工团体直接负责。同时,一个重大的立法改革——1970年的“劳工规约”(Workers' Statute,第300条法律),授权所谓的“最具代表性工会”在工作场所设立代表机构(Rappresentanze Sindacali Aziendali, RSA),从而获得以带薪假期从事工会活动的好处。“劳工规约”从来没有界定所谓的“最具代表性”究竟如何决定,长期以来它简单认定三大联合会最具代表性。

劳工规约中所含的组织模式与劳工抗争形成的组织模式,务实地结合为综合体:三大联合会承认“工厂委员会”是它们自己的,并将制度的利益归功于“工厂委员会”,而三大联合会凭借“最具代表性”的地位,依法有权获得那些利益。因此,“工厂委员会”成为工会组织,但同时还代表工作场所的全体职工。

然而,这种综合体也有其缺点,尤其是劳工委员会与工会之间缺乏分界线,使得这个模式只能在三大工会联合会的范围内行得通,采取相同的策略观点并协调一致地运作。此外,代表的选举与重选缺乏明确的规定,使得工厂委员会可能官僚化。1984年,三大联合会由于工资指数化改革而分裂,在国家层级与工作场所层级的关系皆有所恶化。在某些地方，单一的“工厂委员会”被解散，各个组织建立了自己的代表机构。在其他地方，“工厂委员会”有数年不再重选，从而引发了关于意大利工会缺乏民主的激烈争论(Baccaro,2001)。

20世纪80年代末和90年代初，不同的改革倡议开始推动。1993年，这三个工会联合会和雇主就所谓的“工会代表联盟”(Rappresentanze Sindacale Unitarie, RSU)达成和解。和“工厂委员会”相同的是，工会代表联盟既是工会组织，也是代表一般劳工的机关；不同的是，工会代表联盟的代表是由全体劳工选举产生的，不再由同质团体选出。为了确保外部工会与内部工作场所组织之间制度的连续性，同时也是应雇主的要求，确立了三分之二的工会代表联盟的代表由工作场所的所有劳工选出，三分之一由最具代表性的工会任命；以这种方式，几乎确保了那些工会可控制这些组织。

工会代表联盟的设立允许三大工会联合会在更坚实且可预见的立足点上代表劳工，并在车间依赖更可靠的基础协商变革之道和调节雇佣关系(Pulignano,2006)。工会代表联盟成为公司与地方层级的正式谈判代理人，就全国协议中明确提到的问题进行谈判；此外，它们被赋予咨询和信息取阅权(information rights)，从而确认它们是员工参与的正式团体，因而是工会民主化的重要工具(Carrieri, 1995)。

工会代表联盟的设立引发了意大利工作场所的一波工会选举。在多数情况下，CGIL、CISL、UIL这三大工会联合会获得将近95%的劳工选票，除非是在数目有限、容易识别的技能团体(如火车司机)中。1997年，法律将工会代表联盟延伸至公共部门。所谓的Bassanini规定在意大利公共部门定期选举工作场所代表，并执行官方版本的会员数据计算。[①]

这些安排的目的，是要衡量工会的代表性。凡是通过5%门坎(选票和会员卡数之间的平均值)的工会被指定为“代表”，也因此获准参与各公共部门领域(如学校、各部、市)的集体协商，并签署对所有劳工具有约束力的集体协商协议。ARAN(负责公共部门雇佣关系的公共机构)所收集的官方数据透露，工会代表性的分散情况在某些情形下是很极端的，例如，卫生保健部门的劳工隶属于68个不同的组织。尽管有这种分散情况，CGIL、CISL、UIL三大工会联合会还是纳入了公共部门71%的工会成员；他们在第一个工会代表联盟的选举中获得的票数略低(68%)，但仍然相当多。[②]

尽管有几项立法倡议也试图将私人部门的工作场所代表选举制度化，

---

① 先前小节中关于公共部门的工会密度的官方数据是法律规定的结果。

② 关于数据的计算可在www.aranagenzia.it上查询(访问时间2009.1.15)。

工会代表联盟在私人部门仍然是私人和自愿的事。因此，从20世纪90年代中期至后期，工会代表联盟显现出一些疲弱迹象(Carrieri, 1997)。其困难的核心是三大联合会缺乏团结、企业协商的普及受到限制，以及当选的代表不再重新选举。

总的来说，工会代表联盟的选举结果巩固了工会联合会的要求权：它们代表全体意大利劳工，而且至少在一段时间内，促成它们再度合法并恢复活力(Carrieri, 1995,1996)。然而正如上述，它们并未能防范工会密度的严重销蚀；销蚀情况如此严重，以致令人怀疑工会未来是否仍然在私人部门是个重要角色。

雇佣关系的过程

国家层级

多年来在意大利这个国家，最高层次的新合作主义理想一直被视为不太可能实现。但是这不是缺乏努力之故：自20世纪70年代后期开始，政府与各个社会伙伴之间一直在尝试进行各种国家层级的谈判。

问题的症结似乎在于意大利各参与者的组织与体制结构，其中缺乏(或有人认为如此)合作主义能够成功所需的集中组织能力(Tarantelli, 1986; Cella & Treu, 1989)。回顾起来，造成初期失败的一个特别重要的因素同策略(而非结构)有关：意大利工会运动中有大量工会不愿(不只是不能)承诺采取限制工资政策。

这种情况在20世纪90年代初期发生了很大变化。有两个因素促成了集权化协商的再度崛起。第一个是经济原因：在20世纪90年代初，意大利发现自己面临严重的经济危机。固定的名义汇率[由于意大利里拉与欧洲货币体系(EMS)连动]加上意大利与各大国际竞争对手之间的通货膨胀呈正差值(positive inflation differentials)，使得实际汇率自1985年以后不断升值。这削弱了出口并增加了进口渗透率，从而导致持续的经常账户问题。最后，投机者认为里拉面对欧洲货币体系内较强的货币，将无法维持面值平价，于是发动攻击，迫使里拉在1992年9月退出欧洲货币体系(Vaciago, 1993)。

第二个因素是政治性的：塑造且限制集体协商参与者之间关系的旧政党制度，在一些年后消失了。意大利共产党在1989年改变了它的名称，正式宣誓效忠议会制与改革派的行动方法，并申请加入“社会党国际”(Socialist International)，该组织是国际间的社会民主党联盟。1992年年初，一波被称为“贿赂问题”(Tangentopoli)的贪污腐败丑闻,震撼了政府内的各大政党,包括基督教民主党与社会党,这两党经历了巨大的合法性危机而瓦解。它们的位置由中间偏右政党的新联盟所取代,新联盟由媒体大亨西尔维奥·贝卢斯科尼(Silvio Berlusconi)所主导。

政治与经济危机并发,让意大利的工会联合会获得一个重大机会,得以登上全国政坛,成为“紧急”政府的高阶合伙人。的确,从议会支持的观点来看,1992年、1993年和1995年的政府是非常软弱的政府,缺乏明确的议席多数,而且(如1993年和1995年的行政部门)是由不属于任何政党的独立“技术人员(technicians)”所组成的。同时,这些政府必须执行的任务很艰巨。首先,重要的是要避免由于里拉的名义贬值而引发一场新的恶性通货膨胀。为此,工资节制是不可或缺的。其次,由于意大利公共财政状况是灾难性的(财政赤字于1992年至1993年间高达国内生产总值的10%;公共债务于1994年达到高峰,占国内生产总值的125%),政府不能使用反经济周期[凯恩斯主义(Keynesian)]的政策。相反,意大利的财政部门需要进行财政整顿:实施一套普遍很不受欢迎的政策,因为它涉及削减公共开支和/或增加税收(在意大利,它涉及两者),而且同一时间要努力维护社会团结与和平。

这三大工会联合会处于独特地位,能提供政府所需的支持与合作。首先,它们与意大利其他主要的社会政治参与者(如雇主和政治家)不同,在“贿赂问题”那波丑闻中几乎毫发无损。其次,由于政党结构发生了深刻的转型变革,工会的政治赞助者若不是已经消失,就是正携手成为同一中间偏左联盟的合作伙伴,在意大利战后历史上这还是首次。这种政治和解,使得三大工会联合会采取紧密团结的行动。从1992年至1998年,三大工会联合会和意大利政府通过协商达成了一系列的高层级协议,其中有些是意大利产业联盟参与的,有些(如1995年的养老金改革协定)则没有。

1992年7月,为了抵挡里拉即将贬值的跌势(虽然这个努力时运不济,没有成功),一个三方协议废除了工资指数化。此外,企业级的谈判也暂时被禁止。另一个集权化协议于1993年7月签署,确认了工资指数化的废除,把行业级的工资调升和政府的宏观经济目标连接起来,并引进集体协商的双层(行业级与公司级)结构。

1995年,政府和工会(但不包括雇主)商议了养老金制度的全面改革,引进了长期的仿真经费系统(利益与付出的贡献成正比),但对于既得利益只造成轻微的冲击。1996年的三方“劳动力契约”(Pact for Labour)引进了温和的弹性规定,灵活调节派遣式劳动力。1998年,所谓的“圣诞契约”(Christmas Pact)确认了1993年订立的集体协商双层级结构,并规定政府有约定的义务，即就所有社会政策问题与社会伙伴磋商，甚至要下放决策权力给社会伙伴。

20 世纪 90 年代末，新崛起的合作系统似乎正在迈向制度化，甚至有人在讨论应该将其纳入意大利宪法中（Carrieri, 1997）。此外，三大工会联合会似乎即将合并成一个组织。然而，这个机会被错过了：CGIL 与 CISL 对一些关键问题有歧见，如工会民主化（CISL 反对广泛实行全体劳工的表决投票，CGIL 则支持这个做法）和集体协商的分权化（与 CISL 比 CGIL 开放得多）。这些分歧导致在某些情况下，仅 CISL 和 UIL 签署协议，CGIL 未签署。①

继而意大利产业联盟与三方谈判愈来愈疏离，并在 2001 年的全国大选前夕，与中间偏右联合政府结成策略联盟。新政府的劳工方案着重于放松劳动力市场的管制，它批评协调行动只是一个仪式，只会阻止急需的结构性改革，并强调需要从给予就业保障转变成给予就业能力（Biagi et al.,2002）。2002 年，另一个三方协议签署，然而这次工会阵线分裂了。这些三方谈判一开始时设定了雄心勃勃的目标，要以全面改革就业保障立法加上降低经济冲击双管齐下，积极创造就业机会；但是到后来，该协议的范围缩小，而且拟议的文案以减税承诺交换对个别员工解雇作较宽松的监管。CGIL 拒绝签署这一协议，反而呼吁员工动员。这一呼吁被广泛关注，于是这项政策改革陷入停顿。结果，政府从未将协商所达成的解雇新规定付诸实施。

合作主义决策在 2007 年辉煌地卷土重来。养老金再度获得改革机会。虽然 1995 年的改革从根本上改变了这个制度未来的结构，但它只是在过渡阶段对于旧制度下拥有领取退休金权利的劳工造成有限的冲击。为了防止短期内增加养老金支出，在 2004 年，中间偏右政府片面提高了以资历为基础的养老金的最低年龄。但是，政府将这项改革推迟到 2008 年才实施，以避免引发相应的政治问题。新的中间偏左政府放弃了片面的改革，并与工会协商逐步提高论资退休的最低年龄。政府内的左派政党反对该协议，并呼吁意大利劳工拒绝它。正如先前在 1993 年和 1995 年两度发生的，三大联合会在劳工之间发动了大规模的宣传活动，继而推出了有约束力的全体劳工投票表决。结果劳工以压倒性的比例批准了该协议，从而有助于强化工会与政府双方的信誉。

2008 年，中间偏右政党联盟重新掌权执政。三大工会联合会之间的策略分歧再度浮现，工会联合会再次分裂。这次问题的症结在于，1993 年协议

---

① 这种情况时有发生，例如 2001 年的金属加工合同和 2001 年年初提出的《米兰条约》，都只是由 CISL 和 UIL 签署的。这是地方级的商讨协议，目的是给市政当局更加灵活的运用固定期限条约以进行就业创造。

的更新和集体协商结构的改革。这个主题过去一再被提出,包括 1998 年的协商,但由于各方未能达成一致的解决方案而未得到处理。2009 年 1 月的协议确认了 1993 年的双层级(行业与公司)的集体协商,但对旧体制引进了一些改变。所有主要的雇主组织都签署了这项协议,CISL 与 UIL 也签了,但 CGIL 未签。CGIL 拒绝签署,是因为认为该协议未能对工资与薪金的购买力提供足够保护。

虽然早期协定的深刻意义大致已不见踪影(Carrieri,2008),进入 21 世纪后各方持续商讨全国性的协议,遵照一个已可预测的模式:当中间偏左联盟掌权执政时,三大工会联合会共同承担达成最后协议的责任;当中间偏右联盟掌权执政时,CISL 与 UIL(以及其余的工会联合会)会签署协议,但 CGIL 坚持立场不肯妥协。CGIL 似乎认为,很难和它所不信任的政府协商协议。

回顾起来(若从相反情况来看),我们可以说,如果没有 20 世纪 90 年代的集权化协议,意大利的政治经济形势将远不如目前情况:这个国家不会加入欧洲单一货币体系,通货膨胀率将会涨得更高,里拉将很容易成为投机分子攻击的目标,而且公共赤字将会增加(由于利率上升),从而对早已受限制的财政政策增加更大压力。同时,三方协议的再现,对于工会代表在职员工能力的持续减弱,并无防范之力,在私营部门尤其如此。此外,也许更重要的是,引进并维持多年的限制工资政策,可能造成目前在意大利公开辩论的、真正的、名副其实的紧急情况:工资收入不足以支付一般家庭的正常支出与基本需求,尤其是在大都市地区。

行业层级

行业层级的合约历来与企业协商有共生关系,即使两个合约常常争夺首要地位。"秋老虎"罢工潮之后,企业协商(在大型企业中)成为一个渠道;最有意思的集体协商创新出现于这个渠道,而且行业合约的作用是推广和传播它们(Cella & Treu,2009)。20 世纪 80 年代,集体协商出现了分权化的趋势,其他发达国家也都如此(Katz, 1993; Katz & Darbishire,2000),行业协议失去了一些重要性(Locke, 1992)。然而,随着 1993 年的三方协议的达成,行业协议恢复了其重要地位(Regalia & Regini,1998)。

1993 年的协议在各个协商层级引进了劳动力的明确区分。1983 年的三方协议曾试图作类似的区分,但只存在了短暂时间。集体协商出现在行业层级(规范性条款是每四年协商一次,工资与薪金条件是每两年一次)与企业层级(或领域)(每四年一次)。行业协议的作用是让属于某一生产行业的员工工作条件趋同。至于薪酬,行业层级的协商紧密连接了分布在行业层级的工资增长和政府决定的预期通货膨胀率,因而有抑制通货膨胀预期(inflation expectation)的功能。[①] 同时,借由对预期的通货膨胀与实际的通货膨胀之间的正差值作事后补偿,它们可确保购买力的稳定性。即使如此,这样的调整将是净贸易条件(net of terms of trade)的改变。换句话说,如果预测的和实际的通货膨胀率之间的差异是由于进口价格上升所引起的,实际消费工资将被允许下降。

1993 年的协议由于本身的制度设计之故,有可能导致意大利工资份额(wage share)的下降。的确,生产力的提高理应不在行业层级重新区分,而只在企业或地方的层级作区分。因此,除非企业协商的覆盖率急剧增加,否则工资的增长将低于生产力。为了避免这种情况,从 2006 年起,金属加工业的合约开始包括一个额外的(小的)工资要素,支付给只适用于该行业合约的劳工。

1993 年引进的集体协商结构代表了不同利益与观点之间的微妙平衡(Mascini,2000)。这使得它尽管经过多次尝试,还是很难进行改革。原则上,雇主向来反对双层级的集体协商,并主张单一层级的协商。最初,他们支持行业级合约,但经过一段时间后,他们都转而支持企业级合约。工会已扬言要捍卫行业级与企业级协商的互补性,并主张两者都需保留。不过,事态变得严重时,CISL 与 UIL 表明它们愿意尝试制度化解决方案,增加分权化层级协商的影响力与重要性;CGIL 则选择了捍卫行业级合约的角色。

对于行业级协商的适当角色划分,不但要让不同的组织互相竞争,而且常常要能反映出特定行业的传统与特点。例如,2006 年 5 月的化工业协议让企业级协商有更多自主权,甚至为处于困境的公司引进了“退出条款”(option-out clause)。若和 2008 年 1 月的金属加工业合约相较,两者的情况有很大差异,后者在行业级协商的许多方面再度让雇佣关系集权化。2004 年 3 月,出现了一个重大创新,但只适用于以手工业为主的公司。对于这些公司,预期的与实质的通货膨胀之间的补偿性工资差异的角色,已从全国层级协商转移到地区级协商。这降低了行业协议的重要性。

经过多年毫无结果的讨论与协商失败后,2009 年 1 月的全国协议明确展开意大利集体协商架构的改革;这项协议被誉为历史性事件,但并没有从根本上改变既有制度。相反,它确认了 1993 年协议引进的二元结构,把行业级协议的持续时间从两年延长至三年,把行业级协商的工资提升,连接到欧

---

① 通过事先确定提高工资来减少通货膨胀的概念是一个意大利经济学家的旧的(却是明智的)想法,他就是 Ezio Tarantelli(见 Tarantelli,1986),但他却不幸地为这个创新的想法付出了生命,1985 年被红色旅谋杀。

盟范围的预测指数，而非意大利预期的通货膨胀，并重申分权化协商应该只限于行业级合约明确指定的议题，不应该涉及已在其他层级协商的议题，并通过提供特殊的税负优惠确认政府需要，以促进分权化协商的普及。由于有些承诺很模糊，而且最大的工会联合会（即 CGIL）没有签署，这一协议不大可能结束意大利集体协商改革的辩论。

企业层级

也是在这个领域，1993 年的社会协议具有里程碑的意义。它作了两件关键大事。首先，建立了工会代表联盟（RSU，工作场所代表的新制度），至少在一段时间内，振兴了意大利的工会联合会并让它们再度合法化。其次，在意大利历史上，它首次引进了管理分权化协商的一系列规则。这些都是合约的约定而非法律的规定，因而是较弱的制度化。然而，与先前的情况（即分权化协商有赖于自愿承认和各方之间的权力均衡）相较，1993 年的协议向前迈出了重要一步。

如上所述，1993 年的协议赋予企业层级协商一个重要作用，并在许多方面预先假定企业级协商将比先前的情况更普遍。企业级协商确实更加普遍了吗？

这个问题的答案带有些许推测性：有些研究是有用的，但它们基于特定行业和/或地理区域，仅限于某个规模的企业（例如至少有 50 名员工），或缺乏纵向宽度（longitudinal dimension）；其结果往往无法比较。意大利国家统计局（ISTAT）在 1995 年至 1996 年进行了一项调查，以员工至少 10 人的民营企业中具有代表性的样本为基础，估计出企业协商只涉及 10% 的相关企业，涵盖了 39% 的民营部门员工（ISTAT，2002）。依据各种来源的数据，Rossi 与 Sestito（2000）得出结论：1995 年至 1997 年的企业协商不如 1988 年至 1989 年那么普遍，大约和 1985 年至 1986 年同样普遍。1996 年的企业级协商曾有过一个高峰，据推测是 1993 年协议的结果，但还不足以让覆盖率回到以前水平。总体而言，时间趋势是反向的。企业级的协商倾向，和公司的规模（另见 Bordogna，1997，1999）以及特定公司的工会密度，显著正相关。因此，分权化协商的式微显然是两个因素所致：企业的平均规模和工会密度的双双下降。这项分析还显示，企业级协商中，工资调升的相对重要性一直没有增加。相反，由管理阶层片面决定的工资调升已变得较为重要。然而，协商中的工资调升的种类似乎已依照 1993 年协议指示的方向有所改变。企业层级的工资协商主要涉及所谓的“可变工资”（variable wage），并和公司的生产力与获利能力有密切关系（Pulignano，2007）。总体而言，在过去曾经进行协商的公司中，企业级协商向来被用于就更弹性化的工作条件，以及建立工作场所的合作伙伴关系进行谈判。

较近期的一项分权化协商趋势的分析，证实了前述发现，并显示 1998 年至 2006 年间至少有 100 名员工的民营企业样本中，协商的倾向已经下降；下降的幅度大于规模较小的公司（CNEL，2007）。因此，看来企业级协商经过 1993 年的制度化，并没有使得这类协商更普遍。可能是目的相反的两股力量同时在发挥作用：一方面，可以说 1993 年的协议赋予工会“参与权”（right to access），这是以前所没有的；另一方面，由于密度下降，工会愈来愈无法行使这种权利。

公共部门的雇佣关系

1993 年对于公共部门的雇佣关系也是至关重要的一年。这一年，工会与政府的一项协议转化成法律（Law 29/1993），引进了集体协商的自主原则。主要目标是将公共部门的雇佣关系“私有化”，也就是说，使它们更近似于民营部门的雇佣关系。公共部门的雇佣关系目前正式由集体协议来规范。在此改革之前，出现了非正式的集体协商，尤其在 1983 年先前的改革——所谓的“架构法”（Legge Quadro）引入之后。然而，这些协议需要转化成法律才有效。

这项改革创立了一个自主机构——Agenzia per la Rappresentanza Negoziale delle Pubbliche Amministrazioni（ARAN）。这是一个技术机构，拥有组织与管理的自主权，直接向中央政府汇报。它依法负责公共部门所有全国级的集体协商；还负责监督集体雇佣合约的平等适用，并且应请求协助有特殊需要的行政管理工作。

设立独立机构的动力，来自发现 1983 年的改革出现了一些意外的后果，需要纠正。这实际上已引进公共部门的集体协商，但缺乏对雇主的诱因，以让他们不要轻易屈从工会的要求。有人认为，公共部门出现了“没有市场的多元化”情况（Bordogna，1994）：各方或多或少得以自由商谈雇佣关系的条件；但是，由于公共部门雇员享有多重保护，加上公共部门的雇主受到特殊的选举限制，双方几乎没有什么动力要敲定合理的条件。与民营部门尤其不同的是，提出太过分要求的工会，并未看到他们的成员可能因为对手的竞争而失去工作；过于慷慨妥协的经理人，遭到降级处分的风险也很小。从 20 世纪 80 年代中期至后期，公共部门的集体协商助长了工资的上升和公共部门赤字的不断增加，因为政客们无法抗拒由极端好斗的小型专业工会提出的工资激增的要求，这类工会即是所谓的“基层委员会”（Comitati di Base）或

COBAS,特别是在学校和铁路协商单位。随着 ARAN 的创立,公共部门的集体协商受到政府施加的严格预算的限制。

1997 年,另一项法律,即所谓的《巴萨尼尼法》(*Legge Bassanini*),整合了先前的立法改革,并取消了对分权化协商的其余限制,进一步扩展了合约化(contractualisation)。目前,公共部门的集体协商结构类似于民营部门集体协商的结构(受到 1993 年协议的规范)。因此,分权化协商发生在全国行业协议的协调下和限制内,依公共行政部门的不同而异(如学校、医疗服务机构、中央政府等)。至少在理论上,行政单位得以使用自己的资金在第二级的协商上,以奖赏并激励工作人员。但是加入新一级的分权化集体协商,对行政部门的相关生产力与服务的质量,似乎并没有明显效果。

目前尚不清楚各种改革措施已获得什么效果。20 世纪 80 年代后期出现的工资节节升高的现象已经消失,但是这可能是因为意大利的宏观经济形势已大为改观之故。协商的质量已获得一些重要进展,例如,工作分类的项目已减少,如今工资的增幅已更严格地和任务与责任连动,而不是简单且理所当然地与个人事业的进展相关联。此外,新形式的劳动力灵活性已被引进,例如兼职、定期合约和远程工作。

新体制的一个明显好处是,工会代表性制度获得了整顿清理。如前所述,《巴萨尼尼法》为了工会代表性的决定事宜,引进明确的标准,依据的是选举得票与工会会员数的综合结果。ARAN 提供的会员数与选举支持度的官方数据已明确显示,基层工会委员会与其他专业工会在 20 世纪 80 年代末和 90 年代初宣称的,他们才是意大利劳工的真正代表一事,在很大程度上言过其实了。意大利工会的代表性确实存在着危机,但它清楚地显示了其本身正在全面衰退中,而非既有组织遭到新组织取代的问题。

当前与未来的课题

本章认为,自 1992 年以来,意大利雇佣关系的主要趋势一直是新类型合作主义的崛起,这涉及了几乎所有主要经济政策中的社会伙伴,但获得的来自昔日斯堪的纳维亚古典合作主义的重分配、平等与去商品化成果少之又少(如果还有成果的话)。事实上,更有争议的是,本章认为,意大利的合作主义可能是导致当前经济危机(停滞的增长率、更分散的工资与收入分配和普遍的经济不安全感)的原因之一,因为合作主义引进并实施了多年的工资限制政策。

具体地说,这一结果来自一个特殊方式,而意义重大的 1993 年三方协议就是以这个方式施行的；这项协议非常重要，它规范了集体协商的结构，评论家称之为历史性事件是很正确的。新制度赋予行业级合约一个新角色：保证购买力的稳定，并确定了生产力的提升应该分布在企业层级。在一个习惯有很高的通货膨胀率和通货膨胀预期的国家，这样作十分有道理（Tarantelli, 1986）。问题是，大多数民营部门的劳工只被（直接或间接）涵盖在行业合约内，而第二层级的协商随时间变得愈来愈不普遍，而非更普遍。在这种情况下，集体协商的制度化结构创造了一个情况，即工资的增长极可能比生产力的增长要慢。

为了证明这个论点至少有些道理，图 6-2 绘出一段时期的效率单位工资。这是单位劳动成本（大致）的量度，保持要素比例（劳动力/资本）不变。指数的增长显示，工资增长速度比（有技术保证的）劳工生产力的增长还快，反之亦然。这个图显示出 1973 年与 1991 年间，效率单位工资首次增长，之后或多或少回复到相同水平。从 1992 年起（即废除工资指数化以及意大利新合作主义开始以来），有一个持续下降时期，这不只是一个周期性现象。早在 21 世纪初期，工资增长的速度就再度超过生产力的增长速度。

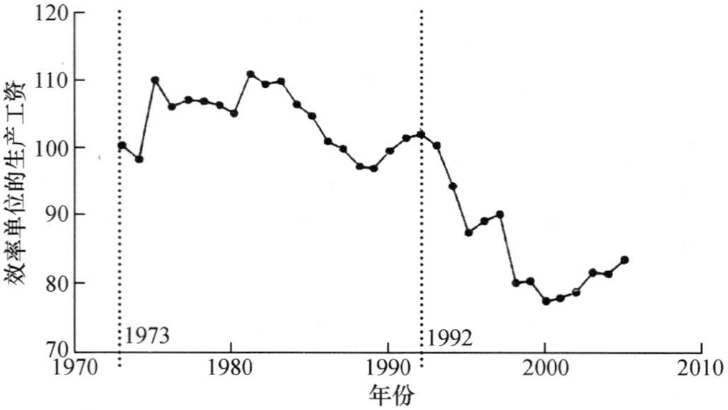

图 6-2 效率单位工资

资料来源：欧洲委员会 AMECO 数据库，DG ECFIN。

图 6-3 绘出欧洲四大经济体在一段时期内的工资占国内生产总值的比例。1992 年，意大利的工资占国内生产总值的比例和德国相同，但大于法国。1992 年至 2000 年间，意大利这项比例的下降速度远超过其他地方。两个图都显示，20 世纪 90 年代的意大利工资决定制内，有些内容让工资与生产动能之间出现一个落差。

工资的增长低于生产力的增长（亦即单位劳动成本下降），未必是一件坏事，因为那意味着成本竞争力的提高。例如，工资节制（wage moderation）为爱尔兰创造了经济奇迹，至少直到 20 世纪 90 年代末是如此，而且是造就

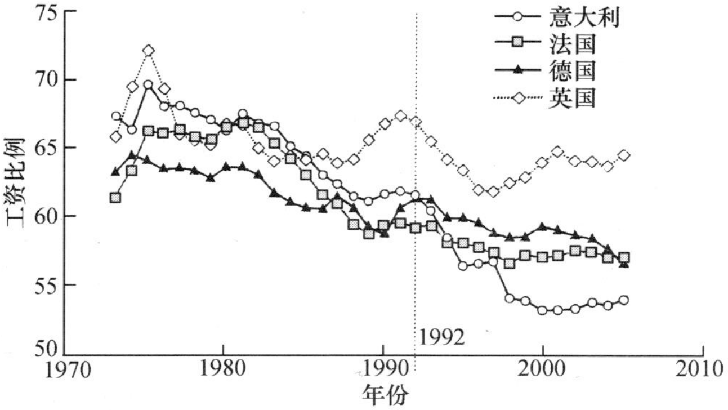

图6-3　欧洲四大经济体占国内生产总值的比例

资料来源:欧洲委员会AMECO数据库,DG ECFIN。

“凯尔特之虎”(Celtic Tiger,译注:指1995年至2007年之间爱尔兰经济的快速成长)的关键因素(Baccaro & Simoni,2007)。爱尔兰的经济在21世纪头十年的末期崩盘,是巨大的房地产泡沫与相关的金融危机造成的后果。然而,爱尔兰的经济和意大利的经济有个根本的差异:在爱尔兰经济中,国外的需求比本国的需求重要得多;意大利的情形刚好相反。在意大利,正如在每个大国,成本竞争力的出口受益效果,可能遭到国内需求萎缩的经济衰退效果的影响(Carlin & Soskice,2009)。

显然,并非意大利所有的问题都源自雇佣关系制度。Faini和Sapir(2005)针对比较优势与行业的专业化,提供了有趣的分析。根据他们的看法,全球化一直给意大利迎头痛击,这意味着需与发展中国家(尤其是中国)作更大的经济整合。和其他欧洲国家不同的是,意大利从事的主要是劳动力密集型行业,因而和中国及其他发展中国家存在正面交锋。此外,其他欧洲国家已在20世纪90年代将其生产结构升级,走向高增值市场,意大利则是唯一变得更加专注于传统行业的国家。这种现象指出了意大利经济的一些历史性弱点,例如研发投资低、小型企业普遍、公共服务效率低。然而,它也暗示了雇佣关系制度原本可以发挥但并未发挥的作用:成为“有益的约束”(Streeck, 1997)。如果单位劳动成本大幅下降,而且低阶路线(low road)并未封闭,那么激励经理人与企业家进行升级的诱因就会减少。

意大利雇佣关系制度和整个意大利经济当前与未来的主要挑战,在于解决当前的工资紧急情况,以及与它相关联的普遍的不安全感。在意大利的公开讨论中,人们常常认为,如果生产力不成长,工资也不可增长。这是真实的,但是正如前述分析所显示的,在整个20世纪90年代,工资的增长远低于生产力的成长。若要解决这个分配的根本问题,就需要改革集体协商制度。当前的改革方案着重于加强第二层级的协商。但若未能大幅提振企业层级的协商,是不太可能将生产力的提高予以公平分配的。大幅提振企业层级的协商是不太可能发生的,因为分权化协商的一个关键因素是工会的地方势力,而它已连续几年陷入衰退中。额外的制度化机制可能是必需的。

那么,微观经济问题如何促使生产力再度增长是一个问题。这将需要改革教育制度、技能培养制度和产业政策。将意大利生产结构升级,使其能够抵御全球化的挑战,是不太可能通过"看不见的手"实现的:这将需要把目标对准某些行业,刻意建设能力。雇佣关系有助于这一政策组合,特别是通过解决公共部门的低效率问题,以及提升公共服务的品质。

最后还有个问题是关于劳动力的组织力量的。目前,意大利有组织的劳动力处于令人羡慕的位置,可以参与所有重大的决策讨论。然而,他们在这些谈判桌上推动自身目标的能力,可能会逐渐减弱,因为过去大约 30 年来,工会密度一直在下降。若没有社会影响力,即使能接近政府机构,也没有多大意义。第二级协商的路线提供了一个例证:1993 年的协议首次让工会有机会每四年进行定期协商。但是由于加入工会、依照协议行事的劳工比较少,这个机会被广泛忽视了。

要大幅逆转意大利的工会密度是不可能的。各地工会都在式微中,无论是在自由式市场经济体还是在协调式市场经济体中,这可能是源于结构性原因[如福特式组织的危机、生产结构的零散性、产业空洞化(deindustrialization)、新类型学(new typologies)合约的普及]。至少直到 20 世纪 90 年代中期时,能够成功地抗拒这个趋势的还是少数采取根特制度的国家[Ghent countries,译注:根特制度的做法是福利金(尤其是失业救济金)给付的主要责任在于工会,而非政府机构;最先采取这种制度的是比利时的根特市,故以之命名]。尽管近期有文献论述工会的振兴,但迄今没有良策能够一贯地获得良好的成果。

意大利工会仍保持卓越的动员能力,工会密度仍相当高(尤其是从比较的观点而言),其合法性因它们在工作场所选举的整体表现良好而获得强化。尽管如此,民营部门劳工的覆盖率不到 20%,工会参与劳动力市场的角色似乎日益边缘化,日渐不重要。如果这些趋势持续(目前有各种理由认为趋势是如此),则雇佣关系学者应该开始思考,世界上若没有工会,会是什么样子;以及哪些新机构与深植于市场经济中的社会力量,将出现并承担重要责任,发挥昔日工会曾有过的重大作用。

意大利雇佣关系大事记

1848	第一个印刷工人协会成立。手工业工会的特别发展时期。
1850—1859	互助的社团、本地化的跨行业工会主导的工会形式。
1861	意大利重新统一［"中兴"(Il Risorgimento)］。鼓舞了工会制度的扩散。
1868	在博洛尼亚(Bologna)发生了第一次广及全市的大罢工。
1870—1879	有阶级意识但属地方性、由各部分组成的"反抗联盟"(Leagues of Resistance)取代互助社团成为主要模式。多种工会主义在发挥作用。
1880—1889	地方工会组织和社会主义组织的成长，特别是在北部农业区。
1891	第一个"劳工会"(Camera del Lavoro)在米兰(根据法国模式)成立，作为劳工和工会控制的当地劳工职业介绍所。横向、具有包容性的当地工会制度。《罗马教皇通谕》(Rerum Novarum)促进天主教劳工运动的积极性。
1892	意大利社会党(PSI)成立。"劳工会"的联合会成立。
1900	铁路工人产业工会成立。
1901	社会主义者积极促成意大利最大且最有影响力的"农业工人工会联合会"(Federterra)的成立；他们也积极促成"金属工人联合会"(FIOM)和其他重要行业工会的成立。
1902	第一次地方性、所有行业雇主联合会(Monza)成立。
1906	劳工总会(CGL)成立，由"劳工会"和行业工会组成。
1910	全国的雇主联合会"意大利行业联盟"(Confindustria)成立。
1918	天主教工会联合会(CIL)成立。
1919	人民党(People's Party)(属天主教)成立。
1920	第一个全国行业集体协议达成，为瓦斯工人的协定。
1921	意大利共产党(PCI)成立。
1922	墨索里尼(Mussolini)和法西斯党(Fascist Party)夺取政权。
1925	法西斯政府废除结社自由，禁止所有非法西斯工会。禁止罢工与其他形式的工会活动。
1943—1945	意大利解放从意大利南部开始；意大利北部有许多场反对法西斯政权和纳粹占领的罢工。最后的解放发生于 1945 年 4 月 25 日。

1944	反法西斯的团体签署《罗马协议》(*Pact of Rome*),以创造单一、非政党的工会联合会"意大利总工会"(CGIL)。
1945—1948	反法西斯政党组成联合政府。
1946	全民公投,废除意大利的君主制,成立共和国。
1948	新宪法保障工会的自由权与罢工权。基督教民主党(Democrazia Cristiana)赢得国会多数席位,组成政府时将意大利共产党与意大利社会党排除在外。天主教徒脱离"意大利总工会",另组"意大利工会联合会"(CISL)。各工会之间长达数十年的激烈政治抗争,以及工会的式微,就此开始。
1949	社会民主党人与共和党人脱离了"意大利总工会",后来组成了"意大利工会联盟"(UIL)。随后,意大利共产党对"意大利总工会"的掌控日益加深。
1959	过去的法律允许集体协议扩及整个行业。
1962	金属加工业工会、ASAP 及 Intersind(公共部门雇主协会)达成了企业级集体协商的协议。
1968—1973	发生一连串激烈的劳资冲突,包括 1969 年的"秋老虎"(autunno caldo)罢工潮。工会势力增长,并巩固了在工作场所的地位。工厂委员会(consigli di fabbrica)出现,这是在工作场所的新的横向代表形式。《劳工宪章》(*Statuto dei diritti dei lavoratori*)提升了对受雇者的保护和受雇者参与工会的权利。意大利雇佣关系正式进入新阶段:各级工会皆居优势地位。雇主遭到围攻。
1972	统一的工会联合会 CGIL-CISL-UIL(团结总联盟)成立。
1975	"意大利产业联盟"和 CGIL-CISL-UIL 就工资指数化(scala mobile)达成全经济体系协议,支持工资较低的雇员。三方协商时期展开。
1976—1979	在经济危机时期,意大利共产党支持基督教民主党政府与国内恐怖主义,但没有参与政府。
1980	菲亚特(FIAT)争议。菲亚特技术人员和督导员反抗工会政策(四万人举行抗议游行)。金属加工业工会被彻底击败。新阶段:雇主居优势地位与工会陷入危机。
1983	三方就劳动成本与工资指数化达成协议。新法规正式确立了公共部门的集体协商。

1984	三方就工资指数化进行的谈判未达成协议，导致三大工会联合会 CGIL-CISL-UIL 瓦解。政府将它和 CISL 及 UIL 达成的协议定为法令。
1987—1989	公共部门的普通雇员（rank and file）委员会（Cobas）崛起，挑战工会联合会的领导角色。
1990	“微型”企业（员工少于 15 人）员工首次获得法律保障，免受不公平解雇。法律对于公共部门内提供基本服务单位的罢工设限。三方协议废除工资指数化。
1992	三方的中心协议重塑收入政策、谈判结构、工会的工作场所代表性结构与权利。新阶段：雇佣关系更加制度化。
1994	由贝卢斯科尼领导的第一个（右翼）联合政府成立，但很快就瓦解了。
1996—2001	中间偏左政府成立，由“左派民主党”（Partito Democratico della Sinistra，前身为意大利共产党）领导。通过三方的“社会契约”，针对就业与劳动力市场政策、福利与集体协商进行结构的变化与改革，后来获得立法通过。
1998	意大利达到进入欧洲货币联盟的标准。“圣诞社会契约”确认了 1993 年的“中央协议”和新形式的分权化协调行动。
2001	贝卢斯科尼的右翼联盟在野七年后，再次上台执政。新的贝卢斯科尼政府提出“白皮书”（Libro Bianco），让雇主在劳动力市场有更大灵活性。
2002	旨在提升竞争力与社会包容性的“意大利契约”（Pact for Italy）达成，但是 CGIL 拒绝签署。它包括较小公司的新雇员局部、暂时性的劳动宪章申请的废止。
2006	中间偏左联盟在国会选举中以些微优势获胜。新政府获得中间派、改革派与激进的左翼政党组成的联盟不稳定的支持。
2007	三方进行养老金的改革并降低对社会的冲击。
2008	中间偏左政府突然瓦解；贝卢斯科尼的右翼联盟再度上台执政。

第7章 法国的雇佣关系

Janine Goetschy
Annette Jobert

法国2008年约有6 380万人口,占欧盟27个成员国总人口的27%。2008年,法国男性的平均期望寿命为77.5岁,女性为84.4岁,远远高于欧盟国家的平均水平。法国的人口出生率也在欧盟国家中位居榜首,平均每个法国妇女生育两个孩子。虽然法国的总人口数量有增长的趋势,但其老年人的抚养率增长更为显著。相对于欧盟其他国家,法国面临的人口老龄化问题更为严重。一些前瞻性的研究预计,到2050年,法国人口总数将达到7 000万,与2005年只有五分之一的居民超过60岁相比,届时,法国将有三分之一的居民超过60岁。

以GDP衡量,法国是世界上第六大经济强国。法国的对外贸易主要集中在欧盟市场,几乎占其对外贸易总额的66%。法国的农产品生产与出口在欧洲处于领先地位,同时它的科技行业,如通信业、医药业以及奢侈品行业也非常繁荣。法国成了世界第二大外商直接投资接收国。

尽管最近几十年未曾遭遇过严重的经济衰退,法国的经济在这段时间的增速仍然较低。1993—2007年间,平均经济增长率约为2.1%。这种情况是由诸多因素造成的:劳动人口中年轻人和超过55岁的人参与率较低;劳动市场结构和经济政策的改革力度不够;相对较短的工作时间;中小企业(SMEs)生存和发展面临困难;高等教育系统资金实力不足;竞争壁垒以及有限的专业技术人员(Attali,2008)。

2006年,法国约有2 500万劳动力(其中男性1 300万,女性1 200万),劳动力参与率为63%(欧盟的平均劳动力参与率为64.5%)。由于越来越多的女性参与工作,女性的劳动力参与率从1963年的37%上升到2006年的58%,因此提高了总的劳动力参与率。相反,在过去的25年里,15—24岁的年轻人的就业率在下降(2006 年为 29%),这主要是不断增长的入学率引起的。同时,处于 55—64 岁年龄段的劳动力的参与率也在降低(2006 年为 37.6%)。20 世纪 70 年代以来,随着法国国际化程度的不断加深,雇佣形式也发生了深刻的变革。2006 年,临时雇佣形式约占总劳动力的 13.5%,另外还有 17.2% 的雇佣形式为兼职。

80 年代以来,法国一直具有较高的失业率,从而导致了政府运作的雇佣和培训的发展。失业对社会上的弱势群体产生了巨大的冲击,这些人包括:年轻人和年龄超过 50 岁的人,体力劳动者而非白领,非技术性人员而非技术人员,女性而非男性。长期失业和青年失业最近还在增长,总体而言,1996—2006 年间,法国的失业率维持在 8%—9% 之间(Freyssinet,2006)。

在 1958 年第五共和国出现之前,法国的政治局势较本书所提及的欧洲其他国家更为不稳定。经过了多年的变革,现在法国的主要政党包括:人民运动联盟(Union pour un movement populaire, UMP)(主要的右翼政党),以及共产党、社会党、绿党(这三个都属于左翼政党)。右翼政党在 80 年代中期占有优势,但自从 2002 年总统选举失败以后,右翼政党的势力就被削弱了;而左翼政党虽然只有少部分人,却已经在过去的十几年里成为主要的执政党。

1958—1981 年间,法国由右翼政党执政。1981 年,社会党在政党选举中获得了决定性的胜利,社会党的密特朗(Mitterrand)连任 1981—1995 年间的两届总统。自 1995 年后,法国处于左、右翼政党以及联合政党同时执政的局面。右翼政党的希拉克(Chirac)在 1995—2007 年间担任法国总统。右翼政客萨科齐(Sarkozy)于 2007 年当选总统。萨科齐任命菲永(Fillon)为法国总理,菲永组建了新一届的政府,包括左翼政党、中间政党以及民间团体人士。萨科齐总统表示他将推进法国现代化的进程,包括经济、社会福利、就业、移民、法律、司法制度以及缩小公共部门的规模。萨科齐提名法国社会主义者卡恩(Kahn)担任国际货币基金组织(IMF)的总裁。2008 年萨科齐担任欧盟主席期间,领导建立了新欧洲和世界金融体系以应对 2008 年的金融危机。萨科齐为在欧洲集团内成立较低限制性的《增长与稳定公约》(Growth and Stability Pact)辩护,其中欧洲集团代表了所有加入欧洲货币联盟的国家。

产业关系的各方

在 19 世纪中期,法国开始了工业化和城市化发展,但相比英国,却滞后了很多。尽管到 1864 年,工人成立工会仍然是非法的,但工人罢工已得到许可。然而,法国许多地方性的非正式工会在此期间依旧相继成立。直至1884年,工会才合法化。

如今,法国工会的一些特征反映了其早期的历史和意识形态的复杂性。在工人运动中无政府主义者和革命社会主义者的重要性以及法国雇主的家长式或反应式的态度对法国的雇佣关系有着巨大的影响。这有助于解释为什么法国雇佣关系各方(社会伙伴们)长期以来缺乏相互认可及法国政府扮演的干预劳资和社会事务的角色。

工会

法国的工会运动一方面具有多元化、对抗性和分散化的特征,另一方面也受资金和组织资源缺乏的困扰(Mouriaux,1994; Moss,1980; Andolfatto & Labbe,2006)。20世纪70年代以来,这种结构上的弱点尤为明显。法国工会会员人数一直都呈下降趋势,由70年代中期的占总劳工人数的23%下滑到1985年的14%,再下降到90年代中期的10%。2007年,工会会员占总劳工人数的比例估计低于8%。

法国有五个国家工会联盟:

(1) 工人总联盟(CGT);

(2) 工人力量总工会(FO);

(3) 法国职员工会——企业行政管理和技术人员总工会(CFE-CGC);

(4) 法国基督教工会联盟会(CFTC);

(5) 法国工人民主联盟(CFDT)。

CGT成立于1985年,是法国最老的工会联盟(Dreyfus,1995)。随着1906年《阿敏斯宪章》(*Charter of Amiens*)的制定,CGT采纳了一项无政府的革命性计划,要求其成员警惕政党和政治运动。有趣的是,同一年,英国工会一反常态,成立了工党。无政府主义者与社会改良主义者的摩擦最终导致了CGT在1921年分裂,马克思主义者被逐出。在1936年的"人民阵线"期间,两翼再度联合,然而,1939年,在德意志-苏维埃协定后,分裂再次发生。在第二次世界大战期间,两翼再度紧密联合。1948年,分裂再次发生,是由于当时少数派团体反对马克思主义,而CGT与法国共产党保持着紧密的联系,并成立了现在的FO。随着1989年冷战结束和柏林墙倒塌,CGT想脱离法国共产党、寻求独立的愿望日益增强。1999年CGT召开了第40次会议,这次会议是CGT的战略转折点。它声明未来将支持雇主和国家之间的协商而非劳工运动(罢工等)和阶级斗争,因此,CGT和CFDT的关系得到了改善。从1976年到1990年,CGT流失了三分之二的会员。然而,自20世纪

90年代中期以后,CGT的会员得到大幅的增长,据估计2007年已超过60万人(Andolfatto,2007)。如同其他联盟,CGT的组织形式也分为行业联盟与地方工会。CGT尤其活跃于公共企业,如铁路、天然气和供电行业,这些企业中的雇员受到一项特殊法律的保护。在私营部门中,冶金行业的CGT最强。CGT的成员曾大多数为体力劳动者,这个群体现占总成员数的42%,白领、技术人员、工程师和中层管理者所占的比例在不断提高。女性在CGT成员中占23%,三分之二的成员的年龄超过60岁。

CGT是世界贸易工会联盟(WFTU)的一员,并且在1947年到1978年间一直担任WFTU的秘书长一职。在1992年对《马斯特里赫特条约》(*Maastricht Treaty*)的批准投票中,CGT投了反对票。在1995年12月的第45届大会期间,CGT决定退出WFTU来增大加入欧洲工会联盟(ETUC)的机会,并最终于1999年加入ETUC。CGT被ETUC承认也是因为它对欧盟一体化态度的转变。在成员内部存在异议之后,CGT于2005年在法国欧盟宪法全民公投中作出了与其他重要的工会及ETUC不一样的选择,投了反对票反对欧盟宪法。

为了反对法国共产党人对CGT的干涉,FO于1948年成立(Dreyfus et al.,2003)。FO声称自己是CGT保持政治独立这一传统政策的衣钵传人,并且是坚定的反共产主义者。尽管冷战结束后CGT与FO之间的意识形态的紧张气氛有所缓和,但一定程度上的分歧依旧存在。FO的会员人数自80年代中期以后呈下滑趋势,2008年约有30万名会员。FO在白领中的声望最高,特别是公共部门的技术和专业群体。FO内部也一直都存在政治上的分歧,最终因1990年的内部冲突造成了组织分裂,一些成员加入了全国自主工会同盟(UNSA)。FO视集体谈判为工会行动的主要内容,注重保护工人一贯拥有的社会权利。其中一些权利受到政府和雇主改革的威胁,特别是关于退休养老金和医疗卫生的改革。

在国际上,FO自1949年成立以来就是反共产主义ICFTU的成员,自1973年ETUC成立以来也一直是其成员。FO的政策长期以来都是支持欧洲一体化的,然而,自80年代后期开始,FO认为欧盟只不过是一个经济一体化和资本流通的工具而已。1992年,FO在《马斯特里赫特条约》的批准投票中不置可否。然而,在2005年法国欧盟宪法全民公投中却投了反对票。

基督教的工会主义开始于1919年CFTC的成立,其宗旨是为了促进劳资双方的和平协作,遵照天主教会的社会教义,特别是教皇利奥十三世1891年的新事通谕(Encyclical Rerum Novarum)。CFTC在1964年分裂,少数派团体依旧维持着自己的宗教信仰,并保持着CFTC这一名称。CFTC的会员主要是矿工、教会学校的老师和医务人员。目前它的全体会员人数大约为10万。它强调发展契约关系,重视对家庭的保护。自世界劳动联盟(WCL)成立以来,CFTC一直是它的会员,1990年后还是ETUC的会员。CFTC一直支持"社会欧洲"的发展,并且支持1992年《马斯特里赫特条约》的通过。

1964年分裂后,CFTC的大多数成员决定放弃宗教性工会而成立CFDT(Georgi,1995)。21世纪初,CFDT失去了近10%的会员,主要是由于它支持2003年政府推行的养老金改革。2007年,CFDT的成员大约为60万—70万(Andolfatto,2007)。

1970年,CFDT接受社会马克思主义意识形态,支持工人的控制。然而,1979年以后,CFDT改变了其意识形态立场,开始注重工会对经济变化的适应和工团主义运动,这就意味着要在工会与普通会员之间从而与改良主义工会之间建立更紧密的联系。它支持政党的独立,并且鼓励同政府和雇主开展建设性对话。在1998年为实施一周35小时工作制的谈判中,它与CGT加强了联系。但CFDT在20世纪90年代也经历了一些内部的派系冲突。与其他法国工会相比,CFDT在代表私营和公共部门上采取了一种更为平衡的方式,并拥有最高的女性会员的比例(40%),她们大部分在医疗和商业部门工作。

在国际层面上,CFDT是ETUC的一员,对建立社会化欧洲发挥着重要的作用。80年代,它的前几任领导人在欧盟的一些机构中担任重要职务。1978年,CFDT离开了WCL,并加入了ICFTU,在法国欧盟宪法全民公投中投了赞成票。

CGC成立于1944年。1981年,它更名为CFE-CGC,这个名字能更好地反映其不断变化的会员构成情况,主要包括管理人员、工程师、销售代表、监督员、技术人员和商业代理人。21世纪初期,CFE-CGC只拥有8万左右的会员,而最近的会员数量却可以与CGT和CFDT相抗衡。它将自己的目标设定为:赢得更多的管理人员加入,实现管理人员收入最大化,保护管理人员在税收、社会保障等方面的利益。它声称独立于任何政党。

这五大工会联盟在国内被称为"代表性工会",这个名称是1966年被公共权威部门基于五大准则授予的,最重要的是其独立于雇主而存在。这也赋予了工会特有的权力,比如对公司内的雇员代表系统中候选人的提名权,对政府或其他咨询团体的代表提名权和集体谈判的权力。这些权力并不依赖于企业内工会的实质性存在或工会成员。这个体制直到2008年也没有更改。

国家教育联盟(FEN)是另一个重要的专家工会,会员主要集中在教育部门。1948 年 CGT 分裂的时候，FEN 决定保持独立。它从各种类型的国家教育机构中招募会员。1992 年，FEN 逐出了两个左翼联盟，这些成员成立了统一工会联合会(FSU)。力量被严重削弱后，FEN 寻求与其他群体的联合，主要是政府公务员，并最终在 1993 年成立了 UNSA。UNSA 大约拥有 13 万会员，要想成为国家的代表性工会还需要获得官方的认可。1999 年，UNSA 成为 ETUC 的一员，与 CFDT 建立了密切的联系。

FSU 拒绝了 FEN 的合作意向，并抵制历届政府对教育体制的改革。它大约有 15 万会员。

除了这些联盟外，在 1981 年还成立了一个较为松散的工会集团，名叫“十会集团”(G10)。它集中了活跃于公共部门的十家自治的工会(代表性的领域，比如警察)。最初，G10 有个社团定位。但是，当邮政和电信工人工会(SUD-PIT)加入时，它变得更加左翼。G10 随后将名字更改为团结工会联合会(USS)。它的主要目标是发展亲民的联合主义，支持反全球化运动，维护移民、没有身份证明和无家可归者的利益。拥有 8 万会员的 USS，其影响力是有限的。还有一些其他的特定部门的自治工会，比如空中运输指挥员、火车司机、卡车司机和记者。之所以称它们为自治工会，是因为它们不属于任何一个更大的被定义为“代表性”的团体。

为什么工会会员在减少？

法国经济的重组、高失业率和灵活的劳动合同导致了年轻的工人对工会会员身份的目的和价值产生了怀疑。自 20 世纪 80 年代以后，工会的影响力在不断减弱，其主要原因包括雇主更倾向于与员工直接对话、工会不能及时应对新的挑战、工会领导人与普通成员之间的距离以及工会的分裂和竞争。

对法国工会运动的支持在不断减弱，主要由于以下几个原因：

(1) 为了保护工人加入工会的权利，封闭型车间被禁止。然而事实上，在造船业和印刷业仍然存在着一些封闭型工厂。

(2) 由于有着无政府工团主义的传统，法国工会传统上追求维持一个军事化的核心领导层，而不是招募稳定的、大量的会员。这也解释了为什么法国工会很少能够成为大型的官僚机构，这一点和德国一样。“好斗”的组织者的作用是倾向于支持罢工和政治行动，而不是参与与雇主的集体谈判，因此，对工会会员来说很难产生明显的集体谈判的结果。在 2008 年产业关系改革以后，这个因素也许就变得不太重要了。

(3) 所有工薪阶层都可以通过工会取得的胜利而获利。一旦集体谈判协议签署后,将会适用于所有员工,而不管其是否为工会会员。

(4) 一般而言,不像其他的国家,法国没有任何特别的福利措施是针对工会会员的。

(5) 雇主经常反对来自工会影响的任何压力,并采取了一些家长式的管理措施,特别是在很多的中小企业。然而,"这个状况在慢慢改变"。

(6) 工会在意识形态和政治背景上的不同阻碍了新会员的招募和老会员的保留。正如 Reynaud(1975)所指出的,法国属于工会多元化和工会之间开放性竞争并存的状况。30 年后,Pernot(2005)证实了这一情况,并进一步指出,工会之间的竞争与对抗也削弱了工会力量。然而,Pernot 将工会竞争看作是法国工会主义的一个内在的和持续的特征。

与欧洲其他国家的工会相比,法国工会会员数量较低导致了贫乏的财务资源和组织基础设施规模不足。法国工会的财务状况比较紧张,因为会员并不是有规律地支付会员费。平均来说,工会会员只支付了年费的一半,而工会的费用原本就相对比较低,平均低于会员工资的 1% 。

然而,工会除了会员身份本身的意义之外,还有一些政治和产业影响力。在集体谈判和代表性选举中,它们扮演了一个重要的角色。在公共的三方和两方机构中工会被视为"公共服务机构"(Rosanvallon,1988)。然而,CGT 和 CFDT 也有会员增长的趋势。这似乎与两个联盟间的战略"友好"相关联,得益于考虑到"代表性原则"的改革对共同立场的采用,这也促进了产业关系各方之间的社会对话。

工会的代表性地位

自 1998 年《奥伯利法案》(*Aubry Law*)提出一周工作 35 小时开始,工会的"代表性地位"就广受争议。这一法案试图使得政府援助工会是需要条件的。为了获得政府的支持,工会被要求在劳资协议会投票中获得大部分选票,或者通过全民投票被员工批准。这些新的要求与先前的法国劳动法相背离,因为它使先前的集体协议做法无效了。只要工会具有"代表性地位",即使它只由一个工会签订,或者只代表了一小部分工人,集体谈判协议都具有效力。法律的这些变化得到了 CGT、CFDT 的支持,它们在行业和企业层面的集体谈判中支持"大多数原则"。然而 FO、CFTC、CGC 反对任何有损于其谈判能力的规则改变(Bevort & Jobert,2008)。

2008 年 4 月,通过五个工会联盟和三个雇主联盟之间的协商,社会各方在“工会代表性”、社会对话的发展和工会的融资几个议题上站在了“共同的立场”上。CGT、CFDT、法国雇主协会(MEDEF)和法国中小企业总联合会(CGPME)签订了一项协议。这个协议的签署使得决定工会代表性地位的标准发生了变化(Bevort,2008)。为了取得代表性地位,工会必须在工厂和公司层面的首次投票中获得至少10%的选票。

在2008年协议签署之后有一个过渡时期,当工会在行业层面达到至少8%的投票时,工会将被认为具有代表性地位。那些具有代表性地位的工会才具有协商的权利。为了保证有效性,协议必须由一个或多个工会签署,在投票中获得至少30%以上的选票,且没有任何非签署协议的工会的反对。协议同样指定了对选民的度量和对工会的融资。协议以提供更大的透明度为目标。大部分人高度评价了这个协议的重要性,并认为这是法国社会合作取得的一次真正的突破性进展。由于工会的代表性地位是由企业内部的员工投票产生的,因此,社会各方在企业内部密切关注工会的行为,并增强了工会的合理性。通过这些改革,工会也越来越贴近工薪阶层,并更新了社会对话的系统。这一协议在2008年得到立法的支持。

这些新的规则也可能促进工会重组和联盟。事实上,为了生存,小一点的组织会兼并其他工会组织或者与之联盟。比如UNSA和CFE-CGC的工作联系就更加紧密了。

雇主

比起多样化的工会联盟,雇主则主要集中于全国范围内的联盟。法国雇主国家委员会(CNPF)于1946年建立,在1999年更名为MEDEF。雇主在19世纪早期就开始组织其联合会,并在1919年建立了首个正式的国家级联合会,这就是后来的CNPE的前身。法国有四分之三的雇主都参加了MEDEF。然而MEDEF的成员之间存在着很多不同,例如,它们在企业规模、行业兴趣、资本所有权的多样性以及管理传统等方面都存在着差别。与英、德同行不同的是,除了工资额和工作时间以外,CNPE从20世纪60年代后期就致力于一些重大问题的谈判,最终将工资率固定在行业水准上。

1973年后爆发的经济危机使雇主战略发生了重大的变化。雇主将目标定位于宏观层面,提高劳动合同的灵活性,而不是裁员。法国政府在1976年颁发了一部关于裁员的新法,要求实施劳动裁员前必须获得政府的许可。这部法令在1986年被废止。

20世纪70年代末开始,雇主提出了采取灵活的工作时间的战略。工作周的平均时间可以不同,并且以一年为基础进行计算。这种方法一直维持到20世纪90年代,这个战略导致了周末班、工作轮换和弹性工作时间,尽管由于1998年《奥伯利法案》的原因这种趋势有所放缓。在80年代中期,为了获得更大的工资数额弹性,CNPF发动了一场运动。

1977年以后,CNPF劝谏管理者在企业实行一种积极的政策以及实施更加弹性的措施。1997年Seilliere当选为CNPF的主席,这也加剧了CNPF与政府和工会之间的冲突,因为CNPF强烈反对《奥伯利法案》。它认为每周35小时工作制不仅不利于企业降低成本,而且阻碍了就业。1999年,CNPF更名为MEDEF。

法国的雇主们认为政府的干预已经达到了顶点。政府实施35小时工作制的法律以及不断加强对社会维权机构的干预,而这些机构是由工会和雇主共同管理的。2000年,MEDEF向工会提出了产业关系改革,并提出了八项谈判议题:失业保障和对年轻人的社会包容、养老金计划、职业健康与安全事项、社会维权体系(疾病和家庭福利)、职业训练、管理者的角色、性别平等和集体谈判。

直到2003年年底,大部分工会就其中的四个议题达成了一致的意见,具体为:失业保障、职业健康与安全事项、集体谈判和终生培训。然而,CGT仅仅对终生培训签订了协议。

Laurence Parisot于2005年被选举为MEDEF的首位女主席,这本身不仅具有重要的意义,而且体现了在不同行业联盟之间寻求新的平衡。它的重要性超过传统的雇主集团金属行业联合会。这位新主席原为法国民意调查公司的前任CEO,以支持大型服务联盟而当选。与前任主席不同的是,Laurence Parisot对工会和社会对话的态度是更加开放的,而且她曾从事于发动多行业的劳动市场改革和代表规则的谈判。CGPME成立于1944年,是与雇主的组织相竞争的,然而却与MEDEF有着共同的历史,这两个组织经常合作。CGPME中三分之二的企业少于50名员工。70年代以来,公共的行政部门采取了一系列有利于中小企业成长的措施。

手工业同业联合会雇主组织(UPA)是另一个雇主组织,拥有85万小型企业和手工业行业的企业,雇用了270万名员工。

尽管中小企业以往对法国经济有着重要的作用,但自从50年代后期以来,大型企业发挥了举足轻重的作用。

政府

在法国雇佣关系中,政府的干预是非常重要的(Howell,1992; Crouch,1993)。这反映了工会和雇主对于采纳自愿集体协议的态度向来是比较勉强的。在左翼政党执政时期:1936年和大众政治联盟时期、1945年第二次世界大战结束后、1968年5月事件后以及1981年社会党政府的建立期间,工会施加压力要求建立新的法律。

20世纪60年代以来,法国劳动法的制定和集体谈判的结果有着紧密的关联。劳动法是基于先前的谈判达成的协议结果,或是基于雇主和产业关系当事人以及政府之间的早期谈判而产生的。而且,1971年和1982年,政府通过改变集体谈判的法律框架,提升了社会伙伴的自治程度(Goetschy, 1995; Mesh, 1995)。

政府和公共部门也是主要的雇主。大约有500万的公务员在中央行政部门、医院及地方和地区政府工作。作为雇主,政府也通过对工资上涨的立法和与物价指数挂钩调整国家最低工资(SMIC)对私有部门的工资水平施加影响。与英国不同的是,SMIC在消费者商品价格指数上涨2%之后才进行调整,此外,政府可以在需要的时候自主地提高SMIC。从法律的角度来看,SMIC不应构成全部报酬的基础,但它必然导致整体工资水平的上涨。

自80年代始,左翼和右翼的历届政府都致力于采取大量的措施以降低失业率,特别是帮助年轻人和长期失业者找到工作。1988年以后,社会党多卡德(Rocard)政府提出了“最低综合收入”。这个最低生活保障金(RMI)有利于帮助社会弱势群体找到工作。80年代后期,政府放弃了经济复苏能够解决失业问题的想法,并相信持续较高的失业率是不可避免的。

1997年,法国总理利昂内尔·若斯潘(Lionel Jospin)的左翼政府对法国雇佣政策实施了大刀阔斧的改革。第一,建立了年轻人工作计划,在这个计划的支持下,到2002年,社团和公共部门提供了35万个职位。这个计划致力于为失业的年轻人提供五年合同的全职工作,这些工作来自较高社会人才需求的部门(教育、家庭福利、文化和环境)。政府支付计划参与者80%的工资,而且至少达到SMIC的标准。第二,著名的一周工作35小时的《奥伯利法案》在若斯潘政府的社会政策中占有重要地位。1998年和2000年两个时期提出的《奥伯利法案》将在两年内对雇员人数超过20名的企业生效,四年内对更小的企业生效。在行业和企业层面的社会伙伴应邀达成了集体协议,这些协议将维持工资额、主张招新,并且这些措施都不会降低企业的竞争力。政府应当及时向《奥伯利法案》实施前签署这些协议的企业提供财政补贴。该法受到了MEDEF的尖锐批评,因为根据该法,在没有工会代表愿意参加谈判的企业中,由工薪阶层或者工作场所的代表在一个自治机构的委托下就可以参加谈判。MEDEF认为该法导致了整个产业关系系统的不稳定。

然而,这一新法对行业层面和企业层面的集体谈判具有重要的推动作用。在 1999 年至 2001 年间,大约签署了 48 000 项关于工作时间方面的协议。到了 2001 年年中,在雇员人数超过 10 名的企业中有 50% 的全职员工的每周工作时间不到 36 小时。然而,对协议是否成功却存在着争论。在劳工部看来,这些协议保留和产生了 347 000 个工作岗位,而该法的反对派则认为就业的增加主要归功于经济的增长。如果总体工资不变,大量的企业将通过重新组织工作以及“按年计量工作时间”的弹性工作制(大部分工会最初表示反对)来减少工作时间。随后,2002 年,希拉克的右翼政府通过立法,减少了 35 小时工作制法令对中小企业的限制。

企业内部的员工代表

在企业层次上,历届法国政府设立了一系列代表机构,其中有些是针对特定的社会事件而设立的。工作场所代表由“人民阵线”在 1936 年创立,工作委员会于 1945 年第二次世界大战末及战后创立,工作场所分工会在 1968 年 5 月后创立。概括地讲,工作场所代表负责处理员工个人的不满,工作委员会负责处理工作场所咨询,而分工会则代表它们所在的工会并参加集体谈判。

与以英语为母语的国家的企业工人代表或企业代表不同,法国的企业代表不是工会代表。但是,实际上他们中的大多数是在工会“平台”上选举产生的。代表必须每四年选举一次,这一选举在所有的雇员数量在 10 人及以上的企业中进行。1982 年《奥鲁克斯法案》(*Auroux Law*)规定,即使是员工人数少于 10 人的企业,只要联合邻近的几家公司,如在同一建筑用地或商业中心的公司,且员工总数不少于 50 人就可以选举代表,而大多数私营企业都符合这一法案的要求。

工作场所代表负责处理关于个人的薪水、工作条件、劳动法和集体协议的实施方面的申诉。万一出现争议,他们也会叫上劳动巡视员。选举代表的数量因企业规模的大小不同而不同。雇主与代表必须每个月至少集中会面一次。为了完成职责,代表们每个月有 15 小时的带薪工作时间。

自 1993 年起,员工数量在 50—199 人之间的企业可以选择一个而不是两个代表结构,由工作场所代表担任工作委员会的角色。许多企业选择单一的代表结构。

对于拥有 50 名以上员工的企业,工作委员会的设立是必需的。然而,这些委员会除了在福利事务方面以外,一般没有真正的决策权。但委员会确实对一般的管理事务具有被告知和被咨询的权力,特别是在雇员人数与组织、工作时间和雇佣条件方面。

每季度，雇主需将订单、产出和资金等企业状况告知工作委员会。此外，雇主还要提供雇佣数据，包括诸如短期合同和外包合同的工作细节，而且必须证明这些措施是合法的。每年，雇主都要向工作委员会提交一个年终报告，报告中包含所有的商业活动，比如：营业额、亏损或盈利、生产业绩、资产转移、外包合同、利润分配、从政府或其他公共机构获得的补贴和其用途、投资和薪水等。工作委员会会选择一名审计师帮助检查这些年度会计数据。此外，企业经济或法律组织上的任何变更都必须事先告知并咨询委员会，例如出售或兼并。此外，由于可能涉及雇佣、资格、工资、培训和工作条件等方面，任何大型项目，如引进新技术，在实施之前都必须先告知并咨询委员会。在员工数量超过 300 人的企业，可咨询专家的建议。2000 年，工作委员会被授予了接管投标的权利，这也是《新经济规则》（*New Economic Regulations*）法令的一部分；2002 年，《社会现代化法案》（*Social Modernisation Act*）规定"社会计划"应当强调以调换工作作为裁员的替代措施，并加强了工作委员会在裁员方面获得信息的权力。这一要求在 2005 年的《社会凝聚法案》（*Social Cohesion Act*）中得到了加强。

工作委员会的职责是考虑企业在利润分享和工作时间方面的事项，而且还要在实施之前达成一致意见。工作委员会由雇员代表和雇主或者雇主代理人构成。雇主至少每月主持一次会议。每个代表性工会可以选派一名工会观察员到这个委员会。为了履行他的职责，每个员工代表每个月有 20 小时的带薪工作时间。工作委员会创立小组委员会（工作委员会的附属委员会）来检查特定问题。50 人以上的企业中必须设置健康、安全和工作条件改善小组委员会。而 300 人及以上的企业还必须建立员工培训委员会。许多雇主起初抵触工作委员会，但是大多数雇主渐渐开始承认这种组织的合理性。

1968 年之后的工作场所工会代表就类似于代表机构。根据法律规定，工作场所工会代表由地方分工会任命，但是，所任命的工会代表必须是在该企业工作的员工，而他们的数量则因企业规模而定。工会代表可以在工作时间内使用告示板、发放传单以及在工作时间之外组织月度会议来收集会费。所有员工代表都受到法律保护，不会无故被解雇。妨碍代表或代表机构的工作是非法的。

代表机构不是一个连贯的系统，但是以特定的方式发展起来的。此外，因为这些机构的复杂性以及有时不太严密的法律框架，它存在一些功能上的混乱，而不仅仅是因为一些代表身兼数职。

法国有许多在法国国内注册的跨国企业，设立一个集团委员会来分管这些企业就是1982年《奥鲁克斯法案》的一个主要创新。这种委员会的作用是收集集团内财务和雇员状况的信息，一年至少一次。1994年欧洲工作委员会颁布了欧盟指示，这一指示为雇员详细界定了在跨国公司内信息和协商等方面的权利，随着国家对这一指示的执行，这些集团委员会就显得无关紧要了。

根据2007年劳工部门公布的研究，员工数量超过20人的私营企业中只有38%的企业建立工会。即使这样，根据企业的规模和所处阶段以及公司成立年限的差异，工会也是多样化的(DARES,2007)。

雇员参与与集体谈判

1981年密特朗(Mitterrand)社会主义政府的当选为集体谈判提供了一个不同的政治和法律观点。当时的劳工部部长吉恩·奥鲁克斯(Jean Auroux)(1981)《关于工人权利的报告》(*Report on the Rights of Workers*)中就对此进行了概述。1982年2月的《雇员参与法案》(*Employee Participation Act*)给予雇员一定的权利，即当雇员意识到工作存在危险的时候，可以从危险的工作中退出，但并不是让他们将机器停下。这一法令在1982年8月得到进一步发展，赋予雇员进一步的权利，员工可以在工作内容、工作组织、工作条件方面发表自己的意见。这一法令规定雇员的观点应当"直接"并"一起"表达出来。这一法令和1982年其他的法令都给予了集体谈判一个优先权。在政府干预和集体谈判之间寻求一个新的平衡是密特朗总统1981年后改革的标志。

1982年出台了《集体谈判法案》(*Collective Bargaining Act*)，其中包括一些规定，目的是改进和创新现有的产业关系体系。比如，在拥有工会分会的企业里，雇主被迫每年对工资和工作时间进行谈判。从2001年开始，强制性的工厂谈判事务已经延伸到其他部门，如男性和女性平等就业权利、疾病救治、雇员救助计划、后备人才的需求管理和技能计划(超过300名员工的企业每三年一次)。然而，不强迫一定要达成协议，最终还是雇主说了算。与美国不同，在法国谈判中没有必要坚持诚信原则。工厂层面的谈判自20世纪80年代初已取得了很大的进展，并通过法律和行业层面的谈判获得了自主权。私营部门每年达成近25 000个协议。传统的谈判议题，如工资、工作时间及工会权利已经得到了拓展，这主要是基于包含一些其他议题(如员工的储蓄账户)的法律依据。谈判也可以在当选的员工代表主体之间进行，但仅仅是在特定的环境下。工会由于了解员工关注的重要方面，能够很好地代表工厂层面的谈判。工会与企业内已建立的工会分支进行协商，签订了 80% 的协议。但是，工厂层面的谈判也有着严重的缺陷，即 84% 的协议是在员工人数超过 50 人的企业中签署的，这也就排除了一半的在小企业工作的工薪阶层。因此，维持行业层面的谈判是非常重要的，因为它覆盖了所有经济部门的工薪阶层。

虽然已有一些重要的改革以促进更大的分权，但集体谈判在行业层面仍然是非常重要的。有一些雇主反对高层面的劳动力市场规则（Jobert, 2000）。集体协议一般是在行业层面、不确定的期间内协商。集体协议对既定的行业制定了基本的产业关系规则。而且，这些规则随后可被劳工部门扩展到所有的法国工人。这也解释了为什么最终法国所有的工薪阶层都要遵守一项集体协议。劳工法也规定要定期对工资和工作类别、公平就业机会和终生学习进行谈判。对于超过 300 名员工的企业而言，强制它们对工作条件、临时的人力资源计划和任职资格进行协商。

多行业谈判在 20 世纪 70 年代至 80 年代衰落了一段时期后，从 90 年代起越来越重要。多行业谈判的目的是在失业津贴、补助金、终生学习、就业和缓解困难等事项上达成一致意见。多行业协议有时是由政府发起的，目的是在产业关系和社会维权事件中培养社会合作关系。自从 2007 年 1 月以来，政府被要求优先与代表性的社会合作方进行磋商，而不是进行关于工作、就业、终生学习的法律改革。在最近几年，多行业的谈判已获得更大的政治因素，因为它涉及了主要的有着重要社会影响力的国家和欧洲公共政策。多行业谈判的发展反映了工会、雇主组织以及联盟在思想和战略上的改变。CGT 和 FO 都被强制签署了多行业协议，特别是关于失业津贴体系的改革方面。三个主要的多行业协议自 2000 年以来被签订。

第一，2003 年，由所有的社会伙伴签订的终生学习的合约彻底改变了终生学习的规则。先前规定雇主每年最多给予员工 20 小时的培训时间，而且可以在六年以上的时间里进行累计。现在法律规定法国的雇主不得不支付员工的培训。这个改革最初是由雅克·德洛尔（Jacques Delors）发起，并受到戴高乐政府的沙邦-戴尔马（Chaban-Delmas）总理的帮助。2003 年，具有 10 人及以上的企业的培训费用占工资支出总额的 1.6%，而 10 人以下的企业的培训费用占 0.55%。

第二，2008 年除了 CGT 以外的所有社会伙伴都签订了“劳动市场现代化”的协议。这个协议使得雇主和雇员之间的劳动合同可以随着双方的协商而存在不同。这也使得雇员能够从裁员和失业津贴中获得补助。这个协议为那些完成给定的 18—36 个月周期项目的工程师和中层管理者（骨干员工)提供了一种新颖的固定期限的合同。为了换取这种不断增强的灵活性,员工只能在被雇用1年后才能获得失业津贴,其他一些与企业有关的社会权力也能随着员工被终止雇用而转移。

第三,一项涉及协议有效性的多行业协议得到了认可。正如三个集体谈判的层面(多行业、行业层面和企业层面),产业关系系统也包括国家社会维权制度,其中有些是由雇主协会和五个代表性的工会联合管理的。这些社会维权制度包括社会保障基金(健康、养老、家庭津贴)、补充的企业年金、失业保险和对员工的职业培训。政府会根据议题紧要性的不同而对集体谈判进行不同程度的参与。自从20世纪80年代以来,在社会福利体系的所有领域都存在着许多严重的问题,从而暴露了工会的弱点和对抗性以及没有政府参与时社会伙伴在处理改革上的无能为力。

代表选举

对某个工会的支持可以通过成为它们的正式会员和社会选举的方式,比如那些来自工作委员会和劳资法庭的代表。

工作委员会2005—2006年的选举结果表明,总体而言,五个代表性的工会获得了近69.2%的投票(见表7-1)。自从1999年以来,这五大工会中每个工会的得票数一直都比较稳定。然而,自治工会的票数有轻微的增加。因此,比起它们所拥有的较少的会员数量,这些工会获得了较高程度的支持。非工会候选人参与代表选举竞争的数量在1985—1995年间有了一定的增长,随后却有明显下降。工作委员会选举的参与率一直保持在60%以上(2005—2006年间为63.8%),然而,自20世纪90年代后期以来,已经有了3%左右的下降。

劳资纠纷法庭选举是另一个衡量工会支持程度的方式。这些法官由来自企业的代表构成,他们负责解决雇员和雇主之间的申诉。每隔五年,这些代表由全体雇员和雇主选举产生。表7-1显示,尽管CGT仍然在联盟中处于领导地位,但是其支持率自1979年以来不断下降。最突出的选举结果是不断增长的弃权率。弃权率在2008年达到了74%,而1979年仅为37%。然而,当比较这些结果时,我们应当牢记这两个工会代表选举有着不同的投票选区。劳资纠纷法庭比工作委员会拥有更大的选区。

表 7-1　工作委员会选举结果

	1995—1996	1997—1998	1999—1900	2001—2002	2003—2004	2005—2006
参与率	66 200	65 800	64 500	64 600	64 800	63 800
CFDT	21 100	21 300	22 900	22 700	21 200	20 300
CFE-CGC	6 100	6 100	6 000	5 800	6 300	6 500
CFTC	4 800	5 000	5 500	5 800	6 400	6 800
CGT	21 700	22 400	23 000	23 500	23 400	22 900
CGT-FO	12 200	12 100	12 300	12 700	12 600	12 700
其他工会	6 800	6 500	6 500	7 000	7 300	8 200
非工会	27 300	26 600	23 800	22 500	27 800	22 600

资料来源：DARES, *Premières informations*，2008(10)，no. 40. 3。

劳资争端

法国宪法赋予了工人罢工的权利，但正如其他权利一样，它有一定的要求。自1963年开始，在公共部门，工会在罢工前需给予五天的告知期限。然而，在私营部门，对于罢工基本没有法律规定。法庭在合法与非法的罢工之间作了区别。在私营部门，罢工被定义为工作间停。因而，像垃圾清理业一类的工作不按照规则进行或故意拖延是非法的。合法罢工必须符合"产业相关问题"。尽管法律限制静坐，但如果它们的主要目的是寻求谈判，而不是仅仅破坏产出，这样的行动是被允许的。不过因罢工而导致过多的产出破坏是非法的，停业总体上说也是非法的。在多年讨论没有解决办法之后，法律规定公共部门的工会在举行罢工期间也要遵守"最低限度服务"的规定。2007年8月21日公布了一项法案，旨在避免或最小化公共部门的冲突，以及为组织这些部门在公共运输罢工事件上提供替代措施。在这些运输部门，为期八天的初步协商肯定比被工会直接告知即将罢工要好。避免罢工一直是尽量要讨论的。意图参加罢工的员工必须在罢工开始之前48小时通知管理员。如果罢工持续了八天，参与的任何一个团体都有权组织秘密投票来决定罢工是否应该扩大。然而，这个投票结果并没有约束力，而且，罢工发生的企业在与工会代表协商之后，必须决定哪一条运输线路要保持运营状态，以尽可能地防止发生交通堵塞。这个治理罢工的措施引起了工会的激烈争论。同时，希望采取更加严厉措施的行业及雇主也表示很失望。

虽然针对罢工而言鲜有立法，但仍有一些解决争端的详尽程序，包括调解、中介和裁决，但这些程序很少付诸实践。虽然劳资争端是不可预知的，但它们常常是短期存在的。这主要是由于法国工会具有较少的财政储备，并且总体上不能确保罢工支付。而且，同意大利和英语系国家相比，法国的歇业时间较短。

如果从长期来比较罢工的话，可以关注一下一些趋势（Shorter & Tilly，1974）。首先，与20世纪70年代相比，自80年代开始，罢工引起的工作天数损失已有明显下降。平均而言，在70年代，每年有大于300万天（罢工人数×罢工天数），而在80年代每年的罢工损失天数为150万—200万天，且在90年代已低于100万天。以上的统计数据涉及公共部门和私营企业发生的罢工。然而，当政府部门被纳入时，情况还是发生了细微的变化。1995年和2003年是异常的情况，在公共部门和私营企业分别有580万和440万的罢工损失天数。其次，大范围冲突（多雇主罢工）的比例在80年代和90年代有了大幅度的降低，比70年代约下降了10%—15%。80年代末90年代初，公共部门的罢工约占45%，在最近的几年则占到了三分之二（Bevort & Jobert，2008）。建立普通员工协调队来组织罢工，或反对官方工会渠道是一些公共部门，如管理人员与护士行业罢工的重要特点。这些协商行动反映了法国工会的缺陷。在公共部门，要求还是多样化的，如要求改进工作条件、职业发展机会和人力资源政策。某些部门的罢工倾向尤其明显，如交通部门（私营和公共部门）。由于受到欧盟自由化指示的影响，一些公共部门担心发生私有化，这也在很大程度上解释了在这些部门发生大量罢工的原因（Denis，2005）。

罢工的另一个特征是：广泛雇佣问题变得越来越重要，而这些雇佣问题正是罢工行动的动机。正如许多争端一样，它们可能由多种原因激发，并包含好几方面的问题，很难将其归于某个确切的原因。不过要求实施每周35小时工作制的谈判在罢工总数中不断增加，在1998年，四分之一的罢工明显是针对工作时间问题而产生的，而与之相对的工资与雇佣问题明显地减少了，只占罢工总数的一半。到2005年左右，工资又重新成为罢工的主要原因。也有许多跨国公司的劳资争端是由于重组和工厂关闭引起的，媒体也对此进行了公开报道。

在1995年12月，总理朱佩（Juppe）的改革计划激发了罢工。这个改革的目标是：要求那些私营部门与国内服务部门的养老金一致并结束公共部门更加优惠的养老金体系，如铁路部门员工。由于这些罢工，朱佩计划被撤销，然而，提出的改革措施大部分又会被继任的政府提出。

传统的罢工数量有了一定的下降，但是也出现了一些新的冲突表现形式，比如按章怠工、消极怠工、示威游行、递交请愿书（DARES，2007）。这样的反抗形式和小规模冲突，虽然尚未被很好地记载，但已经成为最近劳资争端的重要特征（Groux & Pernot，2008）。

结论

虽然劳动法试图提高工会的地位，特别是最近的几任政府，但法国工会仍然具有较少的成员数量。然而，从 20 世纪 70 年代晚期到 90 年代初，工会急速衰落的趋势已停止，成员数量有所增加。1995 年罢工之后，工会的内外部斗争加剧了，这进一步削弱了工会力量。但是冷战的结束和 CGT 加入 ETUC 已经帮助改善了两个最大的工会（CFDT 和 CGT）之间的关系。它们对工会的代表性角色和社会对话事项的一致意见促进了它们之间的关系。

竞争压力、并购的增加、重组计划、服务部门的扩张、劳工市场的变化、高失业率、劳工合同灵活性的增强、支持雇主的政策和失败的工会战略，都是导致工会更难发挥作用的原因。法国的雇佣关系保持着这样的特征：一方面，在大企业，工会积极从事着公司级别的谈判，行使着它们的权力；另一方面，在中小型企业，工会和代表性机构很少出场，致使公司级别的谈判不能顺利开展。由政府进行或通过集体协议贯彻的改革并没有改变这样的情况（Goetschy，1998）。很大一部分原因归咎于大量的雇主的反对，他们认为工会在企业中的存在是一个负面的影响。

但是，工会的影响力可能比其会员密度所显示的要大。罢工仍在继续，与公共服务部门（例如交通、教育、保健和邮政服务）有着较大的冲突。这就是为什么同别的欧盟国家相比，法国还没有按照欧盟内部市场程序所要求的对退休金与健康保险体系进行改革，这也解释了法国的公用事业（例如天然气、电子、邮政和铁路）在私有化方面的滞后。

尽管政府在更替，但是在政治和社会生活领域的劳工政策还是有一定的连续性。比如，1983 年社会主义者提出的分权化政策，在左翼和右翼政府都延续了下来。还有一些教育、培训政策以及降低间接劳动成本的雇佣政策也一直在采用。然而，35 小时周工作制却一直成为引起工会和雇主之间冲突的原因。

2003 年，法国政府实施了一项公务员退休金制度改革，类似于 1983 年私营部门的养老金制度改革。尽管政府试图达到经济自由化，但工人和大部分工会都愿意政府在产业关系上继续发挥强大的管理能力。这个意愿在 2008 年 7 月关于社会民主和工作时间的法案中也得到了体现。

然而，2008 年的法案，虽然仍然坚持 35 小时法定工作时间的合法地位，但允许在企业层面对加班、休息时间补偿、骨干员工的日工资以及工作时间安排等问题进行协商。这个法案导致了法国劳工在工作时间组织领域的规定稍微有了松动。这个法案的改变引起了一场激烈的辩论，签订该法案的工会（CGT 和 CFDT）认为政府背叛了它们，而雇主团体（MEDEF）则支持政府的决定。未签订该法案的工会（FO、CFTC 和 CFE-CGC）认为 CGT 和 CFDT 工会是被“诱导”的。这个案例也表明了法国工会主义的分裂和政府在雇佣关系中的主导作用。除非政府和社会伙伴的代表作用及职责有了明确的规定，否则在法国的雇佣关系中很难开展自主和强有力的对话。

法国雇佣关系大事记

1791	*Le Chhapelier* 禁止罢工和非雇主联盟的工会。
1821	建筑业雇主联盟建立。
1830—1849	出现了许多非法的工人联盟和一些集体协议。
1864	*Le Chhapelier* 废止。
1871	巴黎公社成立。
1884	可在同业或行业层次上筹组工会,但不得在企业或工厂层次上筹组工会。
1895	CGT 成立。
1906	阿敏斯宪章主张 CGT 从政党中独立出来。
1919	紧随教皇 1891 年的宣言,CFTC 成立。
1919	第一个国家雇主联盟成立。
1936	社会主义者、共产主义者和激进派组成的"人民阵线"联合政府上台;发生了许多罢工和静坐。雇主联盟和重新统一的 CGT 间的协议宣示了带薪休假、集体谈判法案、每周 40 小时工作制、雇员代表等重大社会改革的来临。
1944	CGC 建立。
1946	CNPF 作为一个主要的雇主联盟建立。
1948	随着 CGT 的分裂,FO 成立。
1950	集体谈判和最低工资法出台。
1964	CFDT 成立,与 CFTC 分离。
1968	"五月事件"促成了一场大罢工;工厂工会分支被允许。
1971	修订 1950 年的法案,允许工厂级的谈判。
1976	新的裁员法案颁布。
1981	密特朗的社会主义-共产主义联盟形成了政府。《奥鲁克斯法案》颁布,包括《员工参与法案》和《集体谈判法案》。退休年龄降低到 60—65 岁。
1987	《新裁员法案》撤销之前规定裁员前应获得政府同意;引入更为弹性的工作时间方法。
1988	社会民主党回到权力的中心。整合最低工资收入的法案出台。

1993	社会主义政府在议会选举中大败。右翼联合政府在总理大臣贝尔奈特(Balladur)领导下执政,但是总统密特朗继续执政。
1995	希拉克当选总统;主要的公共部门罢工反对朱佩政府的政策。
1997	总理大臣利尔·约斯皮(Lionel Jospin)领导的左翼政府参加选举。
1998	新法案——《奥伯利法案》提出35小时周工作制。
1999	主要的雇主联盟CNPF被MEDEF替代。
2000	MEDEF发起产业关系改革。
2001	《社会现代化法案》加强了工作委员会在裁员方面的知情权。
2003	公共和私营部门实施退休金制度改革。
2004	政府的"社会凝聚计划"支持就业、住房和反歧视。
2005	《社会凝聚法案》颁布。
2007	萨科齐(右翼)当选为总统;《八月法案》颁布。

第8章
德国的雇佣关系

Berndt K. Keller
Anja Kirsch

历史、法律和社会政治背景

在受到第二次世界大战引起的破坏后，德意志联邦共和国（FRG，以下称联邦德国）恢复得如此之快，以至于20世纪50年代至60年代间以“经济奇迹”而闻名。联邦德国快速地发展成为欧洲的经济强国，并且是世界贸易主导国之一。以高技能的劳动力为基础的高生产率、高附加值和高工资的生产模式一直持续到70年代中期。随着70年代早期布雷顿森林体系的崩溃而引发的固定汇率制度的终结，以及70年代中后期的两次石油危机导致的原油价格突然大幅度上升，联邦德国的经济出现停滞甚至下降。失业人数迅速增加，经济奇迹的黄金时代结束了。

80年代中后期，当联邦德国的出口顺差刷新了纪录并且在新的就业领域中创造了额外的就业机会时，联邦德国的经济开始恢复。面对经济战略现代化和合理化运作过程的严峻挑战，在政治统一进程中，具有强大的工会和雇主协会谈判协议的“德国模式”似乎可以为此提供解决方法。但是，失业率仍然相当高并且具有持续性，平均失业率约为8%。

自从1990年以及冷战结束后，联邦德国和德意志民主共和国（GDR，以下称民主德国）的统一引发了许多问题。社会主义民主德国的中央计划经济和西方资本主义联邦德国的市场经济的整合造成了特别而长期的挑战。在90年代早期西方国家经历了一段相当短的“统一繁荣”后，统一后的德国又经历了高失业率以及自第二次世界大战以来最严重的经济危机。自90年代中期以来，经济增长率一直很低，而失业率，特别是长期失业率，一直居高不下。

政治上，自从1990年德国统一，联邦德国经历了一个高度持续稳定的时期。1949年至20世纪60年代晚期，在大多数情况下，联合政府的自由民主党（FDP）中，政府是由保守的基督教民主党（基民盟/基社盟，CDU/CSU）执政的。1969年至1982年间，社会民主党（SPD）和自由民主党组成联合政府，共同执政，并且在各个方面改变着雇佣关系体系。1982年至1998年间，基督教民主党重新掌权，又与自由民主党组成联合政府，促使劳动力市场放松管制并实现弹性化管理。1998年至2005年间，社会民主党和绿党形成了联合政府。2005年至2009年间，在基民盟/基社盟和社会民主党之间有一个崭新的联合政府。自2009年起，基民盟/基社盟和自由民主党之间的一个联合政府开始掌权。

1945年后，尽管它的体制根源是从魏玛共和国时期（1919—1933）延伸出来的，但是德国已经建立起了相当完善的法律体系（Jacobi et al.，1998）。1949年的宪法规定，德国是联邦体制。各省在公共政策的不同领域已被授予自治权力（例如文化事务、教育和科学）。然而在雇佣关系方面，法律基础对于所有的联邦省和自治市都是一样的，这一点德国和其他联邦体系例如加拿大或美国不同。和其他的一些西欧国家一样，德国是一个发达的福利国家，拥有健全的社会保障体系（包括失业保险、健康保险和退休金计划）。这种注重职业地位和保险原则的广泛社会管制都是通过法律来规范的，而不是通过集体谈判（Leibfried & Wagschal，2000；Manow & Seils，2000）。

雇佣关系各方

雇主及其协会

和瑞士、斯堪的纳维亚地区国家一样，在德国，雇主拥有各种类型的利益组织。三大类型有一般商业或贸易协会（Wirtschafts- or Unternehmensverbände）、特殊雇主协会（Arbeitgeberverbände）及工业和商业（Industrie- und Handelskammern）或贸易（Handwerkskammern）协会（Grote et al.，2007；Schroeder & WeBels，2010）。商业或贸易协会代表着该国家的一般经济和产品市场利益，而雇主协会则关注社会政策、劳工市场利益以及雇佣关系，包括集体谈判。这两种类型的志愿组织密切地合作。工业和商业或贸易商会则是公共实体，它们表现出了公共的多样化和半政府的任务，以及对于所有企业的成员资格都是强制性的。

特殊雇主协会根据行业（Fachprinzip）以及地区（Regionalprinzip）代表着公司，并且这些行业和地区的组织加盟到德国雇主组织（Bundesvereinigung Deutscher Arbeitgeberverbände，或 BDA）工会中。这些行业组织对集体谈判负责。

雇主协会中的精确的成员密度是不可知的，但是在过去，它们的会员估计是所有雇员的 75%—80%（Visser & van Ruysseveldt，1996）。然而，自 20 世纪 80 年代起，雇主协会成员锐减。例如，钢铁行业中的成员密度、金属和电气行业的成员密度，几乎从 80 年代早期德国统一前的联邦德国全部劳动力的 80% 下降到 2005 年左右的 52%。

法律上，所有的成员公司必须遵循它们的雇主组织与工会协商的集体协议的条件。然而，雇主组织发现平衡各个成员小组的利益越来越困难。许多小型以及中型企业（SMEs 或 Mittelstand）对它们组织的集体谈判政策不满意，特别是增加工作时间的政策。因为它们认为其协会中的重要政策都被大型企业的利益主导，许多中小型企业决定放弃协会的成员资格（Voelkl，2002）。在集体谈判过程中以及集体协议执行的过程中，成员小组之间的这些紧张关系削弱了雇主组织执行纪律和指挥其成员公司的能力。

为了应对企业会员数的持续下降，一些雇主组织现在允许公司参加并且接受会员优惠，例如信息共享和与集体协议无关的法律意见（会员非关税壁垒或 OT），其他的组织则建立了独特的组织提供 OT 服务。这种政策在雇主组织和学者间是有争议的，且不清楚它是否能够解决会员数下降的问题，抑或是导致新型组织的增加以及存在部分进一步的下降进而导致行业层面集体谈判的削弱（Schroeder & Wessels，2010）。

工会

工会是在第二次世界大战后根据行业工会（工业工会）和统一工会（基金）的原则建立的。该原则意味着：首先，该企业的所有成员参加涉及他们行业（例如工程、零售或化学）的工会，不论他们是蓝领还是白领。其次，该工会并不是与政党密切联系的。行业工会参与到集体谈判中，然而，影响力相对较小的联合会——德国工会联合会（Deutscher Gewerkschaftsbund，或 DGB），则对包括游说（Schroeder & Wessels，2003）在内的政治活动负责。

超过 80% 的工会成员属于德国工会联合会的分支工会。剩下的 20% 的成员属于基督教工会联合会（Christlicher Gewerkschaftsbund，或 CGB）或是德国公务员协会（Deutscher Beamtenbund，或 DBB）的分支工会。基督教工会联合会大约有 300 000 个成员，德国官员协会大约有 1 200 000 个成员。德国官员协会在公共部门专门组织并且主要为公务员服务。自 20 世纪 90 年代（Keller，1999）起，德国官员协会是成员人数唯一保持增长的工会组织。

如图 8-1 所示，直到 90 年代中期，大约 17 个德国工会联合会的分支工

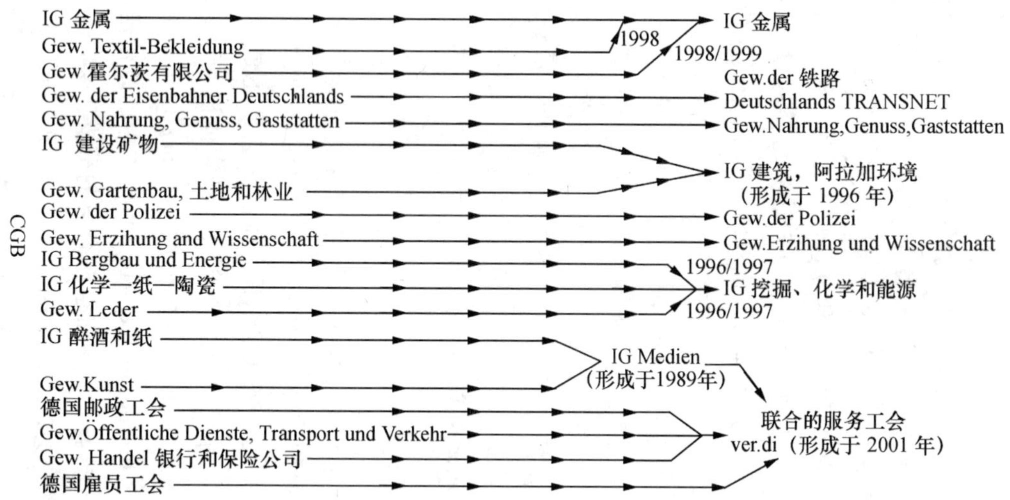

图8-1　工会合并

资料来源：Waddington & Hoffmann（2003:133）。

会的组织结构才明显得以稳定。尽管在许多国家工会合并相当普遍(Waddington,2005),但在德国,直到缩减会员、减少财政来源以及经济结构变化,包括劳工市场变动和放松管制时,工会合并才被告知,导致"合并热潮"渐渐取代了原有的八个工会的产业联合主义体系。两个最大的工会——IG 金属和 ver. di,占据了德国工业联合会分支机构所有会员的 70% 。

从 20 世纪 50 年代至 80 年代,德国工业联合会的会员密度大约从 30% 变动到 35% 。如图 8-2 所示,随着 1990 年的统一,会员人数短期内激增(从 800 000 到 12 000 000),所有的工会都经历了严重的损失。在 21 世纪初的几年,密度下降到历史最低点,仅为 20% (Ebbinghaus & Visser,2000; Ebbinghaus,2003a)。这些损失导致工会谈判力量的下降和主要的非工会部门的上升。德国工会密度现在低于西欧的平均水平,并且德国工会比其他西欧国家的工会(英国除外)的经历更为坎坷(Visser,2006)。

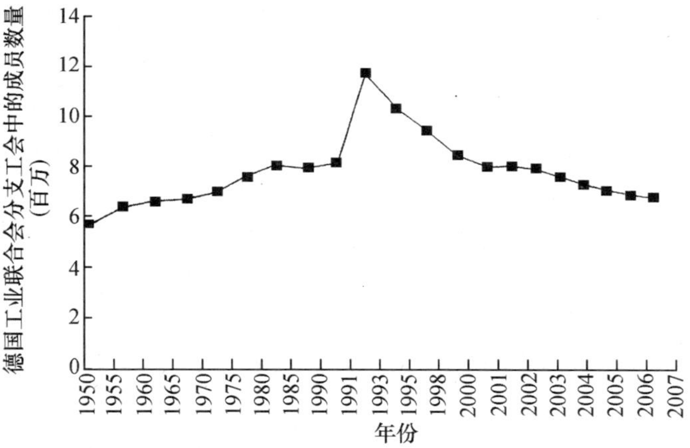

图 8-2　德国工业联合会分支工会中的成员数量

资料来源:德国工业联合会,www. dgb. de。

工会会员以制造业以及公共部门中的有技能的、男性的、全日制雇员为主。然而,劳动力组成的变化意味着女性群体、年轻的雇员、高学历以及高质量的雇员、私营服务部门的雇员、外国工作者以及非典型就业的工作者也被包含进来。就如同有影响力的演员需要确保他们的长期生存性一样,工会需要组织那些无组织的人员,特别是女性群体和私营服务部门的白领雇员(员工),并且制定既能留住旧会员又能吸引新会员的新政策(Traxler,2001)。

国家

不像盎格鲁-撒克逊(Anglo-Saxon)国家的唯意志体系,德国的雇佣关系以高度法制化为特征(Weiss & Schmidt,2000)。在德国,涉及雇佣关系的最重要的法律是《工程宪法法案》(*Works Constitution Act*)、《共同协议法》(*Co-Determination Acts*)、《集体协议法》(*Collective Agreement Act*)和《社会保障法》(*Social Security Act*)。集体劳动争议受法案(法律)和独立的联邦法院以及宪法法院一系列决定的约束(Brox et al.,2007)。和其他国家相比,德国在地方、区域和国家各级有独立的和特别的劳工法庭体系。

宪法(*Grundgesetz*)保证所有公民的基本权利和自由。因此,各种利益组织的成员是自愿的,所以一些工会的保护安排例如限制行业(只雇用本工会成员)和工会企业(要求受雇人员必须在规定时间内加入工会的工商机构)都是非法的。此外,正如工会和雇员以及他们的协会经常所说的,"社会伙伴"有权解散集体谈判(自由的集体谈判)。这在1949年的《集体协议法》中详细提出,并在1969年和1974年有所修改。这意味着社会伙伴可以在没有国家积极干预的情况下,参与到集体谈判中。非正式的和/或公共的建议是干预的唯一方法。集体协议对签署方和他们的成员都具有约束力。为了不给加入工会提供条件,雇主经常将协议的条款扩展到所有雇员中。在达成协议的过程中,必须严格履行"保持和平"的义务。这项规则限制了罢工的机会并且有助于缓和那些不太激烈的劳资对抗冲突。

调解协议(Schlichtungsvereinbarungen)通用于所有行业的主要部门。调解进程是社会伙伴间自愿协商的结果,而不是由法律制定的或是其他任何形式的国家干预。与许多其他的国家相比,联邦的和/或国家的调解和斡旋相对来说并不是很重要。在这个关键时期,积极的国家干预与自由集体谈判的基本原则互相冲突。

直到20世纪80年代,针对德国雇佣关系体系的立法常常因其太过局限性而饱受非议。最近,它对雇佣关系体系的稳定性所作的贡献得到认可。此外,在合法的框架内,社会伙伴能自行决定它们的结构框架以及集体谈判和调解的模式,比那些持唯意志论观点的国家(例如英国)更自由。

除了提供一个立法框架,国家会通过社团主义协议(corporatist arrangements)对雇佣关系起到积极的作用。在几个欧洲国家,20世纪60年代后期和70年代是新社团主义的全盛时期。在这一时期,政府包括工会和雇主组织在社会经济决策过程中通过工会甚至是实施绑定收入政策以换取工资限制。在70年代的德国,社民党-自民党联合政府对经济实行三方管理,通过使用凯恩斯主义的宏观调控工具和需求方经济学来达到宏观经济的目标,例如相对稳定的物价、充分就业、稳定经济增长和外贸平衡。

德国中央银行(德国央行)是一个十分独立的机构,正如社团主义协议中所称,"协调一致的行动"基于自愿工资限制(而不是其他国家的法定收入政策),并因此被称为"宏观协调的一种弱形式"(Iversen,1999)。在对比社团主义的规模过程中(Siaroff,1999; Molina & Rhodes,2002),德国的得分总是居中,在非综合多元主义国家(例如在盎格鲁-撒克逊世界中)和综合社团主义国家之间(例如在澳大利亚或是斯堪的纳维亚国家中)。

与大多数其他的欧洲国家类似,随着凯恩斯主义以及它的宏观调控能力的下降,保守派多变的政治偏好以及新自由主义的意识形态和供给学派的兴起,实行中央集权的社团主义协议逐渐失去了它的重要性。然而,最近在一些西方的欧洲国家出现了新社团主义的复兴(Fajertag & Pochet, 1997, 2000;Katz,2005)。这种"竞争合作主义"采取非传统的、网络形式的宏观协调并计划提高国家的竞争力和就业(Traxler,2004)。

在德国,20 世纪 90 年代中期保守的基督教民主党政府以及 21 世纪早期的社会民主党政府引进新机制的尝试都以失败告终。它们的"工会工作"不仅仅寻求减少加班工作、更多的兼职工作、更多的假期培训机会以及对长期失业者提供更多的工作,也寻求对社会政策和财政政策的普遍调整。工资的增长水平要适度低于劳动生产率的增长水平,以刺激投资和保障更多的就业。

雇佣关系的过程

这一节讨论德国雇佣关系体系里的主要过程:在工作场所和企业层面、集体谈判以及劳资纠纷中的共同协议。

共同协议

共同协议是德国雇佣关系的特色。这种员工参与管理的形式是根据行业民主的理念,它起源于魏玛共和国。立法使劳资双方的合作在工作场所和企业层面上制度化。

工作场所层面的共同协议

1952 年的《工程宪法法案》,分别在 1972 年、1988 年和 2001 年修订,是工作场所层面共同协议的法律基础。它给工作委员会(Betriebsräte)一系列与具体问题相关的权力。正如表 8-1 所示,这些权利从信息权到通过协商来约束共同协议权和否决权,并且涉及一系列社会政策问题,例如,工资支付方法及体系、工作时间表和加班制度;招聘、转让和解雇等私人问题以及经济或金融问题。通过这些权利,工作委员会就能够维持在其他国家的"管理特权"并产生影响。

表 8-1 工作委员会的权利

权利(从弱到强)	例子
信息权	工作委员会(WC)有权每月会见管理者,管理者必须给工作委员会提供公司的经济和金融形势信息以及至关重要的战略决策的信息,例如,财产和工作程序以及运营的改变。管理者也必须告诉工作委员会现在的以及将来的人力资源需求、假期培训方式以及引起的员工流动。
检查文件权	工作委员会必须被给予在任何时间都有权接近文献的权利,这样它才能够履行职责。工作委员会有权检查工资总支出以及个人文件。
监督权	工作委员会有权确保雇主奉行并遵守法律、安全规则、集体协议和工程协议。
提出建议和意见权	工作委员会可以对雇主的社会行为,例如抽烟政策或是停车政策提出意见;也可以就人力资源规划提出意见。
参与协商权和提出异议权	在每次解雇前,都要就谁将要被解雇、解雇原因以及何时解雇与工作委员会商量。没有与工作委员会商量的解雇行为是无效的。如果工作委员会认为解雇是不公平的,违反选择准则,那么它有权反对解雇;如果是转职,重新培训或是工作变动都是有可能的。
否定决定权	雇主必须将每次的招聘、分类、重新分类和转让通知工作委员会,解释这些人事措施的后果并且得到工作委员会的同意。工作委员会可以因为许多原因拒绝同意这些决定。例如,该措施是违法的,违反选择准则,或是工作委员会担心该措施将导致不公平以及对雇员们造成不可避免的损失。雇主可能运用劳工法庭来获得代替工作委员会同意的裁决。
在雇主和工作委员会之间运用真正的共同协议来启动和谈判事宜权	工作委员会有权共同决定工作场所中的社会事务,例如工作时间和休息时间的分布、离开时刻表、监视员工行为和表现的技术设备的引进与使用,员工们在何时何地以及如何获得工资,并且决定计件工资以及其他与业绩相关的薪酬组成部分。经过协商后,雇主和工作委员会可以就这些事项签署一个工作协议,该协议对所有的员工有直接和间接的影响。如果不能达成协议,则由调解委员会决定这件事。如果雇主决定对运营作很大的变化,例如,合并、拆分、外包或关闭部分业务或是改变生产方式,都必须与工作委员会商量。雇主和工作委员会商议一个"社会补偿计划",对由于这些变化导致的遭受不利的员工进行补偿。如果不能够达成协议,则由调解委员会决定该事项。

资料来源:Page(2006:14—16)。

《工程宪法法案》不适用于非常小的企业(最多只有5个固定的雇员)或是公共部门的雇员,他们属于独立的《员工代表法案》(*Staff Representation*

Acts)的管辖范围,并且对那些提供政治、宗教、慈善、教育以及科学援助的企业的作用也有限。

这些权利经法律保证并具有强制执行性。在这些权利的基础上,管理者和工作委员会协商规范诸如执勤人员表、裁员等问题的工作协议(公司协议)。正因为工作委员会和管理者被要求实践"为员工建立良好的互信的精神",并且工作委员会不被允许罢工,这些协议一般是没有争议的(Weiss & Schmidt,2000)。工作协议不能违背全行业的集体协议的规定。

在法律上,工作委员会是独立的,并且与工会相分离。工作场所层面的共同协议以及行业层面的集体谈判是严格分开的,并且工作委员会不应被牵涉到工资和收入分配中的"数额"问题中去。然而,实际上,许多工作委员会的成员是积极的工会会员,且工会为工作委员会提供重要的服务(例如信息、培训、法律专业知识和建议)并影响着工作委员会的日常活动。工会依据工作委员会来招募新会员、监督集体协议的实施以及协助组织行业运动。在这方面,工作委员会显示出与其他国家的公司(或企业)工会相类似的作用。因此,尽管这两个机构在法律上分离,但两者相互依存的体系已经发展了数十年。最近,这两个机构之间的差别愈加明显。

尽管工作委员会具有强制性,《工程宪法法案》却并不迫使雇主们进行选举,所以工作委员会的形成必须以雇员主动倡议为基础。这意味着许多企业里没有工作委员会。最近的数据表明(见图8-3),所有符合条件的私人企业中,大约只有四分之一选举了工作委员会。但是,这已涵盖了大约50%的私营部门工作场所(Ellguth & Kohaut,2007)。

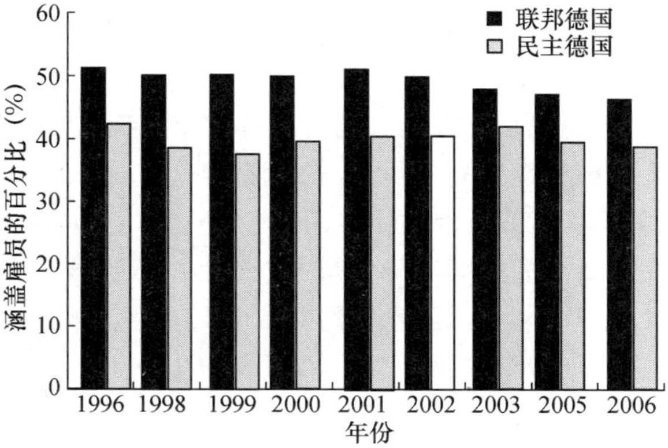

图8-3 工作委员会的涵盖范围(涵盖雇员的百分比)

资料来源:Ellguth & Kohaut(2007)。

图8-3表明所有私营部门中有一半员工不在工作委员会的涵盖范围中。

自从20世纪80年代中期以来，这一比例一直在上升（Bertelsmann-Stiftung & Hans-Bockler-Stiftung，1998）。在民主德国，私营服务部门和中小型企业的员工们最不可能被工作委员会代表，一些大型企业（程度上或多或少）也阻止工作委员会的建立。换句话说，大家普遍认为德国体系采用合作管理。然而，与这一普遍认识相反的是，绝大多数的私营部门员工都没有机会接近工人利益的代表，因此，尽管有法律保障，“代表的空白”仍然在增长。

传统上，共同协议被看作是一个基本的政治权利，而不是站在经济效率的立场上。但是，自从20世纪90年代中期，在政治和学术领域，就共同协议对指标（例如产量、波动、创新和盈利）的影响，有过一些有争议的讨论。通过大量的样本得知，最近的计量经济学研究并没有发现任何可以用来证明共同协议存在形式的变化的不利影响的证据（Dilger，2002；Frick et al.，1999；Frick，2003）。

企业层面的共同协议

德国公司采用双层委员会制，与盎格鲁-撒克逊国家的单层委员会制正好相反。理论上，是由监事会（Aufsichtsrat）作战略决定，它代表着公司的所有者和利益相关者，委派并且控制着更小的董事会（董事会成员）。董事会里的全职管理者实施战略决定，并且监督和控制公司的日常运营。但是，实际上他们的影响范围更广（Gerum，2007）。

员工代表是监事会指定比例的会员（根据企业各自的条例，从三分之一到二分之一）。他们通常是工作委员会议员或是工会官员。此外，董事会里的一个会员——劳工处长（劳动关系主任）应该代表员工们的利益。在绝大多数公司，他负责雇佣关系和人力资源管理。

因为历史原因，企业层面上的共同协议有三个法案。

1951年的《煤炭和钢铁行业共同协议法案》（*Montan-Mitbestimmungsgesetz*），在监事会里建立起劳资双方代表间“完全平等”这一影响深远的模式。由于这些行业在数量上的持续下降，它的重要性并不明显。如今，在它监管范围内的公司少于40个。但是，它仍然对工会具有巨大的象征性的价值。

《工程宪法法案》（1952）的第一种版本保证了员工们相对较弱的权利：监事会三分之一的职位。它涵盖了拥有500—2 000名员工的股份制和有限责任公司。在2004年，它被适用于大约1 500个企业的《三分之一参与法》取代。

1976年的《共同协议法》（共同决策）授予近乎平等的权利。由于对超过2 000名员工的有限责任公司都是有效的，因此它是最重要的法案。整个80年代，它在大约500个公司中实行。自从90年代初期，由于统一、大公司分裂为小公司以及公共企业的私有化，该数字持续增长，《共同协议法》在超过 700 个公司中实行（Ehrenstein，2007）。

通过工作委员会和监事会的员工代表这两种渠道，劳资双方复杂的合作模式逐渐发展起来。由于在“社会伙伴关系”（而非阶级对立或“对抗”雇佣关系）上达成共识，德国的雇佣关系以其“更为精准”著称。然而，现在只有小部分的员工在被工作委员会和监事会同时代表的公司内工作。绝大多数根本没有代表，这肯定会对将来的雇佣关系属性产生影响。

集体谈判

为了调节工资和工作条件，工会和雇主协会（或个别雇主）参与到集体谈判中。《集体协议法案》规定了基本程序。这里有三种形式的集体协议：第一种，工资协议固定了工资水平以及工资的定期增加；第二种，框架协议指定了工资支付制度；第三种，总括协定规定了雇佣的所有其他条件（例如工作时间、加班、假期）。总之，目前有大约 69 000 条协议（Bispinck & WSI-Tarifarchiv，2008），显示出极大的差异性和灵活性。

在绝大多数行业，集体谈判发生在区域和行业层面——例如金属和电气行业里的全金属雇主协会的区域分支机构与 IG 金属工会之间。这些区域活动每年都发生（有一些发生在最近的例外情况），并由全国工会和雇主协会集中协调。在大多数情况下，这种结构导致了模式谈判，特别是在工程中。引导协议中的内容应包括具体的、仔细选择的谈判领域，因为这会被运用到相同行业的其他领域，并且会对其他的主要行业带来预见性的结果。

比较雇佣关系验证了谈判集中化对宏观经济表现的影响力（例如失业、通货膨胀和经济增长）。早期的研究似乎表明高度集中以及高度分散的集体谈判体系比中庸的集体谈判体系表现得更好（Calmfors & Driffill，1998）。德国因其不能够适度加薪，似乎在中庸国家中最不受欢迎。最近的研究表明，这种与其说是集体谈判还不如说是集体协调的 M 形关系，因影响了宏观经济而受到了质疑（Soskice，1990；Traxler et al.，2001）。德国属于集中程度比较中庸的国家，但行业间谈判协调则属于集中程度相对较高的国家。

在这种适度集中、高度协调的集体谈判体系里，工资的差异在个体和员工群体、行业、区域及生产力水平之间是相对狭小的。工作条件，尤其是工作时间比分散体系里的更严格化。这意味着在一个特定行业内的所有公司，其劳动成本和名义工资的变化都是类似的，并且在竞争中要剔除工资成本。但是，在德国的工资差距以及因此所导致的生活条件的差距，近期内逐渐增长（Schettkat，2006）。

一些公司（特别是中小型企业）并没有全行业的协议，而是缔结自己的企业与工会间的协议。尽管企业（或是公司）水平协议的数量从 20 世纪 90 年代的 3 000 增长到 21 世纪初的约 9 000，它们的宏观经济影响力仍然很小（Bispinck & WIS-Tarifarchiv，2008），仅有联邦德国的 8% 的员工和民主德国的 13% 的员工被企业层面的协议覆盖（Schrttkat，2000）。

尽管企业层面的集体谈判协议的重要性仍然受到限制，行业层面集体谈判的覆盖率却已经下降到一定的程度，这被认为是场“部门集体谈判危机”。正如图 8-4 所示，自从 20 世纪 90 年代中期，联邦德国的覆盖范围已经从多于 70% 下降到大约 55%（Ellguth & Kohaut，2007；Kohaut，2007）。在民主德国，覆盖率下降得更多，下降到大约 40%（Bellmann et al.，1999）。在各部门间发生了重要的变化——尽管公共部门和社会保险、采矿业、能源部门、建筑业以及金融部门维持了行业范围的协议，但是服务部门、中小企业和新的公司有更低的覆盖比率。其中 35% 的联邦德国雇员和 45% 的民主德国雇员在公司工作，这些公司在法律上不受限于任何共同协议的制约（WSI Tarifarchiv，2007）。相比于其他 OECD 的国家，德国行业层面集体谈判的覆盖率居中（Traxler，2003）。

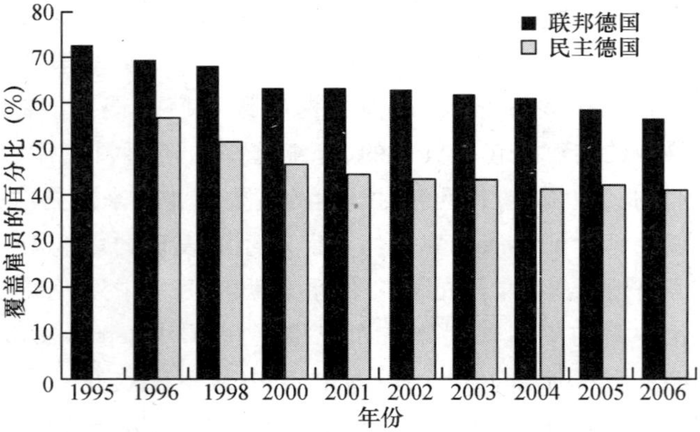

图 8-4　行业谈判覆盖率（覆盖雇员的百分比）

资料来源：Kohaut（2007）；Ellguth & Kohaut（2007）。

另一个威胁集体谈判体系稳定性的问题是自 90 年代以来所谓的“集体协议的缄默回避”（*stille Tarifflucht*）。这意味着一些公司维持它们雇主的联盟但并不遵守行业协议的条款，尽管法律条例规定这样作。通常，它们偏离了关于工作时间的条款，但遵守额外福利以及工资条款。在大体上，工作委员会和工会能确保私人雇主去实施集体协议里的明文规定，然而为了解决高失业时代的就业问题、阻止产业外移和外购、增加企业的生产量，它们也对雇主的某些不服从行为忍气吞声。这种现象，很难明确量化，但是在东方比在西方更为广泛（Artus，2001）。

这次“缄默回避”的结果是官方统计的集体协议覆盖率超过了它们的真实范围。同样，这种步履维艰、部门谈判的内部腐败以及雇主协会中成员数量的流失暗示着集体谈判的可行性、安全性及其核心参与者已经受到损害和挑战。集体协议不再能完成它们原先的职责，即在竞争中剔除工资成本。在管理者和工作委员会之间不正式、不协调的“野猫合作”似乎广泛传播，并且从20世纪90年代开始已有上升趋势。比较研究已经证明，在国家之间出现的就业体系的持续变化是由于管理层在协商力量上所获支持的变化（Katz，2005）。德国就是这种趋势的原型。

总的说来，在德国的雇佣关系模型中，雇员的利益在双重体系下被代表着：在工作场所和企业层面的共同协议以及在行业层面的集体谈判。然而，正如我们所见，只有少部分雇员实际上能享受这些待遇，实际上，少于三分之一的联邦德国雇员以及大约20%的民主德国雇员都被行业范围内的集体协议覆盖，也被工作委员会代表（Ellguth & Kohaut，2007）。换而言之，德国体系的二元性——它的基本特征之一——已经逐渐微弱并且正在瓦解。

劳资纠纷

集体谈判的结构导致劳资纠纷通常发生在某一特定领域，并且由工会和雇主协会集中协调。根据基本法和结盟自由这一神圣原则，罢工和停工在劳资冲突中是合法的手段。当工会组织一次罢工时，它们会进行全体成员投票来获得集体行动的必要支持。然而正如在澳大利亚等其他国家一样，这些投票由工会条款而不是法律来规定。雇主协会运用停工来加剧和扩展关于增加工作场所的纠纷。这样作可以耗尽工会的资源，因为它们不得不为它们的成员提供罢工的工资。

尽管每几年偶尔会有重大的劳资纠纷，德国相对于其他工业化国家，其劳资纠纷是比较少的。只有像瑞士、澳大利亚、荷兰一样的小国有更低的劳资纠纷率（Eaton，2000；Ryan et al.，2004）。这种纠纷已经对一系列的经济指标产生了有限的聚集的冲击力（例如，受影响的公司，每失去1 000个员工牵涉的员工数量或损失的工作天数）。停工主要发生在20世纪50年代至80年代早期并且集中在一些行业，主要是建筑业。从那时起，雇主协会发现由于它们成员间利益的不均衡，停工活动的组织变得日益艰难。

德国的劳资纠纷较少有其自身的原因。首先，相对于一些较分散的集体谈判体系来说，较集中的集体谈判体系导致较少的劳资纠纷。德国非常适合这种体系。其次，雇佣关系的“双轨制”促进了长期合作和相互信任，并减少了劳资纠纷。最后，关于对现存集体协议的解释的纠纷（不管是否有权利）和关于对新集体协议的条款和条件的纠纷（不管是否受益），两者间有着法律上的显著差别。对于前者来说，无论是在企业层面存在着类似于有效投诉机构的调解委员会，还是这些纠纷在劳动法庭解决，总之，它们都以和平的方式解决。只有对新集体协议条款和条件的纠纷可视为行业行动。

现在和未来的问题

这个部分探索的是公共部门雇佣关系的变化，讨论围绕着最低工资标准的设立、各种劳动的灵活性和集体谈判的分散化。

公共部门的雇佣关系

德国最大的雇主就是国家，公共部门的雇佣关系被合法划分为两部分：公共部门雇员和公务员。他们跟私企雇员享受相同的权利，但是公务员和他们的组织并不被允许集体谈判或者罢工。相反，公务员的受雇条件由法律和他们的组织决定，他们的组织可以通过游说来影响工资和受雇条件的决定（Keller，1993）。数十年来，公共部门的集体谈判和公务员组织的游说导致公共部门雇员与公务员的工资和受雇条件相似甚至相同。特别是最近，公共部门雇主已经将公平对待的长期实践转化为对公务员的不利的实践。

对于所有联邦的、州的、市政府的雇主，集体谈判常常高度集中并且发生在国家层面上。这种结构长期与其他欧盟国家持续增长的公共部门的分散集体谈判体系形成鲜明对比（Bach et al.，1999；Dell'Aringa et al.，2001）。然而，德国的公共部门雇主最近已经实行了分散集体谈判制；如今，州集体谈判与联邦政府以及市民相分离。这种趋势可能继续甚至有所增长（Keller，2007）。集体纠纷很少——主要的罢工只是发生在 1974 年、1992 年、2006 年。在 2006 年的罢工中，工会试图制止谈判的分散体制。一般来说，私企雇主和公共部门雇主在劳务市场策略上的差别已经逐渐缩小，两者都追求更大的灵活性，并利用现存的劳务市场条件（Keller & Henneberger，1999）。

在 20 世纪 90 年代早期，当人浮于事的民主德国公共部门被整合到联邦德国体系时，公共部门的就业获得了增长。从那以后，就业开始下降。这是为加入欧洲货币组织的国家而设立的严格的限制。新的公共债务不能超过 GDP 的 3%，该规则鼓励了私有化并且对所有公共部门的债务增加了压力。

因此,公共部门雇员的全部数量(现在大约是4 500 000)比曾经的少了很多,并且相对于其他国家,德国仅有一个中等规模的公共部门。

私有化被提上政治日程已有数年。在20世纪90年代,私有化主要按照当地的水平展开(例如,垃圾收集和清洁)。一些先前的垄断部门已经被私有化,包括邮政服务和铁路。

私有化对就业实践有一定的影响,但它在其他国家并没有那么重要,比如英国。

最低工资

与绝大多数的欧洲国家相比,德国没有法定的最低工资(Schulten et al., 2006)。过去,法定的最低工资是不需要的,因为集体谈判的影响力很大。然而,最近几年集体谈判量持续减少并且在许多扩大的就业领域,特别是在服务业,还没有适当的集体协议。另外,这种微不足道的协议并不能确保一个持续的工资水平,因为工会发现自己在几乎没有会员和洽谈能力很弱的行业里,并不能通过协议来确保适当的工资。特别是在最近,最低工资仍低于平均工资的三分之二。相比于欧盟其他国家以及美国,这个数据已经增长到了一个显著的高度(Bosch & Weinkopf,2008)。在德国,以前并不为人所知的"穷忙族"现象,现在是兼职工作者甚至全职工作者的紧要问题。

因此,对于引入最低工资的一些形式有一场激烈的政治化的辩论。一个独立国家的最低工资可以通过立法的方式来实现,也可以通过集体谈判来制定各个行业、职位、地区的不同的最低工资标准,在其他国家,反对派担心,它们会使工作处于危险状态并且会限制就业机会,尽管在进行国家间的比较的过程中得到了实践性的证据——特别是在英国——显示这些担心是没有必要的。当然,实际最低工资在经济上的影响力由最低工资标准决定。

严格来说,工会是支持最低工资标准的,然而绝大多数的雇主协会强烈地反对设立有约束力的较低限制的所有提议。大联合政府不得不面对这个问题。然而,大联合政府尚未作出一个清晰的决定。在2008年年中,大联合政府对两处已经存在的法案条文稍作修改,即1996年的《邮政工人法》(*Arbeitnehmer-Entsendegesetz*)和1952年的《最低工作条件法案》(*Mindestarbeitsbedingungsgesetz*),以致力于使特定行业的所有雇主更加容易地投身于集体协议中,特别是那些集体谈判覆盖率低、存在一个以上集体协议的行业。换言之,政治化的妥协规避了立法,但也默许不同行业中存在不同的解决方法。现存的联合政府反对最低工资标准的普遍性,而更倾向于行业之间存在不同的最低工资标准。在未来,社会伙伴(而不是政府)可能会在行业层面的最低工资标准上达成协议，特别是在服务部门，例如，在邮政服务部门、商业清洁公司、临时机构中起作用。

不断增加的灵活性

自20世纪80年代起，雇主和他们的协会已声称要求更多的灵活性，其产生的进一步原因包括劳动和生产市场条件的改变，以及伴随着“泰勒-福特主义”式的标准化大生产的失败而出现的新的工作组织方案。然而，灵活性的概念有不同的含义（OECD，1986；Esping-Andersen & Regini，2000）。这里，我们应区分暂时的灵活性与工资的灵活性，以及功能性的灵活性与受雇形式的灵活性。

在80年代，弹性工作制在集体谈判中是一个关键问题。工会提出每周更短的工作时间（每周35小时），既能减少劳动力的供给，又能创造额外的工作机会。在1984年一个重大的劳资纠纷之后，最终达成了一个协议：它既满足了工会减少工作时间的目标，又满足了雇主对更大灵活性的追求并且体现了不同企业在工作时间上的不同分配（Seifert，2005）。

如今，工作时间能够十分灵活地被安排并且不平均地分配到每一天、每一周或者每一季，甚至是大约一年或更长的时间。工作时间已经从企业运营时间里分离出来，并在今后更长的时间内，采用新的轮班体系和弹性工作制。因此，尽管个人劳动时间减少，企业生产率和生产时间却都有所增长。工作时间管理已经成为一个特殊的新领域并且已经产生了一系列各种各样的模式，特别是在更大的公司里（Seifert，2006）。

此外，在谈判议程里，不会出现集体工作时间的减少。雇主强烈反对进一步减少工作时间，并且雇员不得不在工资增长和工作时间减少之间找到平衡。工作时间的个人化反而成为人们关注的焦点。在所有的经济主管部门，个人工作时间表被绝大多数员工采纳。这些合约被用来达到各种目的，比如延长休假、进阶培训或者提前退休。它们的洽谈和实施是工作委员会关注的焦点（Seifert，2008）。

然而，工作时间仍然属于一个争辩的领域。特别是最近，一些公司和行业已经在缩短工作时间上成功地改变了原有的趋势。它们已经成功地缔结了那些延长工作时间而仅给予部分补偿甚至没有额外加薪的集体协议。现今，全职员工的平均周工作时间是37.6小时（民主德国是38.8小时，联邦德国是37.4小时）（Bispinck & WSI-Tarifarchiv，2008）。有效工作时间变长，大约40.3小时，并且正在增长。同时，兼职工作人口已经增长并超过总劳动人口的25%，所以总的说来，劳资双方关于工作时间对立的趋势会愈加明显。

在弹性工作制被引入之后，工资的灵活性成为在集体谈判中一个主要的话题。雇主提出工资应和一个公司的支付能力相一致。然而自 20 世纪 90 年代以来，工会已经很难再增长实际工资，甚至在某些情况下减少了实际工资（Schettkat，2006）。工资再分配的重要性已经下降，并且劳动分配在国民收入中的比例已经下降到 70 年代早期的水平。自 90 年代中期以来，在高薪和低薪人群、蓝领和白领工作者之间，收入的不平等愈演愈烈（Schettkat，2006）。

由于职业培训的双重体系，功能的灵活性在集体谈判中并不是焦点，一个说德语的国家，给很多青年人（这个年龄段中三分之二的人群）提供了各行各业的技能。学员们花一部分时间在专门的职业学校接受整体培训，并且在各自的公司获得具体的技能。雇主、政府、工会负责联合运行这种开发人类潜能的体系，它给德国带来了比其他拥有较少整体培训结构的国家更有竞争力的优势。它创造了大量集中的合格劳动力，培育了一批多技能的劳动力，并保证理论与实践相结合的劳动人员源源不断的供给，这些都是“高技能、高工资”的经济体系所必需的。

由于雇员实用的灵活性，在工作组织中更大的灵活性的引入、工作规定和生产程序在德国已经比在其他国家存在较少的争议，比如在美国，工作的划分和等级分明的规定是非常重要的。站在国际角度来看，职业培训的双重体系使得青年未就业的比例相对较低，因为它减缓了从学校到劳动市场的过渡。然而，在最近几年紧缺由雇主培养出来的雇员。

在这里所讲的灵活性的最后一种是受雇形式上的灵活。自从 80 年代以来，存在着一种远离标准雇佣关系的趋势（Normalarbeitsverbältnis）。这种关系是由全日制的、继续就业和社会保险方案（包括健康保险和养老金）组成的。和其他国家一样（Houseman & Osawa，2003；Gleason，2006），受雇种类已经增长并且包括兼职工作、小规模雇佣、新型自我就业、固定期限合同以及临时机构工作（见表 8-2）。近期，多于三分之一的劳动力加入了这种“非典型”的受雇关系，并且这种趋势将可能继续。唯一例外的是，妇女在这些关系中是不被代表的。

非典型雇佣关系有增长的趋势，并且将会分为核心的受保护的部分和不重要的非组织的不受保护的部分。在非典型雇佣关系受雇状态下的工人有较低的就业保障并且他们基本不可能成为工会成员或者被工作委员会代表。这种趋势对劳动力的组成、社会团结、不平等程度以及与就业有关的社会保险方案（特别是养老金）都会产生严重的负面效应。总之，受雇关系形式的变化所带来的影响深远（Keller & Seifert，2007；Kronauer & Linne，2007）。

表 8-2　非典型雇佣形式的发展

年份	全部雇佣人数（以 1 000 为单位）	兼职工作[1]		琐碎雇佣[2]		临时机构工作[2]		全部雇佣人数（不包括职业培训）[4]	固定期限劳动合同（不包括职业培训）	
		雇佣人数（以 1 000 为单位）	占全部雇佣人数的比例（%）	雇佣人数（以 1 000 为单位）[3]	占全部雇佣人数的比例（%）	雇佣人数（以 1 000 为单位）	占全部雇佣人数的比例（%）		雇佣人数（以 1 000 为单位）	占全部雇佣人数的比例（%）
1991	33 887	4 736	14.0			134	0.4	32 323	2 431	7.5
1992	33 320	4 763	14.3			136	0.4	31 891	2 495	7.8
1993	32 722	4 901	15.0			121	0.4	31 151	2 221	7.1
1994	32 300	5 122	15.9			139	0.4	30 958	2 322	7.5
1995	32 230	5 261	16.3			176	0.5	30 797	2 388	7.8
1996	32 188	5 340	16.6			178	0.6	30 732	2 356	7.7
1997	31 917	5 659	17.7			213	0.7	30 436	2 453	8.1
1998	31 878	5 884	18.5			253	0.8	30 357	2 536	8.4
1999	32 497	6 323	19.5			286	0.9	30 907	2 842	9.2
2000	32 638	6 478	19.8			339	1.0	31 014	2 744	8.8
2001	32 743	6 798	20.8			357	1.1	31 176	2 740	8.8
2002	32 469	6 934	21.4	4 100	12.6	336	1.0	30 904	2 543	8.2
2003	32 043	7 168	22.4	5 533	17.3	327	1.0	30 513	2 603	8.5
2004	31 405	7 168	22.8	6 466	20.6	400	1.3	29 822	2 478	8.3
2005	32 066	7 851	24.5	6 492	20.2	453	1.4	30 470	3 075	10.1
2006	32 830	8 594	26.2	6 751	20.6	598	1.8	31 371	3 389	10.8
2007	33 606	8 841	26.3	6 918	20.6	731	2.2	31 906	3 291	10.3
2008	34 241	9 008	26.3	6 792	19.8	794	2.3	32 232	3 106	9.6

1. 4 月底。
2. 6 月底。
3. 所谓的小型企业每月的基本工资高达 400 欧元。
4. 职业培训的一般合同是固定期限的，因此不包括在内。

资料来源：联邦统计局，F 1，Reihe 4，1，1，several volumes and https://www.ec.destatis.de/csp/shop/sfg/bpm.html.cms.cBroker.ds? cms-path = struktur.sfgsuchergebnis.csp；Federal Employment Office（http://pub.arbeitsamt.de/hst/services/statistik/detail/b.html）。

集体谈判的分散化

包括德国在内的许多国家都存在一种集体谈判分散化的趋势（Katz, 1993; OECD,1997a; OECD,1997b; Traxler et al.,2001）。但是,在德国的集体谈判过程却与其他国家有所区别,而且已经被归为“有组织的”一类,以此来区别“没有组织的”分散化（Traxler,1995）。自从 20 世纪 80 年代以来,所谓的“开放条款”已经成为改革的主要工具,被一些主要行业的集体谈判（如工程、化学、零售、纺织和印刷业）采用,用来保护、创新和改革主要行业的集体谈判。为了使协议适用于它们自己的情况,这些条款允许个别公司在主要行业的集体协议中变更或是偏离某些条款。这些变化必须在公司的层面上,在雇主和工作委员会间协商,并且要在工作协议中拟定。根据开放条款的类型,对于全行业集体协议,工会和代表雇主协会利益的政党也可以对变化给予批准（Kohaut & Schnabel,2007;Schnabel,1998）。

这种分散性的结果导致工作协议的重要性日益增长（Nienhuser & Hobfeld,2004）。自从 80 年代中期以来,当工作时间的灵活性成为雇主们的一个主要顾虑时,它们的数量以及它们所规范的问题也日益增多。现在,许多集体协议对要调节的问题确定了多种选择,例如工作时间的分配、工作组织、薪酬支付体系以及企业水平的工资。结果,管理者和工作委员会的权力逐渐增强,而工会和雇主协会的权力被限制并削弱。换句话说,全行业集体协议的正式结构仍然不变,但由于关于实质性问题（特别是工作时间和工资）的最后决定逐渐转移到企业层面上,它的结果和作用也就发生了巨大的变化。

必须指出的是,开放条款的使用是假定了工作委员会的存在。但是,正如我们先前所说的,许多企业并没有工作委员会。而且,工作委员会的任务正在变化。例如,对临时雇员引进工作时间表和工作安全的厂级执行协议,这会增加他们的工作量（WSI-Projektgruppe,1998）。实质性谈判权力的下放以及企业层面的分配问题都会引起对阻止工作委员会罢工这一和平义务产生质疑。如果工作委员会就这些问题进行谈判,他们很可能会罢工。但是,这会在工作场所引起更少的合作和更多的冲突。

总之,现有的雇佣关系制度已经失去了它原来决定工资和工作条件的权力。权力的平衡以及劳动的分工,一方面在行业层面上的工会和雇主协会间,另一方面在企业层面上的雇主和工作委员会间,已经动摇了在企业层面上已经扩大的谈判范围。行业层面上的集体谈判和企业层面上的共同协议的区别已经变得模糊。

结论

德国雇佣关系中传统的“双轨制”，被称为“严格管制的雇佣关系典范”(Ferner & Hyman,1998)，它并没有消失，而是陷入了比以前更深的困境中。早在20世纪90年代早期，逐渐分化的基本进程就已经开始发生，并在部分程度上代替了之前的高度整合体制。这种发展变化更多的是由国内因素导致的，特别是德国统一、生产方式的改变以及雇佣的新形式。同时也是由包括欧洲一体化和全球化在内的许多外部因素造成的。我们见证了被称为“德国谈判调整模式”(Thelen,1991)和强调长期合作的“行业调整的谈判方法”(Wever,1995)的没落。

传统的德国模式正处于其主要制度和程序规则的转变中，在某种程度上正在朝着类似英美模式的方向发展。德国不再是高度规范、协调有序、多数一致驱动的雇佣关系模式的典型。此外，那种在企业管理中着重实现所有者长期利益最大化的德国模式，正逐渐被一种追求短期利益最大化的新自由主义、市场驱动倾向取代。无论如何，行业之间、不同规模的企业之间，甚至核心部门员工与边缘部门员工之间的差异日益增多，从整体上，都更倾向于英美模式。

德国雇佣关系大事记

1844	西里西亚纺织工人起义爆发。
1848	德国革命爆发。
1848—1954	德国工人互助会(General German Workers' Fraternity)。
1848—1853	雪茄生产工人协会成立。
1849—1853	印刷工人协会成立。
1863	全体德国工人协会成立。
1865—1867	国内第一个雪茄工人、印刷工人和裁缝工人协会成立。
1869	社会民主工人党成立。
1869	普鲁士贸易法律允许自由联合。
1873	在印刷贸易中第一个集体协议出现。
1878—1890	反社会主义法通过。
1891	第一个产业工会——德国金属工人协会成立。
1892	第一个工会代表大会成立。
1894	第一个大型教会工会成立。
1899	自由贸易工会代表大会建议采用集体协议。
1904	主要的雇主协会成立。
1905	德国采矿工人工会发起第一次长期罢工。
1913	德国雇主工会协会成立。
1914—1918	第一次世界大战。
1916	法律强制所有超过50个工人的生产组织建立劳动委员会。
1918	针对集体协议立法。
1918—1924	在制造行业和贸易中采用雇主和工人的集中劳动代理。
1919	全体德国工会联合会(ADGB)成立。
1920	反对左派暴动的大罢工。
1920	《集体协议法案》通过。
1927	关于劳工法庭立法。
1928	关于集体协议立法。
1928	第十三届全体德国工会联合会代表大会讨论共同协议。
1933	国内社会主义政府废除工会。
1939—1945	第二次世界大战。
1949	DGB成立。

1951	《煤炭和钢铁行业共同协议法案》制定。
1952	《集体宪法法案》制定。
1955	针对公共部门雇员的《工作人员代表法案》制定。
1963	基督教工会运动成立;金属行业工人停工。
1967	有关法律开始实行。
1972	《集体宪法法案》修订。
1974	公共部门罢工。
1974	《工作人员代表法案》修订。
1976	超过 2 000 名员工的企业共同协议法案制定。
1978—1979	钢铁行业罢工,争取缩短每周工作时间。
1984	金属行业工人罢工与停工,争取缩短每周工作时间。
1989	《工人宪法法案》修订。
1990	民主德国和联邦德国重新统一,FDGB 解散。
1992	公共服务行业罢工。
1995	试图在政府、雇主和工会之间建立一个联合平台以面对日益增长的失业问题的尝试失败。
1998	工作、教育和竞争联合。
2001	《集体宪法法案》修订,五家服务行业工会合并,ver. di.成立。
2003	工作、教育和竞争联合失败。
2003—2004	劳动力市场、雇佣政策以及部分社会保障体系进行重大改革。
2006	扩建的公共部门罢工。
2008—2010	自 20 世纪 20 年代末以来最严重的经济衰退。

第 9 章
丹麦的雇佣关系

Jørgen Steen Madsen
Jesper Due
Søren Kaj Andersen

在欧洲，丹麦的劳动力市场法规制度通常被当作典范。这可能和在丹麦被称作“灵活保障”的政策有着很大的关系，这一政策在很大程度上影响了其他欧洲国家在劳动力市场法规方面的制定。众所周知，丹麦对失业工薪阶层的社会保障相比其他北欧国家是较高的。但是，丹麦在就业和解雇方面的法规则相对较为灵活。一般情况下，公司对员工的雇佣和解聘只涉及很低的经济补偿和行政成本。丹麦涉及这个领域的政策灵活性是和英国相类似的，而与其他北欧国家不同。

长期以来，对丹麦的这种政策灵活性的解释，是丹麦的劳动力市场法规的特征之一。全国性劳动力市场各方的联合会、集体谈判制度和劳动法律体系在 20 世纪初就已经逐步建立了。集体谈判制度后来成了规定薪资和工作条件的首选方法。

在整个雇佣关系系统中，丹麦政府扮演着第三方的角色（Dunlop, 1958），这一点从政府在劳动力市场政策方面所扮演的角色就可以反映出来。在丹麦，劳动力市场政策很大程度上是在三方协议的框架内建立起来的。特别是在过去的几十年，福利问题（例如养老金和持续的培训）始终是三方谈判和协议的主题。从这个角度而言，丹麦的政治经济是一个典型的协调式市场经济体（Hall & Soskice, 2001），经济政策的发展和协调是在多个重要群体所构成的网络中实现的，其中主要包括工会、企业联合会和行政体制。

然而，丹麦的劳动力市场法规还包括明确的灵活因素，那就是在共同政治体系认同基础上的劳动力市场各方的自我监督和规范。除了对自由地建立行业协会的法律限制之外，丹麦没有具体的法律限制工会和企业联合会。

在法律的范围内，只有劳工法院和针对劳动冲突的国家调解委员会能对雇佣关系问题作出必要的协调。因此，关于实际的监管和法律法规，丹麦仅有有限的法律赋予政府干预雇佣关系的权力。

集体谈判作为在丹麦劳动力市场上首选的规章形式，其重要性可以从一项由世界银行承担的针对各国劳动就业立法方面的调查研究来衡量。在世界银行的研究排名中，丹麦的劳动力市场被认为是欧洲最具灵活性的劳动力市场，并且在全世界130多个国家和地区中排在第三位（World Bank，2004）。这项研究的结果并不意味着丹麦的劳动力市场是全球最缺乏监管和规范的市场之一，而是意味着其大部分的规章制度是在集体谈判的框架内制定的而不是通过政府立法的渠道。

丹麦通常被表述为“谈判型经济”（negotiated economy）（Pedersen，2006），也被称作“丹麦模式”（Danish model）（Due et al.，1993，1994；Andersen，2001）。丹麦雇佣关系的这种特殊的经济特征和社会意义应当被放在这样一个现实上进行理解，那就是丹麦是一个仅有550多万人口的、面积狭小的国家，在经济上高度依赖其他国家。类似丹麦这样的小国通常具有如下特征：不具备通过贸易保护主义策略维护本国利益的能力，因而通过制定政府、工会与雇主间的内部协调机制以应对和防范来自外部的挑战（Katzenstein，1985）。

丹麦的工业化始于19世纪末，最初主要是依靠农产品出口来实现的。但是，今天的情况则大不相同了，因为制造业在丹麦的出口收入中所占的比重已经超过一半。这些出口主要涉及机械设备和仪器，但是同时也包括许多其他产品。北海大量沉积的天然气和石油的出口对丹麦也具有相当的重要性。近年来，丹麦进出口商品和服务的总值已经由20世纪70年代的不足GDP的30%跃升到超过其GDP的40%，从而使得丹麦的商品和服务贸易平衡也正如其国际收支一样从70年代的逆差转变为顺差。

在丹麦，雇佣人数最多的三大私营领域是：制造业、金融/商业服务业和零售贸易/酒店/餐饮业。这三大领域中的任何一个都容纳了在私营部门工作的总就业人口的四分之一左右。其他重要的就业领域有建筑业和运输/邮政/通信业等，这些行业中的每一个都容纳了在私营部门工作的总就业人口的十分之一左右。公共部门整体上容纳了最多的就业人口，估计总数超过总就业人口的37%。

2008年秋季，丹麦劳动力市场上的失业人口降到历史新低，在总就业人口中仅有1.6%的劳动力处于失业状态。这是自20世纪90年代头五年失业人口达到顶峰时期以后最低的失业率，当时有12%的劳动力处于失业状态。对于丹麦近年来就业市场的良好表现的原因，人们有着多种不同的解读，其中就包括劳动力市场改革，强调对劳动力的积极培训，而不是提供消极支持。与此类似，集体谈判制度的发展帮助丹麦创造了一个更加富于灵活性的劳动力市场。此外，这一时期有利的国际经济大环境也对丹麦就业的良好表现有着积极的帮助和贡献。

丹麦有着较高的劳动力参与率，超过 80% 的 15—64 岁的适龄就业人口都参与到了就业之中，这在 OECD 成员国中是最高水平。女性高水平的劳动力参与率也进一步提高了丹麦的整体劳动力参与率水平，有超过 76% 的丹麦女性活跃在劳动力市场（OECD，2008）。多种形式的非典型就业通常并不适用于丹麦的劳动力市场。尽管在总劳动力人口中临时工所占的比重刚刚超过 1%，这也是整个欧洲的平均水平，但是经济的繁荣也为他们创造了新的市场。

法律、经济和政治背景

丹麦模式的根本特点是相对自由，这一特征源于集体谈判制度的建立。随着 1899 年由分别代表工薪阶层和雇主利益的丹麦工人联合会（The Confederation of Danish Trades Unions，LO）与丹麦企业联合会（Danish Employers' Confederation，Dansk Arbejdsgiverforening，DA）共同签署"九月协议"（September Compromise），丹麦的集体谈判制度逐渐建立起来。

丹麦以就业为导向的经济从本质上来讲，意味着雇主试图通过低工资战略应对快速发展的工会力量是相对困难的，也就是所谓的"跨越式"战略。因为丹麦的经济是由许多相对较小的小手工作坊和为数不多的大企业所组成的。由于工会不能被直接消除，因此雇主们寻求建立一个集中统一的集体谈判制度。雇主们之前也采用过停工的手段来遏制工会势力的发展，1899 年从春天持续到九月份的全国范围内的劳资矛盾纠纷就是雇主们停工的结果。当时，无论是在丹麦国内还是就整个国际社会而言，这场劳资纠纷都被认为是空前激烈的劳资冲突（Crouch，1993）。

尽管从九月协议衍生出来的新的"基本协议"为集体谈判制度的建立奠定了基础，但是劳动力市场上各方之间的劳资矛盾冲突在随后的多年里仍然持续存在。究其原因，在于缺乏正式的制度去协调和处理劳资矛盾冲突。正是这一原因，才导致了 1908 年丹麦工人联合会和丹麦企业联合会的八月委员会（August Committee）的建立。

1908 年的八月委员会在 1910 年建立了一个全面的劳工法律系统。此后，凡是涉及对现有集体谈判的协议进行解释的争议都被劳动仲裁取代，而对违反协议的权利纠纷问题将被提交至新的由专业法官所主持的维护劳资双方利益的劳工法院进行仲裁。具体的劳动仲裁规则则留给当事人双方来自行商定。从另一方面而言，劳工法院的准则也是由一部特殊的《劳工法院法》所具体规定的，以确保劳工法院能够中立地发挥其职能。同样的规则也适用于八月委员会的另一个成果：国家调解委员会（state conciliation board）。新的劳工法院在协议期间保证了劳资双方之间的和平共处，并且确保了冲突被限定在旧的集体协议终结后和新的集体协议签订之前的连接过程中。国家调解委员会的职能是在集体协议谈判期间调解劳资双方的分歧，从而进一步减少冲突的威胁。

早在 1912 年开始引入国家支持的劳动法律体系之前，对于劳动力市场上的双方都至关重要的法律已经颁布了。国家认可的失业保险基金方面的法律规定，失业救济金按照所谓的“根特系统”（Ghent System）进行管理。据此，从 1907 年开始，失业救济金被纳入工会的失业保险基金进行统一管理。社会福利在许多国家通常收归政府当局管理，在丹麦则被置于工会的管理控制之下。事实上，丹麦政府的这一举措使得失业保险基金的实际享有人本身就是工会的成员，从而帮助强化了工会的力量并确保了工会内部的高度团结，从而确保集体协议较大的受益范围。这些都是在集体谈判基础上发展和保持劳动力法规形式的必要组成部分。[①]

从支持性的劳工法律立法付诸实施以来，劳资双方和政治体制之间关系的决定性特征就变得清晰起来。雇员和雇主双方的不同利益能够达成妥协，以及结合丹麦的政治制度实现联合解决方案，是实现自我监督的必要条件，使劳资双方能够继续对随后的支持性立法程序施加决定性的影响。这个被称为“协商一致原则”（consensus principle）的原则几乎一直是丹麦政府、工会和企业联合会三方立法系统所长期坚持的准则（Due & Madsen，2006）。

尽管有着自我监督，协商一致原则在立法中却并没有那么明显，例如已经颁布的《假日法案》（*Holiday Act*）和《白领员工法案》（*White-Collar Work Act*）为了规范规章的内容，立法不仅涉及劳动力市场政策的制定，而且牵涉到更广泛的社会问题。[②] 劳动力市场的各方之间时常也会发生一些对最大

---

① 失业保险基金和工会在立法上一直是正式独立的，但在实践中直到近些年才独立。按照定义的社会学范式，当情况被定为是真实的时，结果它就会变成真实的（Ritzer，1977）。

② 我们要补充一点，即通过立法监管已经在工作环境等重要领域实行。这部分是因为在新的劳动力市场充分发展起来之前就颁布了第一个工厂法律。但是劳动力市场各方通过参与国家议会和企业层面的特殊合作体系，也发挥了重要的作用。这些团体还参与法律的定期修订。近年来的趋势是劳动力各方被给予了更大的权力。

影响力的争夺,但是以往的经验表明,当有关各方在争取发挥最大影响力的时候能够以协商一致原则解决的话,那么他们总是能够发挥持久有效的影响力。

新的劳动法系统并没有立即实现雇主所希望看到的由企业联合会控制的集体谈判系统,因为工会仍然直接掌握着对谈判协定的控制权。在集体谈判系统的集中程度这一问题上,权力斗争也仍然存在着。各方不同的战略理念体现在其内部权力架构中,丹麦企业联合会正在逐渐成为一个强大的集权化管理的组织,而丹麦工人联合会则从来没有成功地在其成员中建立起集权控制的集体谈判制度。

伴随着整个20世纪上半叶丹麦集体谈判制度的发展,丹麦企业联合会一直在持续地努力开拓其集中谈判的项目。丹麦企业联合会在进行集体谈判的时候往往会将宣称支持雇主们关闭工厂作为谈判的筹码,以维持谈判的继续进行。然而,随着1934年和1936年政府对谈判法则和《调解法案》的修订,这些都发生了重要的改变。通过扩大调解委员会的权力以解决工会和雇主之间的分歧,同时引入投票程序使得工会和雇主协会达成合作,这事实上是对谈判权力的一种集中。原则就是,各方要么达成一项协议,要么都卷入一场冲突。因此,调解委员会的调解建议在丹麦的集体谈判中成为一个"集体谈判的重要部分"(Galenson,1952)。

20世纪30年代,即社会民主党领导的政府的头十年中,也经历了在劳资双方集体谈判的过程中政治干预的问题。在国家调解委员会无法达成一项劳资双方共同签署的协议的时候,政府曾几次主动干预劳资冲突问题,以避免在大萧条期间激烈的劳资对抗可能对社会经济造成的威胁。从那以后,政府动用行政权力干预劳动力市场矛盾在丹麦就成为一项合法的制度而不仅仅是在特殊时期的特殊做法。通过政府的行政力量强制劳动力市场双方在集体谈判中作出妥协,这一处理劳资冲突的方法被认为是丹麦模式中的一个重要因素。但是,如果一场劳资冲突在爆发初期没有得到解决,或者这场劳资冲突被认为对经济发展或者政治稳定有着负面的风险,那么丹麦国会的执政党通常倾向于采用行政力量进行干涉,以消除这种风险。

应当指出的是,在第二次世界大战前的几十年里,朝向集权化的发展也并不是丹麦模式下的集体谈判制度的唯一特征。丹麦的集体谈判模式从最初的形态发展到连贯的监管系统(coherent regulatory system)也经历了几个发展阶段。在丹麦,工会和雇主之间有着很强的联系,这种联系不仅仅局限在行业协会之间,也表现为具体的企业中雇员和雇主之间的联系。因此,工厂管理者、工会分支机构和合作委员会之间往往会有密切的关系,这有助于确保劳资双方的协定得到有效的贯彻实施。

此外,持有本地协议薪酬的可能性也被引入。因此,丹麦模式所包含的内容更为丰富了。从20世纪初丹麦的劳资谈判制度建立之初,在钢铁行业就达成了一个具有突破性的协议,这个协议规定在单个的公司中实际的工资增长应当在有关各方的协商下实现。集中的集体谈判制度的风险在于可能造成薪资制度缺乏灵活性,从而对那些出口导向型的产业部门造成负面影响。

直到50年代初,劳资双方之间经常性的集体谈判开始纳入丹麦工人联合会和丹麦企业联合会的控制之下后,丹麦的集体谈判制度的发展才进入了一个新的历史发展阶段。从50年代初到70年代末,集中的集体谈判始终是劳资谈判的主要形式。从正式的角度看,集体谈判中遇到的问题可以划分为具体问题和一般问题。单个企业中的工会和企业主各自对其谈判权力的保留有助于解决一些具体问题,但在一些关键问题上则需要行业联合会直接进行谈判,通常这种行业联合会之间的谈判也会有国家调解委员会的参与。

丹麦这种以在分歧中寻找共识为特征的谈判文化(Walton & Mckersie, 1965; Walton et al.,1994),意味着能够在不损害其他社会群体经济利益的同时平衡有关各方的利益诉求而达成共识。Walter Galenson 将丹麦的这种文化特征定义为"丹麦的天才妥协"(Danish genius for compromise)(Galenson, 1952)。

第二次世界大战之后的几十年被认为是集体谈判模式发展过程中的黄金时代。正是在这段时间中,集体谈判制度的一些基础性的准则和条例被逐渐引入和建立起来,并且得到了全面的发展。然而,就在同一时期,高度集中化的集体谈判制度也开始产生一些问题。谈判的准则和章程变得越来越缺乏灵活性,并且对于企业而言也越来越难以随之作出相应的调整,以适应日趋激烈的国际竞争。

也同样是在这一时期,特别是伴随着20世纪60年代及以后福利国家的发展,公共部门的劳动力市场开始出现大幅度的扩张。1969年启动的公务员制度改革也逐渐促使那些在公共部门工作的人,从公务员身份转向以合同雇佣为主要形式的雇佣方式。在同一时期,新的集体谈判制度在旧的公务员制度的基础上建立起来,在这一新的集体谈判制度下集体协议成为谈判准则的新的标准规范形式。公务员系统的集体续约谈判也是通过高度集中的集体谈判来实现的,在这一集体谈判过程中工会通过大型的卡特尔联盟分别在国家层面和市县层面这两个主要的领域自上而下地主导着集体谈判的开展。

从20世纪70年代中期开始,丹麦经历了其最具协调性的集体谈判回合的建立和发展。在私营部门,每两年劳资双方的谈判协议会在丹麦工人联合会和丹麦企业联合会的谈判基础上订立新的为期两年的协议。一旦丹麦工人联合会和丹麦企业联合会达成协议,那么这一协议的条款也同样适用于公共部门。这一措施在工会和企业协会的协调协议模式中造成了一种清晰的等级划分。另外,随着行业竞争的加剧和政府确保公共部门的各个领域都会遵守工会和企业协会所达成的核心原则,尽管在公共部门就业的雇员不应率先提出加薪的诉求,但是私营部门雇员所争取到的加薪待遇或多或少地也能够使得公共部门的雇员同样享受到这一福利。农业和金融业作为其他主要的私营就业领域,也会结合丹麦工人联合会和丹麦企业联合会的谈判协议对其集体协议及时地作出调整和更新。

主要的利益群体

企业协会

丹麦企业联合会建立于1896年,并且迅速形成了其强有力的集中化权力结构。

自从80年代末以来,许多以前较小的企业协会共同合并成了受丹麦企业联合会主导的为数不多的几个较大的企业协会组织。80年代末,丹麦曾经有超过150个的行业协会组织,但今天只有13个保留了下来。其中,包括丹麦工业联合会(Confederation of Danish Industry, DI)、丹麦商业联合会(Danish Chamber of Commerce)和丹麦建筑业协会(Danish Construction Association)在内的三个大型的企业联合集团占据了丹麦企业联合会几乎90%的付费会员企业。仅丹麦工业联合会就占据了所有付费会员企业的62%。总体而言,丹麦企业联合会最终是由分属这三大部门(制造业、服务业和建筑业)的企业所联合形成的单一组织。然而,当前丹麦企业联合会内部成员企业之间的竞争也超越了其行业的界限。

企业协会之间合并成为为数不多的几个大的行业协会也改变了丹麦企业联合会的权力结构。如今,丹麦企业联合会已经从一个仅具有日常管理服务权力的企业协会发展成了一个大型企业集团之间的协调机构——正如丹麦工人联合会在其成员工会中所扮演的角色一样。

丹麦企业联合会是目前丹麦私营部门劳动力市场上最大的企业联合

会，但是同时也存在着两个较小的行业协会，分别是丹麦农业企业联合协会（Danish Confederation of Employers' Associations in Agriculture，SALA）和丹麦金融业企业协会（Danish Employers' Association for the Financial Sector，FA）。

正如在表 9-1 中所看到的，丹麦企业联合会、丹麦农业企业联合协会和丹麦金融业企业协会总共雇用了丹麦私营部门劳动力市场上劳动力总数的58%。此外还可以看到这三大企业联合会之外的少数较小的企业协会的就业人数。但是，仍然有超过 40% 的在私营部门劳动力市场上的企业并没有加入任何企业协会。不过，近年来加入行业协会的成员企业在缓慢地增加，因为丹麦企业联合会成员协会的管理正吸引着越来越多的企业加入。这很少是由于其作为企业协会组织发挥的职能作用，而是因为其同时作为特殊利益的商业组织这一角色的发展。

表 9-1 丹麦劳动力市场集体协议范围

	转换为等值全职的工资收入者人数（千人）		
	主要就业部门人数	所占比例（%）	占总劳动力市场比例（%）
私营部门	1 464		64
丹麦企业联合会	740	51	32
丹麦金融业企业协会	65	4	3
丹麦农业企业联合协会	38	3	2
其他/非协会成员企业	621	42	27
公共部门	838		36
总计	2 302	100	

资料来源：DA, on the basis of special analyses by Statistics Denmark and information from FA and SALA（DA：Labor Market Report 2008：165）。

随着 20 世纪 60 年代以来福利国家的发展，在公共部门就业的劳动力人数出现了大幅度的增长，与此同时公务员制度的改革也逐渐促使那些在公共部门工作的人，从公务员身份转向以合同雇佣为主要形式的雇佣方式，从而使得公共部门成为劳动力市场整个系统中的一个越来越重要的因素。从 70 年代初开始，国家层面和市县层面这两个主要的公共部门都经历了重要的发展。因为社会福利服务主要由地方当局管理，地方当局就在公共部门中占据着主导地位，而国家层面的公共部门其重要性则大大减小。然而，因为公共部门雇员的薪酬是由部长（通常是财政部长）控制的，在这个过程中部长扮演着类似企业雇主的角色，因此他在公共部门的集体谈判中发挥着决定性的作用。在丹麦，有 14 个县和 373 个自治市通过丹麦县议会协会（Association of County Councils in Denmark）和丹麦地方政府协会（Local Government Denmark，KL）这两个协会展开集体谈判，其中较大的丹麦地方政府协会起着领导作用。

2007年1月份的丹麦地方政府改革将14个县合并为5个地区,将自治市的数量从373个削减到98个。那之后,自治市和地区的政府雇员中的四分之三、国家机构中政府雇员的四分之一都加入了公共部门的工会。

总的来说,自治市政府得到了保留,其雇员仍然通过丹麦地方政府协会与政府协商其集体协议。地区政府——几乎仅仅保留了对公立医院的管理职能——相比合并前的县级政府其独立职能大大减少。例如,地区一级的政府不能按照自己的意愿征税。针对集体谈判,中央政府也被授予了比地方政府更直接的否决权,因此,市政府也就没有继续维持类似之前的县、市联合集体谈判这样的新地区/市政府的联合集体谈判的意愿。所以,在丹麦,地区政府现在通常是各自单独地和本地的政府协会展开谈判。

工会

丹麦工人联合会建立于1898年。自从建立以来,丹麦工人联合会一直是丹麦最大的工会联合会,其成员组织主要是由制造业中的熟练技术工人和非熟练技术工人这些蓝领工人构成,当然也包括了一些按小时支付薪资的白领雇员。丹麦工人联合会不仅在私营部门中是占主导地位的工会组织,而且在公共部门的劳动力市场上也是最大的工会组织。

丹麦工人联合会最开始的成员工会大多是一些手工业工会组织,但是从一开始也有一些为数不多的行业工会和普通工人工会同时存在着。近几十年以来,丹麦工会组织的发展趋势是在之前的基础上合并成为更少和更大的工会组织。截至2008年,丹麦工人联合会由17个成员工会组织组成,其中最大的四个成员工会组织占据了丹麦工人联合会会员总数的80%(Due & Madsen,2005)。

丹麦工人联合会的权力结构在很大程度上取决于那些较大的成员工会组织愿意在多大程度上保留其自主谈判的权力。因此,丹麦工人联合会更像一个协调主要的成员工会组织的机构,而不是一个有其独立职权的组织。然而,由于各个成员组织工会之间有着各自不同的利益诉求,丹麦工人联合会就获得了一种作为各大成员组织工会之间调解者的独立的影响力。丹麦工人联合会的各个成员工会组织迅速在城市各行业建立起了工会组织,从而使得丹麦工人联合会能够在私营部门劳动力市场上建立起以集体谈判为主要形式的劳资谈判制度。

丹麦专业人员联合会(Confederation of Professionals in Denmark,FTF)的成员主要来自如护士、教师和幼儿园教师等公共部门的专业群体,但是同时也在金融部门的集体谈判中起着决定性的作用。在这些领域工作的人通常都具有相类似的教育背景,从而以共同的专业基础作为建立工会组织的指导战略。在集体谈判中,丹麦专业人员联合会的影响力是有限的,主要的谈判权力掌握在单个的成员工会组织手中。在政府、工会和资方的三方会谈中,丹麦专业人员联合会更多的是扮演一种代表其成员组织工会共同利益的政治角色。

丹麦专业协会联合会(Danish Confederation of Professional Associations, AC),是一个代表接受过高等教育的雇员的联合会。虽然丹麦专业协会联合会的会员分别来自公共部门和私营部门,但是其主要的侧重点仍在于公共部门的雇员。相对于丹麦工人联合会而言,丹麦专业协会联合会不但在公共部门劳动力市场上直接进行集体协议的谈判,还同样扮演着其他工会联合会在三方会谈中所发挥的政治角色等作用。

丹麦的企业组织结构受到那些存在于私营部门劳动力市场上的各种独立运作的协会的影响。这一趋势可以一直追溯到 1899 年“九月协议”的达成时期,协议中的一条补充性条款规定在工作场所作为雇主代表的雇员不允许像其他雇员一样加入相同的工会组织。

丹麦职业经理人组织(Organization of Managerial and Executive Staff in Denmark, LH)代表着丹麦绝大多数的职业经理人,但职业经理人组织仅有有限的集体谈判权。在私营部门劳动力市场上,绝大多数职业经理人是通过个体雇佣协议与企业所有者达成雇佣关系的。职业经理人组织和丹麦企业联合会谈判达成了一项全面的协议框架,协议明确了企业和管理者之间的详细准则,但却完全没有提及薪资报酬的条款。

通常,不同的行业联合会之间也存在着激烈的竞争,例如丹麦工人联合会就将其他的联合会视为竞争者,特别是丹麦专业人员联合会,因为这些联合会从私营部门招募文职工作者会对丹麦工人联合会的文职员工工会构成竞争。但是,行业协会彼此之间的冲突逐渐为日益增加的相互合作所取代。当前的现状更像一个分裂的市场,因此,丹麦的四大行业联合会代表着丹麦工会和行业协会的发展历程。但这四个行业联合会之间存在着一个显著的差异,那就是丹麦工人联合会和它的成员工会与社会民主党保持着密切的关系,而其他三大行业联合会在政治上则保持中立——尽管它们在政治领域也变得越来越活跃。在过去的十多年,丹麦工人联合会已经断绝了其与社会民主党之间正式的政治和经济纽带(尽管彼此间存在着非正式的联系),这也有助于减少存在于不同行业联合会之间的分歧。另一个能够体现行业联合会之间密切合作关系的标志是丹麦工人联合会、丹麦专业人员联合会和丹麦专业协会联合会都已经加入了欧洲工会联盟(European Trade Union Confederation,ETUC)。

近几十年来,丹麦工人联合会的会员人数相对有了一定程度的降低。虽然在1996年整个丹麦的工薪阶层中有65%是丹麦工人联合会的会员,但是这一比例在2008年降到了56%。随着当前教育结构和产业结构的变化,这一趋势仍然在持续,并可能将丹麦工人联合会降成丹麦第二大工人联合会。但是,直到目前,丹麦工人联合会仍然是丹麦最大的联合会,并且拥有决定性的影响,在与丹麦企业联合会所代表的企业进行的集体谈判中发挥着领导性的作用。这也意味着丹麦工人联合会在三方谈判中具有特殊的地位。

在这些庞大的联合会或多或少地宣布彼此和平共处的同时,它们之间仍旧在个体选择或者所谓"黄色"组织等方面存在着激烈的竞争。它们之间的竞争可以追溯到工会突飞猛进的发展时期,因为那些由雇主所建立起的另类组织(alternative organizations)往往破坏着劳工的罢工。[①] 在丹麦,基督教工会运动始于1898年,与丹麦工人联合会同时建立,该组织从一开始就反对工人具有罢工的权力这一基本原则,并且是基督教企业协会的组成部分。

基督教工会运动始终处于一种边缘化的现象一直持续到20世纪90年代,它从来没有成功地打破其他工会组织对于集体谈判的控制,并且其成员数也始终保持在一个较低的水平上。

为了改变这种情况,基督教工会运动断绝了与基督教雇主之间的联系。与此同时,其他几个替代性工会也开始出现。然而,直到90年代中期,这些工会组织的成员数才出现了显著的增长,并且这一趋势一直持续到近几年。正如表9-2所显示的,替代性工会(alternative trade unions)或"黄色"组织的成员数从1996年到2008年几乎翻了三倍。这些工会在1995年的总成员数是53 000人,但是到2008年,这一数字增加到了145 000人,这意味着在其他工会总成员数几乎增长停滞的同时替代性工会实现了174%的增长。

---

① "黄色"工会这一表达源于法国。一些首批替代组织是在1887年成立于法国的,它们在那里担任罢工抵抗者。在后来发生的暴力冲突中,罢工工人砸破了罢工抵抗者的建筑物的玻璃,后来只能糊上黄纸(Friis & Hegna,1974)。

表 9-2 工会联合会成员数

	人数（千人）				
	1995	2000	2005	2007	2008
丹麦工人联合会	1 208	1 176	1 142	1 052	1 017
丹麦专业人员联合会	332	350	361	356	359
丹麦专业协会联合会	132	150	163	169	174
丹麦职业经理人组织	75	80	76	74	76
替代性工会*	53	68	94	125	145
其他非联合会成员工会	62	55	57	54	57
总数	1 862	1 879	1 893	1 830	1 828
工薪阶层和失业者**	2 547	2 614	2 640	2 657	2 649
工会会员所占比例(%)	73	72	72	69	69
排他性选择所占比例(%)	71	69	68	64	64

* 非联合会成员工会，并且认为对于其他的工会具有替代性，被称为“黄色”工会。

** 劳动力，减去自我雇佣。

资料来源：*Statistical Yearbook*, AKU(Labor Force Survey) and LO statistics。

尽管“黄色”组织直到1996年仍然是一种边缘化的现象，成员数占到总数的3%，但是到2008年这一比例上升到了8%。这使得它们更加具有真实的替代性，从而对于其他的工会组织运动具有潜在的威胁。

政府

虽然在丹麦模式中劳资双方在劳动力市场上具有广泛的自主性，但是这并不意味着丹麦政府在劳资系统中所发挥的作用是无足轻重的。政府在其中的作用仅仅是相较于在其他国家更有限。

除了在上文中提到的支持程序性立法之外，集体谈判系统是一种自我调节的系统。组织之间的关系和为解决劳资冲突而制定的规则都是建立在谈判各方就谈判内容达成基本协议的基础上的。比如，没有相关的法律准则涉及工会的正式登记注册的条件。因此，原则上，这是一个自由的市场。然而，通过将工会会员和非工会会员一起纳入到具体的谈判领域中来，现有的工会组织实质上在集体谈判领域建立了主导地位。

实际上，法律法规仍然是非常不完善的。例如，丹麦没有法定的最低工资标准。自从20世纪30年代以来，《休假法案》给予所有工薪阶层享受带薪年假的权利，《白领员工法案》也给予白领员工以特殊的保护。

近十年来，一个新的趋势是政府干预的不断强化，这反映出更多的薪资福利问题被涵盖进集体协议中。这同样也可以看作是丹麦作为欧盟成员国所受到的影响，因为欧盟的各种政策法规被引入到丹麦的立法中来。

关于劳动力市场政策方面，劳动力市场各方通常会以参与政策制定委员会和理事会的形式进行正式磋商，以及以参与工作委员会的形式准备与执行改革。除此之外，当然必须注意到三方合作已经成为某一特定类型。

国家在劳动力市场上的重要作用集中体现在对公共部门劳动力市场的发展和稳定上，这一作用起因于 20 世纪下半叶福利国家的发展。

雇佣关系的进程

表 9-3 显示了集体谈判在丹麦劳动力市场上所占的份额。从表中可以看出，集体谈判在劳动力市场上所占的份额非常高，丹麦企业联合会、丹麦金融业企业协会和丹麦农业企业联合协会覆盖了超过 90% 的雇员。剩下的一些属于白领群体，其中包括大学的教职员工和以个人合约受雇佣的职业经理人。

除了丹麦的三大行业联合会之外，同样也有一些较小的企业协会存在。然而，却有一个非常大的企业集团是完全独立于企业协会之外的，其中包括超过 40% 的私营劳动力市场中的雇员。因此，工会的能力主要是通过与那些非企业协会会员企业签订协议以保证集体协议能够尽可能多地将雇员纳入到协议的保护中来，工会的这一努力最终使得私营劳动力市场上 73% 的雇员被纳入到了集体协议的有效保护之下。

表 9-3　集体谈判协议在丹麦劳动力市场的覆盖程度

	转换为等值全职的工薪阶层人数（千人）		
2007	集体协议覆盖范围	总数	覆盖比例（%）
私营部门	1 068	1 464	73
丹麦企业联合会	665	740	90
丹麦金融业企业协会	59	65	91
丹麦农业企业联合协会	32	38	84
其他/非协会成员企业	312	621	50
公共部门	838	838	100
总计	1 906	2 302	83

资料来源：Statistics Denmark, FA and SALA（DA：Labor Market Report 2008：165）。

虽然有着如此之高的比例，但是在私营劳动力市场上仍然有超过四分之一的工薪阶层雇员并没有被纳入到集体协议中来。他们的薪资福利和工作条件仅仅是依靠与雇主签订的个人合约来规范的。然而，随着这些合约也逐渐被纳入到集体谈判中来，这一举措对于之前并未被纳入到集体协议中的员工而言有着相当大的连锁效应。

第二次世界大战以来的几十年间，丹麦的集体谈判几乎在所有主要的领域都形成了一套协调有序的谈判系统。但是，20 世纪 80 年代集体谈判分散化的发展也给集体谈判系统造成了破坏。

一种新的集体谈判模式被发展起来，在这种新模式中类似丹麦工人联合会和丹麦企业联合会这样的大型组织每年就集体协议举行会谈，接下来的几年中，私营劳动力市场和公共部门的其他领域也采取了这一新模式。这在一定程度上增加了其谈判的杠杆效应的影响范围。在集体谈判过程中，公共服务部门和金融部门也通常会对集体谈判所涉及的社会福利内容设置相应的标准。

工资的确定

在过去几十年出现集体谈判模式，根源于 70 年代的经济危机，当时，两大行业联合会，即丹麦企业联合会和丹麦工人联合会想要达成共识和寻找到能够弥补双方分歧的解决方案变得越来越困难。70 年代集体谈判制度的大发展始于 1973 年的一场发生在私营劳动力市场上的大罢工，在随后的 1975 年、1977 年和 1979 年政府进行了三次干预。在 70 年代末期，集体谈判制度的发展遇到了危机。

集中的分权化

70 年代的经济危机并没有使三方会谈出现像部分丹麦工人联合会成员所希望的那样变得更加集权化和制度化，反而出现了相反的趋势，集体谈判程序从以行业联合会为主逐渐转向以部门组织为主。然而，总体的协调保留了下来，劳资争端问题仍然是丹麦工人联合会和丹麦企业联合会通过国家调解委员会以投票的方式解决。

此外，特别是从 80 年代末以来，组织集权化的发展使得新的、大型集团化的组织逐渐形成。在集体协议框架的约束下，尽管企业层面的谈判转移到了劳资各方，但这些组织仍然保留了总体的协调权力。丹麦模式在 80 年代至 90 年代这一新的发展阶段被看作是集中的分权化。

从集体谈判系统建立以来，钢铁行业的各方就是重要的集体谈判领域，因为这一行业面临着激烈的竞争。90 年代早期之后，这一趋势扩展到所有制造业行业，也因此衍生出一个由企业组成的大型行业联合会——丹麦工业联合会（Confederation of Danish Industry，DI），随后，这些行业的雇员也相继组建起了与工业联合会相类似的丹麦工业雇员中央组织（Central Organization of Industrial Employees in Denmark,CO-industri)。

随着集体协议谈判被逐渐取代,这一时期也同时经历了分权化在两个过程中的发展。首先,以往集体协议中的标准化薪资协议(薪资往往被集中起来由工人联合会的谈判代表和企业联合会的谈判代表在谈判桌上决定)开始逐渐转向各种富于弹性的薪资系统(薪资往往由工会和企业在公司层面举行的谈判中决定)。自从20世纪90年代中期以来,丹麦工人联合会/丹麦企业联合会所有涉及集体谈判的领域约有85%都采用了弹性工资制度。与此同时,近年来越来越多的员工也开始采用个体协议工资。尽管在1993年弹性工资制度在丹麦工人联合会/丹麦企业联合会的集体协议中所占的比例仅仅为4%左右,但是这一比例在2007年已经上升到了23%(DA,1998,2008)。

其次,薪资协议的谈判责任开始逐渐转向谈判各方在企业层面的代表,同时转变的还有其他的谈判领域,特别是有关工作时间的谈判。这一举措使得企业在很大程度上能够在工作中自主地引入弹性制度,例如企业在决定灵活的工作时间上拥有广泛的主动权。90年代宽松的集体协议条款,使得在制造业的主导下实现了弹性工作时间。这一发展对于协调当地各方之间的平衡提供了一个契机,被看作是灵活的集体协议在企业层面的体现。

Katz(1993)提出了三个用于解释分权化进程的假设。其中最具有说服力的是新型工作组织的兴起,这为弹性工作制度和员工参与提供了条件(Bamber et al.,2004)。这在丹麦起到了作用,尽管雇主普遍要求在谈判中拥有更多的灵活性,并声称为了更好地使丹麦企业应对来自国际市场的竞争,应当放松管制。

企业也充分认识到了强有力的工会对于企业推行弹性工作制度的必要性,因为强有力的工会是企业能够采用弹性工作制度的前提条件,而且弹性工作制度必须建立在集体协议的基础之上。建立起一个完善的管理协调网络是符合雇主和雇员双方的共同利益的。尽管近年来工会会员数的持续下降使得招聘和保留工会干部变得越来越困难,但是企业中的有关各方正在联合起来着手解决这一问题。与其他国家相比,丹麦的公司中仍然拥有强大的工会代表,约有80%的雇员通过工会干部解决其与公司的谈判和争端问题(Ilsøe et al.,2007; Ilsøe,2008)。

更大范围的集体协议

近年来,集体协议所涉及的范围越来越广。即使是那些之前排斥采用小时工资制和小时工作制的企业,从90年代初以来也开始广泛地采用相关的福利政策。伴随着1989年丹麦工人联合会/丹麦企业联合会在公共部门领域的突破性发展,制造业也开始发展职业养老金计划。

这是一段漫长的三方谈判进程的高潮,引发了1987年12月8日共同宣言的签署,这一宣言是政府与劳资双方共同授权工会执行增强竞争力的工资政策的三方协议,并要求有关各方在未来20年必须坚持执行这一共同宣言。这一宣言对于国民经济发展的影响和代价在于中间偏右翼的政府将会支持丹麦工人联合会引入职业养老金退休金计划。1991年,职业养老金的发展成为劳资双方集体协议的一部分。

除了职业养老金,通过增加新的集体协议条款,集体协议所涵盖的范围还扩展到对员工进一步的培训、社会活动、病假工资和带薪产假等方面。此外,一种双重监管也被发展起来,在这种双重监管下,如员工有权休带薪产假等福利问题不但受到集体协议的保护,而且受到法律的保护。这就形成了一个劳动力市场各方和政府人士之间的相互作用平台,并且使得政府能够合法地直接对各种集体谈判的议程产生影响。反过来,这也给集体谈判的各方进行自我监督施加了压力。

集体协议涵盖范围的不断扩大,部分是因为政府为了支持不断增长的福利国家对于资金的需要。工会的利益在于有能力为其成员争取更好的福利,而雇主则获得了对于协议框架结构和扩展的某种程度上的控制。

国际规则

自从丹麦1973年成为欧盟成员国以来,欧盟一直对丹麦的劳动力市场法规有着多方面的质疑并施加压力。这一问题在20世纪90年代初期尤为突出,当时欧盟通过了一系列关于劳动法和共同法的法案。这些法律法规旨在规范工作时间、兼职、固定期限工作、欧盟工作委员会和对其他欧盟成员国工人的派遣等事项,同时引发了一场关于这些法律法规如何在丹麦劳动力市场实施的争论。之所以会有这样一场争论的原因在于,对于欧盟所通过的这一系列法律法规的实施会影响到丹麦劳动力市场的所谓"集体谈判和法律之间的微妙平衡"这一基本准则。正是这一集体谈判和法律之间的平衡确保了有关各方能够自主地调整薪资和工作条件,同时也确保了政治体系能够接受和适应这一改变。

问题在于,欧盟的法规要求所有的工薪阶层应当被纳入到共同的法律法规之下。然而,尽管丹麦的集体协议相对较高地涵盖了大多数的雇员,但是仍然有一些雇员并没有包括在其中。丹麦劳工部和劳动力市场各方试图说服欧盟委员会,通过协议将无组织的雇主联合起来,并且通过集体协议的连锁效应,确保尽可能多的工薪阶层被纳入到同样的法律法规的保护之下。但是,这仍然不能阻止欧盟委员会威胁向欧洲法院控告丹麦对于欧盟法规的执行不力。

最终的结果是,组建一个由丹麦政府和劳资双方分别派驻代表组成的三方执行委员会,以评估如何确保欧盟的法律法规得到有效的贯彻执行。概括来讲,劳动力市场各方首先通过集体协议实施法律规定的条款;其次,由丹麦议会通过二次立法,确保其余的工薪阶层团体也被纳入到欧盟的法规保护之下。技术上而言,这增加了集体协议实施欧盟劳工法律法规的扩展机制。因此,丹麦已经顺从地对工作时间、兼职和固定期限工作进行了立法,而这些领域之前或多或少都是通过集体协议来进行排他性的专门监管的(Anderson,2003)。

争端解决

当更新现有的集体协议或者当集体协议涉及新的内容时,各方有权按照实际,根据各自的利益提出异议。各方都同意,在对其潜在的利益冲突进行讨价还价的过程中,至关重要的是双方都能够使用冲突作为必要的武器进行威胁,以迫使对方在谈判中作出让步。但是如果认真梳理丹麦的劳资冲突威胁的话,在近几十年以来爆发了四次主要的劳资冲突事件。自从1961年的劳资冲突以来,以丹麦工人联合会和丹麦企业联合会为基础爆发了一连串的罢工事件,这些罢工通常以12年到13年为间隔:1973年、1985年和1998年。

大体上而言,国家调解委员会的调解作用已经被证明是实现冲突各方达成和解的有效措施。该机构的职能在很大程度上是作为冲突双方调解的工具,只有当事双方接受调解委员会提出的建议或者至少不会完全反对时,和解才能达成。因此,调解委员会为冲突双方提供了一个缓冲区,因为成员的压力,冲突双方通常很难在冲突中公开地作出必要的让步。

在那些协议双方不能达成协议的谈判中,尽管有调解委员会在其中的帮助,冲突也只能是唯一的可能。但是劳动力市场上很少有冲突能够持续很长的时间,因为在双方无法达成协议的时候政府总是会出来进行干预。

2008年春天丹麦公共部门劳动力市场爆发了一场冲突。在这一次的劳资冲突中,双方通过结成联盟关系以共同解决谈判中遇到的问题,但是也有部分领域拒绝采取这一手段。其结果是大部分的医疗卫生部门的雇员以及敬老院和幼儿园的雇员仍然存在着大量的罢工。这也是丹麦迄今为止在公共部门爆发的最大规模的劳资冲突,整个罢工过程中参与的人数超过了公共部门全部雇员总人数的三分之一。

在20世纪90年代医疗卫生部门的小规模罢工期间，丹麦议会以医疗卫生影响到人们的正常生活为理由进行干预，以制止罢工。然而，尽管2008年的罢工规模要远远大于90年代的几次罢工，政府却并没有选择对罢工进行干预。在政府看来，这一决定是合理的，因为它是对丹麦的自我调节模式的尊重，但也是由于议会内部复杂的政党关系，政府不确定能够在议会中争取到绝大多数议员的支持，以实现对罢工的干预。这一次的劳资冲突最终演变为对双方忍耐力的一场考验，在罢工持续了超过八周之后，工会最终作出了妥协，降低了复工的要求，结束了罢工。

在关系到对丹麦的自我调节模式原则的保护时，政府选择不介入2008年的劳资冲突很可能是具有更大的积极意义的。直到2008年，劳资双方都认为政府会自动地出来对劳资冲突进行干预以阻止冲突的进一步蔓延，这使得劳资双方不再去承担自身的责任。国际观察员的一些证据也表明，丹麦政府对劳资冲突进行干预这一传统对于劳动力市场各方通过市场力量解决彼此的矛盾是不利的（Elvander，2002）。

尽管根据规定，在涉及利益冲突的时候仅仅允许通过书面方式通知罢工和停产行为，但这并不意味着在丹麦的劳动力市场上劳资双方是和平相处的。区域性的争端总是会引发非正式的罢工。然而，近年来，这一类型冲突的数量也呈逐年下降的趋势。因此，罢工是解决集体协议争端的一种很少用到的方式。大多数关于劳资双方权利的冲突是通过法律系统解决的。大多数的劳资争端是在区域内部与雇主协商解决的，或者是集体协议的有关各方通过谈判会议解决，而且争端也很少能够上升到这一层次。但是，如果协议无法达成，那么对集体协议解释的争议将通过劳动仲裁的方式解决，而违反集体协议的则交由劳工法院进行审理。

越来越多的国际劳工规则也开始影响到丹麦的劳工系统，而国际劳工规则对于丹麦的集体协议而言可能是难以接受的，因为国际劳工规则的劳资系统更加个性化，特别是其中的私人仲裁制度。这直接导致了丹麦在2008年对其雇佣关系立法作出了修改，以至于《劳工法院法》（*Labour Court Act*）现在也为通过劳动仲裁处理劳资冲突案件制定了指导方针。这些修正已经被纳入到了劳动力市场各方的协议中来并且得到了执行，劳动力市场上的各方希望以此作为对丹麦劳动法律系统的一种继承和维护。

当前和未来的问题以及发展趋势

近年来，集体谈判和丹麦劳动力市场法规的变化清晰地揭示了丹麦模式当前面临的一些挑战。一直以来,劳动力市场各方对于避免增加集体谈判中政府干预的可能性相当悲观。然而,这一情形在2007年私营部门的劳资集体谈判回合中却有了大大的改观,针对持续培训的三方协议的签署确保了能够通过政府的投入和劳资双方的集体协议基金强化双方在这一问题上的合作。

类似的三方会谈也发生在2008年公共部门的集体谈判过程中。三方协议中存在着一些关于资金的分歧,在正常情况下,这一问题将会在随后的三方会谈中进行协商解决。这也可能预示着一种新的协商方式的产生,在这种新的协商方式下,以三方参加的集体谈判在某些领域代替了之前的双边集体谈判方式(Mailand,2008)。

但是,正如丹麦议会中的多个政党曾经特别承诺给予集体谈判回合以更直接的额外资金支持,一个更为迫切的问题是需要在谈判中给特殊群体以更多的照顾和帮助,从而使得各个政党能够更加直接地影响到集体谈判系统的核心,即薪资谈判。然而,该轮谈判的结束消除了对自我调整原则的威胁(Due & Madsen,2008b)。

此外,2007年和2008年的集体谈判回合对于提高竞争力的薪资政策提出了挑战,而这一薪资政策是在1987年由共同宣言确定的。长期的经济繁荣提高了人们对于薪资增长的期望。公共部门的工会结束了罢工,但是事实上其对于薪资增加幅度的要求超过了私营劳动力市场上的雇员对于薪资增加幅度的要求。这意味着打破薪资的增长幅度这一原则应当由行业根据竞争程度来确定。

工会组织成员数的下降

劳动力市场各方在丹麦模式中的特殊地位是由其庞大的会员数和集体谈判广泛的覆盖程度决定的。在成为一个问题之前,会员人数的下降能持续多久?自从20世纪20年代中期到90年代中期以来,工会的会员人数保持着稳定的增长,其间所有雇员中的73%都先后加入了各种工会组织。然而,从那之后,总的工会会员人数就出现了下降,到2007年工会会员人数在总雇佣人口中所占的比重降到了69%以下。尽管工会会员人数并不是出现了急剧的下降,但是从当前来看似乎这一下降趋势仍然无法得到有效的控制,特别是当我们进一步考虑到同时期那些替代性的"黄色"工会成员数出现可观的增长时,这一工会会员数下降的问题就变得更加严峻了。

工会会员人数下降的部分原因在于,议会2002年通过的法案批准设立非贸易相关的失业保险基金,这一法案切断了之前工会和失业保险基金之间的密切关联，从而就使得替代性“黄色”工会加入失业保险基金成为一种真实的可能，这一因素对于这些替代性“黄色”工会会员数的增加有着巨大的贡献。

通常而言，这一趋势引起了人们对于工会是否能够维持其在雇主和雇员之间合法性的质疑，以及政府是否能够被期望对整个集体谈判系统施加必要的压力。

国际压力

对于丹麦而言，经济的繁荣发展和欧盟向中东欧国家的扩张，吸引了大量主要来自波兰的外籍劳工。与此同时，大量的作为承包商的外国公司也将外籍劳工输入丹麦参与当地的工程建设，其中主要是波兰和德国的建筑公司。

想要准确地估计出东欧国家或者其他在丹麦的外籍劳工的总数是非常困难的，但是在 2007 年的建筑行业从业人员中，据估计有超过 20% 的劳动者是外籍劳工（Hansen & Anderson，2008）。

争论主要集中在所谓的拉瓦尔案例（Laval Case）上，2007 年这一案例还没有被提交给欧洲法院。此案例涉及的问题在于工会能够在多大程度上对外国公司从本国派出的雇员的薪资和工作条件提出要求。案例中所提到的公司是一家在斯德哥尔摩郊区的拉脱维亚公司，瑞典工会要求该公司支付瑞典集体协议所指定的相应工资标准，也就是说应当涵盖当地的集体谈判就工资达成的补充协议。欧洲法院认为瑞典工会的这一要求具有歧视性，因为它对外国公司的要求是不明确的，可能要求拉脱维亚公司按照瑞典劳动力市场的标准支付拉脱维亚工人的薪资。

丹麦工会，特别是建筑行业的工会，担心欧洲法院的这一裁定会将丹麦劳工和外籍劳工之间的薪资水平差异固定下来。如果外籍劳工仅仅领取最低工资，而丹麦劳工通过集体谈判就能够获得相当高的工资水准，那么丹麦劳工和外籍劳工之间的薪资水平差异就会固定下来。

国际法规规章也在其他方面影响着丹麦的劳动力市场法规。2006 年，欧洲人权法院的判决指出，丹麦工会所制定的关门协议（closed-shop agreement）违反了结社自由，即自由地选择是否加入某一工会。过去几年工会成员数的降低也可以部分地解释为丹麦的劳动法对于关门协议的废除。

正如对于欧盟劳动法指令的执行的案例，欧洲人权法院的判决可能会被看作是对丹麦集体谈判系统施加压力的一种表现，因为欧盟劳动法指令更加强调个人的权利导向。换句话说，这是欧盟和丹麦的两套基于不同原则之上的法律系统之间的冲突。

劳动力短缺

不仅仅在丹麦，在整个欧洲，适龄工作人口的数量都预计将会持续下降。丹麦工业联合会的成员企业估计，到2015年丹麦劳动力市场上劳动力的短缺将达200 000人。从工会一方的角度而言，劳工运动经济委员会（Economic Council of the Labor Movement）给出的数据略有不同：据估算到2015年熟练工人的缺口将达到136 000人，高校毕业生的缺口则大约为66 000人。与此同时，据估计非熟练工人则将会过剩约170 000人，其中包括那些高中毕业和职业教育毕业的不能找到工作的人。因此，丹麦面临的挑战将是提高国民的教育水平，从而避免出现一方面熟练工人短缺、另一方面非熟练工人严重过剩这一局面。

这就提出了这样一个问题：是否应当放松对于非欧盟成员国的工人移民进入丹麦的控制，与此同时，是否有可能延迟丹麦人退休。对这一问题的争论主要集中在提前退休计划上，当前参加失业保险基金的会员中有差不多一半以上的人在60—66岁时提前退休（Statistics Denmark，2006）。尽管选择提前退休计划的雇员比例近年来一直在下降，但是企业协会仍然坚持该计划应当被完全废除。然而，到目前为止，废除该计划的这一提议仍然无法在议会中取得绝大多数的支持。

2008年以来的金融危机和经济衰退也导致了丹麦劳动力市场就业人数的下滑。因此，劳工短缺问题也就变得不再那么重要了，或多或少地消失在了政府的政治议程上，而持续增长的失业率再次成为政府关注最多的问题。但是随着经济逐渐复苏，劳工短缺问题可望重新引起政府的关注。为了解决这些问题，需要政府在教育和员工培训问题上作出更大的努力，同时，与劳动力市场各方进行有效的协商合作将会是最终解决劳工短缺这一问题的基本要素。

结论

在过去的十年，对于劳动力市场自我监督的威胁主要来自三个重要的方面，这也成了丹麦模式发展的核心特征之一。丹麦模式发展的压力，首先来自政府的影响，其次来自劳动力市场各方在不同层次上对这一模式的影响，最后来自欧盟的影响。将集中的分权化换作有控制的协调，未来劳动力市场的监管倾向于发展成为一种多层次的监管体系，这一趋势对于全国性的集体谈判和各种类型的劳工及企业协会的地位产生了新的挑战。

尽管目前存在着诸多问题,丹麦的集体谈判模式在薪资和工作条件方面仍然是比较健全和相对完善的。工会和企业协会仍然拥有强大的力量,并且集体协议仍然具有广泛的影响力和覆盖面。如果工会,特别是丹麦工人联合会,能够在未来几年有效遏止其会员人数的下降,丹麦模式也必将迎来一个新的发展时期。

丹麦雇佣关系大事记

1898	建立了两个主要的联合会——丹麦工人联合会和丹麦企业联合会，主要联合会之间达成第一份基本协议——“九月协议”。
1900	在钢铁行业，工资谈判成为企业层面的集体协议的一部分。与此同时，双方就工会干部问题达成了一项协议。
1907	国家按照“根特系统”对劳工失业救济金制定出相关的政策法规，使得失业保险基金获得了国家的认可，从而使工会变得更加团结。
1908—1910	两大联合会的代表在1908年的八月委员会上同意，在双方共同达成的仲裁协议的基础上建立起一套新的劳动法律体系，并且在1910年建立一个新劳工法庭和调解委员会。丹麦模式的主要支柱是：在仅有有限的关于工资与工作条件方面法律的劳动力市场上，各方的自我约束，以及联合会对广泛涉及劳动力市场的政治程序的参与。
1933	政府开始干预劳资冲突问题。
1934—1936	通过扩大调解委员会提出调解建议和要求相关的工会和企业协会就调解委员会的调解建议进行表决的权力，使得丹麦工人联合会和丹麦企业联合会的成员组织的集体谈判权力事实上得到了进一步集中。
1947	丹麦工人联合会和丹麦企业联合会在私营部门公司之间就工作委员会达成第一份协议。
1969	以集体谈判和雇员有权采取罢工等劳工行动为基础的新的公共部门雇佣关系系统的起点。集体协议所涵盖的雇员取代公务员成为公共雇员的一个主要群体。
1950—1980	在联合会的控制下通过调解委员会进行集中的集体谈判。
20世纪70年代	这一时期的显著特点是，集中的谈判系统引发了随后的政府对集体谈判的三次干预。
1981	各方开始对集体谈判系统进行新的改进。
1987	在劳动力市场的联合会和政府共同发表的一份联合声明中，工会承诺为了保证丹麦企业的竞争力，同时也为了保障就业和创造就业机会，将不会对工资的提高作出进一步的要求。

1989	丹麦企业联合会进行结构改革，从一个由许多小企业协会组成的联合会转变成为一个由少数大型企业协会支配的企业联合会。
1991—1992	实现了将谈判的责任从部门级别的联合会成员企业层面向以新的部门为基础的集体谈判系统的转变。随着新的大型企业联合会——丹麦工业联合会和代表工薪阶层的丹麦工业雇员中央组织的建立，集体谈判所涉及的重要领域被拓展到了整个制造业。与此同时，部门组织同意将工资和工作时间的谈判权力转向各方在企业层面的代表。丹麦模式的这些结构变化含有集权和分权的因素，因此，集体谈判制度的这一新的阶段可以被称作是集中的分权化。
1989—1991	通过集体谈判制度建立起了职业养老金基金。在后来的集体谈判回合中，其他的福利问题也成了集体协议内容的一部分，这扩大了集体协议涵盖的范围，并且通过法律和集体协议对福利问题形成了一种双重的保护和监督。此外，还有一个意想不到的结果是政府对丹麦模式下的自我约束原则的政治压力也在不断强化。
1998	丹麦工人联合会和丹麦企业联合会在私营劳动力市场领域的一次重要冲突持续了两周，因为政府的干预而终止。
2000	欧盟关于劳工的法律法规的颁布施行对丹麦的集体谈判模式提出了挑战，因为丹麦的集体谈判模式无法确保所有的工薪阶层雇员都被纳入到集体协议的保护之下。这一问题的解决需要经过两个阶段：首先，欧盟关于劳工的法律法规需要通过丹麦的集体协议实施；其次，通过补充性的立法确保那些没有被纳入集体协议的工薪阶层雇员能够受到欧盟关于劳工的法律法规的保护。通过一个新的三方执行委员会来保证补充性的立法得到实施。
2008	丹麦爆发了迄今为止在公共劳动力市场的规模最大和持续时间最长的劳资冲突，其中牵扯到全部医疗卫生系统、敬老院系统和幼儿园系统的从业人员，也就是超过三分之一的在公共部门工作的雇员都参加了这次罢工。这一次的罢工并不是因为政府的干预而结束的，而是通过罢工双方在持续了八周之后达成的一项折中方案而宣告结束的。

第 10 章 日本的雇佣关系

Hiromasa Suzuki
Katsuyuki Kubo

本章首先将日本的雇佣关系放在整体大环境中，扼要地叙述了一些相关历史背景，然后讨论了工会与雇主所扮演角色的变化，以及日本模式的集体谈判和劳资磋商。讨论的问题还包括劳动力市场的管制和撤销管制、非典型雇佣的增长，以及公司治理方面的变化等。

日本拥有 12 700 万人口以及超过 4 万亿美元的国内生产总值，是本书论及的国家中仅次于美国的第二大经济体。[①] 从 20 世纪 90 年代初期开始，日本经济经历了两段截然不同的时期。从 1991 年"泡沫"经济破灭到 2002 年，这一时期经济持续不景气，经济增长率走低。之后到 2008 年，日本经历了一段经济缓慢增长的时期。经济表现欠佳的 90 年代经常被人们称作"失去的十年"。在 1991 年泡沫经济破灭之后，由于资产价值（房地产、股票）的巨大下跌，金融机构积累了大笔坏账。1998 年，在金融崩溃及其他负面因素的冲击下，日本出现了 -0.7% 的经济负增长，这是日本自第二次世界大战结束以来的第二次经济负增长。21 世纪开始之后，由于对美国和新兴经济体，特别是中国的出口驱动，日本经济即便增长速度不快，但已出现了复苏。面对日益激烈的全球竞争，很多日本制造企业加速了海外生产进程，试图维持竞争优势。

日本有 6 600 万的劳动力，2007 年的劳动力参与率为 73%。劳工占劳动力总数的 85%。日本的劳动力数量在 2000 年达到顶峰，但是如果目前的参与率保持不变的话，那么劳动力数量相当程度的下降是可以预见的。最近在公共辩论领域就人口出生率的下降（2007 年人口出生率只有 1.3）展开的

① 最新数据表明，世界三大经济体依次为美国、中国、日本。——编者按

讨论吸引了很多注意。2007 年,大概有 4% 的劳动力在第一产业中工作,包括农业和渔业。制造业、采矿业和建筑业劳动力占 28%。68% 的劳动力在第三产业工作,包括服务业、批发业、零售业、金融业、公共事业和政府。

日本在很多方面表现出与其他大多数国家不同的特点。日本人平均寿命最长(女性 86 岁,男性 79 岁)。据估计,到 2025 年,日本的老龄化率(65 岁以上人口占总人口的比例)在主要发达市场经济国家中将达到最高。到 2025 年,日本的人口结构将本质上从 20 世纪 50 年代的金字塔形转变为头重脚轻的倒金字塔形。人口老龄化对日本来说是个严重问题,已经对日本经济的供给和需求方面造成了较大影响。

日本劳动力市场已经出现重大的转变。在经济高速增长的 20 世纪 60 年代末期,失业率大概只有 1.1%。这一失业率直到 90 年代中期都是世界上最低的。1997 年,失业率上升至 3.4%;2002 年,上升至 5.4%;2008 年,回落为 4%。当前的就业形势有很多反差强烈的特征。一方面,许多中高龄劳动者找工作很困难,无法谋得符合期待的工作岗位的年轻劳动者日渐增多(他们从事不稳定的工作或者在次级劳动力市场处于非典型雇佣关系中);另一方面,一些信息产业里的公司和制造业、服务业里工资较低的公司却面临着难以招到工人的问题。

劳动力市场的另一项指标——工作空缺和求职者(正式劳动者)之间的比率,从 1990 年的 1.51 下降至 2000 年的 0.64,这显示出工作机会和求职人数之间不一致的矛盾正在加剧。21 世纪开始后,这一比率缓慢回升,在 2007 年达到 1。当比率为 1 时,可以认为劳动力市场达到均衡状态。地区差异也相当大:东京和一些工业中心(名古屋、广岛)的比率高于 1,而农村地区的比率要低得多。

工作时长缩短是日本第二次世界大战后的一个显著特征。第二次世界大战以前,一天工作 12 小时的情形非常普遍,但从那以后,每天的工作时长就已经明显缩短。然而当经济缓慢增长时期开始时,年工作时长进一步减少至约 2 100 小时。1987 年,法律规定周工作时长的上限为 40 小时。20 世纪 90 年代以来,年平均工作时长一直停留在 1 950 小时至 2 000 小时之间。兼职劳动者的增加趋向于降低平均工作时间。但如果我们只考虑全职劳动者,工作时长并没有任何减少。30 岁至 49 岁的男性全职劳动者中,四分之一每周工作超过 60 小时。长时间和过度的工作仍然是公众关注的一个主要问题。

1945 年以后,日本政局始终处于保守的自民党(LDP)控制之下。反对党虽然不时施加影响,但是除了第二次世界大战之后的短暂时期外,从未获得足以执掌国家政权的力量。反对党传统上由意识形态划分。日本社会党(JSP)总体上由极左派和一些与主要工会联盟——Sohyo(日本工会总评议会)有密切联系的中间派构成。较温和的社会民主党(JSP)与温和的工会运动——Domei(同盟)有联系,主要是从私营部门中吸收成员。苏联解体后日本政治出现了一个重要变化,正如在其他很多发达国家一样,社会主义理想在日本丧失了政治可信度。

20世纪90年代,由于连续选举导致自民党在众议院(shu-giin)和参议院(sangiin)的席位不断变化,日本政府变动频繁。1993年,左翼和右翼政党联手,自1955年以来第一次成功地组成了一届时间不长(不足一年)的非自民党政府,包括自民党在内的联合政府由社会党党魁村山富市(Tomiichi Murayama)出任首相。1996年至2001年间,自民党与一个较小但是组织良好的佛教政党(公明党,Koumeitou)联盟,重掌政权。1997年,一个由自民党、社会党、社会民主党各党内部分离出来的派系重组而成的新民主政党成立了。1993年至2001年间,仅仅8年时间里日本先后出现了7届政府。自民党的选举基础(农村人口、企业界人士和小商业业者)在这一时期逐渐受到侵蚀,但是较大的反对党联盟尚未出现。由于没有稳定的执政基础,历届政府无法坚定地实施必要的政治和经济改革来解决90年代的财经问题。

随着小泉纯一郎当选为日本首相(2001年至2006年),一个政治相对稳定的新时代开始了。小泉政府将重心转移至市场导向的方式。凭借着诸如对邮政部门实行私有化和取消管制等政策,他赢得了数次选举。得益于他的个人声望,小泉纯一郎和他的政府才能集中精力于决策过程,并抑制住自民党内各派系和内阁的官僚作风。通过公营企业私有化和降低社会福利支出,小泉政府控制住了日益增长的公共开支。他因帮助日本克服阴魂不散的20世纪90年代金融危机的影响而获得信任。但是小泉纯一郎在2006年辞去首相职务,使得这一强有力的首相任期略显短暂。

工会因其各自主导意识形态的不同,分别与包括社会民主党(正式称谓为日本社会党)、民主社会党(DSP)和日本共产党(JCP)在内的各类政党结盟。这些政党获胜的候选人大多由工会提名或支持,或者曾与工会有过合作。尽管政党和工会之间有这些关系,一般的工会成员还是倾向于按照个人意志决定投谁的票。长期来看,不坚持投票给某些特定政党的投票者数量已经上升。因此,工会对投票者的影响力已经减弱。

“日本模式”

20世纪70年代中期以来,日本以其经济的杰出表现和“合作式”的雇佣关系深受世人瞩目，后者被认为是支撑前者的重要因素之一。60年代后，国际社会对日本管理和雇佣关系的兴趣最初使日本人感到困惑，因为20世纪早年日本一直在努力追随西方（例如英国、美国和德国）的模式。1973年石油危机之前，日本倾向于将这些国家视作更先进的范例，并从它们那里引进了各类管理科学和技术。

一些经济上一度领先日本的西方国家曾有一段时期经济停滞不前，特别是在1973年石油危机之后，这些西方国家中有一些已不再被日本视为模范。此外，当这些西方国家自己开始寻求新的发展模式时，日本往往具有讽刺意味地成为它们的灵感之源，因为日本经济显然是一个成功的范例。虽然日本经济在20世纪90年代初期的后泡沫时期显露颓势，一些亚洲国家仍然积极引入"日本模式"。在90年代的艰难的经济环境下，一些日本企业（例如丰田、本田和索尼）的管理系统已作过改进，以期在竞争激烈的世界市场中获得成功。不仅上述这些大企业，很多小企业也逐步把生产基地转移至包括中国在内的其他亚洲国家。日本的生产和雇佣关系系统，究竟能多大程度上被移植到其他国家呢？

在回答上述问题之前，首先需要了解一些日本的历史背景。1868年的明治维新结束了日本的封建时代，在此之前日本很少与西方接触。日本的工业化开始于明治维新之后的十年，比英国晚一个世纪。早期日本的主要产业的工厂都是由政府创办的，但是到了19世纪80年代，政府将其中的大部分卖给了选定的几大家族。以此为源头，这几大家族以旗下的商业银行为基础，日后发展成为极具势力的财阀集团控股公司。

虽然有一些工会，比如印刷工人工会和钢铁工人工会，在这一时期出现，这种以家族为基础的工业化发展一直延续进入20世纪。当时很多工厂有自己的雇员宿舍，尤其是纺织业。在很多行业中有类似早期英国工厂中工头（foremen）的"师父"（oyakata）。第一次世界大战后，由于技术工人极为短缺，工厂希望直接对外招募工人，但是很多大企业在招募雇员时受到"师父"特权的阻挠。随着工业的迅速发展，原本师徒相传的技术培养制度，逐渐被企业中的内部培训制度吸收合并。

当日本传统的家长式（paternalistic）管理模式最终在20世纪20年代至30年代间形成后，工会便很难产生持续的影响了。1938年至1943年间，工会又受到军国主义政权的压力而解散，同时雇主团体也被政府收编为战时生产动员组织。

日本1945年无条件投降后，驻日盟军总司令部（GHQ）将重新建立工作组织和雇佣关系作为日本战后重建的一个重要部分。很多当前日本雇佣关系模式的要素就是战后在美国影响下形成的。

雇员和工会

在驻日盟军总司令部的民主化计划推动下，日本的劳工运动快速发展。虽然日本大部分的工业基础在第二次世界大战时期被摧毁殆尽，但是第二次世界大战结束后仅 4 个月，工会会员数就已经恢复到战前水平。到 1949 年，工会会员人数已达 660 万，工会密度达到 56% 的最高水平。尽管如此，工会发展仍然遭遇到一些挫折。例如，工会曾在 1947 年计划举行一次总罢工，结果被驻日盟军总司令部勒令中止。然而工会仍在发展，到 1975 年，工会会员总数达到创纪录的 1 260 万人，工会密度为 34%。

在这个发展高峰之后，日本的工会会员数和工会密度一段时间呈停滞状态，之后开始逐年下降。2007 年，工会成员总数降至约 1 000 万，20 世纪 90 年代以来，工会已经失去超过 200 万成员。工会会员数下降的主要原因之一是产业结构的调整，特别是产业结构转向以服务业为主。工会密度因产业差异而有所不同。虽然 2007 年工会密度平均为 18%，但公共服务业为 44%，电力、煤气和水利等公共事业为 59%。相对地，批发、零售和餐饮业只有 11%。在雇员人数不足 30 人的中小企业里很少有工会，而中小企业的工会密度也不及 10%。

在 1973 年石油危机后的十年里，原本高度工会化的制造业部门经历了实质性的经营合理化（rationalisation）过程。因为多数大型企业普遍实行雇员限期加入工会条款（union-shop clauses），工会会员数会随着实行工会化的公司和行业的兴衰而变化。当公司扩张时，工会会员数一般来说会增加，反之亦然。虽然服务业部门雇佣人数确有增加，但服务业总体雇佣人数相对较少；通常来说，对工会而言，将中小企业劳动者组织起来的困难程度和成本比大企业要大。

另一个造成工会衰退的原因是生活水平的普遍提高，这使得雇员参加工会活动的热情降低。薪资上涨幅度通常受宏观经济形势的影响。1990 年薪资涨幅曾达到顶峰，当时年度工资集中谈判的涨幅为 5.9%，但近年来薪资涨幅却降至最低点。例如，1998 年后的 10 年中，工会化公司的月平均工资就没有增长过（尽管实际工资受价格水平下降影响略有增长，但雇用超过 1 000 人的公司的雇员名义工资在 1998 年至 2007 年间几乎没什么变化）。这些不够理想的事实结果可能也降低了劳动者对工会的兴趣。因此，许多人认为工会的作用已远不及以前，而且工资的集中谈判模式也已经过时。

包括兼职工人、季节工人、临时机构工人和固定期限工人等形式的非典型雇佣获得了稳步增长。目前,大约三分之二的劳动者被认为是非正式劳动者。由于大部分日本工会组织中的雇员是正式雇员,而不是企业中的非正式雇员,因此此类非典型雇佣的增多意味着工会会员的减少。一些产业工会,如 UI 前线(UI Zensen)(纺织业、超市业),已试过将兼职工人组织起来,但是成效甚微。总的来说,兼职工人的工会密度低于 5%。

虽然日本的失业率与多数西方国家相比保持在较低水平,但在 20 世纪 90 年代也逐渐提高,到 2002 年时达到 5.4%,之后在 2007 年降至 3.9%。近年来,日本大公司在管理和雇佣方面更注重对正式雇员的就业保障,一定程度上损害了非正式雇员的利益。正式雇员变得更加关心他们公司的竞争地位,而且大多数雇员表现出对企业更高程度的奉献精神。

这一现象反映出日本人对"终身雇佣制"和"年功序列制"的期望,这些制度在第二次世界大战后,特别是在经济高速增长时期(1955 年至 1973 年)得到巩固。无论是从事体力劳动的固定编制雇员,还是从事脑力劳动的固定编制雇员,对企业而言,并不是因为他们适合作某项特定工作或职业才被雇用,而是作为公司的雇员被雇用。公司更愿意雇用刚离开学校或大学毕业的新人,而不是那些已在其他公司接受过培训的熟练劳动者。这种招募方案的用意是为了鼓励新进雇员服从公司的规则。

年轻的新进雇员的薪资依据他们的受教育程度来核准,但是起薪水平相对较低,之后再随为企业服务的年限的增加而增加。晋升通常以为企业服务的年限为基础,这种设定是假定雇员为企业服务的年限与其在企业内的技能成长水平之间有相关性。所以,这对于想要更换雇主的雇员,以及想要裁减已具备企业要求技能雇员的雇主来说都是不利的。在通常所谓的主要劳动力市场中,固定编制雇员或正式雇员为大企业工作,雇主和雇员间有互相长期承诺的默契。然而,这并没有经由书面确定。虽然女性劳动者为企业服务的年限已经延长,"终身雇佣制"通常适用于男性雇员,而非女性雇员。

大部分日本工会并不是按劳动者从事的职业或工作组织,而是以各个企业或机构为范围组织而成。一个企业工会全部由这家企业的正式雇员组成,而不论其职业地位的高低,低层管理人员也可加入工会。正因为日本企业工会会员通常既包括蓝领雇员也包括白领雇员,所以工会化公司中白领雇员的工会密度与蓝领雇员一样高,只有管理岗位除外。除非被解雇或主动离职(这两种情况的发生率低于大多数西方国家),这些雇员一般会在同一家公司工作到法定退休年龄。大多数企业的法定退休年龄是 60 岁。

然而,考虑到人口老龄化和社会养老金机制的筹资问题(后者将养老金领取年龄设在 65 岁),日本在 2005 年立法规定,到 2013 年为止,企业应延长雇用劳动者至 65 岁(这项规定正在分阶段实施)。这项规定并没有明确指出法定退休年龄应提高至 65 岁,但是却为劳动者获得固定期限合同提供了可能性。到目前为止,大多数公司坚持雇员退休年龄为 60 岁,退休后公司会为雇员提供一份固定期限合同。企业之所以更偏好这样作,是因为劳动者一旦退休,无固定期限劳动合同即终止(对这些劳动者就不再适用一般工资级别的规定),所以企业可以低得多的工资与劳动者签订一份固定期限的新劳动合同。即使在这段延长的合同期限之后,很多日本劳动者还会经由母公司推荐转往子公司或类似的地方工作,或者选择自己创业。2007 年,65—69 岁间的男性劳动者里,有 48% 仍然活跃在劳动力市场中。

通过计算公共部门(公务员)和大企业雇佣人数与包括中小企业在内的全部雇佣人数之间的比例,可以估计出所有雇员中大约仅有三分之一是作为主要核心的正式雇员。任职期较长的正式雇员一般属于大企业集中的主要劳动力市场。剩下的三分之二劳动力中很多供职于中小企业,或者从事临时或兼职工作,他们一般也不是工会会员。所以,女性劳动者的工会密度要远低于男性劳动者,因为兼职劳动者中大多数是女性。

在稳定或成长中的中小企业里,也有很多正式雇员在绝大部分职业生涯里都供职于同一家公司。中小企业的普遍性,也是促使日本劳动力市场保持弹性的一个显著因素。所以在日本,很难在实践中根据公司或产业部门的规模清楚地说明主要劳动力市场和次级劳动力市场之间的区别。它们之间的分界线已相当程度上转变为正式雇员和非正式雇员之间的身份差异。

由于企业工会由同一企业中的白领雇员和蓝领雇员组成,因此雇员离职的话便自动丧失工会会员资格。这对于晋升至管理岗位的雇员也是一样。虽然名字中有“企业”二字,但是企业工会决不仅是为企业谋福利,法律保护其免受雇主干涉其内部事务和不公正劳动实践的侵害。

很多企业工会在 1945 年后的社会动荡时期各自孤立发展。其中一些由工厂和公司的战时生产委员会演变而来。大部分日本工会以企业整体或单个工厂为范围组织而成,据 2007 年的一项官方估计,其总数超过 58 000 个。约有 97% 的企业工会会员受雇于雇员 100 人以上的公司(在私营部门)。虽然日本也有产业工会、行业工会和总工会等其他工会组织形式,但那是少数的例外。Kaiin——海雇员会,便是产业工会的一个罕见的例子。

在日本,属于同一产业的企业工会,大多数都会加入该产业的产业工会联合会(industrial federation of unions)。目前日本约有超过100个此类联合性组织。产业工会联合会的主要职能包括:协调会员企业工会的行动,以达到增加工资和改善工作条件的目的;处理整个产业面对的共同问题;指导和协助雇员工会处理特定的争议;为了劳动者的利益进行政治游说。至于产业工会联合会本身,它们隶属于一些全国性的工会组织。目前在日本的全国性工会组织中,“联合”(Rengo,或JTUC,Japan Trade Union Confederation)的规模最大。

20世纪70年代两次石油危机后,日本的产业性和全国性工会组织领导了一项它们称为“政策导向之奋斗”的运动,目标是确保就业稳定和保持工会会员的生活水平。另一项“由私营部门工会发起的团结劳动者阵营”的运动出现于1982年,名称为“全民劳协”(Zenminrokyo),也就是日本私营部门工会大会(Japanese Private Sector Union Council)。它由私营部门的产业工会联合会组成,反映出私营部门的劳动者加强团结、增强工会力量的积极意愿。这一组织之后又与公共部门的工会整合,进一步发展成更大的全国性工会组织——“联合”。“联合”成立于1989年,成立时旗下有78个产业工会联合会,拥有接近800万会员。公共部门的工会曾经比私营部门的工会更具政治性,也更为强大。然而由于公营公司的私有化和公共事业开支的削减,1978年以来公共部门的工会会员数在减少,力量也在减弱。在21世纪初,私营部门的工会力量趋向于变得比公共部门的工会更强。

“联合”的宗旨是追求合作性的雇佣关系。最初,“联合”试图成立一个扩大化的自由民主联盟来发挥其政治影响力,结果没能成功。在衰退时期,它的作用仅仅是在国家层面参与为制定政策提供咨询。作为企业工会及其联合会的联盟组织,“联合”发现其很难代表基层工会会员的利益。“联合”的组织结构和政策取向已遭到诸多不利因素的严重挑战,如不利的经济形势、高失业率、大学毕业生就业难以及产业和企业重组等。

虽然全国性的工会组织(“联合”和较小些的“全劳协”)发挥了重要作用,但是企业工会拥有更多的资源,力量也更为强大。后者自主运作并增进其会员的福利,而且在财务上独立并自给自足。大部分工会活动发生在企业层面而非联合会层面。由于公司经营的成功与否直接影响到工会会员的劳动条件和就业机会,因此企业工会对企业管理通常采取合作态度,雇员一般也会赞同雇主作出的能够增强企业竞争力的决策。因此,日本公司工作环境的一个重要特点就是大家相互依靠,相信公司是一个“命运共同体”,“公司中的每个人都属于这样一个大家庭”。另外,经理人员、白领雇员和蓝领雇员之间的适度工资差距使劳动者对企业的认同度增强。而且大多数高级经理人员和董事，包括 CEO，都是在多年的服务和内部竞争后，从企业内部提升的。他们中很多人在作普通雇员时，就已经是企业工会的领导者了。这些特点和某些西方国家相比有很大差异，在那些国家的企业里，层级更加森严，薪资差距也拉得更大。

企业工会是否能真正独立于雇主的控制之外？如果公司是工会化的，企业工会通常便是公司里唯一被认为能够代表雇员的组织。因为规章规定工会的全职工作人员由会费支付薪水，所以这些工会经济上独立于雇主。雇主通常会提供包括办公室在内的各种设施给工会使用，但是这种提供设施的做法都是在双方自愿的基础上，由双方协商决定的。雇主为工会提供这些设施，一定程度上也有利于在企业内建立雇佣关系的合作基础。

人们一般认为日本企业工会主义有一个重要优点，那就是工会可以根据各自公司的特点来制定工会的政策，而不必受制于范围较广的同业、意识形态或政治性议题。因此，基于企业工会主义建立的雇佣关系，会比那些譬如以行业工会主义(craft unionism)为基础建立的雇佣关系更为灵活。另一方面，如果从工会的视角出发，企业工会也有其不利之处。新进雇员自动获得工会会员资格，他们的工会会费也由公司直接从其薪水里"代扣"，因此他们的"工会意识"(union consciousness)普遍比"企业意识"(enterprise consciousness)要低。工会会员资格通常在退休时终止，这也减少了劳动者对工会的忠诚和承诺。

企业工会不组织同一工作地点内非正式雇员的原因与正式雇员享有的特殊地位有关。在日本公司里，正社员(sei-sbain，意指正式的"公司成员")这一词语的使用频率很高。这一词语中包含的细微之处是西方词语难以表达的。它指的不仅仅是被雇用的劳动者，而且暗含着属于一个由共同利益人群组成的团体的意思。所以，通常只有这一团体的成员才能加入相应的企业工会。

非正式雇员，例如兼职工人、季节工人、临时工人和移民工人，通常不被允许参加企业工会。这一现象对机构或工厂的工会化基础会产生损害，因为大公司也使用临时工和来自分包公司的工人。2004 年以来，临时工被允许在制造业工作，时间最长为 3 年。虽然一些针对特定种类劳动者的新型工会正在出现，但它们还不是主流。

在经济不景气的年代里，公司致力于削减多余劳动力，特别会因为冗余而辞退中年和老年劳动者。这些劳动者在升任为管理人员时已经离开了工会，所以他们维护其工作机会的努力无法得到工会的支持。对企业工会的批评指出，企业工会维护的仅仅是大公司核心雇员(相对较富裕的雇员)的利益，而忽视了对雇员中弱势群体的帮助。

雇主及其组织

第二次世界大战刚结束的那段时期，日本出现了很多激烈的劳资纠纷，主要原因是当时的经济尚处于无序状态，食物和生活必需品也很短缺，另一个重要原因是不论是雇主还是劳动者，他们处理雇佣关系的经验都不足。为了应对这些劳工斗争，建立和谐的雇佣关系，雇主们纷纷成立地区或产业性的协会组织。然而，由于一定程度上受驻日盟军司令部的所谓"民主化"政策影响，雇主们经常被迫屈从于工会的压力，从而使他们的管理权限受到侵犯。

为恢复管理权威，"日经联"(Nikkeiren, Japan Federation of Employers' Associations)在1948年成立了。从雇佣关系方面看，它是最重要的雇主组织，具有很多职能。在年度工资谈判对国民经济影响很大的20世纪70年代，它发挥了相当重要的作用。但是这些雇主组织的重要性在80年代和90年代减弱了。企业集团认为专门处理劳资问题的雇主联合会已不再是必需的。因此，"日经联"在2002年与强大的"经团联"(Keidanren)合并，成立了"日本经团联"(Nihon Keidanren, Japan Business Organization)。之前"日经联"承担的职能随后大部分被交给"日本经团联"履行，后者特别代表着大公司的利益。

像"日经联"一样，"日本经团联"负责协调和宣传雇主们关于劳资问题的意见，推选雇主代表参与各类政府委员会、理事会，担任"国际劳工组织"(ILO, International Labour Organization)的代表，并向其会员单位提供有关劳动条件、雇佣管理方面的建议和服务。"日本经团联"的会员单位包括地区和产业性的雇主协会组织。每年日本"春斗"(Shunto, Spring Labour Offensive)的时候，"日本经团联"会向雇主组织发布指导方针，使它们在应对集体谈判中工会提出的要求时，能够有章可循。虽然很多雇主组织并不直接参与集体谈判，但是雇主的协会组织在幕后却扮演着重要的角色(Levine, 1984)。

"春斗"的程度主要受三大因素影响：劳动力市场的供需情况、消费者价格水平、公司的经营情况(即公司的业绩)(劳动省，1975)。近年来，决定集体谈判结果的主要因素是公司经营情况。与工会势力的下降相比，雇主对雇员的影响力提高了。很多大型企业，例如汽车制造业、家电制造业、建筑业和银行业中的企业，通过裁员缩减了规模，然而大多数企业工会的反应却收敛了许多。

集体谈判

集体谈判有一些独有的特征。首先,集体谈判只在企业层面发生,产业层面和国家层面没有集体谈判一说。工会联合会可能会参与协调谈判过程,但是单个企业和企业工会拥有作出最终决定的自主权。其次,在大部分工会化企业中,存在着复杂细致的联合协商机制,工会代表也参与其中。从历史上看,联合协商机制最初产生于日本生产力中心,形成于 20 世纪 50 年代,支持通过对话促成企业中的劳资和谐。联合协商经常被视为信息共享的一种方法,但是大多数劳资问题都在联合协商会议上得到讨论。集体谈判和联合协商之间的界限比较模糊,因为参加集体谈判和联合协商的是同一批人(总经理和工会负责人)。最后,集体谈判的焦点是薪资问题,特别是在“春斗”时期。

薪资协议可能独立于其他有关协议达成事项。大多数工会在每年三、四、五月份的“春斗”期间进行薪资谈判,至于更加全面的劳资协议谈判,则可能会选其他时间进行。不过,有越来越多的工会在“春斗”期间也提出了其他要求,譬如增加加班费、调整津贴、缩短工作时长、提高退休年龄和退休金等。工会密度的下降和经济的不景气也造成了“春斗”特点的改变。它对全国工资谈判的重要性已经减弱,因为工资谈判的中心已经转移到企业层面上。这一转变主要是由于全球化竞争日益激烈,企业之间的获利水平差异拉大所致。

企业工会的组织结构通常与企业的组织结构相一致,例如按照机构、部门、课室划分。雇员的申诉通常是以非正式方式解决,而很少走正式程序。管理者常常试图舒缓与雇员的紧张关系和冲突,增强团队感情。在过去,管理者和工会建立了这些非正式程序,用于避免正式冲突。20 世纪 40 年代和 50 年代,采矿业和主要的制造业企业都发生过大规模、长时间的劳资纠纷,其中一些由较激进的工会领袖领导,很多纠纷都给雇佣关系造成了难以愈合的创伤。

这样的劳资纠纷给工会和雇主带来了一些重要的教训,虽然在 1974 年的时候发生过多次罢工事件,但是此后确实有实质性的减少。劳资纠纷通常由双方当事人自行解决,不过有时也会通过第三方进行调解。中央和地方产业关系委员会为私营和公共部门提供调解机制。对于公共部门的雇员和海员,则有特别委员会法案。几乎所有的纠纷都可以借助调解或斡旋解决，很少有纠纷会进入到仲裁程序。

提交到雇佣关系委员会的纠纷案件，大多数超出了企业内雇佣关系的范畴。由于企业层面劳资双方合作关系的改善，产业关系委员会的重要性已相对降低。

当前日本的雇佣关系相对稳定，劳资双方间的关系可用“合作”一词来形容。一部分人对此持肯定观点，而其他人则持否定观点，他们认为企业工会对雇主太依赖，它们之间的关系不是相互勾结，就是工会被雇主收编。除了个人对此看法不同之外，不同经济部门和公司的看法也有差异：一些企业工会组织程度较高，并对企业大部分重要管理决策进行有效的检查；然而在另一些工会中，工会的工人代表从来不履行检查的职责。所以，企业工会之间的差异还是很大的。然而，对于包括工会工作人员在内的大部分日本劳动者来说，公司的利益比雇员的个人利益更重要。

工会代表的是局部利益，企业工会也不例外。很多雇员期望着很多年都为同一家企业工作，他们比较看重工作条件的改善，却对同一个公司的非正式雇员的利益重视不够。这或许便是日本公司的一个令人遗憾的特征。公司中的正式雇员为了维持自身工作岗位的稳定，甚至不惜以牺牲非正式雇员的利益为代价。这些非正式雇员中有兼职工、临时工，且大多为女性。

为什么 20 世纪 50 年代以来，工会与雇主间的关系会发生如此根本性的改变？究其原因，主要是全球竞争加剧、生活条件改善和经济向服务导向转型。公众舆论比 50 年代时也更为保守。70 年代的石油危机进一步加速了这一变化。尽管 90 年代初期后经济出现了长期不景气，劳资纠纷的数量却上升不多。1975 年，劳资纠纷总数达到 8 435 起的最高点。然而到了 2006 年，却下降到只有 662 起。经济不景气时裁员增加导致的不满都到哪里去了？一个明显的改变是，占劳资纠纷比重较大的类型，已由集体层面转至个体层面。劳动力流动率也提高至较高水平。这些发展给工会以及雇佣关系带来了挑战。

当前的重要课题

由于国内消费依旧不振，日本 20 世纪 90 年代长期不景气之后的缓慢经济复苏，主要是由制造业出口驱动的。日本银行(Bank of Japan，即日本中央银行)的零利率政策导致日元汇率较低，从而促进了出口。大多数日本大公司都投资海外建立子公司，它们中有很多变成了总部在日本的跨国企业。其中一个典型例子就是丰田(Toyota)：这家以名古屋市为基地的汽车制造商,曾将著名的准时生产系统("just in time" system)发挥到极致,却在是否跨国化发展的问题上表现谨慎。直到 1987 年,它才在美国开办了其第一个大型工厂。这还主要是受当时的美日贸易摩擦推动的。20 年之后,丰田已拥有一整套全球生产网络,主要分布在美国、欧盟、亚洲(包括澳大利亚)。丰田的大部分部件制造商,例如电装(Denso)和爱亲(Aishin),也如丰田一样成为全球化企业。2006 年,丰田的大部分利润来自海外分部,尤其是来自美国和新兴经济体。因此,20 世纪 80 年代以来,日本公司的海外生产活动大大扩展了。这些日本公司在海外雇用了 290 万劳动力,相当于日本制造业在本土雇佣人数的四分之一(Fukao,2002)。

日本的国际环境自 20 世纪 80 年代以来发生了很大变化。韩国和中国台湾地区已在很多高科技产业中成为日本强有力的竞争者。泰国已成为某些种类汽车(皮卡)的区域性生产中心。日本曾经具有巨大的科技和经济领先优势,然而这些邻近国家已经变成它的竞争者,同时也是合作者。当然,日本公司也从这些邻近的富有活力的市场中获益,例如中国和印度。

在日本国内,社会和经济环境正在变化,暴露出一些长期问题。人口老龄化和出生率的下降预示着未来劳动力数量的减少,以及从长期来看总人口数量的减少。关于移民问题有一些零星讨论,但是有关移民政策的根本性问题仍未得到解决。劳动力市场中的女性参与者在持续增加,但是很多只是从事没有职业前途的兼职工作。正式雇员和非正式雇员(一般与非典型雇佣相比)之间的差距引起了很多社会关注和公开辩论。

对劳动力市场的管制和撤销管制

保守派政府的连续执政促进了自由市场和撤销管制理念的发展。所以,对劳动力市场的管制有所放松。从撤销管制的劳动法律来说,涉及临时工作的影响最为深远。关于临时中介工人的第一部法律出现于 1986 年,目的是将中介工人限制于某些技术性工作或特定职业。1999 年,这部法律被修订为允许大多数行业(除了制造业和建筑业)使用中介工人。2004 年以来,即使是在制造业部门,临时工人的使用也已变得合法化。很多制造业公司都在生产需求较大时使用临时工人。据官方估计,2008 年日本制造业部门中介工人的数量大概有 50 万人。对临时中介工作的管制较松:只要合同期限在三年以内,对续签没有限制,对使用临时中介工人的原因也没有限制。根据日本厚生劳动省(Ministry of Health, Labor and Welfare, MHLW)2006 年的一项官方调查结果,中介工人总数约为 130 万人,其中大部分

(60%)是女性。这些中介工人的平均工资远低于正式雇员。有很多南美洲的日本人后裔在地区性的工业城市,如滨松(Hamamatsu)和横滨(Nagoya)作中介工人。

另一项管制方面的放松与雇佣合同的最长期限有关。很长时间里,定期合同的最长期限是一年,结束后可以续签。2006年,期限被延长至三年。另外,对某些核心雇员加班方面的管制也撤销了。上述这些就是20世纪80年代以来劳动法在劳动力市场管制方面的主要变化。总体来看,除了临时中介工人部分外,变化并不算太大。

为什么变化并不算太大呢?答案并非工会的反对(它们的力量较弱),而是已深入日本就业制度内在本质的灵活性特征。例如,就业保障并没有被法律规定在案,但是习俗和司法解释却使得解雇较难发生。判例法清楚规定了哪些情况属于滥用解雇。如果雇主想避免因终止(无固定期限)劳动合同而对自己不利,他们就应该为终止合同找到一个合法的理由(如经济情况),并且应该已经为避免解雇的最终发生作出了足够的努力(如限制加班、临时冻结招聘、内部调动和自愿离职等)。同时,还要遵循法定程序(与将要解雇的雇员所属的工会协商),而且选择解雇哪些劳动者也不能有歧视嫌疑。但是,上述判例法规定可以有多种解释方式。另外,诉讼案件耗时耗力(如果案件被提交至最高法院,可能会耗时十年之久),这使大多数个体劳动者不愿选择诉讼方式。很多劳动问题专家认为,被提交至法院的案件只是冰山一角,实践中个体劳动者在劳资纠纷(例如关于解雇或工资奖金的纠纷)时能得到的保障很少。2006年,为加快个体劳资纠纷的司法程序,成立了劳动审裁处。一个劳动审裁处由一位法官和两位由雇主和工会分别推荐的专家组成。原则上说,同一案件开庭三次必须解决。如果当事人一方不同意劳动审裁处的判决,可将案件提交正式司法程序处理。虽然交由劳动审裁处处理的案件数量一直在上升,但是现在评价其影响还太早。

灵活性的另一个例子与来自分包公司的工人有关。大多数大公司(如在钢铁业和造船业)使用很多来自分包公司的工人,这样作的主要原因是分包公司工人的工资要低得多。这些工人与正式雇员一起在大公司内工作。因为公司与这些劳动者之间不存在正式雇佣关系,所以公司不受雇佣保障法律的限制。在对制造业的临时中介劳动力市场撤销管制之前,上述对外部劳动力的使用增强了公司在雇佣措施调整方面的灵活性。另外,法律对于季节或固定期限劳动合同也没有限制。所以,日本劳动法在撤销管制方面的修订正是日本劳动力市场灵活性特征的一个例证。或许当前的主要问题应该是如何保护被排除在集体谈判之外的非正式雇员的雇佣条件和工作条件。2007 年之后,受全球金融危机的影响,这一问题更加突出。

对正式雇员的长期雇佣

长期雇佣是日本大公司人力资源管理的基石。这些大公司每年(4 月份)都会以无固定期限合同的条件,招聘刚离开中学的新人和刚毕业的大学生。有若干年工作经历或研究生学习经历的年轻人可能会成为正式雇员,但是公司还是更倾向于把机会给没有职业经验的新毕业生。一旦被招收,年轻雇员便要经历一个长期发展过程(主要是在职培训)和定期轮岗(三到五年一次)。因为公司即集体的观念深深植入日本人心中,所以使年轻雇员适应公司的企业文化也是培训的一个重要部分。即使与绩效相关的要素从职业生涯中期开始增加,雇员的薪资水平还是与这一长期雇佣实践紧密联系。因为一旦更换雇主薪资水平可能会下降,所以很多雇员并不积极地寻找新雇主。

管理岗位的空缺通过内部提升填补。董事通常从高级经理中提升,从学校毕业后,他们可能已为公司工作了 25—30 年。他们中的一些人可能在作基层雇员时作过工会的领袖。很多被提升至高级管理岗位的雇员都是工会会员。当某人被提升至高级管理岗位时,他会被要求改变其雇佣身份,因为他们已经成为董事。但是,从一名普通雇员到总经理的转变是逐渐发生的。人们对工作多年后被内部提升的董事有着一种期望,那就是他们会将公司集体(包括管理层成员和一般雇员)的利益置于股东利益之上。公司中管理层成员的薪资水平与一般雇员有密切联系,这正解释了为什么美国和日本公司高管的薪资差距如此巨大。

自 20 世纪 90 年代日本经济不景气以来,这些长期雇佣实践面临很大压力。大公司求助于雇佣政策的调整,例如减少新招聘人数,以及将雇员调往相关公司,但是对正式(核心)雇员的强制性集体裁员却几乎没有出现过。尽管如此,这些公司还是将正式雇员的比例调整至最低。更多的常规工作和较少的关键工作被交给非正式雇员或外包公司。长期雇佣实践中的正式劳动者一方变化不大。雇佣人数超过 1 000 人的公司中,男性毕业生作为正式雇员服务于公司的平均年限相对保持稳定(厚生劳动省,2010)。实际上,所有劳动者的平均服务年限从 1985 年的 12 年增加至 2004 年的 14 年。就 55—59 岁的群体而言,平均服务年限从 1985 年的 25.5 年增加至 2004 年的 28.6 年。大公司中男性大学毕业生(作为正式雇员)的平均服务年限比较稳定。然而,那些被排除在长期雇佣之外的劳动者的职业前景却不那么光明。

近年来,拥有长期雇佣身份的劳动力数量可能已出现下降。

非典型雇佣的增加

非典型雇佣的增加是近年来日本劳动力市场的另一个显著变化。非典型雇佣包括很多种类的工作和劳动者:兼职工人、固定期限工人和临时工人。正式雇员和非正式雇员之间最重要的差异之一就是工作保障(job security)。当大多数正式劳动者手握较难终止的无固定期限合同时,非典型雇佣中的劳动者却未获得类似的保证。

图 10-1 显示的是按照劳动力调查数据作出的非正式劳动者(男性和女性)变化的情况。在这项调查中,雇员被分为五种:“正式雇员”、“兼职工”、“临时工”(arubaito)、“临时劳动力中介的派遣工”和“合同或委托工及其他”。[①]

如图 10-1 所示,各种非正式劳动者(不管男性还是女性)的数量在图示的时期内一直在增加。

例如,1987 年时男性非正式劳动者的数量不到 200 万人,到 2006 年便已超过 500 万人。正式劳动者的数量只是略有下降,从 1987 年的 2 350 万人减少到 2006 年的 2 330 万人;非正式劳动者占所有劳动者的比重则从 7.6% 上升到 18.5%。特别是临时中介的派遣工人数量急剧增加,从 2000 年的 25 万人上升至 2006 年的 72 万人。女性劳动者的这种增加更为迅速。1987 年,女性非正式劳动者的数量为 520 万人,2006 年达到 1 130 万人;同期女性正式劳动者的数量分别为 990 万人和 1 010 万人;女性劳动者中非正式劳动者所占的比重从 34.3% 上升至 52.9%。长期雇佣制度通常不适用于这部分非正式劳动者,越来越多的劳动者虽然在工作,却缺乏工作保障。

一项关于人力资源管理战略和劳动者感觉(基于 1 602 家公司和 7 566 名劳动者)的调查显示,1 602 家公司中有 1 460 家雇用了非正式劳动者(日本劳动政策和培训研究所,Japan Institute of Laour Policy and Training,2003)。调查询问了公司雇用非正式劳动者的原因。

最普遍的回答是为了降低劳动力成本,有近 77% 的公司选择了这一原因。因为非正式劳动者的工资水平通常比正式劳动者低,所以通过雇用非正式劳动者来削减劳动力成本一直以来都是公司可以采取的一条有效措施。除此之外,约有 47% 的被访者回答,他们雇用非正式劳动者主要是根据

---

① 由于工作性质,有时难以区分非正式工人的类型。此外,不同的统计数据用了不同的关于非正式工人的定义。

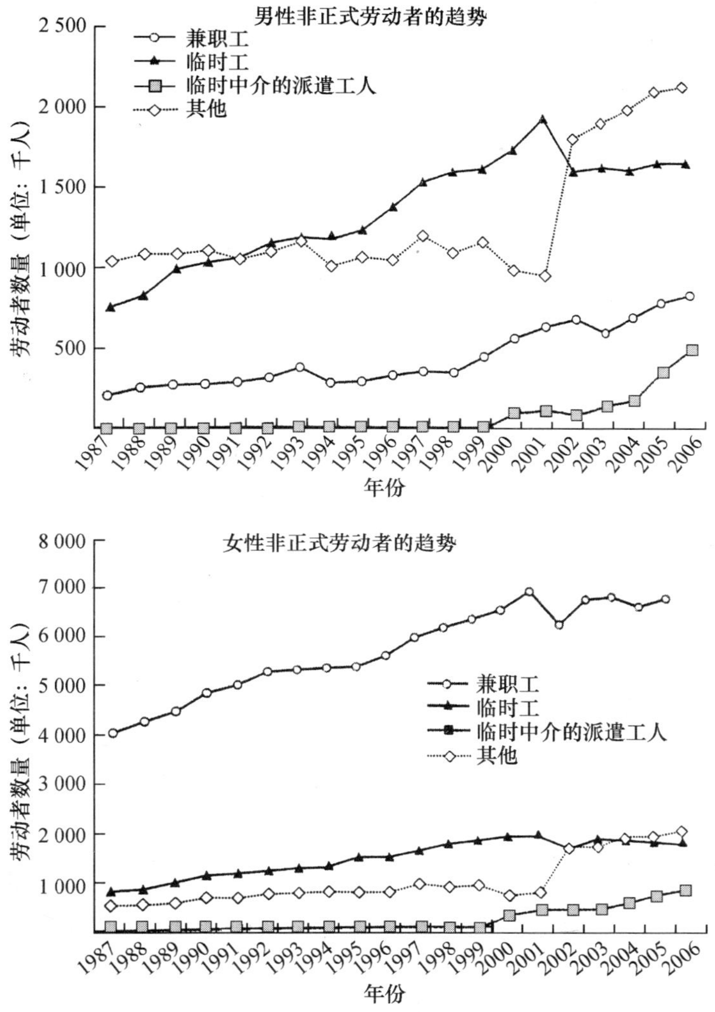

图 10-1　正式和非正式劳动者的变化情况

资料来源：劳动力调查（国际事务和沟通部门，2010）。

商业周期波动调整雇佣措施所致。

正式雇员和非正式劳动者之间的差异问题愈发严重，因为非正式劳动者想转为正式雇员几乎不太可能，所以只能被陷在非典型雇佣的状况中。这种情况经常发生在流动性较大的年轻人身上，在日本这部分年轻人被称为“飞特族”（freeter）；同时，正在抚养孩子的母亲，即使她们受教育程度较高，也经常会遇到上述问题。

经济上的不平等

经济上的不平等正在扩大。根据日本总务省(Ministry of Internal Affairs and Communications)的一项全国性家庭收支调查,代表家庭间经济不平等程度的基尼系数已有所上升。Ohtake(2005)发现,除了30岁以下的人群之外,其他人群的基尼系数都没有上升。他认为导致经济更加不平等的一个重要因素是老龄化社会。既然老年人中的经济不平等现象比年轻人要严重,那么由于日本老年人口比重的上升,日本社会的经济不平等现象很有可能会加剧。这可能意味着绩效工资的引入和非正式劳动者的增加并不是经济差距拉大的主要原因。然而,如今年轻人中的经济不平等也已扩大。这一趋势或许反映了年轻人中非正式劳动者比例的上升。

一些学者,例如Tachibanaki(2005),曾着重强调过雇佣关系变化和经济不平等加剧之间的联系。这些研究者重点关注的是一些其他指标,如贫困率的上升,而不是基尼系数。Förster和d'Ercole(2005)考察了OECD国家20世纪80年代中期至2000年间的相对贫困率变化。相对贫困率指的是收入在总人口收入中值的二分之一线之下的那部分人口所占的比重。他们的研究显示日本的相对贫困率自20世纪80年代以来一直在上升。有一些国家的相对贫困率低于5%,如捷克和丹麦,然而日本与美国、爱尔兰、土耳其和墨西哥一样,早已超过15%。[①]

资产方面的不平等也在扩大。金融服务信息中央委员会对家庭金融资产和负债情况进行的一项公共舆论调查显示,无存款家庭的比重在持续快速上升。1988年,约8.7%的受访家庭表示它们没有存款。2003年,这一比重上升至21.8%。这一趋势正说明了资产方面的经济不平等已经加剧。

公司重组

在20世纪90年代末期,很多公司通过兼并和收购进行重组。另外,日本法律制度的一些有利变化也促进了公司重组的增加。除了兼并和收购,很多大公司也通过其他方法进行重组。

一个大变化是一些公司已经完全转变为控股公司,不从事具体的业务经营,而是持有其他公司的股票。通过转变为完全的控股公司,公司未来可

① 日本的贫困率是15.3%。

以更容易地通过兼并、收购或资产剥离等方式进行重组。同时,公司也可以为其子公司采用不同的雇佣条件。对一家公司来说,它很难实践各种不同的雇佣条件,但是控股公司在其各个子公司实行不同的雇佣关系体系则比较容易。例如,管理层可以为盈利能力较低的子公司设定较低的工资水平,而将失业率较高地区的子公司的工资水平设得较高。

另外,很多公司对董事会进行了变更。由董事组成的董事会有以下特点:公司董事会里有严格的等级制度,董事分为董事长、总裁、副总裁、高级主管、主管和名誉董事等,他们都是董事会的全职成员。由于这些特点,很多人认为董事会无法有效监管公司总裁,因为总裁缺乏外部董事的监督。

2003 年,公司法的一项修改使得日本大公司可以选择美国式的公司治理制度,设立提名委员会、薪酬委员会和审计委员会。如果公司选择这种委员会制度,董事会就可以很大程度上授权给执行官。然而,采用这种制度的公司并不多,反而有很多公司引入了执行官制度。采用执行官制度的公司突出了其董事会的监管角色,以及执行官的管理角色。虽然执行官被授权进行日常的重要决策,但是关键的决策仍由董事会作出。在这些公司里,非执行董事占的比例很小,公司也缩减了董事的数量。在东京证券交易所上市的公司中,超过一半采用了执行官制度。现在还不清楚这些变化将对企业层面的雇佣关系产生哪些影响。然而,由于日本公司已变得对外国投资者的恶意收购风险十分敏感,它们确实已经将支付股息放在比工资增长更优先的地位上考虑了。

绩效工资

绩效工资的引入也是人力资源管理最重要的课题之一。虽然绩效工资的定义有所不同,但是有证据说明越来越多的雇主在试图引入某种新制度来加强工资和绩效之间的联系。①

一项关于工资决定因素的调查显示,越来越多的公司更加强调绩效,准确地说,254 家受访公司中有 219 家(86.2%)已经引入了绩效工资(日本劳动政策和培训研究所,2006)。调查中约有 62% 的公司表示,绩效已经成为决定工资最重要的因素,有近 60% 的公司表示雇员的能力已成为更为重要的标准。相比之下,超过 30% 的公司表示,年龄、受教育程度和服务年限的重要性正在减弱。不足 10% 的公司表示它们仍对年龄、受教育程度或服务

---

① 在这方面的表现并不意味着企业绩效,相反,它指的是由管理者评估的个人绩效。

年限等因素更为重视。

有一些调查考察了雇员对绩效工资的反应。2004 年工作条件普查询问了公司是如何评价绩效工资的引入的。在接受调查的对象中,15.9% 的评价是"很好",45.3% 评价"不错但尚需改进",30.4% 评价"十分需要改进"。调查还反映出绩效工资的主要问题是绩效评估;大约一半的受访者认为管理人员尚未掌握足够的技能对其下属进行评估。另外,54.5% 的受访者认为公司不同部门雇员的绩效之间很难进行比较。

还有一项调查询问雇员是否同意这样一条基本原则,即工资应该由个人绩效来决定(日本劳动政策和培训研究所,2003)。接近 28% 的雇员表示同意;60% 的雇员表示虽然同意,但也对此感到焦虑;只有 7% 的雇员表示不同意。在表示焦虑和不同意的雇员中,79% 不确定他们的绩效或技能是否被合理评估了。另外,51% 的雇员认为他们的绩效可能主要取决于被分配从事的工作,而不是他们的努力程度。接近 38% 的雇员感到焦虑,因为他们的收入可能会受到影响。

结论

自 20 世纪 70 年代以来,日本的雇佣关系经历了一系列深刻的改变。这些改变反映了日本宏观经济的变化及其对雇佣关系的影响。就宏观经济的变化而言,我们特别要突出强调的是以下几点:日本在世界经济中支配地位的相对下降,日本公司的全球化发展,经济向服务型经济的转型,以及人口老龄化。如前所述,日本经济在 90 年代经历了一段困难时期。与日本相反,这一时期的中国经济增长很快。虽然日本仍是世界第二经济大国(仅次于美国)①,而且以人均收入计,中国与日本之间的差距还很大,但是二者之间的相对位置已经发生了重大变化。然而,如果没有其在中国的工厂和市场,日本公司就再也不能保持全球竞争力了。这与 80 年代或更早的情形简直是大相径庭,那个时候日本公司在亚洲和世界各国具有决定性的资金和技术优势。

日本经济的转型仍在继续,如今第三产业就业人数已占到总就业人数的三分之二。这一产业成分混杂,但是它对于就业十分重要。仅批发和零售业的雇佣人数就已经和整个制造业一样多。其他服务行业,像卫生和福利、交通、教育等也很重要。非典型雇佣的增加可以被归因于经济向服务型

---

① 同第 199 页注释①。

发展的趋势。主要由女性和学生构成的兼职劳动者在这些服务行业中的数量很大。服务业部门的就业质量如何？大多数女性兼职劳动者每年的收入不到 130 万日元(如果 1 美元兑换 100 日元的话,大约合 13 000 美元)。考虑税收和社保支出的话,这是一个受供养家庭成员收入的最低门槛了。

日本的人口老龄化速度在发达国家中最快。2005 年,每五个日本人中就有一个年龄在 65 岁以上,而且据预测这一比例到 2050 年时会上升到大约 40%。法律规定退休年龄通常为 65 岁(到 2013 年),但是我们不知道这一规定是否足够。在不久的将来,考虑到人口结构和维持社会养老金机制的难度,退休年龄有可能会被再度提高。目前来看,年龄较大的劳动者在过了法定退休年龄后通常会有较强的愿望继续就业,但是老年劳动者的工作机会不多,工作质量也不高。对于日本这样一个老龄化社会来说,要作的还很多。

20 世纪 90 年代以来,日本的雇佣关系发生了一些显著变化。首先,日本公司经历了劳动力剩余(劳动力囤积)的不景气时期,它们将公司招聘的雇员数量限制到最低限度。结果,年轻的正式雇员(25—35 岁间)经常劳累过度,工作时长过长,同时缺少带薪假期。另一方面,非典型雇佣增加。在很多服务行业的公司里,大量雇员是兼职或固定期限劳动者的现象并不少见。因为那些原先为公营的公司(如通信、国家铁路)和大型制造企业(如钢铁、电器),是支撑长期雇佣的主要力量,所以结合它们雇佣人数的减少来看,长期雇佣的整体下降也就很明显了。尽管过去终身雇佣常常适用于少数雇员,但是它被管理人员和雇员作为一种社会规范所接受。然而现在这种终身雇佣的社会规范已经变得更加脆弱无力。

非典型雇佣问题不仅引出了工作质量的问题,而且也反映了正式雇员和非正式雇员之间的差异。一旦劳动者被困在非典型雇佣的群体里——不论原因是什么(为了家庭责任或只是毕业后想简单找份工作),他们几乎没有途径或可能再进入正式雇员的群体。这意味着人力资源的巨大流失。

日本雇佣关系另一个令人担心的方面是集体维度的缺失。工会化程度持续降低,企业工会间不够团结,意味着雇员的声音越来越微弱。个体劳资纠纷数量的增加说明至少这部分雇员对他们的工作并不满意。

日本的雇佣关系体系由地位稳固、规模巨大的雇主的雇佣实践塑造而成。尽管如此,服务业部门的发展却提出了一个重要课题,那就是寻求将劳动者的长期保障与雇主需要的灵活性结合起来的方法,尤其是在经济不断变化发展的时代更是如此。

日本雇佣关系大事记

1868	明治维新结束幕府时代。
1880	早期政府拥有的工厂被出售给私人家族,此即财阀(zaibatsu)或控股公司的由来。
1894—1895	甲午中日战争。
1904—1905	日俄战争。
1911	《工厂法》(*Factory Law*)颁布。
1912	"友爱会"(Yuaikai)成立。
1921	"日本劳动基金会"(Nippon Rodo Sodoumei, Japan Labour Foundation)成立。
1931	劳资纠纷数量创下第二次世界大战前的最高纪录。"九·一八"事变爆发。
1937	抗日战争爆发。
1938	通过《国家总动员法》(*Sodoin bo*, *The National General Mobilization Law*),授予政府控制社会生活和经济的广泛权力。
1940	政府下令解散工农组织。"大日本爱国产业联合会"(Dainihon Sangyo Hokokukai, Great Japan Federation of Patriotic Industries)成立。
1945	第二次世界大战结束。《工会法》颁布(于1946年实施)。
1946	"全日本劳动者总同盟"(Sodomei, Japanese Confederation of Labour)组成。《雇佣关系调整法》(*Labour Relations Adjustment Law*)颁布,1947年5月3日开始实施。"日本劳动者联合会议"(Congress of Labour Unions of Japan)组成。
1947	驻日盟军总司令部(GHQ)下令停止2月1日总罢工。《劳动基准法》(*Labour Standard Law*)颁布。
1948	"日经联"(Nikkeiren, Japan Federation of Employers' Association)组成。修订《工会法》和《雇佣关系调整法》。
1950	朝鲜战争爆发。"日本工会总评议会"(Sohyo, General Council of Trade Unions of Japan)筹组大会召开。
1954	"全日本工会联合会"(Zenro, All Japan Federation of Labour Unions)组成。"日本工会总评议会"将五个产业级别的工人运动合并为一个,促成工资在春季有所上升。

1959	日本国会通过《最低工资法》(*Minimum Wages Law*)。三池煤矿(Miike Coal Mines)发生劳资纠纷。
1965	日本批准《国际劳工组织第 87 号公约》(ILO's Convention 87)。
1974	"春斗"历史上最大规模的罢工发生,约有 600 万人参加。
1982	日本"全民劳协"(Zenminrokyo,Japanese Private Sector Trade Union Council)成立。
1986	《公平就业机会法》(修订案)出台。
1987	"联合"(Rengo,Japanese Private Sector Trade Union Confederation)成立。修订《劳动基准法》(促进工时缩减)。"国营"铁路公司私有化。
1988	"联合"合并了公共部门的工会,组成新的"联合"(Japan Trade Union Confederation)。
1990	修订《移民和难民认可法》(*Immigration and Refugee Recognition Act*)。日经指数大跌,预示着"泡沫经济"时代的结束。
1997	金融危机发展至顶点,一些大型金融机构破产,如山一证券(Yamaichi Securities)、北海道拓殖银行(Hokkaido Takushoku Bank)。
1999	修订《临时(派遣)中介机构法》[*Temporary* (*Dispatching*) *Agency Law*],放松了一些限制性条款规定。
2001	小泉纯一郎成为日本首相。为解决个体劳动纠纷而进行立法。12 月份,失业率创下 5.5% 的纪录。厚生省与劳动省合并成立厚生劳动省(Ministry of Health, Labour and Welfare)。
2002	两大雇主联合会,"经团联"(Keidanren)和"日经联"(Nikkeiren)合并,成立"日本经团联"(Nippon Keidanren,Japan Business Federation)。
2005	自民党(LDP)在众议院取得压倒性胜利。邮政服务私有化。
2006	小泉纯一郎首相辞职。安倍晋三成为首相。
2007	民主党(DP)和其他一些反对党赢得参议院多数席位。
2008	福田康夫(自民党)辞职。麻生太郎(自民党)成为首相。受全球金融危机影响,日本制造业企业受困于出口市场的大幅下降。反对解雇临时劳动者(baken giri)的抗议发生,受到媒体的广泛报道。
2009	大型制造业企业(如丰田、日立、索尼和松下)宣布上一财年(到 2009 年 3 月份为止)公司亏损严重。

第 11 章
韩国的雇佣关系

Byoung-Hoon Lee

韩国是后工业化的成功典范。其最近的发展归因于日本的殖民占领(1910—1945)、国家分化(1945—1948)和朝鲜战争(1950—1953)。尽管工业化较晚,该国从 20 世纪 60 年代初以来,已经取得了显著的"压缩性发展",30 年来出口年增长 30%,国民生产总值(GNP)年均增长超过 8%。1987 年以前,"压缩性经济增长"一直由独裁国家领导,奉行出口导向的工业化政策。截至 2007 年,韩国共有 4 850 万人口,国民生产总值全球排名第十三位(9 699 亿美元)。韩国人均国民生产总值从 1962 年的 87 美元上升到 2007 年的 20 240 美元。自 1996 年以来韩国就已成为 OECD 的成员国。

韩国在过去的 60 年里,循着动荡但可喜的轨迹走向民主化。1945 年民族解放后,韩国受美国军事政府统治直到 1948 年,共和国的体制是由第一任总统李承晚(Syngman Rhee)创立的,而他 1960 年因学生运动下台。朴正熙(Chung-hee Park)总统 1962 年通过军事政变建立了独裁政权,在他 18 年的统治期内实行了以出口为导向的工业化政策(1962—1979),最终因被暗杀而结束了统治。总统全斗焕(Doo-hwan Chun)1980 年通过军事政变掌权,继续专制领导。1987 年 6 月,民间社团不断发展壮大,施压前军事统治集团宣布民主化宣言,为政治民主化提供了重要动力。在两届总统卢泰愚(Tae-woo Roh)和金泳三(Young-sam Kim)之后,金大中(Dae-jung Kim)于 1997 年年底在经济危机的背景下赢得总统选举,标志着韩国政治历史上权力第一次和平转移到反对党手里。在总统金大中和卢武铉(Moo-hyun Roh)领导的十年(1998—2007)自由统治后,李明博(Myung-bak Lee)作为保守党的总统候选人,在 2007 年的选举中重获政权,现在推行"友好合作"的经济改革。

本章描绘了韩国雇佣关系的历史演变,主要集中在 20 世纪 60 年代后的工业化时期,并讨论了韩国雇佣关系系统中关键角色和进程的主要特点。

此外,还讨论了最近该国雇佣关系的关键问题。

雇佣关系的历史演进

直到 20 世纪 60 年代初,韩国还是一个农业经济体,1963 年全国 63% 的劳动力都在这个主要产业内。朴正熙总统领导的政府于 1962 年以后连续推出经济发展计划,未来 30 年出口导向的工业化政策使国家经济急剧改变。政府领导经济发展的“韩国模式”促进了工业化时期的形成(Lee,2003)。在此期间,政府设定经济发展目标和政策,以独裁的方式主导金融资本和工业技术的培育及分配。政府促进企业集团(被称为财团)的发展,将其作为出口导向政策的伙伴,导致财团在当今韩国经济结构中占据主导地位。

从 1962 年到 1987 年,韩国雇佣关系主要由政府干预型劳动政策控制,目的是保证廉价和无罢工的劳动力供应,这成为经济增长的必要条件。所谓的“发展国家”就是禁止工人组织工会或罢工。企业层面,工会活动受政府的劳工独裁政策限制,雇主有自由确定工资和工作规则的管理特权。由于工会积弱,不能反映工人的不满和要求,直至 1987 年雇佣关系都是由国家权力和雇主权益主导的。韩国工会联合会(FKTU)[①]及其分会受到国家严格控制,它们勾结管理层而不积极代表员工利益。因此,由于成功的工业化,产业关系在国家主导的工业化时期大致稳定,失业率从 1963 年的 8.1% 下降到 1986 年的 3.8%(Kim & Sung,2005)。

在这一背景下,20 世纪 60 年代和 70 年代韩国工业化时期工会成员数逐渐增加。然而,如表 11-1 所示,因为总统全斗焕对工会活动采取强硬立场,80 年代初工会会员数骤降,并持续到 80 年代中期。和学生运动密切相关的民主联盟找到了一个挑战独裁政府和从 70 年代末以来一直积弱的韩国工会联合会的支点。

1987 年年底,随着政治民主化,劳工大斗争爆发,导致国家控制的产业关系体系瓦解。面对已经采取攻势的工会运动,政府放弃干预型劳工政策,并且官方认可了工会自治权及工作场所处理劳工问题的管理权。结果,1986 年到 1989 年工会数几乎增加了两倍(从 2 742 个到 7 883 个)。工会成员几乎翻了一番,从 105 万人到 193 万人,工会密度也从 11.7% 飙升至 18.6%。劳工运动的爆发性增长使工人和管理层势力达到空前平衡。在这

① FKTU 作为反共工会组织,成立于 1946 年。它由右翼政治领袖资助,用来打击当时由社会主义者领导的全韩国劳工联盟(AKLU)。直到 1987 年,FKTU 一直是一个支持独裁政权的劳工政策的附股合伙人。

表 11-1 韩国雇佣关系指标

年份	工会			劳工冲突		失业率（%）
	工会会员数（千人）	工会密度（%）	工会数	罢工次数	罢工参与人数（千人）	
1970	473	12.6	3 500	4	1	4.4
1975	750	15.8	4 091	52	10	4.1
1980	948	14.7	2 635	206	49	5.2
1985	1 004	12.4	2 551	265	29	4.0
1986	1 036	12.3	2 675	276	47	3.8
1987	1 267	13.8	4 103	3 749	1 262	3.1
1988	1 707	17.8	6 164	1 873	293	2.5
1989	1 932	18.6	7 883	1 616	409	2.6
1990	1 887	17.2	7 698	322	134	2.4
1991	1 803	15.4	7 656	234	175	2.4
1992	1 735	14.6	7 527	235	105	2.5
1993	1 667	14.0	7 147	144	109	2.9
1994	1 659	13.3	7 025	121	104	2.5
1995	1 615	12.5	6 606	88	50	2.1
1996	1 599	12.1	6 424	85	79	2.0
1997	1 484	11.1	5 733	78	44	2.6
1998	1 402	11.4	5 560	129	146	7.0
1999	1 481	11.7	5 637	198	92	6.3
2000	1 527	11.4	5 698	250	178	4.1
2001	1 569	11.5	6 148	235	89	3.8
2002	1 538	10.8	6 506	322	94	3.1
2003	1 550	10.8	6 257	320	137	3.4
2004	1 537	10.3	6 107	462	185	3.5
2005	1 506	9.9	5 971	287	118	3.5
2006	1 559	10.0	5 889	138	131	3.3
2007	1 688	10.6	5 099	115	93	3.0

注:工会密度 = 工会成员 ÷ 劳动力总数 × 100

资料来源:2008 年韩国劳动研究院劳动统计,韩国劳动研究院。

个过程中,管理层对工人的控制大大放松,而且在许多大型企业中由工会负责车间控制。管理层被迫接受加薪、改善工作条件,并建立企业福利计划。1987 年到 1989 年间,所有行业平均名义工资每年增长超过 12%。同期,制造业每年平均名义工资增长 18%。

然而,工会成员和密度在 20 世纪 90 年代初都开始下降,主要是因为经济衰退,政府实行新干涉主义劳工政策,工作条件包括工资有显著改善,以及 80 年代末和 90 年代初共产主义集团崩溃后公众对激进的工会化同情减弱(Lee & Lee,2003)。工会会员下降的趋势一直持续到 1998 年。

到 90 年代初,全球化波及韩国,提升了全国对国家经济国际竞争力的关注。政府试图采取解决劳资纠纷的新方法。新政府的政策之一是推出"社会对话"模式,涉及工会、雇主和政府三方间的协商。在政府的协助下,1993 年和 1994 年韩国工会联合会和韩国雇主联合会(KEF)就工资增长和就业政策在全国范围内达成协议。FKTU-KEF 协议成为企业层面工资谈判的指导方针。然而,1995 年全国性的协商终止,因为韩国工会联合会涉嫌支持政府的工资调控政策。

政府作出的另一个第三方尝试形成了产业关系改革总统委员会(PCIRR),该委员会于 1996 年 5 月成立,作为总统的咨询机构,它由工会代表、雇主协会代表、公共利益代表和学术团体代表组成。产业关系改革总统委员会给各利益相关者提供关于劳动法改革的社会对话的开放式论坛。产业关系改革总统委员会包括韩国工会同盟(KCTU)——国家第二大民主工会。另外,1995 年 11 月成立的韩国工会同盟尚未获得法律承认。

经过一系列公开听证会、小组委员会和全体研讨会,产业关系改革总统委员会提交给金泳三总统一系列关于劳动法的修改意见。然而,1996 年 12 月 26 日,政府和执政党在反对派议员缺席议会的情况下,通过了自己关于修改现行劳动法的草案。政府单方面修改劳动法,强调劳动力市场的灵活性而非重视劳工权利和工会化,引发了 1996 年年底和 1997 年年初的全国大罢工和反政府抗议活动。在工会和国际社会的更大压力下,政府放弃了对劳动法的修订,并最终于 1997 年 3 月与在野党协商对劳动法进行修改。

1997 年 11 月的外汇危机也严重影响到雇佣关系。1997 年年底的经济危机对韩国劳工体制及其转型产生了巨大影响,如同 1987 年的民主化情形,废除了基于发展国家的劳工控制政策的陈旧雇佣关系体系。1997 年的经济危机使得 1987 年形成的就业制度发生了巨大变化,引发了政府和企业的广泛重组和大规模裁员。继 1997 年的经济危机后,劳资之间雇佣关系的焦点从经济问题,如工资、福利,转向工作和就业,同时劳资冲突密度急剧增加。工会在 1998—1999 年经济衰退期间作出前所未有的让步,同意冻结工资,减少奖金和福利计划。例如,1998 年工资整体下降 2.7%。1997—1998 年间,工会企业普遍裁员引起工会会员数大幅下降 19.7 万。但是,1999 年新的劳动法第一次允许教师组成工会,工会会员人数和密度略有上升。从那时起,工会会员已回升至150多万，虽然2006年工会密度下降到10%（见表11-1）。

面对经济危机，韩国政府恢复社会对话。当选总统金大中于1998年1月成立三方委员会以促进政府、工会和雇主为克服经济危机而合作。1998年2月9日，委员会完成了一份包含90篇文章涉及广泛议题的历史性社会契约，包括扩大就业保险覆盖面，允许裁员和劳务派遣，担保教师和公职人员的劳动权利（Lee，2003）。社会契约通过改善韩国在外国金融机构中的信誉为经济危机的结束作出了重要贡献。然而，签署社会契约后不久，韩国工会同盟的领导层就因为同意通过立法授权解雇多余劳动力而面临其成员的强烈批评。为此，韩国工会同盟退出委员会，使委员会的第一轮政策磋商陷于停顿。

三方委员会第二轮磋商始于1998年6月。这一轮磋商的主要目的是监察第一次委员会提出协议的执行情况，并促进关于银行、金融和公共部门经济结构调整的三方协商。第二轮磋商就具体的政策建议达成三方协议，其中包括教师工会合法化和双层医疗保险体系。当韩国工会同盟于1999年年初第二次从委员会中退出时，磋商最终走到尽头。虽然该委员会在1999年9月召开第三轮会议，但它在促进三方对话中的作用因为韩国工会同盟和政府之间的持续对抗被严重削弱。因此，从2000年至今，瘫痪的三方委员会已无法解决许多迫切的劳工问题，如劳动力市场分割加剧、非正式工的激增和滞涨，这在很大程度上归因于经济危机后政府采取的新自由主义改革（Lee，2005）。

1997年以后，工作生活质量急剧恶化。事实上，非正式工人迅速增加，而对非正式工根深蒂固的歧视及体面工作的减少，使劳动力市场产生分化。更具体地说，涉及就业地位、企业规模和性别的分化变得更加严重，加剧了劳动力市场和产业关系的分割。20世纪90年代初以来，特别是在金融危机之后，大型企业正式员工和其他劳动力之间的差距越来越大，包括工资、福利、工作培训、就业条件、法律和工会保护。与此同时，产业关系体系发生了一些初具雏形的变革，例如，扩大行业工会化和修订劳动法以符合全球标准。

综上所述，在过去40年来，韩国的雇佣关系经历了工业化、民主化、全球化和全球金融危机的动态转变。自1987年以来，韩国之前一直受专制国家控制的雇佣关系，已经朝着民主模式有了一些进展，包括社会对话和加强劳动法规，尽管工会密度持续下降。但是，1997年以后，雇佣关系产生了劳动力市场两极化及劳资冲突加剧的关键问题。

雇佣关系的主要参与者

工会

20 世纪 80 年代末期见证了工会构成的显著变化以及劳工运动的爆炸性增长。首先,工业化最突出的行业从劳动力以女性占主导的纺织业,转向男性占据主导地位的金属和化工等行业。[①] 这反映了韩国 1980 年前后经济结构的转变。自 1987 年以来,男性劳动力为主的重工业的工会组织领导了韩国的工会运动。在这一时期服务行业如银行、传媒、医疗保健等中的白领工会成员也大幅上升。其次,1987 年民主化之前,许多新组建的工会对韩国工会联合会顺从政府的劳工控制政策表示批判,所以他们拒绝隶属于韩国工会联合会。这些独立工会主张所谓的"民主化联盟",并在 80 年代后期积极地形成自身的联盟。独立工会联盟于 1995 年并入韩国工会同盟。

今天,韩国的工会运动划分为两个国家中心——韩国工会联合会和韩国工会同盟,如表 11-2 所示。韩国工会同盟于 1999 年获得法律认可,现在有 17 个下属联合会或行业工会,倾向于激进行动主义,而韩国工会联合会有 26 个分支机构,对政府和雇主显示较温和的立场。截至 2006 年,韩国工会同盟下属工会平均成员数为 548.8 人,大于平均成员数为 220.2 人的韩国工会联合会下属工会。这反映了 1987 年后在大型企业成立的很多工会,都与韩国工会同盟存在从属关系。韩国工会同盟从 1995 年的 42 万人(其成立时),增加到 2004 年的 66.8 万人,然后在 2006 年又下降到 62.7 万人。韩国工会联合会失去了官方承认的工会地位,同期在其成员数上损失重大。值得注意的是,脱离韩国工会联合会和韩国工会同盟的独立工会的数目,在近年来有所增加。

表 11-2　工会按其国家分支的构成

	工会数	工会成员数(千人)
韩国工会联合会	3 429 (58.2)	755.2 (48.4)
韩国工会同盟	1 143 (19.4)	627.3 (40.2)
独立工会	1 317 (22.4)	176.7 (11.4)
总计	5 889 (100.0)	1 559.2 (100.0)

注:括号内的数字代表工会数和工会会员数的百分比。

资料来源:2008 年韩国劳动研究院劳动统计,韩国劳动研究院。

① 男性成员在总工会成员中的份额已经从 1980 年的 63.8% 上升到 2006 年的 77.9%。

韩国大部分工会基于企业。企业工会保证公司层面上工会管理和集体谈判的实质性自治。20 世纪 60 年代初，朴正熙总统强迫工会朝着产业模式的方向改革组织结构，以便政府能够有效控制它们。但 80 年代初，全斗焕总统注意到这些行业工会在 70 年代末质疑国家控制，就立法迫使工会结构重新改变成企业模式。自从 90 年代后期以来，工会已经有意识地将组织结构从企业联盟转变为产业联盟，以此来建立集中谈判制度，加强其社会和政治影响力。

1998 年 2 月，韩国卫生和医学工作者联合会（KHMWU）是第一个从企业工会转向产业工会的例子。许多工会，例如韩国金融业联盟（KFIU）和韩国金属工人工会（KMWU）紧随其后。结果，产业工会会员人数占总工会会员数的比例从 1996 年的 10% 增加到 2007 年的约 45%（Lee & Kwon，2008）。特别是，韩国工会同盟正式通过了一项决议，即于 2007 年年底完成行业工会化的组织转型，2007 年年初就有近 80% 的成员属于行业工会。相比韩国工会同盟的努力，韩国工会联合会在组织结构调整方面不太积极，目前只有 20% 的成员属于行业工会。此外，近年来非正式工进行了组织以社区为基础的总工会的新尝试，以应对劳动力市场不断增长的灵活性和机动性。值得注意的是，62.9% 的超过 300 名员工的大型企业成立了工会，尽管工会密度仍然非常低，只有 10%。

雇主

直到 1987 年，雇主——依赖政府的干预型劳工政策——限制工人集体活动，对工人实行专制监督。在 1987 年前的车间管理中，雇主用军事控制对待员工，模仿军事的分层结构对下属人员进行监管（Park，1992）。但是，1987 年工会运动的爆炸式增长将公司层的产业关系从管理层主导转变为劳资双方权力均衡。结果，管理层的独裁控制受到削弱，很多企业由工会接管车间控制。此外，管理层在工会压力下被迫同意大幅加薪、改善工作条件和福利计划。即使是用于区别对待工人工资的工作考评办法，也因其被看作工人不满的主要来源而被工会废除。

从 20 世纪 90 年代早期开始，雇主开始在雇佣关系政策中采取强硬立场。为对抗 20 世纪 80 年代末和 90 年代初重创韩国经济的经济衰退，雇主于 20 世纪 90 年代初开始实行所谓的“新管理战略”。新管理战略包括三大支柱：新人事政策、灵活的工作系统和工会抑制策略。雇主试图执行一项新人事政策，包括灵活的工资制度（如按绩效和工作能力支付）和恢复工作评估方案。在工作场所，雇主推广自动化技术的应用，以促进劳动过程中的灵活性,提高劳动生产率。采用先进生产技术的目的在于减少管理层对激进的劳动力的依赖。与此同时,管理层下了很大工夫对组织非法争端活动的工会领导人和激进分子采取严厉惩罚,以限制工会的争端行动。作为工会抑制策略的核心,“不工作,不付薪”的政策得到了加强,以防止工会罢工。因此,新的管理策略的主要目的是削弱工会在车间的权力,使生产系统更加灵活。

1997 年经济危机的背景下,许多企业发生了大规模重组,特别是在金融和公共部门以及大型私企里。这些大公司的管理层一般采取行动来缩减正式员工数,如在经济危机背景下永久裁员或提前退休,同时扩大非正式工的使用,在后期业务恢复时将一些业务进行外包。因此,这些大公司在经济繁荣期间按照日本模式开发的内部劳动力市场雇佣惯例,在经济危机时被大幅削弱。1997 年以后,大型企业普遍按照美国模式通过外部劳动力市场招聘非正式工并定期对其进行组织再造。值得注意的是,各集团间雇佣关系差异很大,这对韩国经济和国家产业关系有很大影响。例如,三星(Samsung)——韩国第一大企业集团,一直严格奉行不加入工会的人力资源管理模式;现代汽车集团(Hyundai Motor Group)——韩国第二大集团,采取对抗工会的立场,LG 电子(第三大集团)和 SK(第四大集团)则与它们的工会保持相对合作的关系。相比之下,中小型公司总的来说雇佣关系实践较差,有时低于法定劳动标准,因为它们的财务能力较弱,管理风格守旧。

当代雇主组织中有三个重要的机构对国家层面的雇佣关系有较大影响:韩国雇主联合会、韩国工商联合会(KCCI)以及韩国行业联盟(FM)。韩国雇主联合会成立于 1970 年,代表制造业和服务业的 3 300 家企业,一直是国家层面雇佣关系谈判和协商的官方声音。该协会作为雇主代表,获邀参加产业关系改革总统委员会和三方委员会。20 世纪 80 年代末的劳工运动和 90 年代以来政府发起的三方协商模式努力迅速增长,使得韩国雇主联合会变得日益重要。韩国工商联是历史最久的雇主协会,成立于 1884 年,代表所有行业的 45 000 家公司,其成立基于 1952 年设立的《工商商会法》(*Chambers of Commerce and Industry Act*)。韩国工商联近年来被视为涉及劳动法改革的社会对话雇主代表。韩国行业联盟成立于 1961 年,主要由 380 家大公司(包括财团)组成,代表财团利益对政府的劳工政策和议会劳动法立法施加影响。

政府

韩国政府在 1987 年以前对工业关系和就业惯例采取独裁统治(如上所

述)。1987 年之前,政府在促进经济增长和镇压工人的集体行动方面起到积极作用。在此期间,政府政策重点放在创造就业机会和以家长式作风提供劳动力供给上。但是,随着 1987 年后民主化的出现和工会运动的爆炸性增长,政府的劳工政策从专制转向社会对话。特别是自 20 世纪 90 年代初以来,政府——关注国家经济竞争力的下降和经常性的劳资冲突——采取三方模式以促进工会和雇主间和平和合作的关系。① 因此,政府主导的三方制度从国家经济和社会理事会——成立于 1990 年——开始。它经历了 1993 年和 1994 年国家层面的 FKTU-KEF 工资谈判阶段,1996 年产业关系改革总统委员会对劳动法改革的协商,到 1998 年年初的三方委员会。三方委员会更名为经济和社会发展委员会(ESDC),2007 年 4 月法律修订后,其政策咨询的议程扩大。该委员会现作为劳工和社会问题协商的主导委员会。尽管三方机制实行了 18 年并获得显著成就——特别是在克服 1997 年的经济危机上——社会对话却没有得到工会的信任,工会声称,它已被用来作为政府发起的政策制定的粉饰,被雇主代表束缚住了手脚。此外,工会成员指责委员会在新自由主义劳工市场的灵活性及解决劳动力市场两极分化带来的社会问题方面所作甚少。

负责劳工政策的政府管理办公室成立于 1963 年,1981 年晋升为劳动部。劳动部涵盖所有工作相关领域,如劳工标准、产业关系、就业保险和均等、职业培训和工作安全。该部目前有两个办公室(政策规划和就业政策)和三个部门(劳资合作、劳动标准、行业健康和安全)。劳动部还有 46 个地方机构,包括分布在主要城市的六个地区管理局——首尔(Seoul)、釜山(Pusan)、仁川(Incheon)、大邱(Daegu)、仁川(Incheon)和光州(Kwangju)——及 40 个区域办事处。在区域办事处,劳动监察员——目前大约 1 350 个——不仅负责监察劳工标准法规定的工作条件,而且要采取措施防止其所在区域公司层面的劳动冲突。劳动部下属的两个委员会在塑造全国性的雇佣关系方面起了关键作用。劳工委员会由三方组成(工会、雇主和公共利益团体),裁定一些案例如不公平的劳工惯例、不公平解雇和工作歧视,并调解劳资纠纷。最低工资委员会(MWC)包括 27 名成员,均等地代表工会、雇主和公众利益,管理三方之间的谈判并确定最低年薪。

要注意,劳动部从设立至今将经济增长政策放在优先位置并较为温和,工会起了关键作用。同时,自从金大中任总统以来(1997—2002 年),政府制

① 澳大利亚总理霍克于 1989 年访问韩国,向韩国总统卢武铉提出了关于社会对话模式及其在澳大利亚培养劳资合作和克服经济困难的各项建议。卢武铉总统对这个三方模式留下了深刻的印象,并在 1990 年年初派遣政府官员和研究人员学习这种社会对话模式。

定政策以促进劳资文化和工作场所创新，因为它认为对抗性的雇佣关系是国家竞争力的重要制约因素。同样值得注意的是，政府是韩国最大的雇主，到 2006 年年底雇用 134 万人，包括公务员（65.6 万）、公立学校教师（41.5 万）、公共企业和机构（27.2 万）。1999 年和 2004 年教师和公务员分别获得合法的劳工权利以组织和谈判（不包括罢工行动）。考虑到对工会活动的法定限制，公共部门实行高度组织化，公务员的工会密度为 26.9%，教师大约为 25%，公共企业为 44.5%。因此，政府通过与公共部门工会的集体谈判达成的结果对私有部门的雇佣关系有重要影响。

雇佣关系的发展

集体谈判和劳动争议解决

集体谈判由《工会和劳工调整法案》（*Trade Union and Labour Adjustment Act*, TULAA）负责。根据以企业为基础的工会结构，大多数工会企业的集体谈判主要发生于企业层面。运输部门（如出租车和公交车）和纺织部门例外，因为这些部门保持着传统的区域或部门谈判做法。由于 1997 年修订的《工会和劳工调整法案》规定，任何集体协议的有效期不超过两年，大多数工会企业每年举行一次集体谈判。实践中，工资合同的集体谈判每年进行，有关工作条件和其他合同条款的谈判是每两年一次。即使集体谈判结构上基本是分散的，两个国家中心和雇主协会通过谈判建议对企业级的谈判仍有较大影响。如表 11-3 所示，韩国工会联合会和韩国工会同盟每年年初提出关于加薪和其他合同变更（如工作时间减少、就业保障、近年来对非正式工的常规雇佣）的谈判纲领，这些成为企业级集体谈判的重要参照。为响应国家工会中心的谈判建议，韩国雇主联合会为其会员公司提供谈判指引。而且，全国工会中心和韩国雇主联合会每年参与设立最低工资委员会的最低工资的谈判过程。①

行业工会，过去十年因企业工会的组织整合而发生重组，要求集中谈判，这区别于西方国家谈判结构的分散化趋势。特别是，三大行业工会，如韩国金属工人工会、韩国卫生和医学工作者联合会和韩国金融业联盟，在与雇主协会达成全国性合同上取得显著进展。现在韩国金属工人工会有三层次的谈判结构，包括国家、区域和公司层次，韩国卫生和医学工作者联合会和韩国金融业联盟有两个层次——国家和企业层次。但是，行业集中谈判

---

① 政府扩大了《最低工资法》的覆盖面；自 2000 年 11 月起将所有业务包括在内。

尚未确立，因为雇主之间，特别是财团对此漠不关心，甚至表示反对。

劳动争议程序在《工会和劳工调整法案》中有规定。根据这项法案，双方有责任与劳工委员会进行调解。在2007年《工会和劳工调整法案》修订之前，政府能够为关键服务的公共部门的劳动纠纷（如水、电、煤气、石油、电信、铁路、医院、市内公共交通和银行服务）提供强制仲裁。修订后的《工会和劳工调整法案》取消了强制仲裁，而是禁止公共企业关键服务部门的工会参与罢工。

表11-3 劳动管理工资建议和合同工资增长（%）

	合同工资平均增长	工资谈判提议		
		KEF	FKTU	KCTU
1988	13.5	7.5—8.5	29.3	—
1989	17.5	10.9(8.9—12.9)	26.8	37.3
1990	9.0	7.0	17.3—20.5	23.3
1991	10.5	7.0	17.5	22.2
1992	6.5	5.7(4.7—6.7)	75.0	25.4
1993	5.2	4.7—8.9	KEF和FKTU	18.0
1994	7.2	5.0—8.7	的国家协定	16.4
1995	7.7	4.4—6.4	12.4	14.8
1996	7.8	4.8	12.2	14.8
1997	4.2	工资冻结	11.2	10.6 ±3
1998	0.0	劳动成本降低20%	4.7	5.1—9.2
1999	2.1	工资冻结	5.5	7.7 ±1.5
2000	7.2	5.4	13.2	15.2
2001	6.0	3.5	12.0	12.7
2002	6.7	4.1	12.3	12.5
2003	6.4	4.3	11.4	11.1
2004	5.2	3.8	10.7	10.5
2005	4.7	3.9	9.4	93
2006	4.8	2.6	9.6	8.0—12.6
2007	4.8	2.4	9.3	9.0

资料来源：2008年韩国劳动研究院劳动统计，韩国劳动研究院。

劳动管理委员会

劳动管理委员会（LMC）是促进员工和管理层之间交流和合作的制度化渠道。政府1980年制定《劳动管理委员会法案》（*Labour-Management Council*

Act)，规定 50 个工人以上的组织必须建立委员会。尽管有这项法定规定，直到 1987 年建立劳动管理委员会的公司并不多。但是，随着 1987 年民主化以来劳资纠纷增加，管理层试图通过劳动管理委员会促进与工人的合作。结果，建立劳动管理委员会的公司数目在 20 世纪 90 年代初迅速上升到 14 000 家。

1997 年，《劳工管理委员会法案》被《工人参与和合作法案》(*Act Concerning the Promotion of Worker Participation and Cooperation*, APWPC)取代。新法案规定，30 名工人以上的所有企业必须建立委员会，且每个季度要召开会议。根据新的法律规定，1996 年(15 234 个)至 2001 年(29 348 个)之间建立劳动管理委员会的公司几乎翻倍。劳动管理委员会的数量持续增长，2006 年达到 40 018 个。

劳动管理委员会中员工和管理人员代表人数均等，通常每方有 3—10 个人。当某公司设有代表广大职工的工会时，工会的领导人有权作为职工代表参与劳动管理委员会。根据《工人参与和合作法案》，劳动管理委员会处理的工作场所问题主要分为三类：(1) 需要职工代表事先同意的问题(如培训和发展计划、福利计划、内部福利、申诉处理、劳资联合管理委员会)；(2) 向员工代表咨询的问题(如人力资源规划、工作场所装修、新技术、行业意外预防、多余劳动力调整、重新安排工作时间、工资制度变化和工作规则的修订)；(3) 必须报告的问题(如企业战略和业绩、季度生产计划、人事问题，以及公司的财务状况)。值得注意的是，许多工会将劳动管理委员会作为集体谈判的延伸，但很多企业的高层管理者对劳动管理委员会提倡的合作和交流的可行性持质疑态度。

当今的关键问题

劳动力市场两极分化

1997 年的经济危机给劳动力市场带来很大冲击。大多数在 1997 年前实现持续增长，采用传统的“终身就业”人力资源政策的公司，对业务和雇佣惯例进行了广泛重组。这导致了韩国劳动力市场雇佣关系的根本变化。根据韩国劳工研究所在 2000 年对上市公司进行的调查，经济危机以来，采取措施缩减规模的企业份额达到 66%，说明了当时企业的大规模重组(Park & Rob，2001)。同一项调查显示，受访公司中，74% 进行了分拆，57.6% 将业务外包。1999 年经济恢复后，这些公司招聘非正式劳工来填补以前正式工的位置。

在经济危机时期，韩国劳动力市场的失业率急剧上升，而在21世纪前5年的复苏阶段失业率降低。2001年至2008年失业率维持在3%的水平，是OECD成员国中最低的。纵观全球金融危机期间，韩国官方失业率接近3%，除了2009年3月(4%)及2010年1月(5%)。2009年3月失业率暂时增加是因为高校毕业生进入劳动力市场。2010年3月的数字可能与2009年年底政府取消就业创造补贴有关。然而，韩国劳工市场的问题是日益恶化的就业结构，主要源于好工作的持续减少和好坏工作之间的差距日益扩大。

大公司好工作的减少主要是由于管理层决定裁员和外包的政策。超过500人的大公司雇员数从1993年的210万下降至2005年的130万。结果，同期大公司员工占劳动总人口的比重从17.2%下降到8.7%(Kim,2005)。相反，非正式工的数量自经济危机以来急剧上升。因此，对临时工的过度使用和歧视已经成为韩国社会的重大问题。非正式工比重由2001年的26.9%上升至2007年的36.7%。[①] 近九成的非正式工受雇于不到300名员工的小公司。此外，过去十年去工业化进程加快，导致制造业就业人数减少。这种就业部门结构的变化伴随着工作质量的下降。1997年至2006年，制造业的就业率从21.4%下降到18%，而该部门占国内生产总值(GDP)的比重从26.3%上升至27.8%。

劳动力市场的日益两极分化因整体就业条件差距扩大而加重，包括大型企业正式工和小企业工人、非正式工人之间工资和福利的差距越来越大。

图11-1显示了从1993年到2006年大小企业之间不断扩大的工资差距。例如，10—29人的小公司的员工月薪从1994年占500人以上大企业的72.4%，下降到2006年的59.8%。正式工和非正式工之间的工资差距近年来也扩大了，非正式工的月薪从2000年占正式工的53.7%，下降到2006年的51.3%。

而且，劳动力市场的两极化在员工福利和人力资源开发上较为显著。过去十年里，大小企业之间在企业层面福利支出上的差异保持稳定。超过1 000名员工的大公司，相比30—99名员工的小公司，在福利支出上为后者的2倍，培训支出上为8倍。大多数非正式工不享受法定福利和劳工标准。只有大约30%的员工享受法定福利项目，如国家养老金、医疗保险和劳动就业保险。只有15%—20%的非正式工受法律劳工标准的保护，包括额外的

---

① 2000年以来，关于根据国家统计局每年实行的经济活动人口的补充调查得出的非标劳动力的规模，一直存在着激烈的争论。劳工界一直坚持认为，非正式劳动力的人数必须包含不在政府统计里的临时就业合同工。根据劳工界的估计，非正式劳动力就业的比重一直占总工作人口的55%左右。

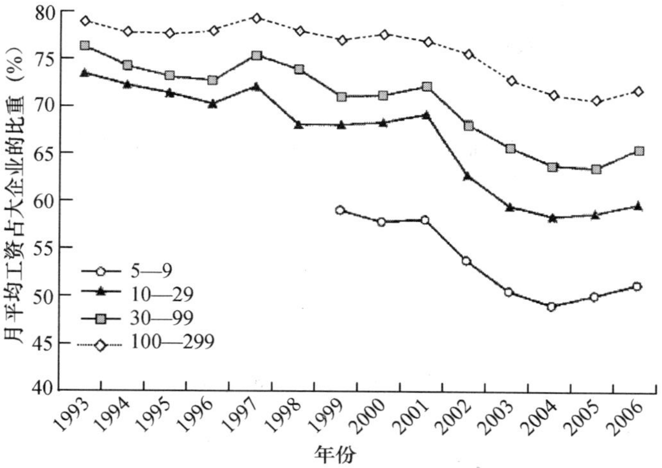

图 11-1　不同公司规模月收入差距的趋势（500 名员工以上的企业数为 100）

资料来源：韩国劳动研究院（2008）。

保费和工作遣散费。

劳动力市场两极化的另一个问题是主要部门和次要部门之间缺少工作流动性。许多研究表明，非正式工作被困在外围部门，而不是作为正式工作的“跳板”（Nam & Kim, 2000; Han & Jang,2000）。与此同时，大公司的员工和小公司员工、非正式工一样经历着工作不稳定性。韩国大企业的雇员比美国和日本的同类企业员工的雇佣工作年限低（Jung,2006）。即使在工会企业，员工也受到管理层主导的重组计划的威胁，包括外包、公司分拆、业务重组、生产设施的重新配置和非正式工的使用。

值得注意的是，劳工市场的两极分化不仅仅源于经济危机的外部冲击，也是行业成员与他们政治互动方的战略选择。韩国严重的劳动力市场分化可以归因于：(1) 新自由主义经济改革，由政府在 1997 年后领导；(2) 大公司追求利润最大化，使小的承包企业更加处于劣势，并导致非正式工的急剧增加；(3) 企业工会以保护工会成员的自身利益为重点，不包括大多数的松散劳动力。结果，劳动力市场两极分化趋于恶化。人们越来越关注劳工市场两极分化造成的社会解体，如犯罪和自杀数增多，以及经济持续增长的基础瓦解。请注意，虽然 2003 年立法推出每周 40 小时工作制，韩国在 OECD 成员国中工作时间仍最长（2008 年是 2 261 小时）。

产业关系体系的转变

对抗性的雇佣关系在 1997 年后得到加强。如表 11-1 所示，20 世纪 90

年代中期劳资纠纷数量下降到100起以下，但1997年后急剧上升，在2004年达到高峰462起。虽然劳资纠纷数量2007年已经下降到115起，但由于产业各方根深蒂固的不信任，产业关系仍然不稳定。雇佣关系不稳定被视为国家经济竞争力提高的重要制约因素，瑞士洛桑国际管理学院（IMD）的世界竞争力报告表明，韩国和其竞争国家或地区如日本、中国台湾地区和新加坡等相比，竞争力显著下降。

1997年后发生的劳资纠纷主要是由于政府主导和雇主推动的重组，近年来许多劳资纠纷都与非正式就业和行业谈判相关。过去十年里，越来越多的非正式员工成为产业关系中的一个争议问题。虽然国家劳动中心——韩国工会联合会和韩国工会同盟——组织非正式工发起过运动，一些企业的工人还是组织了自己的工会，参与集体行动，要求改善工作条件，改变雇佣状态为正式工。非正式工加入工会往往导致雇主的坚决镇压，有时还与正式工的工会发生冲突。2006年年末，当保护非正式工的法律制定后，许多公司终止了与非正式工的劳动合同，决定代之以外包工，导致公司与非正式工之间非常激烈的对抗。尽管非正式工的工会密度在2006年仅为2.8%，对非正式工的过度使用和歧视很可能导致国家和企业层面的雇佣关系的紧张局面。

行业工会化——主要由韩国工会同盟分支机构发起——如上所述，是成功的。这些行业工会面临的困难是在各个行业的代表性不够，对行业资源（如财政基金和工会员工）的集聚度不高，雇主反对行业层面的谈判，行业合同较少扩展到无组织工或非正式工（Lee，2002）。特别是，雇主一直坚决否定行业工会集体谈判的要求，围绕谈判结构的争议很可能在韩国产业关系中长期存在。

此外，还有几个问题是关于工会活动的制度框架的。2001年立法通过，禁止给工会负责人发放薪酬及允许基层[①]多种工会存在。但是，《工会和劳工调整法案》的这些条款目前尚未生效，因为韩国工会联合会和韩国雇主联合会在2006年与三方委员会达成的协议要到2009年年底才终止。韩国工会联合会担心，不给工会负责人发放薪酬会导致工会组织能力的严重削弱，而韩国雇主联合会担心，第二份条款会造成公司层面多个工会的激烈竞争，这会给雇主的雇佣关系政策带来很大负担。同时，FKTU-KEF协议受到韩国工会同盟和非政府组织（NGO）的批评，它们认为，禁止基层建立多个工会剥夺了非正式工和其他无组织的雇员进行组织的劳工权利。劳动法修订过程

① 根据1997年《工会和劳动调整法案》的最新修订版，允许国家和行业层面的多个工会存在。

中两项条款的生效会导致韩国工会联合会、韩国工会同盟和雇主之间的激烈辩论。如果这些条款生效，传统的企业层面产业关系框架将从根本上改变，向行业工会化过渡，加剧企业层面上工会间的竞争。另一个问题由公共部门工会提出：公务员和教师抱怨现在的法律限制了他们的集体谈判和争端行动，要求获得谈判和罢工的权利保障。公共企业和研究机构的工会也批判了 2007 年生效的核心服务单位"禁止罢工"的法律规定。因此，公共部门的雇佣关系仍然是韩国争议较大的领域。

结论

如上所述，韩国雇佣关系自 20 世纪 80 年代末以来表现出显著变化，同期国家的政治经济"压缩发展"，如产业结构调整、民主化和经济危机。在发展制度下（1961—1987），雇佣关系主要由政府主导的经济增长政策塑造和统治。后民主化时期见证了雇佣关系的制度化。1997 年经济危机后，韩国雇佣关系经历了向市场驱动格局的实质性转变，衍生出一些关键问题，例如非正规劳动力的扩散。不过目前尚不清楚韩国市场驱动型的雇佣关系未来是会进一步巩固，还是会受到当前全球经济危机的挑战和影响。

韩国雇佣关系大事记

1876	日本强行开放封建朝鲜。
1888	第一次集体罢工,由金矿工人发起。
1898	韩国第一个工会——晟金码头工人工会(Seongjin Stevedores' Union)成立。朝鲜矿工罢工。
1910	日本占领韩国。
1919	3月1日国家独立运动。
1920	第一个全国组织——朝鲜工人联合会(Chosun Nodongkongjeaboe),由知识分子发起成立。
1922	社会主义导向的朝鲜工人联盟(Chosun Labour Confederation)成立。
1924	朝鲜工农联合会(Chosun Nonong Chongyeonmaeng)成立。《法律和秩序维护法案》压制国家工会。
1929	第一次全国罢工在元山(Wonsan)爆发。
1938	随着中日战争开始,工会被禁止。
1945	韩国摆脱日本和美国在韩国军事政府(USAMGIK)——后来的美国军事政府(AMG)——的殖民统治。国家和省级调解委员会设立。韩国工会总理事会(Chun Pyung)成立。
1946	《童工法》和《基本劳动法》制定。劳动部成立。九月份全国性罢工爆发。韩国工会总联合会(Daehan Dogrib Chockseong Nodong Chongyeonmyeng,GFKTU)成立。
1947	韩国工会总理事会被美国军事政府禁止。
1948	李承晚(Syngman Rhee)被选为韩国第一任总统。第一个经济复兴五年计划目标是摆脱消费扶助,实现经济独立。
1950—1953	朝鲜战争。
1953	制定《工会法》、《劳工标准法》、《劳动争议调解法》和《雇佣关系委员会法》。
1957	朝鲜纺织公司(Chosun Textile Company)在釜山发生冲突,韩国工会联合会十二月分裂。
1959	国家工会理事会(Cheonkuk Nodongjohab Hyeobuiehyo,NCTU)成立。

1960	4 月 19 日学潮使总统李承晚下台。张勉(Chang Myeon)政府上台。韩国工会联合会和国家工会理事会合并成为新的国家中心(Cheonnohyeob)。
1961	朴正熙将军在五月军事政变后上台。韩国工会联合会被重组为 12 个行业工会联盟。
1963	朴正熙被选为韩国第三任总统。修订劳工法。
1970	限制外资公司组建工会。
1971	维护国家安全的特别措施法(LCSMSNS)认定朴正熙为终身总统。强制仲裁扩大到所有行业。韩国雇主联合会成立。
1975	《劳动基准法》扩大到 5—15 个员工的企业。
1979	朴正熙遭暗杀。
1980	全斗焕将军发动军事政变。
1981	《劳动管理委员会法》、《行业安全健康法》和《最低工资法案》获得通过,工伤保险和赔偿法的适用范围扩大。
1987	6 月 29 日民主化宣言。
1991	韩国工会代表大会(Cheonnohyup,KTUC)成立。韩国加入国际劳工组织(ILO)。
1995	韩国工会同盟(Minjunochong, KCTU)成立。
1996	产业关系改革总统委员会成立。韩国加入 OECD。十二月劳工法的修订引发舆论哗然。
1997	由韩国工会同盟和韩国工会联合会组织总罢工潮,接下来是劳动法的修订。金融外汇危机发生。
1998	金大中政府执政。总统三方委员会同意引进更灵活的劳工市场策略,包括因管理原因裁员和使用派遣工。韩国卫生和医学工作者联合会作为行业联盟成立。
1999	失业率二月份跃升至 8.5%,创历史最高纪录。韩国工会同盟退出三方委员会。韩国工会同盟召集全国罢工反抗国际货币基金组织(IMF)的重组计划,但是没有得到广泛支持。
1999	教师获得合法权利组建工会。韩国工会同盟得到政府的官方认可。
2001	三方委员会同意将在企业层面施行多个工会,并将禁止给全职工会官员支付薪酬的劳动条款,推迟到 2006 年年底。三方委员会同意减少周工作小时到 40 小时。

2003	卢武铉政府执政。运输工人(卡车司机)联盟呼吁全国总罢工,为非独立自雇工人争取劳工权利。
2004	三方委员会就创造就业机会达成社会契约。
2005	韩国工会联合会和韩国工会同盟联合召集总罢工,呼吁立法保护非正规劳工。
2006	公务人员获得合法权利组织工会,参与集体谈判。三方委员会再次同意将在企业层面施行多个工会,禁止给全职工会官员支付薪酬的劳动条款推迟至 2009 年年底。《非正规劳工保护法》获得通过。
2007	三方委员会更名为韩国经济和社会发展委员会(Economic and Social Development Commission of Korea)。
2008	李明博政府执政。李明博宣布所谓的"李明博经济路线"(Mbnomics),包括业务友好型劳工市场放松管制,促进劳工市场的灵活性。
2009	政府发起工作分享运动,采取积极的劳工市场政策来创造就业,包括青年实习计划和公共工程计划。工会、雇主、民间团体和政府间达成社会契约,克服全球金融危机对韩国的影响。

第12章 印度的雇佣关系

C. S. Venkata Ratnam
Anil Verma

印度的产业关系体系起源于英属印度,可以追溯到19世纪的工业发展时期。在20世纪的大部分时间内,尽管印度发展设定了自己的步伐,但其工会、集体谈判以及一般工人权利的法律基础仍根源于英国普通法。印度因其在种族、语言、宗教及种姓方面拥有不同的人口,是一个大型的多党民主制国家。这些特点也影响了其产业关系体系。大多数工会应集中在大型企业和政府相关部门。而印度的劳动力大部分来自农村,被所谓的正规部门雇用(Agarwala,2008)。工会在这两个领域的稀缺,导致了占劳动力不到5%的工会密度。但是,工会和集体谈判是任何经济持续增长战略的重要组成部分。

自20世纪90年代中期开始[①],印度一直奉行一个成功的经济增长战略,这在很大程度上是基于其一度受到严格管制的经济的放宽。1996年到2005年这十年,印度每年的平均经济增长率为6%。2002年到2005年这四年,其经济每年8.5%的增长速度更加令人印象深刻。而20世纪90年代初之前,印度的经济增长一直慢于其他主要国家。经济学家一度用"印度教增长率"这个词来嘲笑印度自1947年脱离英国统治独立以来这40年来缓慢的经济步伐。[②] 缓慢的增长率可以部分归因于劳动力市场缺乏灵活性。相对于世界上的其他任何地方,印度的劳动法是最有利于工人的。雇主在实施纪律、裁员或关闭工厂时都面临着极大的限制(世界银行,2007)。

本章提出了产业关系的一个框架,描述了产业关系体系,概述了20世纪

---

① 虽然改革于1991年首次推出,但其对经济增长的影响直到几年后才凸显出来。这种滞后可以归结为改革经过多年逐步推出的结果。

② 新德里经济学院已故的 Raj Krishna 描述到,印度的增长速度大约为每年3.5%。

90年代印度经济改革的适应性。我们还描述了产业关系的历史演变，考虑了形成产业关系体系的驱动力。我们研究了自20世纪90年代经济改革以来，产业关系与高速的经济增长之间的相互作用。最后，我们还考虑了产业关系体系未来所面临的挑战，在为未来发展作贡献的同时要确保工人的公平及平等。

参与者

印度工会

印度的工会运动出现于19世纪50年代到70年代之间，恰逢早期纺织品制造、黄麻制造及光学工程的产生。全印工会大会（AITUC）成立于1920年10月，它是第一个全国总工会。它包含了各种思想派别，一直同国外的、本土的殖民统治及资本家作斗争。随着1947年国家独立前夕政治环境的变化，它才分为三个主要的工会。

印度全国工会大会（INTUC），在印度国民大会的全国代表大会的积极支持和鼓励下，成立于1947年5月3日，印度国民大会的和平和非暴力改革的政治意识与控制全印工会大会的共产党的改革重心是相互矛盾的。一年后，即1948年，一组自认为是社会主义者的人脱离了AITUC，成立了印度劳工协会（HMS）。20世纪60年代末，国会分裂，随即就是共产党和其他政党类似的分裂。1967年大选之后，共产党在喀拉拉邦和西孟加拉邦当选，国大党的统治结束了。随着更多地区政党的出现并在一些地方政府当选，这些政党都成立了自己的工会，导致工会数量有显著增加。这当中最大的是成立于1970年的印度工会中心（CITU），它与印度马克思主义政党（CPI-M，或简称为CPM）联盟。它的势力在西孟加拉邦尤其强大，因为它在那里已经有几十年的历史了。另一家大型联合会是成立于1955年的印度劳工联盟（BMS），它无关于任何正式政党，但在意识形态上接近印度人民党（BJP）。

2005年左右，印度有十多个工会联合会，其中最大的五个工会拥有全国超过500万的工会成员。1982年，为了应对劳工联合会的扩散，印度劳工大会制定了工会具有全国代表性的标准，即一个工会的成员至少来自四个邦和四个行业/部门。虽然官方的工会数量大约为5万个，但实际数量可能远远超过10万个。对于它们的工会数量、成员数量以及财务状况的准确可靠的估计仍然存在问题，因为没有任何政府或非政府机构系统地收集这些数据。

工会最普遍的形式是“联盟店”，工人在就业以后才能成为会员，联合会被雇主认可。更为少见的“黑箱作业”非正式制度则在批发市场和铁路车站的体力劳动者中盛行。

(1) 印度宪法和结社自由

印度宪法第19条保障了结社权利,也就是说,工人有权加入或不加入工会。对于一个想要加入工会的人,如果阻止他加入,这是违法的。工会注册是非强制性的,工会认可也不是强制性的。实际上,所有的注册工会已经成为事实,而不是法律上的承认、认可。它是由雇主“承认”的,无论是雇主自愿还是被工人强迫。

到2001年,只需7名工人就可以联合起来形成一个工会。为了阻止工会的扩散,2001年对1926年的《工会法》进行了修订,它要求有更多的会员才能结成一个工会。这项要求使工会成立的最少会员人数增长10%或至少100人,以较低数为准。但是,成立非注册工会的要求仍然是7人。目前,对那些以注册工会为目的而去雇用工人的行政单位或地方,没有任何法律约束。在工会是否能通过工艺、雇佣范畴或是其他渠道形成上,法律是保持沉默的。从该法的第15条可以推断,工会不仅仅是追求经济利益,还面向政治、社会以及福利目标。工会可以提高和维持政治基金。

(2) 工会与政治间的关系

工会运动的特性之一,是与政党密切的联系。印度,同其他在殖民统治下的发展中国家一样,工会在反对殖民统治的斗争中起着主要作用。那些领导自由斗争的人同样也领导工会运动,例如圣雄甘地。因此,政治领导在20世纪早期,特别是在国内战争期间,追求国家福利政策。

该联盟还推动印度宪法强调“公平、正义以及人人平等”,连同让国家在保证这些方面起到一个积极的作用。在独立之后的混合(公/私)经济中,政府通过把公共部门企业放在一个主要地位以实现高经济增速和社会目标。政策内容是对特定行业的混合国有化,例如保险、银行、矿业同大型公共企业新投资相结合。

为适应新生民主,政治家需要工人阶级的支持,各政党和工会结成联盟。从工会的角度而言,它们认为,如果同政党联合,特别是执政党,它们面对管理方时,将能够更好地捍卫自己成员的利益。

虽然工会和政党联盟在很多方面都相互受益,然而也产生了一些消极后果。第一,当政党分裂的时候,工会也会变得支离破碎。例如,在一个邦城内,只要国大党队伍有分歧,印度全国工会大会就会分裂。国大党队伍中的共产主义工会运动也因为党内的分歧而分裂。

第二,政治分化影响了工会团结。在印度,如果一个地方的执政党不同于中央执政党的话，该地的公共部门受影响最严重。为与中央政府抗衡，邦政府机构经常被用来控制中央公共部门。这是可能的，因为在大多数情况下，除了银行、保险、核能、航天、石油、油田、铁路、矿山/采石场等，州政府是劳动法执行以及维护产业关系、法律、秩序的相应部门。通常，产业关系问题也会成为法律秩序问题。通过拖延行动或是轻率的裁决，中央和各级邦政府都拥有强大的力量去影响地方/企业/公司各级的动态变化。

第三，在自由化和全球化背景下，在力量上拥有自己的政党已经成为工会的责任。因为，各种意识形态的政党倾向于遵循拉拢投资者的政策，鼓励以成本为基础的竞争，让工人来承受新自由主义政策的冲击。

(3) 全国工会中心

根据印度政府与工会协商后制定的标准，任何有超过50万成员、遍及至少四个行业和四个州的工会将被认定为全国工会中心。以下五个工会目前满足这个标准：

- 全印工会大会(AITUC)隶属于印度共产党和世界工会联合会(WF-TU)。
- 印度劳工联盟(BMS)，与卫队和印度人民党有密切联系，但不隶属于任何这些政党。
- 印度劳工协会(HMS)，公开承诺社会主义哲学，与任何政党都没有正式的隶属关系。它隶属于国际工会联合会。
- 印度工会中心(CITU)，隶属于印度马克思主义政党。
- 印度全国工会大会(INTUC)，隶属于印度国民大会党和国际公会联合会。

除了以上五个，还有至少七个其他的国家级工会，政府都会与其进行磋商。

(4) 企业级工会

企业级工会分为两类：隶属于国家中心的和不隶属于任何政党的。有时候，工会是独立的，而其领导人可能效忠于某个政党。一些大型组织会有超过100个工会，加尔各答市政公司就是这样的一个例子。直到20世纪90年代的经济改革形成，印度钢铁管理局有限公司——一个公共部门企业——拥有超过220个工会。而在私营部门，印度斯坦杠杆、联合利华在印度的子公司，其工会数目一度达到220个。

基于工艺、职业或雇佣类别，甚至种姓的工会在印度屡见不鲜。印度航空公司和印度铁路都是工艺工会的经典例子。在同一企业内，针对工人(车间里)、工作人员(服务员、司机、文员、打字员等)、监督人员和行政人员/主任的工会都是相互分开的。在一些公共部门企业,为某些种姓保留工作的政策产生了基于种姓的工会。

管理部门和雇主组织

印度雇主的主伞式组织是全印度雇主组织(AIOE)和印度雇主理事会(CIE)。商会、行业协会和公共部门的代表组织都是这些组织的成员。

最早的雇主协会(如商会和行业协会)主要形成于诸如黄麻、纺织和工程等行业,以应付脱离英国统治独立后颁布的大量劳动法。作为政府政策的直接结果,随之而来的是公共部门包括公共部门企业的迅速增长。公共部门的代表性组织,被称为公共企业常设会议(SCOPE),成立于 1970 年。在紧急时期(1975—1977),当时的劳工部部长,已故的 K. V. Raghunath Reddy,坚持为公共部门的雇主设立独立的国家级和国际级的代表性组织机构。

(1) *雇主组织的合并*

在独立之前,雇主协会根据本土和国外、大和小,甚至某种程度上根据区域来划分。独立后,在中、小行业及想要主张其独特需求的各类行业,形成了更多的雇主协会。随着雇主协会的增多,合并的需求产生了。经过几次的倡导和会议,1956 年,全印度雇主组织和印度马术联合会合并形成了一个超级组织,即印度雇主理事会(CIE)。

(2) *印度雇主理事会*

建立印度雇主理事会的主要目的是确保共同代表大型工业利益的两个主体之间的密切合作与协调。公共部门常设会议于 1973 年加入印度雇主理事会,使其成为主导性雇主组织。作为这三个组织的代表,如果所有成员都希望实行某个共同做法,理事会就会向印度政府提交有关劳工政策的申诉。印度雇主理事会在国际雇主理事会和国际劳工组织中代表印度雇主。

代表

印度的雇主组织在代表其成员利益中扮演着两种角色。第一,它们提名在志愿团体和法定机构中设置雇主代表,为的不仅是决定特殊行业/部门的就业工资和条件,还为国家和全球范围内的社会和劳工问题提供咨询与合作。第二,它们试图通过向有关当局提交意见来调整雇主对立法和其他措施的不满。它们也在各种国家和国际层的问题上,如立法、自愿守则、社会保障和奖金等,代表来自各种委员会/机构和双边、三方论坛的雇主的利益。

雇主组织也作为信息共享、政策制定和建立战略重要性共识的论坛。除了明显的经济增长和财富创造等议题外，雇主作为负责的企业公民的社会责任近来也显得更为重要。经济自由化以来，雇主组织的作用已经在公司治理、商业道德和社会责任领域更加突出。

无工会企业

鉴于工会是大型企业（私营或公共）的代名词，在经济改革前期，自20世纪90年代以来，无工会的经营场所已经越来越常见。印度的软件公司都没有工会。一些大公司如信实、Nirma、Samtel、丰田和沃尔沃等都没有工会，大量新建的制造企业也是如此，如SRS和英雄本田。

雇主可以采用一系列的战略来逃避工会。通常，无工会企业是高资本投入、高技术含量和低劳动强度的新型企业。工资设定较高，但是高生产力能够使其获得相对较低的单位劳动成本。在一些高科技企业，与其他可比较的企业相比，雇主也会将奖金设置在较高的水平。这些公司的劳动力人口背景呈现多样化，以至于工人的利益不易于或不会轻易趋同。例如，许多新兴企业雇用越来越少的蓝领工人，而对白领和专业工作者的需求增加。一般情况下，知识员工和专业人士对建立工会都没那么大的兴趣。

在一些公司，不管工人是否倾向于加入工会，都被要求成为准候选人。而在其他公司，高级经理会要求新入职人员共同努力避免工会。这些策略都是不合法的，但是实践中工人或工会都很难阻止雇主的这些行为。

集体谈判

只有2%的总劳动力，但是有超过30%的正规（组织）部门的工人，加入了集体谈判（Venkata Ratnam，2006）。这个数据在公共部门和最大的公共和私营部门企业中会高得多(70%或更多)（Frenkel & Kuruvilla，2002；Kuruvilla & Hiers，2000）。法律框架鼓励审理争议案件，而政府则作为“老大哥”的角色进行协调。

产业关系的历史背景

独立时期，英国给印度和其他南亚国家制定了一套旨在解决争议的法律体系。在1947年独立后，印度政府采用了苏联模式的计划经济发展政策，寻求实现社会主义社会。在20世纪50年代中期，尼赫鲁政府着手实施重工业化，公共部门控制了经济的发展。劳资和谐被认为是达成计划经济目标的必要的前提条件。

在 20 世纪 70 年代早期,印度总理甘地将银行、煤炭和纺织这几个行业实行了国有化,以确保主要的经济投入和基础设施部门被政府牢牢控制。她推行了进口替代政策以应对 20 世纪 70 年代的石油价格冲击,而亚洲的许多其他国家都实行了出口导向型的工业化战略,开放了市场。紧急时期,即从 1975 年到 1977 年,一些关键的劳动法律修正案导致了雇主解雇工人及关闭经营不善的企业的权力上的限制。总理甘地在此期间还修改了宪法,规定了工人参与管理等作为公民的基本义务,并将此作为国家政策的基本原则。

甚至在 1991 年开始经济改革前,也曾多次考虑过全面修正劳动法和产业关系框架的需要。实际上,印度政府曾建立两个国家委员会来推动劳动法的全面改革。第一个成立于 1966 年,其任务是保障工人拥有更好的福利和提高劳动条件。第二个成立于 1999 年,其任务是调整劳动法,使其与经济全球化的基本要求和建议为无组织劳动伞形立法的补充任务相适应。

结社自由

《印度宪法》第 19(c)条规定,结社自由是公民的一项基本权利。这在《工会法》(1926)、《劳资纠纷法》(1947)和《工业就业(常规)法》(1946)中得到确认。集体谈判的权利没有延伸到政府经营的产业的工人,如铁路、邮政、电子通信和中央公共工程部。这些工人获得的报酬和其他货币补偿是根据政府定期委任的工资委员会的议案发放的。国家级的劳动法并没有要求雇主认可工会或者加入集体谈判。但是,一些邦(如安德拉邦、比哈尔邦、古吉拉特邦、卡纳塔克邦、中央邦、马哈拉施特拉邦、奥里萨邦和西孟加拉邦)在承认工会方面有相关规定。

虽然印度在 1923 年批准了关于农业工人结社权利的国际劳工组织公约第 11 号文件,但是由于涉及公务员工会权利的“技术困难”,政府没有批准通过公约的第 87 号和第 98 号文件。Nath(1997)推测,政府的意图可能是要限制结社自由的权利,只允许体力劳动者拥有,而不包括监督和管理者。

集体谈判代理的确定

自从 1931 年皇家劳工委员会主张承认那些即使在工人中获得少数支持的工会,集体谈判代理的确定就一直是一个激烈争论的问题。1947 年对《工会法》(1926)的修正案和《工会法案》(1950),尽管都没有在议会通过,但是都提出了可以承认一个雇主中的多个工会。1956 年,第二个五年计划强调了一个行业一个工会的重要性。第一次全国劳动委员会(1969 年印度政府)

指出，工会认可问题根据当地具体情况来决定。第二次全国劳动委员会（2002 年印度政府）提出了特别的建议，但这些还都没有纳入到正式的政策中。

国家层面并没有工会认可的相关法律。但是，一些邦——例如马哈拉施特拉邦和中央邦，在法律中有规定的工会认定程序。决定作为集体谈判的代表工会的方法有很多种。这些方法包括：(1) 纪律守则，这在大多数公共事业部门很常见；(2) 无记名投票，这在安得拉邦（1975 年起）、奥里萨邦（1994 年起）和西孟加拉邦（1998 年起）是强制性的；(3) 验证系统，备受一些工会青睐；(4) 会员资格核查。

集体协议和争端

与一个工会的协议对其他工会的成员没有约束力，除非该协议是在联合调解过程中达成的。因此，即使有一个工会与雇主达成了协议，其他工会包括少数工会，依然可以挑起劳资纠纷。根据《劳资纠纷法》(1947) 第 36 (1) 条关于工人代表的规定，集体协议对参与谈判且个人签署合约的工人具有约束力，而对没有签署合约的其他员工则无约束力。

但是，根据《劳资纠纷法》第 18(3) 条的规定，在调解过程中达成的协议（雇主和工人间的书面合约），不仅对纠纷的实际参与方有约束力，而且一方面对雇主的继承人、接任者或代理人，另一方面对该企业现在和将来的所有员工都具有法律约束力。

根据《劳资纠纷法》第 2(p) 条的规定，解决纠纷的集体协议可以通过或不通过立法规定的调节机制达成。如果当事人不能通过调解达成协议的话，问题就会转由仲裁或诉讼；仲裁或诉讼的裁定只会对相关当事人有法律约束力。

根据《劳资纠纷法》第 10A 条，这个裁定可以是劳工法庭、劳资仲裁庭、全国劳资仲裁庭或者一个仲裁员针对劳资纠纷作出的临时或最终决定。依据劳工法庭第 33(c) 条或《劳资纠纷法》第 17(B) 条的规定，自官方公报公布之日起满 30 天，裁定就要强制执行。如果有任何一方当事人没有履行裁定，未履行的当事人依据《劳资纠纷法》可被检控。惩罚可以是六个月的监禁或罚款。《劳资纠纷法》第 29 条规定的权利在劳工法庭和仲裁庭上是不适用的。根据该法第 17A 条的规定，当助理劳工专员/地区劳工专员收到一项裁定时，专员就要设法确定当事人是否履行裁定，或者该裁定是否被诉讼中的相关政府变更或驳回。如果发生未履行裁定的情况，助理劳工专员或地区劳工专员可以向犯错的当事人发出申明通知。

虽然非正规部门中存在着各类工人组织，但是集体谈判却很少见。

不公平的劳动行为

《劳资纠纷法》(1947)没有规定，只有获取承认的工会才能引发劳资纠纷。针对这个问题，“纪律守则”(1958)与《劳资纠纷法》有差异。1982 年，《劳资纠纷法》经过修正，纳入了以下不公平的劳动行为：(1) 雇主拒绝与获得认可的工会进行真诚的集体谈判；(2) 获得认可的工会拒绝与雇主进行真诚的集体谈判；(3) 工人和工会员工沉迷在针对谈判代表认证的强制活动中。

《劳资纠纷法》第 2(p)条定义了“协议”，第 29 条规定了违反协议中任何条款的惩罚手段，包括六个月的监禁或罚款或两者兼有。根据该法第 2(ra)条/附表 4，拒绝与获得认可的工会进行真诚的集体谈判是不公平的劳动行为，依据第 25 条，应惩以为期六个月的监禁或数额达 1 000 卢比的罚款或者两者兼有。

管理层利用财务承诺、威胁或胁迫来阻止工人加入工会的行为，虽然不合法，却不仅普遍发生，而且一直未受到挑战和告发。不难发现，一些雇主为应付工会组织运动或在谈判失败后都会提高工资水平。

谈判和协议的级别

国家级的协议

20 世纪 70 年代之前，政府定期委任工资委员会设定一些行业的工资和工作条件水平。工资委员会的数量从 20 世纪 60 年代末的 19 个减少到 90 年代末的 1 个(记者业)。从 20 世纪 70 年代初开始，国家级的部门谈判主要流行于政府主导型行业中——如银行和煤炭(每个有将近 70 万名工人)，以及钢铁和港口、码头(每个有将近 20 万名工人)。现在，大约有 60 家私营、公共和跨国银行成为印度银行协会的会员。它们与银行雇员的全印联合会谈判并签署长期协议。在煤炭部门，20 世纪 70 年代初，全国有超过 200 个焦化和非炼焦煤矿被国有化。但是，整个煤炭行业只有过一次谈判并达成国家级协议的。在钢铁行业，全国钢铁业联合委员会(NJCS)作为私营和公共部门的综合钢厂永久的双方委员会，自 1969 年刚成立以来，已经签订了 6 个长期协议。在港口部门，13 个主要的港口联合成立了印度港口协会，与主要的国家工会组织进行谈判。

在薪酬决定方面，公务员工资为公共部门的其他工作人员提供了薪酬基准。反过来，公共部门的薪酬成为私营部门工会工人的薪酬基准。在私营部门，由于双方都承受着来自国内和国际的竞争压力，集体谈判往往更具对抗性和争议性。

公司/工厂级的协议

虽然雇主一般倾向于进行工厂级别的分散化谈判，工会却会争取更高级别的谈判。它们觉得工厂级别的谈判会降低其议价能力，尤其是在危机时期。例如，拥有多种产品的大型民营制造集团——Escorts 有限公司，直到 1990 年，集体谈判还是在公司层面进行的。自由化后，管理层在采取了 39 天的罢工施压后终于获得了在工厂层级分散化谈判的允许。对管理层而言，分散化谈判能够使其根据特殊产品市场当时的经济条件而不是所有产品的平均情况设定报酬和工作条件。

协议期限

20 世纪 70 年代之前，集体协议的期限一般都是两年到三年。20 世纪 70 年代至 80 年代期间，协议期限提高到了三年至四年。而到了 20 世纪 90 年代，超过 80% 的中央公共部门签署的协议期限都是五年。自 1997 年公共部门薪酬实行第六轮调整起，其工资协议的期限已经增加到五年至十年。然而，大多数私营部门集体协议的期限仍然基本维持在三年，很少情况下是四年。

实践中的集体谈判

实践中，大多数工会是高度政治化的，政府掌握着巨大的自由裁量权，却不承担相应的责任。这就导致了法律和集体协议规定的执行不力。通常，工会由政府或管理层指定加入集体谈判过程。这就导致了信任危机，尤其当工会发现进程艰难，无法满足其成员的期望时。结果，工人的团结意识就会减弱，他们变得更加功利且目光短浅。他们会毫不犹豫地转而效忠于向他们承诺更短时间和更多利益的领导或工会。令人不安的现实是，工人可以选择一个工会代表他们却不必加入这个组织；工人可以搭便车享受集体谈判的利益而不用加入工会或支付会费；在没有工人支持的情况下，工会依然拥有集体谈判的权利；可以和少数工会达成协议，从而损害了广大工会的利益。

改革的经济环境

随着1989年冷战的结束和柏林墙的倒塌,费边社会主义和共产主义让位给了新古典主义经济政策。经济增长被视为社会进步和福祉的先决条件。新兴经济体中的政府开始吸引投资者,而这反过来又导致对劳动保护的关注度更低。如果说过去的劳动法实施是为了保护工人的利益,那么劳动改革就更加关注企业的需求,如高质量、高效生产和成本竞争力。

在17世纪成为英国殖民地前,印度是一股重要的经济力量。在英国的统治下,印度发展了许多产业,如纺织、钢铁和工程。然而,1973年,当东亚和东南亚实行经济开放和外向型战略以促进经济增长时,印度却曾一度闭关锁国,实行进口替代政策。而20世纪80年代的信息革命又给予了印度发展经济的新机遇。

推动经济改革进程近20年后,印度已经显著融入了全球经济。总的来说,印度作得相当好,尽管大多数印度人还很穷。到2009年年初,印度已经实现了GDP的空前增长,四年平均增长率接近8%。世界经济论坛的全球竞争力报告显示,在大型新兴经济体中,印度2008年排名在第50位(2006年第43位,2005年第45位),同期中国为第30位,巴西为第64位,俄罗斯为第51位。[①] 欧洲城市监察(ECM)报告显示,新德里和孟买在欧洲未来全球投资的首选目的地中分别排名第5位和第13位。该报告还指出,欧洲30%的龙头企业(相比于中国的36%)都认为印度是企业转移的理想目的地。[②]

据预计,印度将获得显著的人口红利,因为比如2001年,大部分印度人口都处于20—59岁年龄段(4.86亿),而处于5—19岁年龄段的人达到3.54亿。至2020年,处于20—59岁年龄段的潜在劳动年龄人口估计会超过7.61亿。

然而,令人不安的是,劳动年龄人口的质量和技能仍然缺乏。根据全国抽样调查组织(NSSO)20世纪90年代的数据进行预测,2020年,相比于

---

① 2008年9月全球竞争力报告由世界经济论坛发布。这些调查结果与世界银行的国际金融公司(IFC)每年出版的《印度从商》中描绘的惨淡景象截然不同。在业务上,印度在175个国家中排名第120位(2008)和第129位(2009)(排名在 www.doingbusiness.org 上有)。虽然国际金融公司研究探讨政府的管理框架和基础设施,全球竞争力报告对印度的创新、企业运营的成熟、国外先进技术的引用给予很高的评价。全球竞争力报告的调查表现出了对财政赤字和基础设施的关注,并指出经济增长的好处需要遍布更广的范围。

② 《经济时报》,2006.10.2。

2005年的1.98亿,仍会有超过2.33亿的印度人无法获得正规教育或超过小学的教育水平(Teamlease Services,2006)。幸运的是,政府认识到了形势的严峻性,建立了由总理直接负责的全国技能任务,通过公私伙伴关系为职业技能的迅速扩张提供了巨额资金,并增加了教育预算。

雇佣

在市场体系下,只有小部分工人是赢家,而绝大多数工人的境况进一步恶化,因此,需要制定一个更多干预主义的劳工政策。在印度,不平等是依据支出而不是收入来度量的。根据全国抽样调查的第61轮消费者支出调查和第61轮就业和失业调查中人口的大小分布,Sundaram(2007)观察到:

> 2000年至2005年间,劳动力增长急剧加速,并且在观察中发现,多数部门的劳动生产率和整个经济的增长速度放缓,实际工资增长率也降低了。与劳动生产率和实际工资水平的发展趋势一致,相比于1994年到2000年间,2000年至2005年间贫困减少的速度在印度农村地区顶多是一个边际加速度(或是边际减速度,决定于贫困线的选择),而在印度城镇地区则明显放缓。在此期间,有工作穷人的数目小幅增加,贫困线以上家庭中自雇人员和正常工资/薪金的工人的数量显著增加(2007:3)。

如果有人在印度经济中寻找未来15年就业机会的潜在来源,他一定会关注到农业,这个领域人口已经过剩——60%的人口依靠农业只创造了印度20%的GDP。农业的回报越来越少,亟待提高其生产力,而这必然会减少每公顷的就业人数。在未来10年甚至更久,许多家庭将不能再依赖农业。在经历了长期的衰退后又开始发展的制造业,就业增长将维持在低水平,这个组织部门提供正规就业的潜力也不高。在许多大型工厂,合同和临时就业率已经超过总劳动人口四分之三的一半。而在经济改革开始前曾是经济增长引擎的公共部门,现在的就业人数也仅仅占总劳动人口的5%或6%。随着通过自愿离职而裁员的速度的增长①,私有部门中私有化的压力和/或未来绩效提升的工作将更多,包括自我雇佣。

虽然德意志银行提醒过,印度需要兴起蓝领革命来振兴制造业,但服务

① 例如,印度钢铁管理局将它的工作人员从1986年的22万减少到2005年的13万;一些私营部门企业在过去的20年里,将它们的劳动人口减少到了四分之一,工资增加到了两倍,产出提高了四倍。

业依然被视为印度白领的希望。[1] 在被大肆宣传的成功的 IT 界[2]，有一些怀疑论者指出印度软件工程师创造的附加价值很低。印度 IT 业的雇员创造的总收入是 35 000 美元，这至多是以色列同行创造价值的 1/9，不到英格兰同行的 1/14。

改革后对灵活性的探求

自从 20 世纪 90 年代经济改革后，产业关系的本质特征之一推动着增加劳动力市场灵活性的需求（Badigannavar，2006；Hill，2009）。如果劳动力市场不够灵活，无法促进新技术和生产方法产生的话，国家和国际组织的雇主及公共政策专家已经显示出了对维持经济增长的忧虑。灵活性的问题不能单靠政策措施来解决。在以下各节中，我们描述了针对增加灵活性需求，来自法院、邦政府和国家政府的反应。这些反应并不总是相互协调的，但它们都不仅要针对增加灵活性的需要，同时也要维护独立以来这些年所制定的劳动保护标准。当然，这是一个艰难的平衡，甚至在很多情况下，为了利用灵活性措施促进新投资和就业，而不能兼顾劳动保护。

为了平衡劳工权益和消费者权益，已经对劳动保护作了些修改。《消费者保护法》（1986）及创建的调整论坛给予了消费者正当的权利，但这些权利威胁到了工会和工会的权利。消费者法庭和民事法庭都指出，劳工权益不能总是优先于其他权益。例如，心存不满的工人鼓动的权利不能侵犯公民的自主和自由。如果政治抗议影响或阻碍了市民正常的公共活动，则不被允许。在 20 世纪 80 年代早期，当发现寿险公司（LIC）的管理层和员工达成的协议损害了投保人的利益时，政府取消了保险劳工集体谈判的权利。在不同案件中，奥里萨邦的电信工会和孟买的装卸工人因给消费者造成损失被责令支付赔偿金。法院要对个人员工和工会或工会领导人/活动方负责。在少有的情况中，法院还允许雇主从公积金账户（社会保险账户）中追讨赔偿。

在“同道会”和印度工会的案件中（全国消费者纠纷调解委员会，新德里，1996 年 5 月 9 日），由于印度飞行工程师协会的会员突然罢工而扰乱了大量航班，非政府组织“同道会”根据《消费者保护法》（1986）向印度航空和相关工作人员提起诉讼。即使消费者和协会间并无合同，但《消费者保护法》规定服务提供商（包括雇员和工会）要对乘客的困难和损失负责。根据《消费者保护法》，《工会法》第 18 条并不能妨碍消费者投诉工会。

---

① 见德意志银行：《印度崛起：印度特殊的中期视角》，www.bankresearch.org。

② 它包括了服务、业务流程外包和知识流程外包。

全国消费者纠纷调解委员会认为，即使雇用/享用服务的人（消费者）和相关雇员没有合同规定，根据《消费者保护法》（1986），组织中提供服务的雇员和该组织的管理层负有同样的责任。

虽然该案件中，委员会并没有对航空公司和协会加以任何处罚，上诉者也没有获得任何赔偿，但该判决提出了两点重要的意见：第一，委员会申明，如果劳工运动是不合法的，它们将以严厉的方式对待，并且委员会会毫不犹豫地给那些受到影响和损失的消费者提供适当的补偿。此外，如果罢工活动符合产业关系的相关法律，根据《消费者保护法》，它们不会对雇员或他们的协会/工会提出诉讼。第二，委员会指出，如果将要举行罢工活动，航空公司必须通过公益广告提醒广大旅客。这项决定利用消费者权益对劳动者的罢工能力施加了限制。

还有个问题，就是雇主是否可以从相关雇员的公积金账户（或其他资产）中追讨赔偿。在巴拉特库马尔与喀拉拉邦的案件中（喀拉拉邦高等法院，1997），诉状申明，bandh（全市范围内的总罢工，所有交通设施停运）的呼吁和举行是违宪的，因此是不合法的。上诉人提出，这个 bandh 利用武力、骚扰和威胁妨碍了公民的通勤和工作。它导致了公民生活混乱（通过停止交通运输、强制关闭商店/公司等），会引发暴力，由于侵犯个人自由违反了《印度宪法》第 21 条，甚至会对生命造成威胁。

在早期的一个案件中（铁路局和 Niranjan Singb，1996），最高法院认为：

> 国家公民拥有言论自由、和平集会自由和结社自由的权利，但是这并不意味着，他们可以在任何地方随意地行使这些自由。一旦他们干预了他人的权利，这些自由权利的行使将被停止。在这些权利的行使中，这个限制是与生俱来的。

在这个案件中，法院认定，“任何协会、组织或政党对这次罢工的发起和强制执行都是非法和违宪的。我们指示邦及其官员，包括执法机关，采取一切必要措施将此落实”。

在喀拉拉邦案件中，喀拉拉邦高等法院声明：

> 该法院有足够的管辖权声明，这次罢工活动的号召和举行是违宪的，尤其是罢工的举行因为没有为国家的利益考虑而无疑导致了国家的生产损失……邦政府不能推卸采取措施补偿的责任和补偿由这次活动的赞助商和组织者造成的损失的责任。我们认为，根据《宪法》第 226 条的规定，我们的干预是合法的。

一些政府继续提倡这种罢工活动，完全不顾这些法院裁决。法院对此作出了回应,已经开始向一些政党征收高额罚款。这些措施已经开始抑制非法的劳工活动,但是整个体制还不够完善,因为并不是每个不合法的活动都会被上诉,而且经法院审理都要经历很长的时间。

就算一些法院裁定已经限制了劳工活动,而其他的判决,本着平衡工人和雇主的利益的精神,又扩大了其劳动权利及其执行力度。最重要的这类法院裁决发生于 2006 年,那时印度最高法院在第 465/1986 号令状申请书(民事)中,要求政府开除和安置从事危险职业的儿童。Dasgupta(2008)记载了几个法院积极回应公益诉讼(PIL)要求的案例,这些诉讼的目的都是为了更好地执行劳动权利。

劳动法改革议程

正如本章所述,印度的产业关系制度一直在演变,以应对全球化、改革以及后来的行业和劳动场所重构。然而,大多数观察家都同意,如果印度想要维持较高的增长速度,从而使得社会中的大部分人脱离贫穷的话,必须要对劳动政策进行进一步转变和改革(Gurtoo,2008)。我们简要列出了改革的一些重要领域,如下所示:

- 减少法律,加强执法。正如中国和越南在 20 世纪 90 年代中期实行的那样,推出一个劳动法要比大量的立法更合适、更公平。大量的法律不一定会给工人提供更好的保护。

- 消除不同法例间的不同定义。例如,工资在各种法律中,有十几种定义方式。工人涵盖的定义同样也是如此。一个统一的劳动法可以涵盖所有的工人阶层,而不是不同的法律的覆盖面不同。

- 终止雇佣的明确规定。如果经济要创造新工作,就必须要进行劳动力调整。公告、协商和赔偿的规定可以而且应该收紧。政府事先批准的关于裁员、紧缩和关闭的政策需撤销,第 9-A 条关于变更通知的规定应修改。公告是必要的,协商也值得鼓励,但是雇主应该拥有作出改变以维持和提高竞争力的权利。

- 废止谈判范围中的管理职能。在招聘、转让、推广、工作任务和工作调整方面,不应有讨价还价。

- 独立的产业关系纠纷解决机制。国家劳动委员会已经建议了很长时间。

- 不受政府直接控制的技能发展基金。当技术变革使得一些技术过时时,动态经济需要不断提升技能,留住有才能的工人。

• 三方的全国工资理事会。工资设定的过程太松散和官僚化。应该需要各方加入对话，以确保连贯性、响应性和问责制。

结论

总的来说，印度的劳工政策最多只解决了在有组织部门就业的7%的劳动力。因此，印度产业关系所面临的挑战相当独特，不同于大多数其他国家包括其他发展中国家。印度有太多的法律，却只给很少的劳动力提供了很少的保障，而且这些劳动力主要集中在正规/有组织部门，仅仅占据了总劳动力的7%。

鉴于印度劳动力市场的多元化，政府现在面临着一个矛盾：如何缓和对这7%的有组织劳动力的过度保护和加强对剩下93%的无组织/非正规部门的劳动力的社会保障？几十年后，印度将获得人口红利即年轻的劳动力，而他们中的绝大部分需要接受基础教育、职业技能培训、医疗服务和社会保障。除非这些需求能被充分满足，否则所谓的人口红利就会演变成人口责任。也许，印度产业关系制度最明显的弱点就是“它没有涵盖所有工人”（Hill，2009）。

印度的劳动行政官员拥有大量的自由裁量权，却没有相应的问责制及应对的培训或基础设施。在劳动行政管理部门和司法机构有必要建立专业人才的骨干框架，也有必要提高对另类纠纷解决程序的意识和理解。三方伙伴需要共同努力，促进仲裁的顺利进行。为实现这一目标，应鼓励仲裁员的培训和认证，并设定与需求相适应的规模。除此之外，需要建立劳动调解法庭（人民的劳动法院），据此，劳动仲裁过程能够更贴近当事人的工作和生活场所，而不用依赖于令人发急的耗费时间和金钱的法律程序。

政府还没有恢复特殊的国家三方机制，该机制是在1991年发动经济改革时发起的，目的是要达成灵活保障即灵活与保障权衡的共识。对受影响的工人提供以收入保障为形式的补偿可以作为交换，从而放宽劳动法律，以满足用人单位对灵活性的需要。工作场所的产业关系制度需要推动变革，促进灵活性，培养劳动力，以至于有能力、适应地和反应快地去面临变革的挑战。

印度雇佣关系大事记

1885	印度国民大会党(INC)成立,给了印度人政治上的发言权。
1919	印度是国际劳工组织的 44 个创办成员之一。
1920	全印工会大会(AITUC)成立,支持印度共产党,隶属于世界工会联合会(WFTU)。
1926	《工会法》生效,给予了工会法律上的认可,但是没有指定雇主认可程序。
1946	《劳资雇佣常规法》颁布。
1947	印度从英国统治中独立。
1947	《劳资纠纷法》颁布。
1947	印度全国工会大会(INTUC)成立,支持印度国会,隶属于国际自由劳工联盟(现称国际工会联合会,ITUC)。
1948	印度劳工协会(HMS)成立,支持社会主义者,隶属于国际自由劳工联盟(现称国际工会联合会,ITUC)。
1948	《工厂法》颁布。
1948	《最低工资法》颁布。
1955	印度劳工联盟(BMS)成立,不隶属于任何国际联盟。
1956	印度雇主理事会(CIE)成立,由全印度雇主组织(AIOE)和印度雇主理事会(CIE)合并而成。
1965	《支付红利法案》颁布。
1966	任命第一个全国劳动委员会(1966—1969)。
1970	印度工会中心(CITU)成立,隶属于印度共产党——马克思主义(CPI-M)。
1970	公共部门常设会议(SCOPE)形成,以代表公共部门企业的雇主。
1976	《债役劳动废除法》颁布。
1986	《童工(禁止和管制)法》颁布,禁止未满 14 岁的儿童从事危险工作。
1991	经济改革开始放松经济管制,使其向国际市场开放。
1996	印度最高法院在 465/1986 号令状申请书(民事)中,要求政府开除和安置从事危险职业的儿童。
1999	任命第二个全国劳动委员会(1999—2002)。
2006	印度政府发出命令,禁止未满 14 岁的儿童从事家务、餐厅、路边茶厅或酒店业的工作。

第13章
中国大陆地区[①]的雇佣关系(一)

赵曙明　张捷

长期以来,雇佣关系在中国一直是一个敏感的话题甚至成为禁忌。随着中国日益融入经济全球化的进程,以及中国市场经济的不断发展,雇佣关系已经成为当前中国社会中无法回避和漠视的重要问题。本章首先将对中国雇佣关系面临的劳动力市场、经济环境和政治环境进行介绍,接着描述中国雇佣关系产生与发展的过程,进而介绍工会、雇主组织以及政府在中国雇佣关系中所承担的角色,最后将对目前中国雇佣关系发展过程的主要问题进行评析。

雇佣关系的环境

中国的劳动力市场

中国是世界上人口最多的发展中国家。国家统计局2010年统计数据[②]表明,截至2009年12月31日中国总人口为133 474万人(不包括香港特别行政区、澳门特别行政区和台湾地区),约占世界总人口的20%。庞大的人口数量一直是中国国情最显著的特点之一。尽管中国政府自20世纪70年代以来推行计划生育政策,使得人口的过快增长得到了有效控制,但是由于人口增长的惯性作用,未来十几年中中国人口仍将以年均800万至1 000万的速度增长,人口总量高峰将出现在2033年前后,达15亿左右。

中国劳动年龄人口众多,目前,15—64岁的劳动年龄人口为97 502万

---

① 如无特殊说明,本章及第14章、第15章所指的中国均指中国大陆地区。——编者注

② 其中数据来源于中国人口网(www.chinapop.gov.cn)和《中国统计年鉴—2010》(国家统计局人口和就业司、劳动和社会保障部规划财务司编,中国统计出版社,2010年版)。

人，占 73%。2009 年年末，中国的经济活动人口为 79 812 万人，占全部劳动年龄人口的 81.9%，中国是世界上劳动参与率最高的国家之一。

而与此同时，中国的国民教育水平较低，劳动力的受教育水平低于世界平均水平，劳动力总体素质较低。在技能型人才中，高级技能人才更为短缺。劳动力总体素质不能适应中国日益深化的产业结构调整和提升的需要。

综合上述原因，目前中国的就业矛盾十分突出。其主要表现为：劳动力供求总量矛盾和就业结构性矛盾并存，城镇就业压力加大和农村富余劳动力向非农领域转移速度加快同时出现，新成长劳动力就业和失业人员再就业问题相互交织。2009 年年末，全国就业人数为 77 995 万人，其中城镇就业人数为 31 120 万人，占比 35.2%，乡村就业人数为 46 875 万人，占比 64.8%。在未来几十年内，中国每年将新增劳动力 700 万左右。此外，中国农村目前约有 2 亿剩余劳动力，按照农村人口城市化每年增长 1% 计算，农村劳动力每年向城市转移约 1 000 万人。[①] 而与此同时，从城镇登记失业率看，它是一条上升的曲线，1990 年为 2.5%，1995 年为 2.9%，2000 年为 3.1%，2005 年为 4.2%，2009 年年末，中国城镇登记失业人数为 921 万人，登记失业率为 4.3%，城镇调查失业率在 7%—8% 左右。在经济每年增长 8%—9% 的情况下，全国每年新增就业岗位 800—900 万个，因此，城镇每年约有 1 000 万以上的劳动力得不到工作岗位，使得中国将长期面临巨大的就业压力。由此可见，在当前市场化的雇佣关系格局中，劳动者处于弱势地位，而用人单位为实现其利益的最大化往往倾向于运用其本身具有的资本、岗位资源和管理等优势来压制和侵犯劳动者的正当要求和合法权益，以至于近年来劳动者基本劳动权利得不到保障的情况时有发生，甚至有的劳动者为此付出了生命，这一点突出表现在近年来失业率不断上升、拖欠工资现象严重以及工伤事故频发等诸多方面。

此外，中国的劳动力市场的就业结构近年来的变化也较为明显。按三级产业分，1990—2009 年，第三产业从业人员所占比重稳步增长，由 18.5% 提高到 34.1%，从业人员达到 26 603 万人；第二产业从业人员所占比重稳定在 27.8%，从业人员达到 21 684 万人；第一产业从业人员所占比重有所下降，由 60.1% 下降到 38.1%，从业人员为 29 708 万人。从城乡就业结构看，1990—2009 年，乡村从业人员所占比重由 73.7% 下降到 60.1%。从不同经

① 中国的城乡人口结构自 1952 年以来一直处于变动之中，尤其是自 20 世纪 90 年代以来，这种变化更为明显，表 15-1 中的数据清晰地反映出在过去的 30 年中中国人口呈现出日益城市化的倾向。

济成分就业结构看,1990—2009 年,国有单位从业人员所占比重从 73.6% 下降到 51.1% ,2009 年年末为 6 420.2 万人;集体单位从业人员所占比重从 25.5% 下降到 4.9% ,为 618.1 万人;而其他单位[①]从业人员比重从 0.3% 增加到 44% 。近年来,非公有制经济在中国得到了迅猛的发展,与此同时,非全日制、临时性、季节性、钟点工、弹性工作等各种就业形式迅速兴起,为中国的劳动力市场提供了丰富的就业渠道。

经济环境

自改革开放以来,中国经济一直持续保持着较高的增长,1979 年至 2009 年 GDP 年均增长率为 9.6% ,GDP 总量世界排名第 3 位,外贸进出口总量排名世界第 2 位。20 多年经济奇迹般的高速增长极大地改变了中国落后的面貌,同时也令世界为之瞩目。然而,GDP 的持续高速增长以及 GDP 世界排名的不断上升并不能代表中国已跻身发达国家行列,因为中国的人均 GDP 仍然很低,2009 年,中国人均 GDP 约 3 678 美元,世界排名第 99 位。此外,中国农村还有近 1 亿的贫困人口,城市还有 2 000 多万人口需要政府给予最低保障补贴。城乡加起来,全国还有 1.2 亿生活困难人口。从这些情况来看,在一个较长的时期内,中国仍然需要经济增长。[②]

通常来讲,经济的高速增长将伴随着通货膨胀。然而,中国的情况却不同。改革开放的前 10 年即 20 世纪 80 年代,伴随着中国经济高速增长的是较温和的通货膨胀,90 年代上半期通货膨胀率维持在一个较高的水平,而 1998 年之后,随着中国融入经济全球化进程的日益深入,尽管国内存在有效需求不足的问题,但是对外贸易的拓展和财政的扩张弥补了内需不足,因此开始出现了经济高速增长与通货紧缩同时存在的特殊现象。

此外,在一国工业化起飞及工业化的初中期阶段,高增长一般会带来高就业。但是中国仅在改革开放的前 10 年即 20 世纪 80 年代出现过这一现象,此后便开始走下坡路。正如中国学者胡鞍钢[③]指出的,大多数人认为 20 世纪 80 年代为高增长就业模式,90 年代起为高增长低就业模式。中国经济的增长在很大程度上依赖外资和对外贸易以及行政力量的推动,从而就业弹性会随着资本的深化而下降,蕴藏在中国农村巨大的剩余劳动力无法得

---

① 包括股份合作单位、联营单位、有限责任公司、股份有限公司、港澳台投资单位以及外商投资单位等其他登记注册类型的单位。

② 《我国人均 GDP 世界排名 100 位 总量大仅代表速度》,《瞭望新闻周刊》,转摘自 http://www.sina.com.cn, 2006 年 02 月 10 日新华网。

③ 胡鞍钢:《宏观经济政策与促进就业,经济增长与就业增长》,中国劳动力网,www.lm.gov.cn。

到消化,而大量剩余劳动力之间的超常竞争又使工资增长率长期远低于生产率的增长。中国劳动力的工资成本目前相当于发达国家的 1/50 至 1/30,相当于亚洲新兴国家和地区的 1/10—1/20。可以这么说,中国拥有几乎无限供给的具有一定文化素质的廉价劳动力和数量众多受过高等教育的不断增加的同样相对廉价的高素质劳动力。尽管今后中国劳动力成本与发达国家的差距会有所缩小,但在 20 年后仍将保持廉价的优势。也正是这些大规模质高价廉的劳动力、日趋良好的基础设施、庞大的市场和政府鼓励等要素所形成的综合优势将继续吸引外商投入中国。中国在经济全球化中逐步成为世界的制造中心——世界工厂,从而有力地推动了中国经济的长期高速增长。

尽管中国经济持续地高速增长,人民的整体福利得到了增加,但是社会不同阶层福利改善的程度相差甚远,中国贫富分化的状况日益严重。据中国人民银行公布的数据,在中国的全部居民储蓄存款中,最富有的 20% 的人群拥有全部存款量的 80%,而其余 80% 的人口才拥有存款的 20%。据国家统计局公布的数据,2002 年中国城镇居民的人均可支配收入为 7 703 元,而占中国总人口的 64%,即 8.3 亿左右的农村低收入水平人口 2002 年的现金收入只有 2 476 元,城市中因贫困受救济人口的平均水平只有 2 400 元左右。1986 年中国的基尼系数还是 0.29,而在 10 年后的今天已经达到 0.47,这个差距还在呈继续扩大的趋势。城乡收入差距和贫富的悬殊也引起了中国政府的高度重视,在未来的年度中政府力图通过诸如完善社会保障体系、降低农业税、提高个人所得税征收标准等众多措施来缓解这一问题。

政治法律制度

中华人民共和国成立于 1949 年 10 月 1 日,中华人民共和国的国家元首是中华人民共和国主席,中国现任主席胡锦涛于 2003 年 3 月当选。中国共产党成立于 1921 年,并于 1949 年 10 月 1 日建立中华人民共和国,确立《中华人民共和国宪法》为国家的根本大法。中国共产党是中国唯一的执政党,在中国政府和社会的各个层级及领域都建立有正式(即通过党内选举方式建立的)或非正式(即通过上级党组织任命)的组织,目前大约有 6 635.5 万党员,350 万个基层组织。党的中央领导机关是党的全国代表大会和它所产生的中央委员会,中央委员会向党的全国代表大会负责并报告工作。党的中央委员会的领导机构是由中央委员会全体会议选举出的中央政治局、中央政治局常务委员会和中央委员会总书记,2002 年,胡锦涛同志当选为中央委员会总书记。

根据《中华人民共和国宪法》的规定，中国是工人阶级领导的、以工农联盟为基础的人民民主专政国家，人民代表大会制度则是其政权组织形式，是中国的根本政治制度。全国人民代表大会由省、自治区、直辖市和军队选出的代表组成，每届任期五年，它是国家最高权力机关，地方各级人民代表大会是地方国家权力机关。国家行政机关、审判机关、检察机关都由人民代表大会产生，并对它负责，受它监督。全国人民代表大会常务委员会是全国人民代表大会的常设机关，在全国人大闭会期间，行使最高国家权力，对全国人民代表大会负责并报告工作。现任全国人民代表大会委员长吴邦国于2003年3月当选。国家最高权力机关的执行机关是国务院，即中央人民政府，它是最高国家行政机关。温家宝同志于2003年3月当选为国务院总理。国务院统一领导全国地方各级国家行政机关的工作，规定中央和省、自治区、直辖市的国家行政机关的职权的具体划分。

此外，中国共产党领导的多党合作和政治协商制度是中国的一项基本政治制度，即中国共产党是中华人民共和国的唯一执政党，而八个民主政党在接受中国共产党领导的前提下具有参政党的地位，与中国共产党合作，参与执政。中国的参政党主要包括：中国国民党革命委员会、中国民主建国会、中国民主促进会、中国农工民主党、中国致公党、九三学社、台湾民主自治同盟。中国的参政党主要以参政议政、民主监督和成员被举荐担任各级政府和司法机关的一定职务等形式实现政治协商。政治协商以中国人民政治协商会议为组织形式，现任全国政协主席贾庆林同志于2003年3月当选。

雇佣关系演变的特殊历程

中国的雇佣关系的发展历程与西方国家雇佣关系有着本质的不同（赵曙明，1995）。西方产业革命初期，自由经济和资本原始条件下生活于贫困边缘的劳工受到工厂主的残酷压榨而忍无可忍，终于自发地组织起来保护自己，但是规模尚小；自工业发展较为成熟和劳工队伍壮大后，在利益一致、处境相同情况下形成群体，与以求自保的雇主联盟形成对立，争取权益；直到工业发展成熟后，工业化的国家中，成熟的工人组织与雇主通过协商谈判共同为增进经济利益而努力。由此可见，西方国家雇佣关系及其发展始终具有较强的经济性质。而中国的雇佣关系则从其诞生起就具有较强的民族特殊性和政治色彩。

1949年以前：旧中国的雇佣关系

中国是世界文明发达最早的国家之一，有将近四千年有文字可考的历史。公元前 221 年,秦始皇结束了战国时的诸侯割据,建立了中国历史上第一个中央集权的统一的多民族国家——秦王朝。之后,历史嬗变,朝代更替,经历了汉、魏、晋、南北朝、隋、唐、五代、宋、元、明、清等王朝,直到 1840 年鸦片战争,中国一直处于封建社会。

中国资本主义的萌芽起源于何时,从历史遗留下来的许多典型厂矿的契约、文书中推论,这一时间可以追溯到公元 16 世纪 80 年代到 18 世纪 90 年代[①],即中国明朝的嘉靖、万历年间。在这以前,虽然也有个别的雇佣劳动从事商品生产的现象,但只能作为一种偶发的现象。截至鸦片战争前,资本主义萌芽也只是在手工业(并且主要是农民家庭手工业,如棉纺织手工业)中稀疏地存在,其发展程度难以进行数量估计。

1840 年鸦片战争的爆发,工业革命成功的西方各国来到中国,以其炮舰的威慑力迫使清政府接受了一系列不平等条约。条约中关税和设厂的规定给民族产业以沉重打击,劳工失业日增,劳工问题初现端倪。而到清朝末年,中国政治、经济制度的进一步破产使中国的无产阶级境遇每况愈下,在帝国主义、封建主义的桎梏中,雇佣问题已经超越经济范畴,成为民族矛盾的一个方面。因此,其最终也是唯一的出路是暴力革命——诉诸武力,以政治手段加以解决,而这一运动的领导者是中国工人阶级的代表——中国共产党。

直至新中国成立前,中国仍是工业落后的国家。旧中国政府在产业工人的英勇反抗下,曾经被迫制定了相关劳动法规。北洋军阀为缓和“二·七”惨案后工人阶级的斗争情绪,于 1923 年 3 月公布了《暂行工厂通则》,在中国历史上首次规定了一些保护工人利益的条款,就雇佣年龄、工作时间与休息时间等制定了有关标准。但是这些标准的水平极低,且实际上并没有付诸实施。此外,北洋政府还颁发了一些劳动行政规章,就矿工待遇、煤矿爆炸等制定了一些劳动标准。

后来国民党政府执政的 21 年间也发布过一些劳动法律法规。1926 年,国民党第二次全国代表大会通过《工人运动决议案》,其中就工作实践、保障童工女工、设置劳动保险等提出过一些劳动标准。1927 年起草劳动法,于 1929 年完成《劳动法典草案》,提出了若干劳动标准,但没有颁布执行。同年,公布了《工厂法》,就工作实践、童工女工保护、休息休假、工资、津贴等制定了有关劳动标准,但执行中阻力重重。1928 年,公布了《劳动争议处理暂行条例》,就雇佣争议处理程序等作出了具体的规定。1930 年公布了《团体

---

① 吴承明:《中国资本主义的发展述略》,原载于《中华学术论文集》,中华书局,1981 年版,转摘于 www.guoxue.com。

协约法》,1936 年公布了《劳动契约法》,就集体合同、集体谈判和劳动合同的有关问题作出了一些规定。与此同时,又对工会、工人进行集体谈判、签订劳动合同等作出了另外一些法律限制的规定。1943 年,公布了《职工福利金条例》,此外,还制定了其他一些法规规章。[①] 但是,总的来看,这些劳动法律法规未得到有效执行。

与此同时,中国共产党直接领导当时的产业工人,积极开展保障劳动者权益的运动,并且制定了一系列的劳动法律法规。1921 年 8 月,中国共产党诞生一个月后就成立了领导工人运动的公开机关——中国劳动组合书记部。1922 年 8 月,中国劳动组合书记部发出《关于开展劳动立法运动的通告》,领导开展了劳动立法运动,为产业工人争取起码的劳动法律权益而斗争。劳动组合书记部拟定了《劳动立法原则》,并据此拟定了《劳动法案大纲》,就有关劳动的 19 个方面的问题作出了规定,明确提出了有关工作时间、休息时间、女工和未成年工保护、工资报酬等方面的劳动标准。[②] 而在当时的革命根据地,政权部门也发布了有关的劳动法规,并在根据地内实行。1929 年,中国共产党领导的中国工农红军建立了以瑞金为中心的中央革命根据地,于 1930 年由全国苏维埃区域代表大会通过了《劳动保护法》,包括劳动时间、休息时间、工资、女工及未成年工、社会保险、劳动保护检查等内容。特别是 1931 年 11 月 7 日,在江西瑞金召开的中华工农兵苏维埃第一次全国代表大会,通过了《中华苏维埃共和国劳动法》,该法分为 12 章 75 条,就劳动领域的十多个方面问题作出了法律规定。抗日战争时期,陕甘宁边区政府制定了《陕甘宁边区劳动保护条例(草案)》,对工作时间、工资、女工青工保护等作出了法律规定。解放战争时期,在哈尔滨召开的第六次全国劳动大会通过的《关于中国职工运动当前任务的决议》,详细提出了有关劳动立法的基本原则,并明确了解放区职工工资、青工、女工等人员的特殊保护标准。[③④] 这是旧中国条件下由革命政权代表人民意志制定的劳动法律法规,尽管这些劳动法律法规执行的时间不长,却具有重大的历史意义。

新中国成立以后至 80 年代中后期:雇佣关系的消亡与再生

中国大规模的工业化是在新中国成立之后开始的,真正的工人阶级是

---

① 夏积智:《劳动立法学概论》,中国劳动出版社,1991 年版,第 308—315 页。

② 北京政法学院民法教研室编:《中华人民共和国劳动法资料汇编》,北京政法学院出版社,1957 年版,第 49—50 页。

③ 夏积智:《劳动立法学概论》,中国劳动出版社,1991 年版,第 298—306 页。

④ 劳动和社会保障部劳动工资研究所编:《中国劳动标准体系研究》,中国劳动社会保障出版社,2003 年版,第 11—12 页。

在 20 世纪 50 年代末才出现的。[1] 从新中国成立到 20 世纪 80 年代初期，中国的雇佣关系具有自己的特点，并且不同于市场化的雇佣关系，尤其是在 20 世纪 50 年代后期的"大跃进"和 1966—1976 年的"文化大革命"时期。

在新中国成立到 1957 年的社会主义改造时期，雇佣关系依然存在，但是双方之间斗争的形式不是通过罢工，而是协商、谈判、调解、法院裁判等方式。在 1949 年 10 月，全国政治协商会议通过的《中国人民政治协商会议共同纲领》中规定："中华人民共和国经济建设的根本方针是以公私兼顾、劳资两利、城乡互助、内外交流的政策，达到发展生产、繁荣经济的目的。"事实上，这一时期的"劳资两利"政策主要是出于恢复经济和生产、解决当时全国私营企业由于停工倒闭、开工不足而导致全国失业人口剧增的问题。因此，中国共产党和人民政府决定对私营工商业进行调整，来缓和与资本家的紧张关系，进而缓解失业人口剧增的问题。这种调整的原则主要包括三个方面：必须确认工人阶级的民主权利；必须有利于发展生产；用协商的办法解决雇佣矛盾，协商不成由政府仲裁。[2] 这段时期实现"劳资两利"原则的基本形式，一是通过集体合同，二是通过"劳资协商会议"。当时私营企业的集体协商和集体合同主要落实在行业级别，因为当时的私营企业规模都比较小，而且行业内会出现不平等竞争，因此唯一的办法就是雇佣双方各自组织起来，订立集体合同。而当时的劳资协商会议主要适用于范围为 50 个人以上的私人工厂、商店，或者是设立产业或行业。

当时"劳资两利"原则的目的是恢复生产，所以，当生产有了不同程度的恢复时，雇佣关系的局面又开始发生转变。在 1951 年的调整之后，国民经济得到了恢复和发展，私营工商业也得到较大发展。但是私营经济在发展过程中，规避法律或采用非法手段牟取利润，通过行贿、回扣等手段腐化政府官员，进行寻租活动。因此，中国共产党和人民政府开展"五反"运动进行了反击。在此期间，雇佣关系成为阶级斗争的关系，资本家完全处于被动挨打地位，他们不敢也无法进行管理，劳资协商难以正常开展，导致雇佣关系普遍紧张，生产受到破坏，失业人数显著上升。而在 1952 年年底的国民经济恢复时期结束之后，对于农业、手工业、资本主义工商业的社会主义改造即如火如荼地开展起来。1956 年前后，大规模的全行业公私合营运动使得相关企业的雇佣关系发生了根本的变化，因为资本家将生产资料交给国家，由国

---

① Oakley, S., *Labor Relations in China's Socialist Market Economy: Adepting to the Global Market*, Westport, Conn.: Quorum Book, 2002, 41.

② 徐小洪著:《冲突与协调——当代中国私营企业的劳资关系研究》，中国劳动社会保障出版社，2004 年版，第 16—17 页。

家核定股金，据此付给资本家定息，同时给资本家合理安排工作。此时，作为资本人格化的资本家已经被消灭了，雇佣关系的运行形式也发生了很大变化，例如，劳资协商会议被取消，成立了管理委员会。

在1957—1978年这一时期，中国进入社会主义劳动关系阶段。资本家已经不再存在，而与此同时，国家大一统的劳动用工、收入分配制度，劳动力的国有所有制制度，使得中国雇佣关系的合理化进程推迟了20年。

在“文化大革命”结束后，人们对传统计划经济体制进行了反思，对在过去的20年中遭到践踏的员工权益、被忽视的经济规律进行了重新认识和肯定。改革开放以后，除了大中型国有企业外，各种不同经济成分的企业纷纷建立，如外资企业、合资企业、合作经营企业、乡镇企业、集体企业、私营企业、联营企业，等等。这些企业内部都出现了雇佣关系问题。

不过，由于在1978—1987年这段时期非公有制经济及其雇佣关系基本处于一种萌芽和形成的状态，因此政府对此采取的是“看一看”的不干预政策。当时中国企业的雇佣关系最明显的特点是带有浓厚的行政化色彩，企业是政府的附庸，没有独立法人地位，企业没有独立的经营自主权，所以不可能成为用人主体与分配主体，雇佣工人或调整工资都直接受制于国家指令性计划的约束。因此，企业实际上是政府和工人之间的一个中介。职工进入企业成为国家职工、国家雇员，而不是企业职工，并且与企业的劳动关系终身不变，直至退休，以“铁饭碗”为主要特征。工人的工资以等级和年龄为标准，员工晋升也是以年龄和政治因素为基础，企业负责员工的所有福利，包括住房、医疗、教育等一切。在选择职业时，职工以服从组织分配为原则，在劳动条件上，也完全按照国家有关规定办事，双方没有谈判的余地，因此在计划经济体制下中国的雇佣关系实质上是国家与职工之间的行政关系。所以在计划经济体制下，存在着一种理想化的雇佣关系：工人不是商品，不能在生产过程中讨价还价，生产工具的社会所有排除了管理者和被管理者之间的冲突，工作场所的秩序是工人自由维持的，工人工作的动机来自工人本人的愿望。这种理想的雇佣关系的核心就是劳动力的统一分配，管理者和工人的利益是一致的，工人实际参与到管理工作中，拒绝物质刺激。①

20世纪80年代中后期至今：转型中的中国雇佣关系

改革开放以来，中国传统的雇佣关系发生了变化。从企业微观的角度考察，非公有制经济的迅猛发展、规模扩张、雇员人数增加等均说明企业内

---

① Oakley, S., *Labor Relations in China's Socialist Market Economy: Adepting to the Global Market*, Westport, Conn.: Quorum Book, 2002, 42.

部的雇佣关系在量上得到强化和扩张。而从宏观的角度考察,近年来大量的国有企业转为私有企业,非公有经济迅速发展、户数增加、规模扩张、产值在整个国民经济中的比重上升,由此可见,非公有制经济的雇佣关系在整个社会多元化的雇佣关系体系中的比重正在不断增大,量上在不断扩张,影响面和涉及面也在不断增大。

国家推动改革,如20世纪90年代后期,国有企业裁员及工厂倒闭与私有化等,致使国有部门就业人数急剧下降,国家通过消除政策限制和业务壁垒及财政奖励等政策规定来鼓励私营部门发展。私营部门为那些被国家解雇的工人、城镇新工人及农村外出务工人员提供就业机会。90年代中后期,国外投资企业与香港、台湾、澳门地区的投资企业也被赋予更多在中国大陆经营的自主权。近二十年来持续进行的国有企业改制已经给工人和国家雇主之间的雇佣关系带来了深远的变化。一个较大变化就是就业保障的结束和福利经费的减少。政府的经济政策不仅使经济结构发生重大变化,而且使得国家雇主和工人之间长期家长式的纽带关系发生变化,使得工人的意识认同发生根本变化。

尽管中国劳动关系的类型呈现多样化的趋势,但是从长远发展来看,所有制对于雇佣关系性质的影响将越来越弱,这些劳动关系之间又具有一定的趋同性。这是因为随着政府职能的转变,客观上要求对各类企业的管理在某种程度上要统一化,以便于各类企业在同一起跑线上参与市场竞争。同时,随着国有企业经营机制的转换和自主权的扩大,企业在管理权限、经营方式上都会与非国有企业趋于接近。

例如在国有企业改制的过程中,其雇佣关系就表现出由原来的“计划”向“市场”转变。国有企业雇佣关系的市场化进程分为“双轨—并轨—单轨”三个阶段[①],即至2000年年底,实行下岗与失业双轨并行;自2001年起到2003年年底,实行并轨运行,取消下岗人员进入再就业中心,采用符合市场规律的失业方式承接新增的经济性裁员,直至全部人员出“中心”;从2004年开始,全部下岗人员全部纳入失业保险,“企业人”变成“社会人”,通过统一规范的市场机制配置劳动力资源,使国有企业劳动关系由过去以政治利益为基础、行政控制为手段的运行方式,转变为以经济利益为基础的利益协调型方式。

在市场化方向发展的同时,雇佣关系的冲突也日趋明显。一方面,由于现代企业的发展有赖于资本并且强调经营管理;另一方面,从数量上看,我

① 程延园编著:《劳动关系》,中国人民大学出版社,2002年版,第350页。

国的劳动力供过于求，尤其是近年来的产业结构调整进一步强化了劳动力供求双方力量不均衡的现象，从而使得劳动者在雇佣关系中处于弱势地位，因而企业及社会经济中的阶层分化和利益分化日趋明显，雇佣关系利益冲突日益加剧，双方之间的纠纷不断增加。

中国企业雇佣关系的发展有自己的历史，有自己的国情，此外中国正面临着经济体制的转型以及全球化的挑战。因此，对西方国家的雇佣关系制度盲从和拒之门外都不可取。今天既不可能将中国的企业重新置于雇佣双方自由对立的状态，让劳工依靠自己的力量促成雇佣双方的和谐；也不可能立刻要求作到向工业化市场经济国家那样，有完备而彻底的雇佣关系制度的策略和原则。因此，中国企业雇佣关系的模式转型将是一个复杂的、综合配套完成的过程。

主要的参与者

随着中国经济体制改革和企业改革的不断深化，中国的雇佣关系开始出现复杂的局面。为了建立一个合理、有效的雇佣关系运行模式，中国开始探索建立借鉴市场经济国家成功经验、结合中国国情、具有中国特色的协调雇佣关系的三方机制。借鉴国际劳工组织和有关国家三方机制建设的经验，2001 年 8 月 3 日，国家协调劳动关系三方会成立暨第一次会议在北京召开，标志着由中国劳动和社会保障部、中华全国总工会和中国企业联合会/中国企业家协会组成的国家协调劳动关系三方机制的正式建立。

工会

中国的工会运动是随着中国近代历史的开始而产生和发展的。1925 年 5 月 1 日中华全国总工会及其所属工会成立至今已有八十多年的历史。在中国共产党的领导下，中国工会带领中国广大的产业工人开展工会运动，历经磨难。直到 1949 年中华人民共和国成立之后，中国工会才由地下的、非法的组织成为公开的、合法的工人阶级最广泛的组织。

新中国成立后，工人阶级不仅仅是劳动者，而且还成为国家的主人以及企业的所有者，地位大大提高，从而工会的工作重点也发生了转变。1950 年 6 月，中央人民政府颁布了新中国的第一部《中华人民共和国工会法》，明确了工会在新政权下的法律地位和职责，之后又相继出台有关工会的法律法规，使工会组织得以快速发展。此时工会的工作转变为以生产为中心，以党的群众工作系统的身份出现，通过诸如组织劳动竞赛、关心员工福利和娱乐活动等方式调动广大职工的积极性,促进了“一化三改造”、“一五计划”、“二五计划”的顺利完成。这一阶段的劳动关系在实质上是一种纵向的劳动行政关系,工会并没有进入劳动关系中,更没有成为劳动关系中劳动者的代表。

在“文化大革命”开始之后,在“四人帮”的控制下,中华全国总工会被“全国红色劳动者造反团”查封。许多城市和部分省相继成立“革命工人代表大会”,取代了原来的工会组织,并把“文化大革命”的工作放在一切工作的首位。原全国总工会及所属事业单位的绝大多数干部和工勤人员先后到“五七干校”劳动,省级工会的大多数干部也下放到各自的“五七干校”劳动,或去农村落户。因此,在“文化大革命”的十年间,中国的工会组织活动处于停滞状态。

1977年,中共“十一大”提出要加强党对工会、共青团、妇联等群众组织的领导,把这些组织整顿好、建设好,充分发挥它们应有的作用。1978年10月中华全国总工会第九次全国代表大会召开,全国工会运动得以重新开展。随着中国经济体制的转型,中国工会也面临着由计划经济中行政化的工会运动向市场经济中群众化的工会运动转变。[①] 其中劳动关系的市场化是工会转变的直接依据和基本出发点。这种转变要求工会将立足点转移到劳动关系中的代表劳动者利益上来,工作重心转移到劳动关系领域,将维护劳动者的权益作为自身的基本使命。工会的市场化是一个渐进的过程:1978年中华全国总工会第九次全国代表大会提出工会改革群众化和民主化的方向;1988年中华全国总工会第十一次全国代表大会确定了“维护、建设、参与、教育”的工会四项社会职能,提出了工会改革的基本设想,明确了“群众化、民主化、联合制、代表制”的改革目标;1994年的《中华人民共和国劳动法》则明确规定“工会代表和维护劳动者的合法权益”,从而中国工会提出了“工会工作总体思路”,即要把维护劳动者的合法权益作为自己的基本职责,把集体合同工作作为工会工作的重点;2001年修改后的《中华人民共和国工会法》不仅对中国工会的市场化改革进行了法律认定,而且还对市场经济下中国工会改革提出了更加明确的要求,提出“工会通过平等协商和集体合同制度,协调劳动关系,维护企业职工权益”,由此可见,劳动关系已经成为工会工作的重点。《中华人民共和国工会法》第一章第七条还进一步规定,“工会动员和组织职工积极参加经济建设,努力完成生产任务和工作任务。教育职工不断提高思想道德、技术业务和科学文化素质,建设有理想、有道德、

① 中国工运学院工会学系编著:《向市场经济过渡中的工会工作》,中国大百科出版社,1993年版,第7—9页。

有文化、有纪律的职工队伍”。

目前,中国工会的组织体制,是在中华全国总工会的统一领导下,分别建立地方工会和产业工会两大组织系统。[①]

中华全国总工会是中国工会的最高领导机关,在国际活动中代表中国工会组织。中华全国总工会执行委员会由中国工会全国代表大会选举产生,是中国工会全国代表大会执行机构。执行委员会在全国代表大会闭会期间,负责贯彻执行大会的决议,领导全国工会工作。在中华全国总工会执行委员会全体会议闭会期间,由主席团行使执行委员会的职权,主席团下设书记处,主持全国总工会日常工作。中华全国总工会执行委员会委员、主席、副主席、主席团委员和书记处书记的任期与中国工会全国代表大会届期相同,每届任期 5 年。

地方各级工会代表大会是地方各级总工会的权力机构,由同级总工会委员会召集,每 5 年举行一次。目前,中国各级地方工会组织的建立与国家行政区划相统一,分为三级:省、直辖市、自治区总工会;省辖市、自治州总工会或省、自治区地区工会办事处;县(市)、旗总工会。在一些经济发达地区,已经出现了乡镇工会、城市街道工会。乡镇、街道工会具有地方工会和基层工会双重职能,在当前私营企业、外资企业和乡镇企业工会组织不健全、工会还比较薄弱的情况下,乡镇、街道工会更多地发挥基层工会的作用,直接承担和处理新建企业工会难以承担的工作以及遇到的矛盾和问题。

产业工会是按照产业系统建立起来的工会组织。产业工会的设置主要分为全国产业工会和地方各级产业工会。全国产业工会的设置是由中华全国总工会根据需要确定。按照国民经济部门分布情况,经中华全国总工会批准,目前共有 10 个全国产业工会,其中铁路、民航、金融等 3 个全国产业工会实行产业工会和地方工会双重领导,以产业工会领导为主的体制,其余 7 个全国产业工会均实行全国产业工会和地方工会双重领导,以地方工会领导为主的体制。根据《中国工会章程》的规定,产业工会全国委员会可以按照联合制、代表制原则组成,也可以由产业工会全国代表大会选举产生,任期为 5 年。[②]

尽管不同地区和产业设立有自己的工会,但是最终还是由全国总工会来领导,因此中国实际上只有一个工会,各地区或产业的工会只是其分支机构。

根据中华全国总工会的统计数据,截至 2002 年,全国的基层工会数已从 1998 年的 50 万个发展到 2002 年的 171 万个,增长至 3.4 倍;会员人数从

---

① 《工会的组织管理体制》,中华全国总工会网站,www.acftu.org。

② 《中华全国总工会主要职责》,中华全国总工会网站,www.acftu.org。

1998 年的 8 913 万人发展到 13 398 万人,增长至 1.5 倍。在 2002 年,省级工会有 33 个,市级工会 428 个,县(区)级工会 2 962 个,全国工会专职干部数为 47 万人。[①] 根据中华全国总工会民主管理部在 2002 年 8—10 月对于职工民主权利的实现和保障情况进行的专题调研数据,截至 2002 年 9 月底,全国县级以上的工会组织中,已有 1 933 个与统计政府和行政部门建立了联系会议制度,全国已有 30 个省、直辖市、自治区先后建立起省级三方劳动关系协调会议制度。以职工代表大会、厂务公开、民主评议干部为主要内容的职工民主参与工作也有了一定的发展。

尽管如此,由于国家政治体制和工会体制的限制,工会组织在计划经济体制下形成的行政化特点并没有完全消失,中国工会要真正实现法律所认定的劳动者集体权利代表的职责,有许多实际的问题需要解决,其中最突出的问题就是基层企业工会地位的不独立。然而,实践和经验证明,只有工会成为一个具备与企业相当的谈判能力的独立主体时,集体谈判才能真正进行并发挥其效能。然而目前中国的企业工会运作过程对于企业有较大的依赖性,限制了工会在集体协商中发挥独立主体的作用。而这种依赖性主要表现在以下几个方面:

(1) 工会组织的建立对于企业存在依赖。工会组织的建立是集体合同制度的前提和组织保证。目前,在中国各种所有制经济中组建工会面临着巨大的挑战,特别是在非公有制企业,工会的组建率很低。[②] 这是因为中国企业工会的建立,往往不是来自对员工的宣传和发动,而是通过对企业经营者进行说服和教育,把是否建立工会作为对企业的考核指标之一而进行,并因此使得工会的组建成为企业的工作。上述这种关系的错位恰好为企业拒绝组建工会或者组建后操纵和控制工会埋下隐患。

(2) 工会在组织管理上对企业存在依赖。从企业的组织结构上看,工会往往被纳为企业行政机构中的一个部门,这种结构关系使得工会的工作方针和目标自然与企业行政保持一致,从而使工会在组织上丧失其独立性。此外,工会领导(如工会主席)按照工会章程规定,应该通过工会会员代表大会选择产生。但是在实践中,工会主席大多数是由企业任命或是通过一定的选举程序安排担任。例如在很多国有企业和外资企业中,工会主席大多

---

① 中国工会五年成就统计数据,中华全国总工会网站,www.acftu.org。

② 沃尔玛中国分公司在华企业约有 1.9 万名中国员工,在深圳、大连、昆明、北京、厦门、福州等 18 个城市建立了 37 家商店,均未建立工会组织,并抵制组建工会。类似的企业还有美国柯达(厦门)有限公司、厦门的美国戴尔计算机(中国)有限公司、天津三星集团的 8 个子公司、多数省的麦当劳和肯德基等快餐业以及一些外资、知名私营企业,如深圳富士康集团公司、广州镇泰集团公司、中达电子(苏州)有限公司、希捷国际科技(无锡)有限公司等,企业成立多年至今未建立工会组织。

由高层管理人员（如党委副书记、副总经理等）兼任；而在私营企业中，工会主席一般都由老板的亲信担任。这种方式产生的工会主席向企业负责要重于向职工负责，无法真正承担起代表职工利益的责任。

（3）工会干部在劳动关系上对企业存在依赖。企业工会里的干部一方面是企业的员工身份，另一方面又是代表员工利益的工会干部身份，而前一种身份是后一种身份的存在基础。因而工会干部的工资、福利待遇等均受制于企业，劳动关系的管理和存续也由企业掌控。在法律对工会干部保护还不十分到位的情况下，如果有工会干部在维护职工合法权益的过程中为职工据理力争，并且因此触犯企业及其管理者的利益，那么，他很可能面临着在经济利益和工作保证上的威胁。这给工会干部履行其维护职工合法权益的职责带来极大的困难。工会干部与企业之间的地位具有明显的不平等性，这是工会难以独立的另一个重要原因。

（4）工会在经费上对企业存在依赖。工会法虽然规定工会经费来源于职工工资，但还是需要通过由企业向工会拨付的方式，这样会使得企业一方面有可能误认为这是企业的资金，另一方面在工会经费上享有很大的控制权，因而拖延或拒绝拨付，即使拨付了也会认为是对工会的一种恩赐。

总的来说，在过去的 20 年中，中国的工会工作是取得了相当大的进步的。因为在改革开放之前和之后的一段时期内，工会的作用仅限于组织文化娱乐活动等。但是随着中国雇佣关系的复杂化，工会的形象和职能也发生了相应的转变，并且逐步成为雇佣双方之间的一种平衡的力量。这样一个过程不是一蹴而就的，尽管在今天，中国工会的管理和运行机制中仍然存在着种种问题，但是通过持续不断的改革，中国的工会一定能够完善其为职工维权的职责。

雇主与雇主组织

在新中国成立以后，“雇主”这个词在一段时间内很少为人们所用，而且当时在人们的意识形态中，雇主往往与资本家联系在一起，带有贬义色彩。[①] 完成社会主义改造之后，中国多年来一直实行着高度集中的计划经济体制，当时的企业不是一个独立的社会集团或利益集团，而只是政府的附属物，企业行政及管理人员均是以国家干部的身份在企业中执行国家对企业的指令，既没有自主用工的权力也没有自主决定工资收入的权力。因此，当时的企业与员工之间没有雇佣关系，更谈不上雇主和雇员进而雇主组织的概念。

---

① 张彦宁编著：《雇主组织在中国》，企业管理出版社，2002 年版，第 4 页。

随着中国经济结构的多元化和经济运行的市场化,中国的雇主阶层开始逐步浮出水面。但是,由于处在从计划经济体制向市场经济体制过渡的时期,中国的雇主和雇主组织的构成情况也比较复杂,从而使得中国雇主的含义与国外相比有较大区别。

在国有企业中,尽管国家通过政企分开、两权分离的改革将企业经营权下放到企业,使其具有自主用人的权力,同时随着生产要素分配方式的确定和经营者年薪制的实行,经营者开始参与企业的利润分配,行使雇主的职权并享有雇主的经济待遇。但是,他们在现行政治体制和人事管理制度下,国家干部的身份仍然没有改变,因此是否能够充当雇主,目前尚未有定论。

但是近年来发展迅速的非公有经济,特别是在一些私营企业、乡镇企业和外资企业中,企业的用工和工资收入完全按照市场化运作,通过劳动合同确定企业和个人之间的劳动关系,从而出现了大量的雇佣关系,使中国逐渐又出现了雇主和雇员的概念。这些企业的业主和经营者构成具有典型的市场经济法律特征的雇主。

目前,中国的雇主组织正在形成和起步阶段。目前影响最大的雇主组织是中国企联(中国企业联合会、中国企业家协会合署的中文简称)。中国企联发起于 1984 年的中国厂长、经理工作研究会,后来经国家民政部核准注册登记成为全国性的社会团体法人,是独立于政府、自主从事各项活动的国家级雇主组织,其分支成员分布于各省(自治区、直辖市)、各行业以及各工业城市和区县。其成员包括各类所有制企业。目前,中国企联拥有省级企业团体 40 个,全国性企业团体 30 个,主要工业城市企业团体 220 个,会员企业 54.5 万家。[①] 中国企联在内部特别设立了"雇主工作委员会"专门负责雇佣方面的工作。在三方协调机制中,中国企联主要承担以下工作:代表中国企联参加国家协调劳动关系三方会议,参与有关涉及劳动关系方面的法律法规和政策的制定;指导与协调各地、各行业企联/企业家协会开展三方机制建设和劳动关系协调工作;收集、整理国内外有关三方机制和劳动关系方面的资料并及时向各级企联/企业家协会传递信息;参与国际雇主组织和国际劳工组织活动,参加国际劳工大会和国际劳工标准与公约的修改和制定,开展与其他国家雇主组织及国际机构的交往与合作;为各地、各行业企联/企业家协会以及企业(雇主)提供三方机制和劳动关系方面的培训、咨询等服务;推动企业建立和加强劳动合同、集体合同的签订,减少劳动争议,维护企业劳动关系稳定等。

① 中企联合网,http://www.cec-ceda.org.cn/china/hy.php。

另外，商会这一组织形式在中国出现，国际惯例一般以商会作为雇主代表，因此，在中国发展以商会为代表的雇主组织也将成为建立和实施三方协商制度的一项重要内容。除此之外，在一些非公有制经济发达的地区，很多雇主自发成立一些民间非正式的雇主组织（例如以“联谊会”的方式），从而在与政府对话和处理雇佣关系事务中共同行动。这种雇主组织形式大多出现在区、乡等以下地域的外资企业中，例如大连的日资企业。①

尽管中国的雇主组织在近年来得到了一定的发展，但是从目前运行的现状来看，仍然存在以下问题：(1) 代表性不够强，即便是全国影响最大的中国企联的会员企业数仍然相当少；(2) 缺乏关于雇主组织的法律规定，从而使得雇主组织的成立和活动的规范化、法制化无法实现；(3) 职责的偏失，有些雇主组织会把主要精力放在举办各种会议或者提供会员企业信息交流、培训教育、咨询和商贸等服务上，而在劳动关系领域（如维护会员企业方面）没有开辟新功能或者开辟得不够；(4) 由于雇主组织的力量相比于政府和工会来说要弱，因此一些地区的雇主组织缺乏一定的经济实力，依赖于政府部门的财政支持，无法作到自治、自立和自养。

政府

作为协调雇佣关系三方机制中的一方代表，政府是国家利益和社会利益的代表者与维护者。在三方机制中，政府一方一般由国家劳动行政部门代表。在中国，劳动行政机构是政府中专门设立的对劳动工作实行统一管理的部门。国务院下设劳动和社会保障部，综合管理全国的劳动和社会保障工作。在中国的三方协调机制中，劳动和社会保障部门发挥着重要的作用。

在计划经济和市场经济的不同体制中，政府的身份和作用是不同的。在计划经济体制下，公有制企业特别是国有企业构成国民经济的主体，在国有企业中，劳动关系的一方是工人，另一方实际上是国家，企业行政只不过是国家与工人之间的中介。因此，这些企业的员工被称为“国家职工”。政府的劳动部门作为用人单位的上级，实质上是以劳动关系一方的身份，用行政手段直接介入劳动关系，包括调配劳动力，确定工资、休假、福利、劳动保护等具体劳动标准，处理劳动纠纷等。企业在劳动关系中的作用只是在执行政府劳动部门的政策和指令。因此，在计划经济时期的劳动关系其实是一种劳动行政关系，政府是企业劳动关系直接当事人的主体。②

---

① 常凯著：《劳权论——当代中国的劳动关系法律调整研究》，中国劳动社会保障出版社，2004年版，第144页。

② 同上书，第145—151页。

随着经济的转型和劳动关系的市场化,政府的劳动行政部门逐渐开始从企业具体的劳动关系中退了出来,由过去的直接介入转变为对劳动关系的宏观协调、调控和管理。目前,中国政府在雇佣关系中的作用可以归纳为:协调者、调控者、立法者和管理者。具体来说,中国政府调整当前的雇佣关系的机制主要包括以下内容:(1) 全面实行以劳动合同制度为主要内容的新型劳动雇佣制度;(2) 推行集体协商和集体合同制度,建立企业劳动关系自我协调机制;(3) 建立健全的劳动争议处理制度,有效预防和处理劳动争议;(4) 制定和完善劳动立法和劳动标准,为调整雇佣关系、维护职工权益提供法律依据和政策基准。

目前,中国政府的劳动行政部门已经初步完成了由计划经济向市场经济下的身份和职能的转变,初步建立了以劳动政策为基准,以劳动合同管理、集体协商和集体合同、雇佣争议处理为主要内容的劳动关系协调体制,在建立和维护和谐稳定的雇佣关系方面起到了积极的作用。但是在某些行业或企业(如国有商业银行)的雇佣关系中,政府仍然具有双重身份:一方面,政府是企业的所有者;另一方面,政府又是其劳动关系的协调人。这种特殊的身份在一段时间内仍将存在,也为建立有效、合理的劳动关系协调体制带来了一定的难度。

主要过程

集体协商

集体谈判是市场经济国家雇佣关系制度的核心,因为雇佣关系谈判中的实质性条款都是在该机制中得到确定的。集体谈判权是集体劳权中运用最为广泛的一种权利[①],它是工会运动的直接结果,也是近代劳工立法的核心内容。在雇佣冲突不断激化的情况下,资本主义国家为协调和规范雇佣关系,逐步通过立法对其加以承认并确立相应制度。

这一制度在各国法律中的表述不尽相同。有的称为集体谈判制度,有的称为集体合同制度,有的称为集体协议制度,还有的称为集体谈判和集体合同制度。这些称谓的差别体现的是角度和强调重点的不同。中国的《劳动法》把这一制度表述为强调结果的“集体合同”。但是有关方面对于这一制度的过程的表述却存在着一定的差异:例如,中华全国总工会在官方文件

① 常凯著:《劳权论——当代中国劳动关系的法律调整研究》,中国劳动社会保障出版社,2004 年版,第 243—307 页。

中，有时称为“谈判协商”①，有时称为“平等协商”②，有时称为“平等协商”③，而国家劳动和社会保障部在所颁布的劳动规章中称其为“集体协商”，而2001年新修改的工会法则称为“平等协商”。协商与谈判的不同之处在于，协商只是一个咨询的过程，从而强调合作而非对立，其最终的决策力量总是在管理者手中，而谈判的结果则取决于双方能否达成一致。④《劳动法》强调集体合同的订立，这种合同是通过“谈判”还是“协商”并没有明确的法律规定，这体现了中国雇佣关系的过渡特点，同时也反映了雇佣力量的对比。

集体协商制度并没有提供一个真正的调节雇佣关系的独立框架，大部分集体合同只是雇主和工会之间的示范协定，并没有工人的直接参与和实际的谈判过程。同样地，区域或全国性的集体合同可能太过宽泛而与当地需求相脱离，从而给了企业经理无视当地工会代表的借口。沃尔玛（中国）这一案例就是个很好的例子。除此之外，集体合同在国有企业比在私营企业中得到更广泛的采用。

中国劳动者对于集体谈判权的享有并不是从来就有的，并且不是一以贯之的。中国1950年的《工会法》规定“在‘国营’企业及合作社经营的企业中，工会有代表受雇工人、职员群众参加生产管理及与行政方面缔结集体合同之权”，“在私营企业中，工会有代表受雇工人、职员与资方进行交涉、谈判、参加劳资协商会议并与资方缔结集体合同之权”。在社会主义所有制改造完成并实现计划经济体制后，集体谈判制度由于与国情不相适应而被搁置。但是，在之后的社会主义市场经济体制改革中，这一问题又被重新提起。1992年4月颁布的《工会法》在“工会的权利与义务”一章中明确规定“工会可以代表职工与企业、事业单位行政方面签订集体合同”。1994年7月颁布的《劳动法》第三章“劳动合同和集体合同”中具体规定了“企业职工一方可以与企业就劳动报酬、工作时间、休息休假、劳动安全卫生、保险福利等事项，签订集体合同”。1994年12月，劳动部又颁发了《集体合同规定》，具体规定了集体谈判和集体合同的具体实行办法。而2000年10月，劳动和社会保障部颁发的《工资集体协商试行办法》对集体谈判的核心内容——工资进行了具体规定。目前，国家有关部门正在加紧制定《集体合同法》。

---

① 中华全国总工会，《关于贯彻实施劳动法的决定》，1994年12月11日。

② 中华全国总工会，《关于建立集体协商和集体合同制度中最好工会工作的意见》，1995年2月8日。

③ 中华全国总工会，《工会参与平等协商和签订集体合同试行办法》，1995年8月17日。

④ 约翰·P.温德姆勒等著：《工业化市场经济国家的集体谈判》，中国劳动出版社，1994年版。

集体谈判中的劳动者与工会

在集体谈判中,劳方的劳动者和工会,谁是集体谈判权的主体或集体谈判的当事人?中国劳动法学界有三种学说:"工会主体说"、"劳动者主体说"和"劳动者和工会共同主体说。"

工会主体说①是劳动法学界的传统观点,该观点认为由于劳动法将集体合同确定为规范性合同,集体合同的当事人是工会组织,而劳动者只是集体合同的关系人,由此工会应当承担相应的法律责任。然而该观点对于劳动者的"关系人"身份的认定意味着他们在集体谈判中不能主动参与,只能被动获益,从而与集体谈判的性质相悖。

劳动者主体说则认为集体合同的主体是"职工一方"而非工会,工会只是充当职工代表的角色。② 这种观点源自《劳动法》第 33 条的规定:"企业职工一方与企业……签订集体合同。集体合同草案应当提交职工代表大会或者全体职工讨论通过。集体合同由工会代表职工与企业签订;没有建立工会的企业,由职工推举的代表与企业签订。"但事实上,工会并不是一个可以脱离劳动者而存在的利益主体,劳方作为一个有机整体,工会不能与劳动者分割开来。

因此,笔者更加认同学者常凯提出的"劳动者和工会共同主体说",这一观点认为集体谈判的劳动主体应该由劳动者与工会共同组成,而且这是一个不可分割的主体,其中劳动者是意志主体,工会是形式主体。③ 这一观点在确认劳动者利益是集体谈判直接目的的同时,也防止工会成为一个脱离劳动者而存在的利益实体。

通常来说,工会之所以能够代表劳动者进行集体谈判是因为劳动者的授权,而这种授权则取决于工会所代表的会员人数以及在劳动者中的影响和地位。但是中国对工人组织权利的保护是以全国总工会为基本框架的,因此在工会一元化体制下,工会谈判一般无须再由劳动者授权,而由法律直接规定。工会可以就有关劳动者权益的各类问题包括劳动者组织形式即工会问题进行谈判,并达成对于全体劳动者均具有效力的集体合同。工会有义务向劳动者报告合同草案并经他们批准。但是,中国的集体谈判往往容易流于形式,其中的主要原因正是上文中所提到的工会对于企业的依赖性,中国工会参与集体谈判通常并不是向劳动者负责,而是向上级负责。

---

① 史尚宽著:《劳动法原论》,1934 年上海初版,1978 年正大印书馆重刊版,第 104 页。

② 张喜亮:《工会在集体合同制度众的角色》,《劳动法学通讯》,1997 年 2 月。

③ 常凯:《外资企业集体谈判和集体合同制度的几个法律问题》,《中国法学》,1995 年第 1 期。

集体谈判中的雇主与工会的权利关系

尽管自中国1995年颁布《劳动法》的同时推行集体合同制度以来,劳动部、全国总工会、国家经贸委和中国企业家协会专门发出通知,提出集体协商和集体合同制度是中国在市场经济条件下协调劳动关系的有效机制①,是维护职工权益的重点工作。② 但是中国工会在推行集体合同的过程中,仍然遭到了雇主的不合作或抵制。这种不合作或抵制有两种方式,一是不承诺,二是控制谈判使之徒具形式或有利于雇主(常凯,2004)。③ 这一现象在外商投资企业和私营企业中更加突出。

对于雇主的"不承诺",由于《劳动法》第33条提到"职工一方可以与企业就劳动报酬、工作时间、休息休假、劳动安全卫生、保险福利等事项签订集体合同",其中"可以"这一表述意味着这一条款并非强制而只是选择性的,实际上具有雇佣双方自治的含义。如果雇佣双方力量相对均衡,或者劳动者有罢工权作为后盾,那么这种规定是可以实行的。但在中国特别是私营或外商投资企业中,劳动者组织力量薄弱,又缺乏明确的罢工权保障,集体合同的实施结果只有两种可能:一是难以推行,例如在私营和外资企业;或者徒有虚名,如在国有企业。④ 而对于雇主控制谈判,工会也无可奈何。只有通过建立不当劳动行为制度来加强工会的集体谈判权,并以此来促进中国的集体合同制度真正纳入市场轨道。

目前中国政府对于这一问题已经加以重视,2001年的《工会法》就增加了关于雇主拒绝集体谈判的条款,其中第53条规定"违反本法规定,有下列情形之一的,由县级以上人民政府责令改正,依法处理:……(四)无正当理由拒绝进行平等协商的"。但是这一进步当中仍然包含众多疑问,例如对于"无正当理由"、"责令改正"、"依法处理"究竟应该如何理解和实行还有待于进一步的明确。

集体谈判的内容

国际劳工大会在1981年通过的专门的集体谈判公约(第154号公约)规定:各国应该采取符合国情的措施促进集体谈判,而这些措施的目的应当

① 劳动部等,《关于逐步实行集体协商和集体合同制度的通知》,1996年5月17日。

② 张丁华,《在中国工会第十三次全国代表大会上的工作报告》,1998年10月19日。

③ 常凯(2004)对此解释为,由于中国工会更注重集体合同的数量,因此对于雇主不应诺的情况,在工会文件中经常提到,但对于雇主控制集体谈判的情况,在正是场合则从未见有人提及。实际上,第二种情况更为普遍。

④ 李琪:《对国有企业推行集体协商制度的思考》,《工会理论研究》,1999年1月。

使所有经济活动部门中的所有雇主同所有的工人群体之间都有可能进行集体谈判;集体谈判的内容应当逐步扩大,直至把决定劳动条件和就业条件、规范工人与雇主之间的关系、规范雇主或其组织同工人组织之间的关系等一应事务全部包括进去。[①]

而中国的《劳动法》及有关规章则明确规定集体双方可以就"劳动报酬、工作时间;休息休假、劳动安全与卫生、补充保险和福利、女职工和未成年职工特殊保护、职业技能培训、劳动合同管理、奖惩、裁员、集体合同期限、变更或解除集体合同的程序、履行集体合同发生争议时的协商处理办法、违反集体合同的责任、双方认为应当协商的其他内容"[②]等进行集体协商。

其中,涉及劳动者具体劳动条件和劳动标准的规定是集体谈判中最主要的内容,而除劳动标准以外主要涉及雇佣关系方面的内容,以及涉及企业经营管理方面的内容,则主要根据企业雇佣关系的实际状况、雇佣双方的实力对比及亲和程度,由双方协商确定。

从中国的集体谈判实践过程来看,由于《劳动法》关于集体合同的内容并没有强制性规定,因此集体协商既可以包括上述所有内容,也可以只包括其中一项或几项。企业可以根据雇佣关系的实际情况及需要确定是谈判和签订涉及全部内容的合同,还是谈判签订专项合同。例如,一些企业就工资问题、女职工或安全卫生等问题进行谈判并签订专项集体合同,这种方式就更为方便、灵活和有效。

集体谈判的程序

由于《劳动法》并没有具体规定如何进行集体谈判,因此劳动和社会保障部在2004年颁布的《集体合同规定》第4章"集体协商程序"中作了较为详细的规定。集体协商任何一方均可就签订集体合同或专项集体合同以及相关事宜,以书面形式向对方提出进行集体协商的要求。一方提出进行集体协商要求的,另一方应当在收到集体协商要求之日起20日内以书面形式给予回应,无正当理由不得拒绝进行集体协商。集体协商会议由双方首席代表轮流主持,一方首席代表提出协商的具体内容和要求,双方对此发表各自意见,开展充分讨论。如果达成一致,则形成集体合同草案或专项集体合同草案,并交职工代表大会或者全体职工讨论,在有三分之二以上职工代表或者职工出席并且全体职工代表或者全体职工半数以上同意时,该草案方获通过。集体协商中未达成一致意见时,双方可以中止协商,并由双方商定

---

① 王家宠著:《国际劳动公约概要》,中国劳动出版社,1991年版,第99页。

② 劳动和社会保障部,《集体合同规定》(2004年)。

中止期限及下次协商的时间、地点、内容。集体合同或专项集体合同期满前3个月内,任何一方均可向对方提出重新签订或续订的要求。双方协商代表协商一致,可以变更或解除集体合同或专项集体合同。

尽管国家对于集体谈判的程序有了上述原则性的规定,但是在实践操作中仍然很不规范。集体合同制度在我国已推行了近10年,至2003年年底,全国共签订集体合同67.29万份,覆盖企业121.4万个,覆盖职工1.035亿人。但是相当多的企业中存在着集体谈判和集体合同严重流于形式的现象。

集体合同的形式化具体表现在以下方面:(1)主体错位。实践中,一些工会并未真正认识和摆正自己在集体合同中的法律地位,颠倒了主体和代表的关系,出现职工对集体合同毫不知情,工会自己确定协商代表和协商内容,自己与企业签订集体合同,签订后也不向全体职工公布的情况。这种主体的错位导致集体合同的实际主体缺失,为集体合同的形式化埋下根源性的隐患。(2)程序简化。集体合同制度的灵魂在于建立一种协商机制。但是在集体合同签订中,一些工会和企业重签订轻协商的现象十分普遍,有的根本没有什么协商过程,即使协商也往往是走一下过场。集体合同文本也多是统一印制的格式化文本,由企业经营者和工会负责人共同签字上报了事,协商程序则成为多余的程序。(3)内容空洞,照抄法律。实践中集体合同照抄法律法规的现象十分普遍,即使写入一些内容也多是原则性的规定,或避重就轻地将一些并不是职工关心的和企业实际的问题写入合同中。据调查,在一些集体合同中,法律已经明确规定的实体条款的比例均超过了50%。合同内容照抄法律且不符合企业实际,使相当一些人认为集体合同的意义不大。(4)重签订轻履行。一些企业与工会并未充分认识到集体合同制度的意义,只把这一制度作为一项上级布置的任务和指标来完成,往往签订了合同、上报了数字就大功告成,至于合同是否解决了问题,合同是否履行就显得无关紧要了。另外,由于没有协商过程,合同大都照抄法律,集体合同也丧失了履行的必要性和可行性。[①]

由于在多数非公有制企业中工会的谈判能力有限,国家对一些国有企业的工资总额仍保持相对的控制权,因而在这些企业中工资谈判还难以真正开展。其根本原因在于谈判主体之一的工会或劳工力量薄弱,亟待通过工会内部组织体制的改革和谈判斗争手段的丰富来加以弥补。[②]

---

① 姜颖:《〈集体合同法〉立法的障碍及工会的应对》,北京劳动法学和社会保障法学研究会网站, http://www.ldbzfx.org。

② 乔健:《加强对转型时期劳工政策的研究》,人民网强国论坛, http://www.qglt.com。

集体谈判的层次

在西方国家,集体谈判往往会分为国家、行业(产业)、企业等几个层次,中国的《劳动法》对于集体谈判的规定主要在企业这一层次。从今后发展的趋势来看,集体谈判仅限于企业这一级是远远不够的。例如,在涉及工资等劳动条件问题时,有一个行业标准的问题(如在铁路、民航、邮政、电信等行业),这不是一个在企业层面的集体谈判就能解决的问题。此外,中国各类组织工会的建设和完善还有一个相当长的过程,而目前在有些企业(特别是一些小型的私营和外资企业中),工会的组织和力量难以在企业开展集体谈判,而如果通过区域或行业工会与雇主组织签订集体合同则可以解决这一问题。

目前,中国有 13 个省、自治区及大连市均通过制定地方性法规开始了在区域或行业进行集体谈判的探索。例如,浙江省政府 1999 年 10 月发布的《浙江省集体合同条例》中的第 38 条就确定了雇佣双方可以签订"区域性、产业性、行业性集体合同"的制度。在 2001 年 9 月—2002 年 9 月,浙江省签订的区域集体合同数达到 6 191 份,覆盖企业 46 996 户,覆盖职工 636 060 个,签订的行业集体合同 1 598 份,覆盖企业 13 662 户,覆盖职工 1 234 206 个。① 同期,中国除去西藏自治区外的 31 个省、自治区、直辖市也纷纷实行了行业或区域性集体合同制度。尤其是在私营经济比较发达、小企业比较多的福建、广东等地,区域性或行业性集体谈判发展较快。随着三方协调机制在基层的发展,全国各地的区域性或行业性集体谈判发展速度也将不断加快。

争议及其解决

劳动争议处理机构

根据《劳动法》和《企业劳动争议处理条例》的规定,在中国处理劳动争议的机构有三个。第一,用人单位劳动争议调解委员会,这是依法成立的专门处理劳动争议的群众性组织,由用人单位的代表、用人单位的工会代表、员工代表三方组成,是处理争议的基层组织结构。第二,地方劳动争议仲裁委员会,一般设在县、市一级,其构成由同级劳动行政部门的代表、同级工会

① 夏小林:《私营部门:劳资关系及协调机制》,《管理世界》2004 年第 6 期,转摘自中国农业信息网, www. agri. gov. cn。

代表、用人单位方面的代表组成。仲裁委员会的主任由劳动行政部门的代表担任。第三,人民法院,这是处理劳动争议的最终机关,劳动争议案件由法院的民事审判庭负责审理,实行两审终审制,其判决具有法律效力。中国劳动争议处理实行协商、调解、仲裁、诉讼的处理程序。协商和调解是非必经程序,而仲裁程序是必经程序,诉讼是不服仲裁裁决的当事人处理劳动争议的最终司法程序。

中国法律对于罢工权利的规定

新中国成立后,罢工的现象一直存在。其中黑工潮比较集中的有三次。一次是在新中国成立初的 1952 年,另一次是在社会主义改造完成前后的 1956—1957 年,再一次是在经济体制改革以来的 20 世纪 80 年代末。

1954 年的《宪法》中没有规定“罢工权”。1975 年的“文化大革命”时期《宪法》首次作出规定:“公民有言论自由、通信、出版、集会、结社、游行、示威、罢工的自由。”1978 年的《宪法》仍作如此规定。而到了 1982 年,《宪法》取消了“罢工自由”的规定,因为在国有制的计划经济条件下,罢工实际上就是罢政府的工,具有政治性含义。到目前为止,中国《宪法》、《工会法》、《劳动法》等都没有赋予劳动者和工会罢工的权利,甚至在《集体合同规定》中还规定“任何一方不得有过激行为”。但是在一些特殊情况下又允许劳动者有权“停止作业”、“有权拒绝执行”。例如在《矿山安全条例》中规定:“有权拒绝任何人违章指挥。”1992 年《工会法》第 25 条规定:“企业发生停工、怠工事件,工会应当会同企业行政方面或者有关方面,协商解决职工提出的可以解决的合理的要求,尽快恢复秩序”,隐含地承认了罢工。

事实上,在中国进入市场经济雇佣关系的今天,罢工及变相罢工(如集体劳动争议、集体上访)的事实是存在的。但是宪法和法律对这一问题采取了回避的态度①,既没有明确赋予劳动者罢工的权利,又没有明文禁止。所以,罢工并不违法,但同样也不受保护。

劳动争议的现状和特点

过去的 10 年中,随着中国市场经济体制逐步确立和完善,国内劳动关系发生了根本变化,因而劳动争议也呈大幅度持续攀升的态势。1994 年,全国各级劳动争议仲裁委员会共受理劳动争议案件 19 098 起,涉及劳动者人数

---

① 徐小洪著:《冲突与协调——当代中国私营企业的劳资关系研究》,中国劳动社会保障出版社,2004 年版。

77 794 人，而到 2009 年受理案件数已增加到 684 379 起，涉及人数达 1 016 922 人，分别是 1994 年的 35.84 倍和 13.07 倍。16 年间劳动争议案件平均年增长率达 25.07%，涉及人数平均年增长率 17.43%（见表 13-1）。

表 13-1　1994—2004 年全国劳动争议案件总体增长情况

年度	案件总数	年增长百分比	涉及人数	年增长百分比
1994	19 098	—	77 794	—
1995	33 030	72.95%	122 512	57.48%
1996	47 951	45.17%	189 120	54.37%
1997	71 524	49.16%	221 115	16.92%
1998	93 649	30.93%	358 531	62.15%
1999	120 191	28.34%	473 957	32.19%
2000	135 206	12.49%	422 617	-10.83%
2001	155 000	14.64%	556 230	31.62%
2002	184 116	18.78%	608 396	9.38%
2003	226 391	22.96%	801 042	31.66%
2004	260 471	15.05%	764 981	-4.50%
2005	313 773	20.46%	744 195	-2.72%
2006	317 162	1.08%	679 312	-8.72%
2007	350 182	10.41%	653 472	-3.80%
2008	693 465	97.67%	1 214 328	85.83%
2009	684 379	-1.31%	1 016 922	-16.26%

资料来源：1995—2010 年《中国劳动统计年鉴》。

上述数字只是依照法律途径解决劳动争议的统计，由于经法律途径处理争议耗时过长，除了官方的劳动解决机制，工人还依赖其他的渠道来表达不满和寻求正义，例如信和请愿书，还有工作场所的工业活动和街头抗议，这些往往是自发的、非法的。也出现过多次试图成立自治组织和发动政治运动，但很快就被有关部门制止。据国务院信访局（State Bureau of Letters and Calls）的统计，2003 年信访案件数量剧增，其中劳动关系矛盾引发的信访案件占第一位。①

1994—2009 年，集体争议案件的平均年增长率达到 25.06%，并表现为涉及人数多，众多年度的集体争议涉及的人数均占当年劳动争议总人数的一半以上（见表 13-2）。随着劳动纠纷从隐蔽到显露，劳动争议的对抗性逐

① 姜颖：《〈集体合同法〉立法的障碍及工会的应对》，北京市劳动法学和社会保障法学研究会网站，http://www.ldbzfx.org/lunwen/t10.htm。

步增强，影响面广，当事人情绪容易激化，处理难度大，稍有不慎，就会导致罢工、静坐、围堵交通、集体上访等严重扰乱社会秩序的突发事件，甚至演变为刑事案件。例如近年北京地区发生的仟村百货、老福爷百货倒闭案，惠而浦、天桥商场终止合同等争议，员工都采取了集体上访、静坐或围堵政府等极端手段，给正常的生产工作秩序和社会稳定造成了较大影响。①

表 13-2 1994—2009 年全国集体争议案件数量及人数统计

年度	集体争议案件数量	集体争议案件增长率	集体争议人数(A)	集体争议总人数(B)	A/B
1994	1 482	—	52 637	77 794	67.66%
1995	2 588	74.63%	77 340	122 512	63.13%
1996	3 150	21.72%	92 203	189 120	48.75%
1997	4 109	30.44%	132 647	221 115	59.99%
1998	6 767	64.69%	251 268	358 531	70.08%
1999	9 043	33.63%	319 241	473 957	67.36%
2000	8 247	-8.80%	259 445	422 617	61.39%
2001	9 847	19.40%	286 680	556 230	51.54%
2002	11 024	11.95%	374 956	608 396	61.63%
2003	10 823	-1.82%	514 573	801 042	64.24%
2004	19 241	77.78%	477 992	764 981	62.48%
2005	16 217	-15.72%	409 819	744 195	55.07%
2006	13 977	-13.81%	348 714	679 312	51.33%
2007	12 784	-8.54%	271 777	653 472	41.59%
2008	21 880	71.15%	502 713	1 214 328	41.40%
2009	13 779	-34.94%	299 601	1 016 922	29.46%

资料来源：1995—2010 年《中国劳动统计年鉴》。

随着劳动争议案件的日益复杂，处理难度不断加大，通过调解说服的方式来解决纠纷的可能性越来越小，而由裁决结案的比例在不断上升。根据1996—2009 年的统计数据（见表 13-3），我们可以看出，1996 年，52.4% 的劳动争议通过调解方式结案，而这一数字到 2009 年达到 36.46%；通过裁决结案的劳动争议案件比例从 1996 年的 27.48% 上升到 2009 年的 42.19%；而通过协商或者诉讼等其他方式结案的劳动争议案件比例自 1996 年的20.48% 上升到 1999 年的高峰 38.77% 后在 20%—29% 的水平之间波动。

① 程延园编著：《劳动关系》，中国人民大学出版社，2002 年版，第 347 页。

表 13-3　1996—2009 年全国劳动争议案件处理方式统计

年度	结案总数	调解结案		裁决结案		其他方式	
		数量	所占比例	数量	所占比例	数量	所占比例
1996	46 543	24 223	52.04%	12 789	27.48%	9 531	20.48%
1997	70 792	32 793	46.32%	15 060	21.27%	22 939	32.40%
1998	92 288	31 483	34.11%	25 389	27.51%	35 155	38.09%
1999	121 289	39 550	32.61%	34 712	28.62%	47 027	38.77%
2000	130 688	41 877	32.04%	54 142	41.43%	34 669	26.53%
2001	150 279	42 933	28.57%	77 250	51.40%	35 096	23.35%
2002	178 744	50 925	28.49%	77 340	43.27%	50 479	28.24%
2003	223 503	67 765	30.32%	95 774	42.85%	59 954	26.82%
2004	258 678	83 400	32.24%	110 708	42.80%	64 550	24.95%
2005	306 027	104 308	34.08%	131 745	43.05%	69 974	22.87%
2006	310 780	104 435	33.60%	141 465	45.52%	64 880	20.88%
2007	340 030	119 436	35.13%	149 013	43.82%	71 581	21.05%
2008	622 719	221 284	35.54%	274 543	44.09%	126 892	20.38%
2009	689 714	251 463	36.46%	290 971	42.19%	147 280	21.35%

资料来源:1997—2010 年《中国劳动统计年鉴》。

从劳动争议的原因来看,劳动报酬和保险福利待遇是中国近年劳动争议的焦点问题。劳动报酬和保险福利争议涉及劳动者的基本生存权利,近年来,这一方面的争议占到劳动争议总数的一半以上。

而从劳动争议的处理结果来看,有一半左右的案件是劳动者获得了胜诉;双方部分胜诉的比例在不断增大,从 1996 年的 28.78% 增加到了 2009 年的 49.17%;用人单位胜诉的比例呈现下降趋势,从 1996 年的 20.31% 下降到 2000 年的 11.28%,经过 2001 年的反弹至 20.99% 后下降至 2009 年的 13.84%(见表 13-4)。

表 13-4　1996—2009 年全国劳动争议处理结果统计

年份	劳动争议处理结果					
	用人单位胜诉	所占比例	劳动者胜诉	所占比例	双方部分胜诉	所占比例
1996	9 452	20.31%	23 696	50.91%	13 395	28.78%
1997	11 488	16.23%	40 063	56.59%	19 241	27.18%
1998	11 937	13.57%	48 650	55.31%	27 365	31.11%
1999	15 674	13.49%	63 030	54.26%	37 459	32.25%
2000	13 699	11.28%	70 544	58.07%	37 247	30.66%
2001	31 544	20.99%	71 739	47.74%	46 996	31.27%

（续表）

年份	劳动争议处理结果					
	用人单位胜诉	所占比例	劳动者胜诉	所占比例	双方部分胜诉	所占比例
2002	27 017	15.11%	84 432	47.24%	67 295	37.65%
2003	34 272	15.35%	109 556	49.06%	79 475	35.59%
2004	35 679	14.10%	123 268	48.72%	94 041	37.17%
2005	39 401	12.88%	145 352	47.50%	121 274	39.63%
2006	39 251	12.63%	146 028	46.99%	125 501	40.38%
2007	49 211	14.47%	156 955	46.16%	133 864	39.37%
2008	80 462	12.92%	276 793	44.45%	265 464	42.63%
2009	95 470	13.84%	255 119	36.99%	339 125	49.17%

资料来源:1997—2010年《中国劳动统计年鉴》。

目前及未来存在的问题

全球化的挑战

在过去的十年中,世界经济已经发生了深刻的变化,其中最重要的特征之一就是全球化经济的形成。全球化的经济环境给各国经济造成了强烈的冲击,中国也不例外。[①] 这种冲击体现在雇佣关系领域主要有以下几个特点。

(1) 全球化带来劳动关系主体的国际性以及使用规则的国际化:2001年11月20日,中国正式加入了世界贸易组织(WTO),真正介入了经济全球化的过程。加入WTO是中国迈向经济市场化和全球化的重要步骤,它通过进出口关税的降低、非关税贸易壁垒的拆除、投资和贸易政策自由化、实行国民待遇,以促进国内市场的进一步开放。中国加入WTO,将进一步刺激外商在华投资的扩张,目前全球500强中,已有一半以上在中国设立了企业或机构。跨国公司比例的上升,直接促进了中国雇佣关系的国际化,使其人力资源政策、雇佣关系政策对国内的示范效应更加明显。因此,全球化的背景要求中国雇佣关系的运作符合国际通行的规则和公认的国际劳工标准及惯例,从而使雇佣关系趋于国际化。

(2) 产业结构调整对于雇佣关系的影响:加入WTO后大量的外资进入

---

① 尤其是进入21世纪以来,中国的市场经济得到了进一步的深入发展,正式加入WTO更是为中国经济的增长和中国企业的发展提供了广阔的市场空间。然而与全球化相伴的是更为激烈的市场竞争以及对企业、政府和个人提出的更为严峻的挑战。

中国，一方面促进了中国雇佣关系的市场化和国际化方面，并且创造了更多的就业机会，但是从另一方面来讲，也加剧了中国的劳动问题，尤其是就业问题。因为外资的进入在带来新的就业机会的同时，对国内的企业也造成了很大的冲击，从而必然带来国内产业结构的相应调整和资源的重新配置，企业破产、兼并、合并、联合、转让经常发生，从而带来劳动关系的剧烈变动和冲突。此外，由于中国国民经济对国外市场需求和外向型经济的依存度很高，因此一些地方政府出于引资和单纯经济增长的动机，以低廉的劳动力价格吸引外资，严密控制劳工成本和劳动关系，限制工会维权作用的发挥，甚至是放任企业违法用工，这突出表现在沿海的出口加工企业中，农民工权益普遍受到侵害，致使劳动关系动荡不安，同时也损害了经济增长的内在质量。

全球化使雇佣关系领域面临更加复杂的环境。全球化对于雇佣关系带来的影响，不仅直接表现为企业雇主与雇员之间的冲突，而且还表现为劳动者与政府、发达国家的工会与发展中国家的工会，以及不同国家的政府之间的利益差别和矛盾。加入 WTO 之后，大批外资进驻中国，进而带来产业结构的剧烈调整。与此同时，国有企业改制中，下岗职工的基本生活保障制度向失业并轨，大批下岗职工面临解除合同并走出再就业中心，就业和雇佣关系问题将会更加突出和复杂。[①] 因此，面对全球化的影响，如何制定积极有效的雇佣政策，维护雇佣关系的协调与稳定，从而促进社会和经济的和谐发展是摆在我们面前的新的课题。

农民工权益保护

截至 2004 年年底，中国拥有城市人口 5.43 亿人，农村人口 7.57 亿人。据测算，中国的土地最多只需要 1 亿农业劳动力，以吸收 1.2 亿计算，中国农村存在近 5.57 亿剩余劳动力。因此在工业化、城镇化加快发展的阶段，越来越多的富余农村劳动力将逐渐转移出来，大量农民工将长期在中国城乡之间流动就业。2003 年，中国农村劳动力到乡以外地方流动就业的人数已超过 9 800 万人，是 1990 年 1 500 万人的 6 倍以上。20 世纪 90 年代后，农民离乡外出就业平均每年以 500 万人左右的规模迅速增加，成为农村劳动力转移的主要渠道。这些农民工分布在国民经济的各个行业，在加工制造业、建筑业、采掘业及环卫、家政、餐饮等服务业中已占从业人员的半数以上。

目前，中国农民工的总数约有 2.1 亿，并且已经逐渐成为中国的一个特

---

① 程延园编著:《劳动关系》，中国人民大学出版社，2002 年版，第 350 页。

定的社会群体。他们的户籍仍在农村，主要从事非农产业，有的在农闲季节外出务工、亦工亦农，流动性强，有的长期在城市就业，成为产业工人的重要组成部分。但是在中国传统户籍制度没有改变而工业化进程不断加快的情况下，“农民工”成为他们特殊的身份标识。[①] 正是因为这一身份标识的特殊性，农民工阶层作为一个整体处于弱势地位：一方面，农村户口阻碍着他们真正融入城镇社会和工业劳动者群体，并被面向城镇居民的相关制度（主要包括社会保障制度等）所排斥；另一方面，他们与传统的、真正的农民群体的隔阂也日益加深。

由于农民工已经成为一个不容忽视的庞大社会群体，而且这一弱势群体由于缺乏相应的保障更易遭遇各种意外风险以及陷入生活困境，因此对于农民工的合法权益保护的问题已经引起政府的高度重视。近年来，中国政府制定了一系列保障农民工权益和改善农民工就业环境的政策措施，取得了一些成效。尽管如此，目前农民工面临的问题仍然十分突出。

从全国看，建筑、制鞋、制衣等劳动密集型行业企业拖欠农民工工资问题比较严重。根据北京市的调查，2004 年，北京市建筑行业有 70 万进京施工的农民工队伍，被拖欠的工资总额高达 30 亿元，人均被拖欠工资 4 000 多元。[②] 而国家统计局 2004 年所作的一项调查显示，解决工资拖欠问题仍是进城就业农民工等弱势群体最迫切的要求。在被调查的 4 473 名农民工中，有 10% 的农民工反映去年以来工资被以各种理由拖欠，人均被拖欠工资 7 个月，金额 1 754 元。[③] 除了拖欠工资外，部分用人单位还存在克扣或变相克扣农民工工资现象。据国家统计局 2004 年所作的调查，一些企业每月扣留员工 20%—30% 的工资作为“风险抵押金”，要求工作满三年并且不能出任何差错，否则全部扣除。而实际上大多数农民工都拿不到“抵押金”，企业主会想尽办法迫使他们“主动”提前离厂。更为严重的是，在东南沿海个别地区的部分私营企业，企业主将农民工工资据为己有并携款出逃的问题比较突出。[④]

除了工资拖欠问题之外，农民工的工资水平普遍偏低，并且增长缓慢。尽管中国经济在过去的 20 多年中高速发展，GDP 以年均约 10% 的速度增长，城镇职工的平均工资也由 1980 年的人均 762 元增加到 2004 年的 16 024

---

① 郑功成：《农民工的权益与社会保障》，《中国党政干部论坛》，2002 年第 8 期。

② 农业部中国农业信息网，《全社会都来关心农民工问题》，2003 年 12 月 3 日。

③ 摘自国家统计局信息。

④ 张彦宁、陈兰通主编：《2005 年中国企业劳动关系状况报告》，企业管理出版社，2005 年版，第 59 页。

元,增长了 21.02 倍[①],但农民工的工资收入水平却没有得到相应的增长。例如在农民工人数较多的广东省,与珠江三角洲年均高于 20% 的 GDP 增速比较起来,农民工的工资近几十年来几乎没有什么变化。根据国务院发展研究中心的一份报告,最近 12 年来,珠江三角洲农民工月平均工资仅增长了 68 元。[②]

此外,农民工从事的劳动岗位,普遍来讲劳动强度相当大,劳动时间也很长,最基本的休息无法得到保障。根据国家统计局 2004 年的调查,农民工每周工作时间 6.4 天,每天工作 9.4 小时。有些地方的农民工每天工作 11 个小时左右,每月工作时间在 26 天以上。[③] 珠江三角洲的农民工每天工作 12—14 个小时的占 46%,没有休息日的占 47%。[④] 许多农民工靠标准劳动时间获得的收入难以维持基本生活,大多数情况下,不得不靠加班加点。尽管如此,加班工资并不多。据调查,在可拿加班工资的农民工中,从未拿过的占 54%,有时拿过的只占 20%。[⑤] 国家统计局的调查显示,农民工中 76% 的人在节假日加班未享受过国家规定的加班工资。[⑥]

除了工资偏低、被拖欠现象严重、劳动时间长这些问题之外,农民工还面临着诸如安全条件差、职业病和工伤事故多、缺乏社会保障以及培训就业、子女上学、生活居住等方面的诸多困难。这些问题与中国经济社会结构存在的深层次的矛盾是紧密相连的。在农村大量富余劳动力向城市转移的过程中,由于劳动力市场的供过于求,农民工弱势群体的经济、政治、文化权益得不到有效保障。在雇主雇佣行为不规范和追求超额利润的情况下,不可避免地会引发农民工合法权益受到严重侵害的问题,并导致许多社会矛盾和纠纷的产生。解决好农民工权益保护的问题,直接关系到社会公平正义的维护,以及社会的和谐稳定。

工会的市场化问题

随着中国市场化进程的逐步推进,非公有制经济在中国得到了迅猛的发展,与此同时,非全日制、临时性、季节性、钟点工、弹性工作等各种就业形

---

① 资料来源:《中国统计年鉴—2004》。

② 国务院发展研究中心研究报告。

③ 摘自国家统计局信息。

④ 全国总工会,《关于进程务工人员组建工会和维护其劳动经济权益问题的调研报告》,2004 年 7 月。

⑤ 中国劳动学会,《农民工等弱势全体权益保护研究报告》,2004 年 12 月。

⑥ 摘自国家统计局信息,转摘自张彦宁、陈兰通主编:《2005 年中国企业劳动关系状况报告》,企业管理出版社,2005 年版,第 59 页。

式迅速兴起。但是在市场化的私营、外资企业及其他各类新兴的工作形式当中，雇佣力量对比极为悬殊，劳工唯有依靠自身集体的力量——工会，才能争得自身权益。但是，目前工会恰恰是劳动关系调整机制中最薄弱的一环。因此保护上述企业或工作形式中工人的合法权益，组建能够代表这些群体利益的工会是关键所在，只有通过工会凝聚劳工的集体力量才能争取自身的权益。

但是现实表明，在目前各类非公有制企业和混合所有制企业总量不断增长的态势下，工会组建仍显滞后。在有的非公有企业当中，组建工会受到了经营者的阻挠和抵制，管理层通过提高核心员工的工资和福利淡化其加入工会的愿望，同时通过大量的雇佣外包或者短期工的方式使得员工流动频繁而不易被组织到工会中来。截至 2003 年 6 月底，仅全国登记的私营企业数已达 270 万户，从业人员 3 562 万人，但其中尚有 201 万户未建立基层工会或未覆盖到工会组织中，涉及职工约 1 500 万。[①] 因此推进工会在各类非公有制企业乃至非正规就业领域中的组建步伐，任务依然艰巨。只有加快工会在这些企业或行业中的组建步伐，才能最大限度地将游离于工会之外的职工组织到工会中来，其中包括总量不断增长的农民工群体，这是市场化进程中保障劳工合法权益免受侵害的先决条件。

除了加快各类企业工会的组建步伐之外，产业和行业工会的发展也将更具战略意义。因为在目前的情况下，非公有制企业工会数量较少，而且，即便建立了工会，由于自身利益的制约和雇主的控制，一般也很难发挥现实的作用，这时就要求充分发挥产业和行业工会的作用。因为中国加入 WTO 和产业结构的调整对不同产业的影响不同，因此组建产业或行业工会，利用它们更大的独立性，更便于凝聚劳工的力量以及制定出更有针对性的维权策略，帮助企业工会履行职能。

此外，中国是工会一元化的体制，对工人组织权利的保护是以全国总工会为基本框架，这与国际劳工公约的规定和世界上其他国家实行的多元化工会，即不受任何限制地组织工会是根本不同的。因此，在中国经济日益与国际接轨的情况下，工会自身的市场化改革也成为一个非常重要的问题。其改革的重心应当着力实现工会组织的自主性、代表性、民主化和整体凝聚力。而其中最根本的就是工会的自主性问题。尽管维护工人利益已经被公认为市场经济体制中中国工会最主要的功能，但是正如在上文中所提到的那样，传统的工会对政府的依赖性，以及工会对于企业的依赖性却没有从根

---

① 《2004 年：中国社会形势分析与预测》，社会科学文献出版社，2004 年版，第 311 页。

本上得到改变,这样势必会导致工会的尴尬处境,在集体协商中的地位偏低。如何从根本上让工会自立,摆脱对政府和企业的依赖,理清工会系统管理混乱的状况,对其重新定位并使其成为市场化社会的一种博弈力量,将是中国的劳动关系在市场化改革进程中遇到的一个难题。

劳动立法的改革

中国在计划经济时期的劳动立法,自 1950 年的《工会法》以后,基本上都是照搬前苏联的劳动立法模式。1984 年城市经济体制改革以来,社会经济关系中的劳动关系发生了最普遍和最直接的变化。而市场经济是一种法制经济,因此劳动关系的市场化同样也要求劳动关系的法制化。1994 年 7 月,《劳动法》的出台是中国劳动法制建设上的一个里程碑。这一法律确定了劳动立法和劳动体制改革的市场化方向,把劳动者作为一个独立的社会利益主体和法律关系主体来对待,明确了保障劳动者权益的立法主旨,并提供了以劳动者权利保障为中心的法律体系框架。此后,中国政府又出台了一系列与《劳动法》配套的法规。2007 年政府通过三大就业法例,它们是广受争议的《劳动合同法》、《就业促进法》和《劳动争议调解仲裁法》,并于 2008 年生效。尽管如此,中国的劳动法律体系的建立和实施才刚刚起步,相应的立法还未健全。

但是我们必须注意到,中国的劳动立法是在从计划经济向市场经济过渡的背景下制定的,因此尽管以市场为标准是其基本价值取向,但是在具体的规定和实施中,又不得不考虑中国目前还不是一个纯粹的市场经济的实际情况,因此具体立法中必然会出现一些模糊的和不彻底的问题。

从中国的劳动立法发展历史来看,无论从理论上还是从实践上来说,中国的经验都比较欠缺。1995 年实施的《劳动法》是中国的第一部劳动法,2008 年颁布了新的《劳动合同法》,但是中国的劳动法律仍处于初创阶段。因此不完善是必然的。

此外,中国的劳动关系正处于一种转型和过渡的过程中。现实中不仅有着多种类型的劳动关系,而且不同类型的劳动关系也处在变动中,使得中国的劳动关系呈现一定的复杂性和不稳定性,从而对劳动立法也带来了相当的难度。

过去的二十多年来,政府出台了一系列的劳动法规,例如《工会法》、《劳动法》、《劳动争议处理条例》等,这些法律法规对于调整劳动关系当事人的利益,保护双方的正当权益,起到了重大作用。但是随着经济全球化和经济转型进程的不断深入,中国的劳动关系日益复杂化和劳动争议不断增加,因此相应的劳动立法也亟待调整和变革，新的法律法规也应运而生。

从目前中国的劳动法律体系来看，国家正在加强劳动法律法规的建立。2008年新《劳动合同法》颁布后，完善了劳动规章制度；大力加强工会组织建设，长期发展中，企业工会维护职工合法权益的职能并没有充分发挥，使得职工在与企业主的博弈中处于弱势地位，新法实施后，加强了工会组织的建设和改革，发挥了工会的积极作用；新法规范劳动合同的订立，要求劳资双方规范各自的行为，共同建立和谐稳定的劳资关系，新法的颁布促进员工和企业共同发展，实现两者双赢。

结论

目前，“以人为本”和“构建和谐社会”是中国政府确立的社会发展主题。构建和谐的雇佣关系是一个重要和突出的问题。因为社会的整体和谐是由许许多多单元、个体之间的和谐而组成的。然而在经济转型和经济全球化的双重挑战之下，中国的雇佣关系面临着与以往不同的国内和国际环境，该领域发生了许多新的变化，出现了许多新的特点，同时也带来了许多需要深入研究的新问题。

在过去的计划经济体制下，中国的雇佣关系比较简单。而现在，从跨国公司的现代雇佣关系到19世纪私人小作坊的雇佣方式，从传统的国有企业用工体系到新兴创业公司的伙伴关系，几乎所有近代经济史上存在过雇佣关系的类型都可以在中国同时找到。如此短的时间内聚集了如此复杂的雇佣关系，各种雇佣关系之间难免相互纠缠，无论是企业、员工还是政府显然都没有完全适应，人们处理这些纠纷和冲突的知识与能力明显欠缺。解决这些问题，对于中国在经济体制改革和全球化的背景下走出一条成功的、和谐的和具有中国特色的社会主义市场经济道路具有十分重要的意义。

中国雇佣关系发展大事记

16 世纪—18 世纪 90 年代	明代嘉靖、万历年间到清代乾隆、嘉庆年间,中国的资本主义萌芽出现个别雇佣劳动从事商品生产的现象。
1840 年	鸦片战争爆发,西方列强侵略中国,清政府接受了一系列不平等条约,给民族产业以沉重打击,劳工失业日增,劳工问题出现端倪。
1840—1894	中国近代企业的创建时期,中国资本主义的三种资本形态——外国资本、官僚资本、民族资本依次出现在历史舞台上。
1921 年 7 月	中国共产党成立。
1921 年 8 月	在上海成立了领导全国工人运动的公开机构——中国劳动组合书记部,并在北京、武汉、长沙、广州、济南建立了分部。
1922 年 5 月 1 日至 6 日	第一次全国劳动大会在广州召开。大会根据代表们的临时动议,作出了全国总工会未成立前各地工会以中国劳动组合书记部为总通信机关的决定。这样,中国劳动组合书记部就成为全国工会公认的领导机关和全国总工会的前身。
1922 年 1 月至 1923 年 2 月	全国兴起了第一次工人运动高潮。 1922 年 1 月,香港海员为增加工资举行大罢工,前后持续时间约 4 个月,迫使港英当局屈服。 1922 年 9 月,安源路矿 17 000 余人在刘少奇、李立三的直接领导下,为保障自身权利、改善生活待遇举行大罢工,迫使路矿当局承认了工人提出的大部分条件,最终取得了胜利。 1923 年 2 月 4 日,京汉铁路 20 000 多名工人举行总罢工,遭到帝国主义和反动军阀的残酷镇压。工人运动由此转入低潮。
1923 年 3 月	北洋政府公布了《暂行工厂通则》,在中国历史上首次规定了一些保护工人利益的条款。
1925 年 5 月 1 日至 7 日	第二次全国劳动大会在广州召开。大会成立了中华全国总工会,并选举组成了全总执行委员会,大会还决定中华全国总工会加入赤色职工国际。

1926 年	国民党第二次全国代表大会通过《工人运动决议案》,其中就工作实践、保障童工女工、设置劳动保险等提出过一些劳动标准。
1926 年 5 月 1 日至 12 日	第三次全国劳动大会在广州召开。大会通过了《关于中国职工运动的发展及其在国民革命运动中之地位报告的决议》、《中国职工运动总策略决议案》、《劳动法大纲决议案》等 30 多个文件。
1927 年 6 月 19 日至 28 日	第四次全国劳动大会在汉口召开。这次大会的任务是:工人阶级要领导农民阶级和小资产阶级向共同的敌人作战。大会通过了《政治报告决议案》、《国民革命的前途和工会的任务》等 13 个决议案。
1928 年	国民党政府公布了《劳动争议处理暂行条例》,就雇佣争议处理程序等作出了具体的规定。
1929 年	国民党政府公布了《工厂法》。
1929 年 11 月 7 日至 11 日	第五次全国劳动大会在上海召开。大会通过了《中华全国工人斗争纲领》、《工会组织问题决议案》、《工农联合决议案》等 12 个决议案。
1930 年	国民党政府公布了《团体协约法》。 全国苏维埃区域代表大会通过了《劳动保护法》,包括劳动时间、休息时间、工资、女工及未成年工、社会保险、劳动保护检查等内容。
1931 年 11 月 7 日	在江西瑞金召开的中华工农兵苏维埃第一次全国代表大会,通过了《中华苏维埃共和国劳动法》。
1936 年	国民党政府公布了《劳动契约法》。
1937 年	日本入侵中国,中国经济受到重创。
1943 年	国民党政府公布了《职工福利金条例》。
1944 年	中国成为国际劳工组织的 10 个常任创始国之一,但新中国成立后,中国在该组织的合法席位操控在国民党当局手中,直到 1971 年 11 月 16 日国际劳工局理事会第 184 次会议根据联合国大会第 396(V)决议,通过了恢复中国合法权利的决议。
1948 年 8 月 1 日至 22 日	第六次全国劳动大会在哈尔滨召开。大会通过了《关于中国职工运动当前任务的决议》、《关于国民党统治区职工运动报告的决议》和《中华全国总工会章程》,决定恢复并重建中华全国总工会。

1949 年 10 月 1 日	中华人民共和国成立。
1949 年 10 月至 1957 年	社会主义改造时期,雇佣关系依然存在,但是双方之间斗争的形式不是通过罢工,而是通过协商、谈判、调解、法院裁判等方式。
1953 年 5 月 2 日至 11 日	中国工会第七次全国代表大会在北京召开。大会通过了《关于中国工会工作的报告》、《关于修改中国工会章程的报告》等决议。
1957 年 12 月 2 日至 12 日	中国工会第八次全国代表大会在北京召开。国务院副总理李富春作了关于国家经济建设的报告。大会通过了《关于中国工会工作的报告》、《关于修改中国工会章程的报告》和《中国工会章程》等决议。
1957—1978 年	中国进入社会主义劳动关系阶段:资本家已经不再存在,同时国家采用大一统的劳动用工、收入分配制度,劳动力归国家所有。
1977 年 9 月	由于对国际劳工组织认识不深,以及国际劳工局要求中国政府交纳台湾当局拖欠的会费并补交 1971 年以后的会费,中国政府正式照会国际劳工局长,指出中国在今后一段时期内将不参加该组织的活动,不承担任何义务,对会费不予考虑。
1978 年	中国开始实行改革开放政策,从此中国经济开始实现年均 9.6% 的高速增长。
1978—1987 年	中国非公有制经济及其雇佣关系基本处于一种萌芽和形成状态,政府对此采取的是“看一看”的不干预政策。
1978 年 2 月	国际劳工理事会第 205 次会上,通过了中国为“不活动成员国的建议”,并由当年召开的第 64 届国际劳动大会通过,1979 年开始实施。
1978 年 10 月 11 日至 21 日	中国工会第九次全国代表大会在北京召开。大会通过了《中国工会工作报告》、《关于修改中国工会章程的报告》和《中国工会章程》。
1983 年 10 月 19 日至 29 日	中国工会第十次全国代表大在北京召开。倪志福作了题为《在社会主义物质文明和精神文明建设中发扬工人阶级主人翁精神》的工作报告,大会就工作报告作出了相应的决议,通过了新的《中国工会章程》。

1983 年	第 69 届国际劳工大会作出撤销中国所谓“拖欠”会费的决议并正式恢复了中国在国际劳工组织中的活动和理事会常任理事国地位。此后中国政府每届大会都由中国劳动和社会保障部、中华全国总工会和中国企业联合会/中国企业家协会组成的三方代表团出席。
1985 年 1 月	国际劳工组织在北京设立了办事处,即国际劳工组织北京局。
1987 年 10 月 25 日至 11 月 1 日	在党的“十三大”报告中,提出了在邓小平著作中没有提到过的“私营经济”。指出“私营经济是存在雇佣劳动关系的经济成分”,“是公有制经济必要的有益的补充”。也讲到外资“是我国社会主义经济必要的和有益的补充”。
1988 年 10 月 22 日至 28 日	中国工会第十一次全国代表大会在北京召开。大会通过了《推进工会改革团结亿万职工在全面深化改革中发挥主力军作用》的工作报告等。
1992 年 4 月 3 日	第七届全国人民代表大会第五次会议通过《中华人民共和国妇女权益保护法》。
1992 年 4 月 3 日	第七届全国人民代表大会第五次会议通过《中华人民共和国工会法》。
1993 年 10 月 24 日至 30 日	中国工会第十二次全国代表大会在北京召开。张丁华作了题为《团结动员全国职工,发挥主力军作用,为夺取有中国特色社会主义事业的更大胜利而奋斗》的工作报告,大会通过了关于工作报告的决议等。
1998 年 10 月 19 日至 24 日	中国工会第十三次全国代表大会在北京召开。这次大会是 20 世纪召开的最后一次全国工会会员代表大会,是中国工运史上承前启后、继往开来的一次盛会。大会的主题是:高举邓小平理论伟大旗帜,团结动员各族职工为实现我国跨世纪宏伟目标而奋斗。
1994 年 7 月 5 日	第八届全国人民代表大会常务委员会第八次会议通过《中华人民共和国劳动法》。
2001 年起到 2003 年年底	实现国有企业下岗与失业并轨运行的体制,取消下岗人员进入再就业中心,采用符合市场规律的失业方式承接新增的经济性裁员,直至全部人员出“中心”。

2001 年 8 月 3 日	国家协调劳动关系三方会议成立暨第一次会议在北京召开,标志着中国协调劳动关系的三方机制正式建立。
2001 年 10 月 27 日	第九届全国人民代表大会常务委员会第二十四次会议通过《中华人民共和国职业病防治法》以及《关于修改〈中华人民共和国工会法〉的决定》。
2001 年 11 月 20 日	中国正式加入了 WTO,真正介入了经济全球化的过程。
2002 年 6 月 29 日	第九届全国人民代表大会常务委员会第二十八次会议通过中华人民共和国主席江泽民签署的《中华人民共和国安全生产法》。
2004 年	国有企业全部下岗人员全部纳入失业保险,“企业人”变成“社会人”,通过统一规范的市场机制配置劳动力资源。
2004 年 12 月 31 日	中国总人口为 129 988 万人(不包括香港特别行政区、澳门特别行政区和台湾地区),约占世界总人口的 21%。
2007 年	预计到新《劳动合同法》的影响,中国大量企业包括大型的、经营良好的和各种所有制形式的企业都解雇了它们的长期工,并在不同的合同下重新雇用他们以避免法律责任,如华为“辞职门”事件。
2008 年	《劳动合同法》、《就业促进法》、《劳动争议调解仲裁法》实施。

第14章
中国大陆地区的雇佣关系(二)
——当代中国劳动关系的特点和发展趋向

常凯　乔健

中国劳动关系市场化转型的背景与过程

经济全球化——中国劳动关系转型的国际背景

经济全球化,一方面推动了全球经济的持续和高速发展,同时也将资本主义基本的、内在的经济和社会矛盾,即资本和劳动的矛盾推向了全世界。伴随着全球经济的高速发展,世界范围内的两极分化、贫困加剧、劳资冲突等社会矛盾不断加剧。全球化为资本造就了一个急速扩张的机会,而对于劳动力市场的直接影响则是"工资探底"(race to the bottom),劳资矛盾和劳资冲突已经成为一个世界性的社会经济问题。在全球化的背景下,世界范围内劳动关系的格局发生了重大的变化[①]:

第一,经济全球化打破了劳资关系的均衡态势,强资本和弱劳工的格局日趋明显。随着资本跨国流动的能力越来越强,国家被迫为了留住资本而降低关税税率,取消管制,出台优惠政策。这在很大程度上是以牺牲劳工利益为代价的。相对于资本实力的增强,劳工一方作为一种集体力量出现了分散化迹象,难以组织起来与强大的资本抗衡。

第二,经济全球化使得传统的劳动关系调整方式面临严峻挑战。一方面,产业结构的调整对传统劳工运动的冲击很大。第二产业的缩小和第三产业的扩大,造成了产业工人数量的减少和劳工队伍的不断分化,以产业工人为基础的传统劳工运动的力量大为削弱,工会密度大幅度下降。另外,随

① 常凯主编:《劳动关系学》,中国劳动社会保障出版社,2005年版,第105—107页。

着跨国公司的发展和生产过程的国际化,劳动关系也超越了国家界限而具有了国际化的特点,但对于只能在本国范围之内活动的传统的工会运动,在组织形式、活动机制、斗争方式等方面面临着一系列新的问题。而且,由于跨国公司国际经营的承包制度和转包体系,产业关系结构进一步复杂化,在这种跨国性的产业关系和劳工问题上,集体谈判这一传统方式的局限性凸显出来。

第三,经济全球化使各国政府在劳动关系协调中失去了公正的立场。为提高全球竞争力,发达国家的政府争相降低税率、削减社会福利,导致国内失业率居高不下,工人的平均工资日趋下降;发展中国家的政府以廉价劳动力为优势参与国际竞争;各国为吸引外资而竞相压低工人工资,为投资环境而压制工会与工人运动。官商勾结、官商一体成为许多国家的政治风景。以牺牲劳工的利益来追求经济的发展,已经成为许多国家公共政策的出发点。

经济全球化对于中国劳动关系的影响

随着中国加入 WTO,经济全球化对于中国劳动关系的影响也愈来愈广泛和深刻。中国劳动关系在主体结构、劳动标准、调整方式等方面也出现了国际化的趋向,即劳动关系已不仅仅是一个国家的内部事务,受到国内法的调整,而且也直接受到国际经贸规则和国际劳工标准的影响及制约。

一方面,在全球化背景下,强资本、弱劳动的格局更为严峻。我国采取出口导向型的经济发展模式,导致为吸引外资和增加出口而压低劳动力成本,以体现廉价劳动力的比较优势,这种政策倾向进一步加大了劳动者的弱势地位。

另一方面,国际劳工标准开始对中国的劳动立法和企业劳动标准的设置发挥直接影响。截止到 2010 年,中国共批准 25 个国际劳工公约,其中有四项核心公约,即第 100 号、第 111 号、第 138 号、第 182 号公约。此外,中国政府已经签署了《经济、社会和文化权利国际公约》、《公民权利和政治权利国际公约》。这表明,上述国际劳工公约和人权公约都将具有国内法的效力,并成为中国劳动立法的法律渊源之一。

结合国际劳工标准的影响,跨国公司在欧美市民运动的压力下开展了公司社会责任(CSR)与企业守则运动,要求中国的供应商企业必须遵守依据国际劳工标准而制定的生产守则,从而对这些企业的劳动关系规范发挥了直接影响。数据显示,截至 2009 年年末,中国有 223 家企业获得了社会责任管理体系(SA8000)认证,22 667 家企业获得职业安全健康管理体系 18000(OHSAS18000)认证。[①] 此外,在 WTO 和其他国际经贸组织中,也一直期望对国际贸易与劳工权益保障的挂钩作出某种制度安排,这也将对我国企业

---

① 《国家责任竞争力(2009)》,国家行政学院出版社,2010 年版,第 29 页。

的劳动关系发挥间接影响。

中国的经济体制改革及其劳动关系的转型

中国的劳动关系转型，是随着国内的经济体制改革而发生的，且是作为中国经济体制改革的构成部分而进行的。所有制的改革和工资分配制度的改革，直接影响和决定了劳动关系的性质及特点。

1. 产权制度改革对于劳动关系的影响

计划经济的所有制结构是一种单纯的公有制结构。国有企业是现代产业的主要构成。经济体制改革首先从国有企业的改革开始，经历了政企分开、放权扩权、承包经营、股份制改造、企业出租出售等改革过程。在“国退民进”的指导原则下，到2005年，非国有经济在国内生产总值中所占比重约为65%左右，其中内资民营经济所占比重为49.7%，外商和港澳台投资企业在国内生产总值中所占比重约为15%。[①] 全国工资劳动者人数约为3.3亿人，其中国有单位就业人员只有6 488万人，而非国有经济在二三产业的就业比重达到84%，在城镇中的就业比重已经超过70%。[②]

决定劳动关系的性质和特点的基本因素是所有制的性质。不同的所有制下劳动关系的性质和特点有所不同。这是因为所有制性质直接表现为生产资料的占有和运用具有不同的形式及要求，从而必然决定和影响生产资料与劳动者结合的方式——劳动关系的性质和特点。而以国有企业转制为基本内容的产权制度的改革，对中国劳动关系的性质和发展产生了重大的影响，主要表现在以下几个方面：

首先，国有企业的改制，为劳动力市场提供了大量的雇佣劳动者。计划经济国有企业的特点，是劳动者与生产资料的直接结合。尽管这种直接结合的有效性实际上很难实现，但工人作为国家和企业的主人的名义及身份，使得劳动者的劳动权利和分配权利，能够在原有体制的庇护下得到保障。而国有企业改制的核心，是公有制企业的私有化，要实现这种私有化的前提是必须将劳动者与产权相分离。所以，从优化组合到下岗失业，再到身份置换，和国有企业改制同步，劳动者也完成了自己的历史转换过程。而改制前后所累计出现的近5 000万的下岗和失业工人，便是国有企业改制的副产品。大批城市工人的下岗和失业，为城市劳动力市场的形成提供了产业后备军，从而劳动关系的市场化转型具备了经济环境。

---

① 黄孟复、胡德平主编：《中国民营经济发展报告》(2005—2006)，社会科学文献出版社，2006年版，第2页。

② 冒天启：《转型经济研究的现状和理论问题》，http://www.dajun.com.cn/sulian.htm。

其次,国有企业的改制,扩大了城市中的两极分化,制造了一批作为暴发户的资产所有者和一个作为贫困者的城市劳动者阶层。在原本的计划经济体制下的国有企业中,大锅饭的分配体制使得人们在工资分配和财富占有方面并没有差别。部分国有企业改制实际上是存量国有资产流失和被瓜分的过程。部分企业管理层通过对于国有企业的承包、租赁和收购,几乎是空手套白狼,将企业在几十年里创造和积累的国有资产变成自己的私产,成为新兴的资产所有者。而广大的工人则作为改革的对象,不仅与国有企业资产再分配无缘,而且失去了原有的"身份"和工作福利待遇,以微不足道的"补偿"被抛入城市贫困者阶层。而这种贫富新阶层的出现,尽管也有个人原因,但从根本上来说,是由身份、政策和制度设置所造成的。

最后,国有企业改制改变了城市和企业中利益一体化的格局。劳动者和资产所有者的关系,是劳动和资本的人格化。而这种骤变的暗箱操作的改革过程,使得大多数的劳动者对于这种不公平的起点和结果,在心理上难以接受并产生抗拒的情绪。特别是在改革过程中所遗留的欠发薪金、社保缴费等,又加剧了劳动者的被剥夺感和社会对抗心理。劳动者不仅对于那些运用不当手段成为"新主人"的资产所有者表示蔑视,而且对于介入这一改革的地方官员和政府并不信任,并对改革的性质和方向产生了怀疑。这种情况,是国有企业改制中和改制后集体劳动争议和工人的集体行动大量发生的主要社会原因。

2. 分配制度改革对于劳动关系的影响

这些不同企业类型中的劳动关系,在社会转型期间其特点和运行机制及表现形式都有所不同。但随着社会转型的逐步完成,各类不同企业之间的劳动关系差异会越来越小,并呈现出一种趋同化的趋向。现阶段,产权多元化和非国有经济的快速发展,使中国的劳动关系呈现出多样化的发展趋势,并要求劳动关系实行市场化的转变。而分配制度的改革,则促进了劳动关系主体的分化及市场化。

在计划经济下,与公有制一统天下相匹配的是按劳分配制度。改革之初,在坚持按劳分配的前提下,工资分配主要是强化了企业自主分配的原则。"十四大"以后,工资分配制度改革的目标,修改为坚持以按劳分配为主体,多种分配方式并存,体现效率优先,兼顾公平的原则。根据企业改革进度和劳动力市场发育程度,逐步建立起"市场机制决定、企业自主分配、政府监督调控"的工资体制。党的十五届四中全会进一步确定了企业工资收入分配制度改革的目标模式,即到 2010 年,基本构建起"市场机制决定、企业自主分配、职工民主参与、国家监控指导"的新体系,普遍建立比较完善的与现代企业制度相适应的工资收入分配制度。这种分配模式的变化，彻底改变了传统的“按劳分配原则”[①]。按生产要素贡献分配的原则，是以各种生产要素(包括非劳动要素)都参与了社会财富的创造为前提的。这种分配原则和方式，在认可各生产要素的贡献并得到相应回报的基础上，最大限度地调动了各生产要素的积极性。

但劳动要素与资本、管理和技术要素一同参加分配，显而易见的是，不论从分配数额的比重，还是从分配过程中的话语权，劳动要素都处于一种弱势的地位。如果不对这种分配原则和方式以及程序进行严格的规制和监控，分配中的两极分化和劳动者的不利地位将会进一步加剧。实践的结果也说明，由于目前这种分配制度缺乏严格的规制和监督，劳动者在分配制度中处于一种非常不利的地位，劳动关系双方主体两极分化愈益严重。

根据国家统计局的测算，1988 年全国居民收入分配的基尼系数为 0.341，1990 年为 0.343，2000 年为 0.417，2003 年则在 0.458 以上。[②] 2007 年我国的基尼系数达到 0.48，并在近几年不断上升，实际已经超过 0.5。[③] 目前，我国的收入分配已经大大超过了国际公认的 0.4 的警戒线，且近年来这种收入差距还有愈演愈烈的趋势。收入分配的不公以及由此带来的两极分化和劳动者群体的穷困，已经成为中国经济发展及劳动关系调整中最重要的问题。

3. 劳动制度改革与劳动关系市场化转型的实现

中国劳动关系的转型，是以所有权关系和经营权关系的转变为基本背景，并通过劳动制度的改革而具体实现的。中国劳动制度的改革，是一个涉及社会层面最宽泛，关系到上亿人身份、地位、权利和利益变化的巨大的社会变革。劳动制度改革的直接目的是建立一个劳动力市场，并在此基础上构建一个市场化的劳动关系。具体而言，这一改革要改变国家与企业和职工利益一体型的、国家统筹统包的劳动用工、管理、分配的计划经济的劳动制度，建立起以劳动力市场为基础的、产权经营权和劳动权分离和独立的、以市场规则为依据的劳动用工、管理和分配的市场经济的劳动制度。中国的劳动关系市场化，是以劳动制度改革作为直接的过程来实现的。这一改革，大体经历了以下几个阶段：

---

① 严格地说，按劳分配与按要素分配并不是同一个层级概念，按劳分配只是按要素分配中的一种形式。因此，这种分配原则的核心，实质上是“按生产要素分配”。

② 青连斌：《我国居民收入差距到底有多大》，《科学社会主义》，2004 年第 4 期。

③ 从亚平、李长久：《中国基尼系数超过 0.5，可能致社会动乱》，《经济参考报》，2010 年 5 月 21 日。

第一阶段:1982 年开始试行劳动合同制,并推行"优化劳动组合"。这一改革具有尝试性的特点。所谓优化劳动组合是配合企业经营责任制的实施而实行的劳动制度的改革。这一改革打破了传统的固定工制度,在择优上岗、合同化管理的多种形式下,一部分职工被"优化"为"企业富余人员"。

第二阶段:自 1986 年 7 月实行的劳动合同制度。该年 7 月 12 日,国务院发布《国营企业实行劳动合同制暂行规定》,该规定要求企业在国家劳动工资计划指标内招用常年性工作岗位上的工人一律要与企业签订劳动合同。此后,劳动合同制度逐步扩大到企业干部群体,并最终实现企业"全员劳动合同制"。全员劳动合同制度的推行,否定了在国营企业实行了 40 多年的"固定工"用工制度。通过以劳动合同为主要内容的企业用工制度改革,政府试图引进"契约"的形式,将企业的用工制度纳入市场的轨道。这一改革,使得国有企业中的管理者和劳动者,开始向市场经济的"雇佣者"和"被雇佣者"转变。

第三阶段:"减员增效"和"职工下岗"。伴随着 1992 年开始的现代企业制度的推行,建立劳动力市场成为劳动制度改革的直接目标。而在"减员增效"的目标下,国有企业开始了大规模的"下岗"浪潮。据不完全统计,截至 2002 年,全国国有企业的下岗职工即超过 2 000 万人以上,其中仅东北三省的国有企业累计下岗职工便有 420.2 万人。[①] 如果再加上集体企业的下岗职工,下岗总人数将会接近 4 000 万人。数千万下岗职工的出现,为城市劳动力市场的建成提供了丰富的劳动力资源。但在名义上,下岗职工还保留着与企业的劳动关系。

第四阶段:"企业改制"和"职工置换身份"。从 20 世纪 90 年代后期开始,国有企业实施改制。企业改制对于大企业而言是一个股份化的过程,而对于绝大多数中小企业而言,则是一次快速私有化的过程。这是国有企业向社会主义计划经济最后的告别仪式。与此相配套的是国有企业职工的身份置换。所谓"职工置换身份",是指按职工的工龄支付给职工一定的补偿,从而一次性地"买断"职工的"国有企业职工"的身份,职工以雇佣劳动者的身份进入劳动力市场或社会保障体系。在这一过程中,企业管理层利用相关权利,以极低的价格将国有企业化公为私,包揽了社会主义公有制企业的最后的晚餐,并成为中国私营企业雇主的基本构成部分。此外,劳动者与公有制最后的联系被割断,真正成为市场经济条件下除了劳动力外一无所有的雇佣劳动者。

---

① 陈永杰:《东北基本情况调查报告》,《经济研究参考》,2003 年第 77 期。

至此，中国的经济体制改革进程基本完成，以建立劳动力市场为基本目标的劳动制度改革也落下了帷幕。中国的经济改革，不仅在产权制度和经营权制度上，而且在劳动关系制度上也基本完成了市场化的转型过程。

当前中国劳动关系的特点

市场化的劳动关系主体已经构成

随着产权制度、分配制度和劳动制度改革的完成，劳动关系主体的分化和重构也已经完成。市场经济条件下的劳动者、雇主作为法律主体和利益主体已经形成，并已经各自形成相对稳定的社会阶层。政府在完成了市场化的转型后，成为社会劳动关系或产业关系系统中的特殊主体。①

1. 关于工人

如果将工人阶级的再形成作为一个历史过程，那么中国工人阶级再形成的过程就是一个市场化的过程。市场化的中国工人阶级队伍已经基本形成。

市场化的中国工人的基本特点是雇佣工人。这支队伍主要由两部分构成。一部分是以国有企业工人为主的公有制企业的工人，他们的市场化过程是由计划经济的"主人翁"向市场经济的雇佣劳动者的转变，国有企业改制使他们完成了这一过程。另一部分是由农民工构成的，他们的市场化过程是由自由小农向雇佣工人过渡的过程，他们由小生产者直接进入了市场化的雇佣关系中。改革开放三十余年来，这两种不同路径的市场化过程的结果是殊途同归的，即都已经过渡为市场化下的雇佣工人。对此，2008 年实施的《劳动合同法》第七条明确规定："用人单位自用工之日起即与劳动者建立劳动关系。"即是说，只要被雇佣即建立了劳动关系，而被雇佣者即是劳动法上的劳动者，这一劳动者并没有身份上的区别，不管是城市户口的工人还是农村户口的工人。

中国工人已经完成了市场化下成为雇佣工人的身份的转变，目前他们正在完成第二个阶段的转变，即由市场条件下个别的和分散的工人向集体的和团结的工人阶级的转变。这种转变的最重要的标志，是中国的劳动者开始形成市场条件下的阶层意识，即这一社会集团已经意识到，他们具有共同的社会地位和共同的社会利益，并为了实现共同的利益而采取共同的

① 关于劳动关系主体的论述，见常凯著：《劳权论——当代中国劳动关系的法律调整研究》，中国劳动社会保障出版社，2004 年版，第 109—151 页。

行动。[①] 但这种集体化的转变即使已经开始,目前中国的劳动关系仍以个别劳动关系为基本构成。这种状况形成的原因,主要是工人还没有形成一个集体的力量,其中最重要的问题是目前的工会并不能够真正代表工人,工会和工人之间还没有形成直接的利益关系。但在《劳动合同法》实施以后,工人的权利意识和组织意识大大加强,工人的集体行动也越来越多。近几年来中国集体劳动争议和集体行动的发展,即是一个很好的证明。中国的劳动关系正在由个别向集体发展。

2. 关于雇主

中国的雇主阶层,是一个在改革开放中产生和发展起来的新的社会阶层。与西方市场经济中雇主是在激烈的同行竞争以及和工人的矛盾冲突中逐步发展起来的历程不同,中国的雇主阶层是在政府的扶植下通过优惠政策而发展起来的。作为劳动关系中劳动者的对应主体,中国的雇主并没有像西方雇主那样曾经受到工人运动的压力。由于中国劳动力市场的特点以及转型期政府依赖和扶植资本的政策导向,在劳动关系方面,中国雇主几乎是在没有对手的情况下发展起来的。这种情况,使得中国的雇主在心理上从没有将劳动者作为自己的竞争对象,并认为在中国劳动者只是一群呼之即来挥之即去的劳动力,劳动力相关的支出只是企业的成本之一。因此,以降低劳动力成本来提高企业的竞争力,是中国企业的普遍选择。中国雇主阶层的人数目前大致有 3 000 万人。虽然在数量上只及劳动者的十分之一左右,但他们在经济上、政治上和组织上,与劳动者相比则处于绝对的优势。而且中国的雇主阶层已经开始具有比较自觉的阶层意识。一个非常典型的案例就是,在《劳动合同法》的制定过程中,各类雇主组织通过各种途径的院外活动,来积极争取企业利益。[②] 如果从阶级或阶层认同的角度来分析,中国的雇主阶层已经不仅仅是一种客观的经济现象,而且已经形成了一个具

---

① 这里所说的阶级意识的标准,其基本依据仍然是马克思关于阶级及其阶级意识的分析方法,即工人对于本阶级的历史地位和历史使命的理性认识。参见卢卡奇:《历史与阶级意识》,商务印书馆,1999 年版;Mills, C. Wright, 1956. White Collar: The American Middle Classes. Cambridge: Oxford University Press. 对于阶级的概念和阶级意识,理论界和社会上有一种看法,似乎一提阶级和阶级意识,就是要主张阶级斗争。这完全是一种计划经济的惯性思维。其实,承认阶级和阶级意识,既可以主张阶级斗争,也可以主张阶级合作,阶级和阶级斗争并不是一回事。需要强调的是,处理好阶级问题的前提是承认阶级。

② 这些活动既包括通过正式途径的反映意见,也包括非正式途径的施加影响。其中特别被社会关注的是上海美国商会和欧盟商会以及香港在内地企业界通过媒体所发布的意见。值得注意的是,虽然公开发表意见的只是外资企业的雇主组织,但该意见所反映的其实是国有企业雇主和私营企业雇主的共同要求。见《上海美国商会致全国人大的信》(2006 年 4 月)、《中国企联关于〈劳动合同法(草案)〉的修改意见与建议》以及欧盟中国商会《对中华人民共和国劳动合同法(草案)的意见》。

有相当自觉意识的社会集团。

3. 关于政府

在二十余年的劳动制度变革中，政府在社会劳动关系系统中，已经成为独立于企业和劳动者的"特殊主体"。目前政府在劳动关系中的基本职责为：通过国家立法制定劳动基准以规范劳动关系；通过劳动行政监察维护劳动关系；通过司法仲裁保障劳动关系双方的权益。经过十多年的改革实践，这一改革设想已经基本完成，在劳动关系的实际运行中，政府正在发挥着劳动关系的规制者、监督者、损害控制者和调解与仲裁者的作用。

但在劳动关系的市场化调整中，政府在政策及身份、职能等方面还有一些问题需要进一步研究解决：一是政府劳工政策的完善化和体系化问题。一个非常突出的问题，即是在劳工保护与发展经济相冲突的情况下，通常是以牺牲劳工利益为代价来发展经济。在中国的市场化转型已基本完成，而劳工问题已经非常突出的情况下，反思并完善中国的劳工政策，并形成符合中国国情的系统和完整的劳工政策体系，正是当务之急。二是政府在劳资矛盾和劳资冲突中的公正性问题。中央政府和大多数地方政府在这一问题的处理上，立场是明确的。但也有一些地方政府，在劳资矛盾处理上有失公允而偏袒雇主，甚至官商勾结侵害劳动者利益。这种情况不仅造成了对于劳动者的"二次伤害"①，而且将本来只是经济利益矛盾性质的劳资冲突，演变为政府与劳动者之间的具有政治性质的社会矛盾。因此，强调政府的公正性是制定完善的劳工政策的重要前提。

劳动关系市场化初步完成

首先，以雇佣劳动为基础的劳动力市场的形成，为劳动关系市场化的完成提供了基本条件。由计划体制下国家作为全社会代表的利益一体化的劳动关系，转变为企业和劳动者两个独立的利益主体之间的雇佣劳动关系，劳动关系的运行机制也由政府的行政控制为主转变成市场调节为主。劳动力市场的供求关系已对劳动关系产生着不容忽视的影响。20 世纪 90 年代，中国出口加工业的高速发展得益于人口红利和处于无限供给状态的农民工进城务工。但 2004—2011 年，劳动力市场反复出现"民工荒"现象，这种市场选择行为直接影响了劳动力市场的价格和政策。

其次，个别劳动关系的建立和调节基本实现了契约化，即通过劳动合同

---

① 所谓"一次伤害"是指劳动者在企业中被雇主侵害劳动权益，"二次伤害"则是指在劳资争议处理中，政府相关部门不能依照法律匡扶正义救助弱者，而是站在雇主一方徇私枉法，使得劳动者再一次被伤害。

来建立市场化劳动关系并明确双方的权利和义务。2008 年实施的《劳动合同法》进一步强化了我国劳动关系的契约化。据估计,2010 年年末全国规模以上企业劳动合同签订率达到 97%,小企业劳动合同签订率达到 65%。[①]

再次,劳动关系的运行和争议处理,也在通过市场化的方式解决,特别是 2008 年开始实施的《劳动争议调解仲裁法》的实施,使得劳资矛盾和争议的处理具有明确的法律依据。但这种争议处理,主要还是在个别争议的范围内。

最后,劳动关系的雇佣方式更为灵活化,国有企业中的劳务派遣、家政业的非全日制用工及微型企业帮工等非正规的劳动关系有明显增加[②],尤其是 2008 年以来受国际金融危机的影响,严峻的就业形势及企业的市场竞争压力导致劳务派遣大行其道,不仅总量跃升到 6 000 万人,主要集中在国有企业和机关事业单位,部分央企甚至有超过 2/3 的员工都属于劳务派遣,俨然成为企业的主流用工方式。[③]

此外,转型初期各具特点的不同所有制企业劳动关系在主体构成、劳动标准、协调机制等方面出现趋同的趋势,也主要反映了市场的影响力。但是,在市场化的同时,我国劳动关系也存在非市场因素的影响,最为突出的是国有垄断企业的劳动关系。那些控制经济发展命脉的国有垄断企业,通过其行政垄断地位、政府财政补贴和少缴利税,其正式员工的薪酬和非货币收入普遍高于社会平均水平,行业间收入差异巨大,与企业大量使用的劳务派遣工相比,也存在明显的同工不同酬现象。[④]

劳动关系法律体系初步形成

1994 年 7 月 5 日,全国人大常委会八届八次会议通过了《中华人民共和国劳动法》(1995 年 1 月 1 日实施),这是我国劳动立法的一个重要里程碑。在《劳动法》颁布之后,我国的劳动法制建设逐渐完善,目前已经初步建立符合社会主义市场建设需要的劳动法律体系。主要的内容包括以下几个方面:

---

① 尹蔚民:《全国规模以上企业劳动合同签订率达 97%》,中央政府门户网站,2010 年 12 月 30 日,http://www.gov.cn/jrzg/2010-12/30/content_1775943.htm。

② 参见人社部国际劳动保障所课题组:《中国实施劳动合同法过程中灵活就业形势和主要问题研究》,2010。

③ 降蕴彰:《劳务派遣达 6000 万人 全总建议修改劳动合同法》,《经济参考报》,2011 年 2 月 27 日。

④ 天则经济研究所:"《国有企业的性质、表现与改革》摘要及前言",2011,http://www.unirule.org.cn/SecondWeb/Article.asp? ArticleID = 3070。

第一,劳动合同和集体合同制度。在劳动合同制度方面,为了配合《劳动法》的实施先后制定了《违反和解除劳动合同的经济补偿办法》、《企业经济性裁减人员规定》、《违反〈劳动法〉有关劳动合同规定的赔偿办法》、《关于实行劳动合同制度若干问题的通知》、《关于企业职工流动若干问题的通知》。2007 年在总结了实施劳动法以来劳动合同制度问题的基础上,又进一步制定了《劳动合同法》。在集体合同制度方面,1994 年制定了《集体合同规定》,同《劳动法》一起实施,此后 1996 年劳动部颁布了《关于加强集体合同审核管理工作的通知》等。2004 年劳动和社会保障部又颁布了《集体合同规定》,此外,《劳动合同法》也就集体合同作了规定。

第二,工资和工时制度。工资和工时制度是最基本的劳动标准,这方面的规定主要有:《工资支付暂行规定》(1994)、《对〈工资支付暂行规定〉有关问题的补充规定》(1995)、《企业最低工资规定》(1993)、《最低工资规定》(2004)、《〈国务院关于职工工作时间的规定〉的实施办法》(1994)、《关于企业实行不定时工作制和综合计算工时制的审批办法》(1994),等等。

第三,劳动安全卫生制度。2001 年 10 月 27 日,第九届全国人大常委会第二十四次会议通过了《关于修改〈中华人民共和国工会法〉的决定》和《中华人民共和国职业病防治法》。劳动部颁布了《矿山安全法实施条例》(1996)、《煤矿安全监察条例》(2000)、《矿山建设工程安全监督实施办法》(1994)、《建设项目(工程)劳动安全卫生监察规定》(1996)、《重大事故隐患管理规定》(1995)、《企业职工劳动安全卫生教育管理规定》(1995)、《未成年工特殊保护规定》(1994),等等。

第四,社会保险制度。主要有《企业职工生育保险试行办法》(1994)、《企业职工患病或非因工负伤医疗期规定》(1994)、《失业保险条例》(1998)、《工伤保险条例》(2003)、《社会保险费征缴暂行条例》(1999)、《社会保险登记管理暂行办法》(1999)、《社会保险基金行政监督办法》(2001)、《社会保险基金监督举报工作管理办法》(2001)、《社会保险行政争议处理办法》(2001)、《社会保险稽核办法》(2003),等等。

第五,劳动争议处理制度。自 1993 年国务院发布了《企业劳动争议处理条例》、《劳动争议仲裁委员会办案规则》、《劳动争议仲裁委员会组织规则》、《企业劳动争议调解委员会组织及工作规则》等一系列的规范之后,2007 年我国总结了劳动争议制度存在的问题,又专门制定了《劳动争议调解仲裁法》(2007)。

第六,劳动市场管理和就业促进制度。主要有:《职业培训实体管理规定》(1994)、《就业训练规定》(1994)、《职业介绍规定》(1995)、《企业职工培训规定》(1996)、《劳动力市场管理规定》(2000)、《人才市场管理规定》(2001)、《境外就业中介管理规定》(2002)、《就业促进法》(2007),等等。

第七,劳动监察制度。劳动监察方面的规定主要有:《劳动监察规定》(1993)、《劳动部关于劳动监察证件发放管理问题的通知》(1994)、《违反〈中华人民共和国劳动法〉行政处罚办法》(1994)、《劳动监察员管理办法》(1994)、《劳动监察程序规定》(1995)、《劳动监察准则》(1995)、《劳动部关于建立劳动监察情况报告制度的通知》(1995)、《劳动部关于进一步建全劳动监察体制的意见的通知》(1995),等等。

总体而言,我国的劳动立法已经初具规模并形成体系,但目前中国的劳动法制基本上还只是局限于个别劳动关系规制,集体劳动关系法律规制尚处于一种零散残缺的状态中。集体劳动关系法的立法应该提上日程。集体劳动关系法律规制的目的,是要实现劳资双方通过有效的组织和程序,自行处理相关的劳资事务。明确和保障"劳工三权",即劳动者的团结权、集体谈判权和集体争议权(罢工权),应是集体劳动关系法的核心理念。集体劳动法律立法,就其本质而言,应该是集体劳权或"劳工三权"的立法。这是今后中国劳动立法的立法方向和亟待加强的内容。

劳资矛盾开始进入多发期和冲突期

1. 中国劳资矛盾和劳资冲突的情况

从全国范围来看,中国的劳动关系还维持着相对的稳定,但不同地区和不同产业的劳动关系状况也有所不同。上海市总工会劳动关系研究中心发布的《上海市劳动关系和谐状况研究报告》显示,2006 年上海企业的劳动关系和谐状况的总体评价处于中等水平。[①] 与此不同的是,其他许多地区和产业的劳动关系问题却比较严重。对此,作为全国性雇主组织之一的中华全国工商业联合会在报告中指出:民营经济的劳动关系的总体状况不容乐观。[②]

---

① 该调查结果显示,按不同企业性质分,国有企业劳动和谐指数为 65.94 分,合资企业为 69.55 分,属于劳动关系良好;私营企业为 30.18 分,属于劳动关系一般;集体企业劳动关系指数最低,为 18.37 分,属于劳动关系差。按不同行业分,电力、水、燃料业为 85.84 分,金融、房产、信息行业为 78.37 分,劳动关系和谐程度均为良好;轻纺工业为 66.03 分,建筑业为 59.55 分,机械行业为 71.48 分,化工、建材业为 48.47 分,交通运输、仓储行业为 57.78 分,批发、商业、零售行业为 47.63 分,劳动关系和谐程度一般;而餐饮服务业为 31.41 分,电子行业为 26.33 分,劳动关系和谐程度最低。但这一调查分析结果在技术上还有值得商榷之处,即存在着指数标准的不统一和等级划分不科学的问题。《解放日报》2007 年 5 月 21 日。

② 中华全国工商业联合会黄孟复主编:《中国民营经济发展报告 NO.1》,社会科学文献出版社,2005 年版,第 139 页。

中国人民大学劳动关系研究所在对全国范围内47家企业和4 000多名员工进行实证调查分析的基础上，发布了《2008—2009年度企业劳动关系报告》。该报告称："本次调查显示，处于均值60分上下，也即处于40—60分与60—80分两个层级的企业有24家，占总体的51.1%，这说明有超过半数的企业集中分布在均值上下的两个等级中；但同时，在60分以下的企业有25家，占总体的53.2%，60分以上的企业有22家，占总体的46.8%，这说明处于均值60分以下的企业数量仍占较大比重。由此，总体的评价结论是，当前企业劳动关系状况处于低水平的稳定状态。"该报告预测："2009年企业劳动争议，特别是集体争议的数量仍然会持续上升。"①这一预测被后来的发展所证实，2009年中国的劳动争议呈现"井喷式"的爆发，而且集体争议开始成为劳动争议的主要形式。

进入21世纪后，劳动争议增长显著加速(见图14-1)。特别是2007年后，在经济危机加剧的情况下，企业裁员破产、劳资争议等矛盾纠纷显著增加。2008年全国各级劳动争议仲裁机构共受理集体劳动争议案件2.2万件，涉及劳动者50.3万人，占争议总人数的41.43%。2009年，劳动争议案件继续保持高位数字，除了这些体制内处理的集体争议案件外，还发生了"通钢事件"和"林钢事件"等多起大规模的工人罢工事件。2010年1—9月，11—49人的一般性集体争议有4 000多起，涉及11.8万人；50人以上的重大集体争议有216起，涉及劳动者2.9万人，平均每案人数为137人。

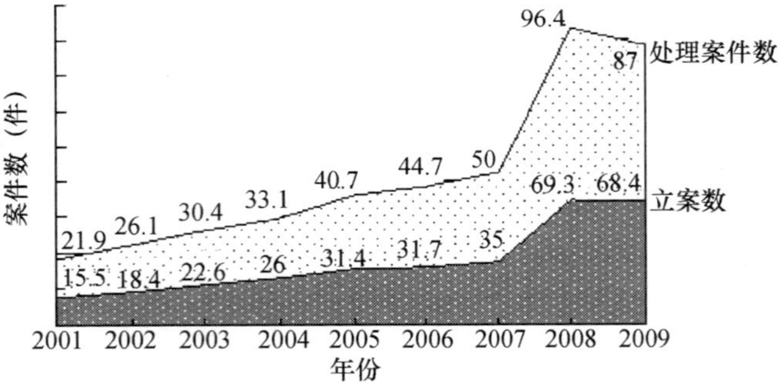

图14-1 2001年以来劳动争议案件情况

集体争议涉及的内容包括劳动报酬、加班工资，占64.4%；经济补偿金，占25%。国有企业集体劳动争议许多是由违规改制引发的。集体争议主要集中在纺织、电子、建筑等劳动密集型企业，发生群体以农民工为主；发生的区域之中，广东占集体争议案件总数的49.1%，参与人数的60%。而且，集

① 《2008—2009年度企业劳动关系报告》，http://it.sohu.com/20090105/n261585507.shtml。

体争议的组织性增强,持续时间更长,从发生的地点和路线设计来看,是有组织和有目的的。[①]

这种现象的发生,与作为劳动者主体的新生代农民工不断增长的权利意识、平等意识和团结意识密切相关。新生代农民工是指出生于 20 世纪 80 年代以后,年龄在 16 岁以上,在异地以非农就业为主的农业户籍人口。据推算,2009 年外出新生代农民工数量在 8 900 万左右,他们占外出农民工的六成以上[②],在经济社会发展中日益发挥着主力军的作用。他们的职业期望更高,想获得体面的工资水平,并且更具有融入城市和转化身份的意愿。由于新生代农民工比上一代有更强的平等意识和维权意识,其维权态度更为积极。据统计,若权益受到侵害,采取投诉行为时,以集体投诉方式进行的新生代农民工占 45.5%。[③] 在诉求内容上,劳动者已产生了分享经济发展成果的要求,从基本权利诉求转向利益诉求。劳动争议的集体性及诉求内容的变化反映出新生代农民工的团结意识乃至工人阶级意识的初步形成。

2. 引发劳资冲突的原因

从劳资冲突的原因来看,中国的劳资矛盾绝大多数是由劳动者基本劳动经济权益被侵害,而又长期得不到解决所致。工资、工时等劳动条件相关的劳动者基本权益得不到保障,仍然是引发工人劳动争议的主要原因。

工资水平的低下和欠薪问题成为劳资冲突的两大诱因。从工资来看,劳动者工资收入与其所创造的社会财富极不相称。[④] 近 10 年来我国工资占 GDP 的比重基本保持在 11%—14%,而这一比重在美国是 50% 左右。广东省总工会 2004 年年初公布的一项调查显示:珠三角 76.3% 的进城务工人员月工资水平处于 1 000 元以下,而他们的生活成本却达每月 500 元。此外,欠薪在 1999 年成为引发集体争议的第一位原因,到 2002 年全国工资拖欠额达 404.3 亿,涉及 983.2 万工人。[⑤] 国有企业转制后得不到最低工资、基本生活费或社会保障等问题引发的集体行动也时有发生,比如 2002 年春季大庆、辽阳等城市的大规模工人上街请愿。

---

① 引自人力资源和社会保障部调解仲裁管理司司长宋娟在“中国集体劳动争议状况及对企业劳动关系的影响”研讨会上的主题报告,2010 年 9 月 18 日。

② 国家统计局:《2009 年农民工监测调查报告》,2010 年 3 月 19 日。

③ 全国总工会课题组:《关于对新生代农民工现状的调查与对策建议》,《劳动关系与工会运动研究与动态》,第 6 期,2010 年 11 月 16 日。

④ 1994 年,我国工资分配占 GDP 的 14.24%,2003 年这一比例为 44%,最近这几年 GDP 都是以每年 8%—9% 的速度递增,工资收入虽然也在同比递增,但递增的同时两极分化越来越严重,工人的实际工资增长极为有限。

⑤ 乔健:《新一轮结构调整下的劳动关系》,中国网 2004 年 1 月 17 日;见汝信等主编:《中国社会形式分析与预测》,社会科学文献出版社,2004 年版,第 291 页。

超时劳动也是劳动争议的重要原因之一。加班加点不仅影响到工人工作,容易发生工伤事故,而且严重妨碍工人的个人和家庭生活。然而,在私营企业,尤其是劳动密集型行业中,工人常常超长加班,而且通常属于强制加班,没有加班费、没有任何协商。在珠三角,许多工人每天高强度工作12小时。① 江苏省统计局日前发布的抽样调查结果也显示,农民工周平均工作时间为57.9小时,超过八成的农民工超时工作。② 除拖欠加班费引致的抗议以外,超时加班本身也带来了工人的不满,比如东莞福摩斯托公司10名工人集体拒绝超时加班。③

同样地,劳动安全与卫生隐患、矿难频发、职业病等危害也成为冲突诱因。近年来我国发生了多起严重的安全事故,尤其是矿井重大安全事故接连不断。根据国家安全生产监督管理总局的公告,2005年我国煤矿共发生安全事故3 341起,死亡矿工5 938名,其中单次死亡100人以上的矿难就有4起。由于国家当年开始对达不到安全生产条件的矿井进行关闭整顿,2006年的煤矿事故和死亡矿工同比分别减少10%和20%。不仅是采矿业,其他行业也存在安全隐患。据不完全统计,目前广东省接触职业危害因素人数约1 000万人。相对应地,工人们开始组织集体行动来进行对抗。比如,在2004年6月爆发的惠州超霸GP电池厂镉中毒事件中,百余名工人集体罢工,并选出代表与厂方和政府进行谈判。④

劳资冲突性质分析

从劳资冲突行为的性质来看,在2000年之前,绝大多数工人的集体行动并不涉及争取新利益,而是为了实现法定的或合同约定的权利,因此只是权利争议。从劳资冲突行为的目的来看,一般与集体谈判和集体合同无关,只是个别劳动权益的维护。因此,劳资冲突行为之后,劳动者境况在短期内也许会改善,但由于没有改变劳动关系调解和规范的机制,过一段时间情况仍然照旧。从劳动争议发生的过程来看,往往是劳动者通过体制内进行多次反映申诉仍然得不到解决,在没有其他办法的情况下,集体行动,包括请愿、游行、罢工等,才成为工人们不得不采取的一种行动。从劳资冲突行为的组

---

① 《珠三角CSR现状调查:责任与利润的艰难权衡》,东方网,2006年9月25日,http://biz.163.com/06/0925/04/2RRC5ARM00020QFC.html。

② 《江苏调查显示:八成以上农民工超时工作》,新华网,2007年4月6日,http://www.agri.gov.cn/llzy/t20070406_798705.htm。

③ 《10名工人拒绝超时加班被指煽动罢工》,《信息时报》,2006年6月2日,http://news.sina.com.cn/s/2006-06-02/031110040871.shtml。

④ 《惠州超霸电池厂工人不再隐忍,镉中毒后劳资紧张》,《新闻周刊》,2004年08月09日。

织来看,自发性是其特点。一方面,集体行动的发起并非当事人以外的人有组织地策划发动;另一方面,在劳资冲突行动过程中没有预先的组织来把握和引导。当然,在一些较大规模的行动中,通常都有自发的工人领袖作为中坚,但工会的角色无疑是缺失的。①

进入 21 世纪以来,随着劳动关系矛盾的发展,劳动者法律意识、权利意识、团结意识和行动意识大大增强,劳动争议的重点正在从个别争议转向集体争议。工人的集体行动开始呈现规模化、产业化和同盟化的趋向,工人的利益诉求使以往的权力之争向利益之争发展。据国家统计局与劳动和社会保障部的统计数据,2006 年全年各级劳动争议仲裁委员会受理劳动争议案件 44.7 万件,比上年增长 9.9%。其中:案前调解 13 万件;立案受理劳动争议案件 31.7 万件,涉及劳动者 68 万人。在立案受理的劳动争议案件中,集体劳动争议案件 1.4 万件,涉及劳动者 35 万人。虽然集体争议的案件仅占全部劳动争议案件的 4.4%,但参与集体争议的人数却已经占到 51.47%。② 2008 年下半年以来,在《劳动合同法》、《就业促进法》和《劳动争议调解仲裁法》的实施和国际金融危机的影响下,因企业裁员破产等引发的罢工等集体劳资争议显著增加。2008 年全国各级劳动争议仲裁机构共受理集体劳动争议案件 2.2 万件,涉及劳动者 50.3 万人,占争议总人数的 41.43%。

除以上这些经由劳动争议处理程序受理的案件以外,各地不断地发生工人自发罢工等集体行动,2009 年 8 月发生了国有企业工人反对违法改制的"通钢事件"和"林钢事件"。2010 年夏季,更在广东、苏州、辽宁等汽车、电子和制造业的外资企业中形成了"罢工潮"。罢工工人的基本诉求已经不仅仅是在被侵权以后的被动维权,而是工人们对现行的劳资关系状况,特别是不公平的分配制度的不满意和不接受,要求增加工资、改善待遇。

2010 年罢工潮标志着劳动关系已经开始由个别调整向集体调整转变。而中国劳动关系的这种转变,与《劳动合同法》的实施直接相关。

《劳动合同法》的实施及其对于劳动关系的影响

《劳动合同法》的颁布和实施,是中国劳动法治史上的重大事件。该法

---

① 常凯:《中国におけるストライキ権立法》,《法政研究》杂志(日本)第 2003 年 69 卷,第 3 号。

② 劳动和社会保障部、国家统计局:《2006 年度劳动和社会保障事业发展统计公报》,http://www.chinahrd.net/zhi_sk/article.asp? articleID = 126144。

律的制定和颁布,曾在社会上和学界引发激烈的争论。[①] 在劳动法制史上发挥了承前启后的作用,标志着中国劳动关系的个别调整在法律建构上已经基本完成,同时又开启了劳动关系集体调整的新起点并为劳动关系的集体调整提供了法律基础。《劳动合同法》的实施对劳动关系中各种因素的影响,推动了我国整体劳动关系的转型。

《劳动合同法》的实施促进了劳动合同制度的完善

《劳动合同法》开宗明义就是为了"明确劳动合同双方当事人的权利和义务,保护劳动者的合法权益,构建和发展和谐稳定的劳动关系",通过对劳动者的倾斜保护,以达到矫正劳资关系失衡之目的。从《劳动合同法》的实施效果看,这一目标已初步达成。首先,劳动合同的签订率稳步上升。人力资源和社会保障部部长尹蔚民表示,估计2010年全国规模以上企业劳动合同签订率达到97%,小企业劳动合同签订率也达到65%。[②] 另据北京大学社会学系通过对北京、上海、深圳、泉州、宁波、绍兴、河南等7个城市的大规模调查发现,劳动合同签订率总体较好,大约为72%。同时,劳动合同续签率也有所提高,据北京市的统计,《劳动合同法》实施11个月后,劳动合同续订率即达93.9%。[③] 至2009年,北京市城镇职工续订率为95.28%,同比增加2.1个百分点。[④] 其次,劳动合同短期化的情况得到了有效遏制。根据全国总工会在《劳动合同法》实施两年后所作的调查看,"广东省新签劳动合同期限3年左右的占60%以上;江苏省1年至3年期限劳动合同增加12.89%,劳动合同期限在3年左右的已占60%以上。"[⑤]人力资源和社会保障部的调查也显示,新法实施后劳动合同的签订期限主要为3年。此外,《劳动合同法》规定劳动合同必须明确有关劳动者权利的条款,明确约定工资标

---

① 关于《劳动合同法》的争论,不仅在于对该法的评价,而且涉及中国劳动法治的一些基本问题,诸如中国劳动法治是过于严苛还是过于宽松、中国的劳动标准是过低还是过高、中国劳动行政的作用是应加强还是应放松等。以中国人民大学的常凯教授和华东政法大学的董宝华教授为代表的一批学者,对此进行了持续三年之久的"南北之争"。参见常凯:《劳权保障与劳资双赢——劳动合同法论》,中国劳动社会保障出版社,2009年版;董保华:《劳动合同立法的争鸣与思考》,上海人民出版社,2011年版。

② 徐博、赵超:《人社部:全国规模以上企业劳动合同签订率达97%》,新华网,http://www.cq.xinhuanet.com/news/2011-01/04/content_21781409.htm。

③ 张淼淼:《北京:劳动合同法实施近一年合同签订率达96%》,新华网,http://news.xinhuanet.com/newscenter/2008-11/04/content_10305818.htm。

④ 崔继东:《北京市城镇职工劳动合同续订率达95%》,《北京劳动就业报》,2010年2月24日。

⑤ 《全总:劳动合同法贯彻实施总体良好 存三方面问题》,新华网,http://news.xinhuanet.com/legal/2010-01/27/content_12884603.htm。

准、工作时间、社保缴费、休息休假、职业安全等相关内容。《劳动合同法》的实施促进了对劳动者权利的保护,特别是关于社保费缴纳情况有较大的改善,基本养老、基本医疗、失业、工伤、生育保险缴纳比例稳步提高,特别是农民工的社保缴费率提高较快。

随着《劳动合同法》对劳动合同制度的完善,劳动者、雇主和工会等各方主体在劳动关系中的地位也随之发生了变化。首先是劳动者得到了更多保障,在劳动关系中的弱势地位有所提高,其次是雇主的管理模式发生了改变,而工会为职工维权的职责更加明确。

《劳动合同法》的实施带来的劳动关系的相对平衡,特别是劳动者地位的进一步提高,为集体谈判奠定了基础。劳动法律对于集体劳动关系的调整,必须以个别劳动关系的调整为基础。这是因为只有确认了个别劳动关系的存在,并确认了劳动者所享有的个别权利或称个别劳权,方可提起劳动者的集体权利或称集体劳权。例如,《劳动合同法》推动了劳动关系的长期化,从而保障了劳动者的个别劳权得以实现。而在劳动关系短期化的情况下,劳动者与雇主的劳动关系都无法持续维持,劳动者始终处于劳动关系不久到期后可能被无条件终止的境地,一旦劳动关系被消灭,集体劳权根本无从实现。此外,个别劳权的保障也使劳动者越来越意识到集体谈判的重要性。就如南海本田事件中,劳动者发现企业上一年的利润有大幅度增加,而自己的工资还是劳动合同中约定的数额,他们感觉这不公平。但按照《劳动合同法》的规定,劳动合同条款的变更需要合同双方的协商一致,如果个别劳动者向企业反映要求加工资,则无疑不仅不能成功,还有可能失业。于是,劳动者逐渐形成了较为统一的意识——通过集体行动的方式与企业进行工资谈判。

《劳动合同法》的实施推动劳动者意识转变

《劳动合同法》实施后,劳动关系从个别向集体转型的另一重要原因是劳动意识的提升。新法的出台是对全社会的一次劳动法普法宣传和教育,劳动法制意识空前高涨,特别是劳工意识显著提高。2007 年为配合《劳动合同法》的颁布,中共中央宣传部、劳动保障部、司法部、全国普法办联合出台了《关于进一步加强〈劳动合同法〉〈就业促进法〉普法宣传教育工作的通知》的文件,在全国范围内动用各级政府资源,普及《劳动合同法》的相关知识。工会系统也对《劳动合同法》的宣传作了大量的工作。另外,学界和媒体关于《劳动合同法》的激烈争论,更引发了全社会对于这部法律的关注,从而提升了《劳动合同法》的社会认知度和影响力。

根据上海市总工会《劳动合同法》实施情况调研课题组于2008年5月至8月对贯彻实施《劳动合同法》的情况进行的调查显示，82.71%的职工知道《劳动合同法》从2008年1月1日起施行，87.30%的职工知道用人单位变更劳动合同需要与劳动者双方协商一致，74.06%的职工认为《劳动合同法》的全面实施有利于维护职工合法权益。如果发生劳动争议，有94.29%的职工选择通过正常途径维权。[①] 从另一个侧面看，2008年后劳动争议的"井喷"式增长也说明了劳动者法制意识的普遍增强。

劳动关系的构成和调整由个别向集体的转变，是市场经济条件下劳动关系发展的必然趋势。而促成劳动关系由个别向集体转变的直接因素，是市场经济下劳动者集体意识的发轫和觉醒。只要劳动者还能够接受或忍受现有的劳动关系现状，劳动关系就只能维持着一种个别的状态，因为集体劳动关系的形成需要劳动者的付出成本，只有当劳动者意识到为改变现状必须团结和集体行动的时候，方能促成集体劳动者团结的形成。可以说，工人的集体意识和集体行动，是集体劳动关系形成的必要条件。

2009年8月发生的通钢事件和林钢事件，以及2010年夏季发生的以南海本田事件为代表的罢工潮等诸多集体行动事件，集中地体现了中国工人劳工意识的提升，其具体表现即是劳动者以自发的团结和自发的集体行动，来提出自己的诉求和争取自己的利益。这是一种典型的经济诉求。在一般的市场经济的环境中，工人的这种经济诉求通常是由工会组织作为代表来提出并加以解决的。然而，在中国的现有工会与工人之间既联系又隔离的状态下，工会与工人之间存在距离与矛盾，并在劳资矛盾激化的时期凸显出来。

如果说通钢、林钢事件反映了传统产业工人的意识和诉求，那么南海本田事件更多地反映了新生代农民工的意识和诉求。在南海本田集体停工事件中，罢工工人表现出了有序、自律和自我保护的鲜明意识。他们严格地将行动限制在法律所允许的框架内，他们穿着统一的工服，统一佩戴口罩，在厂区范围内平静地停止工作，并护卫着机器设备和厂区的安全和秩序。参与罢工的工人基本为"80后"和"90后"的二十多岁的年轻人，但他们在罢工中表现出的团结意识和集体意识，集中体现了新生代产业工人的特点。南海本田的罢工最终以法制的手段，通过集体谈判获得顺利的解决。南海本田的案例在2010年夏季的罢工潮中，具有典型的意义，全国各地所出现的三百余起罢工事件，基本上都是以这种模式进行的。

---

① 上海市总工会:《〈劳动合同法〉实施情况调研课题组课题报告》。

从工人罢工的诉求来看,要求增加工资改善待遇是工人的基本诉求,但在经济诉求的基础上,一些罢工工人也明确提出了组织诉求,如南海本田的工人罢工,将“改组工会”作为罢工诉求的重要内容。工资的增长与经济的发展严重不相匹配,工资待遇的低下是导致近年来工人罢工的最直接原因;但是从深层原因来看,工人劳工意识的提升则是罢工的根本动力。因为从整体来看,近年来罢工潮呈现出明显的利益争议、理性抗争以及具有初步的组织性和策略性等特点,这些特点表明工人正从简单的和个人化的经济诉求转向明确的和集体性的权利诉求。这种诉求的转向表达出的是工人劳工意识的觉醒,既包括工人法律意识、权利意识的增强,更体现了工人团结意识、行动意识的觉醒与提高。这些意识的产生和发展是以《劳动合同法》对个别劳权的完善为基础的。以 2010 年罢工潮为标志,中国的劳动关系正在由个别调整向集体调整转型。

《劳动合同法》的实施推动劳动关系法治环境的改善

《劳动合同法》的实施改变了劳动关系运行的外部环境,促使劳动关系从以往的“法外运行”逐渐向“法内运行”转变。《劳动合同法》的实施对外部环境的转变主要表现在两个方面:其一,在制度层面,个别劳动关系从“法外运行”开始转为“法内运行”,《劳动合同法》的直接目的,即建构劳动合同制度初步见效,劳动合同的签约率、合同期限以及合同规范三大问题有了明显的改观。其二,在社会理念方面,劳动法治观念的社会认知度大大提高,特别是通过《劳动合同法》在全社会范围内的大争论,更是一次前所未有的普法大教育,其结果是:不管你是支持还是反对这部法律,你必须正视这部法律。这是集体劳动关系形成的基础。

《劳动合同法》施行前,“强资本、弱劳工”的背景下,我国人力资源管理的法制化程度很低。特别是由于劳动者并没有形成一种有组织的社会力量,致使雇主在劳动关系处理中没有遇到过有组织的对抗力量。这与外国人力资源管理面对的是一群有组织的工人的处境是不一样的。我国的人力资源管理基本上也是在无对手的情况下发展起来的,中国工人的原子化和碎片化状态,使得企业劳动关系处理基本上处于雇主单方面决定的状态。由于中国这 30 年来,以效益和 GDP 发展作为一种主要的政绩指标,各级政府普遍存在着忽略社会发展和劳动者发展的倾向。在这种背景下,更怂恿和促成了雇主在劳动关系管理上的为所欲为,企业劳动关系管理基本上处于一种“法外运行”的状态,即虽然有劳动法律的各项规定,但这些规定往往处于难以落实,甚至“虚置”的状态中。

《劳动合同法》明确了企业的法律责任，加大了违法成本。这种法律规定迫使企业必须克服和终结企业劳动关系“法外运行”的状况。虽然有人认为《劳动合同法》过分保护劳动者而有伤企业经营者权益，但实际上该法对企业的约束是非常有限的。劳动关系从“法外运行”到“法内运行”，企业在短期内会不适应，但法治化的劳动关系构成和运行，对企业的长期发展是有好处的，企业的守法意识正在逐渐加强。一个有意思的现象是，上海地区2008年虽然劳动争议案件同比增长119%，但用人单位的全部胜诉率却同比上升了5.3%，这是自有统计以来首次出现用人单位胜诉率上升的情况。[①]这说明，企业在劳动关系管理中趋于“法内运行”。

总体而言，《劳动合同法》的实施对我国劳动关系的影响：首先，初步建立了劳动合同制度，完善了劳动者的个别劳权；其次，推动我国从个别劳动关系向集体劳动关系快速转型。

中国劳动关系的发展趋势和调整机制

集体劳动关系的建构和调整——中国劳动关系的发展方向

目前中国劳动关系的市场化转变已经初步完成，但这一劳动关系还不是一种规范的市场化的劳动关系，其中最根本的问题，是还没有实现劳动关系的集体化构建和集体化调整。中国劳动关系的集体化转型，将是一个漫长的过程，但2010年的工潮，将中国劳动关系的集体化转型推进到一个新的时期。在一定意义上，也可以说中国劳动关系的集体化转型正式提上了日程，如何推动完成这一转型，是中国劳动关系制度建设面临的最突出的任务。

在规范的市场经济中，劳动关系的协调应该是集体性调整，即劳动者形成一个集体力量与雇主交涉劳动条件等问题。虽然近年来集体争议和集体行动的增加已经体现出这一趋势[②]，但是，当代中国的劳动者阶层仍处在由个别的和分散的工人向集体的和团结的工人阶级转变的过程中。中国之所以未能形成集体劳动关系，其基本原因是真正能够代表劳动者的工会组织尚未出现，在那些本应由工会组织和领导的行动中，大多数工会却无所作为。

---

① 上海市人力资源和社会保障部门：《2008年劳动争议情况分析》。

② 谌彦辉、常凯：《大陆应调整完善劳工政策——大连日资企业罢工事件所反映出的问题》，《凤凰周刊》，2005年第34期。

从现实状况来看,一个工会或一元化工会作为法律原则和政治原则,是讨论中国工会问题的前提。工会多元化的问题目前在中国并不具备实施的可能性。比较务实的做法是要研究在现有体制下,如何使工会按照法律要求成为劳动者的代表。

对于中国工会的作用,我们应该客观地进行分析。近几年来,中华全国总工会正努力适应法律的要求,加强其代表性,如参与劳动立法、推行集体合同制度、推行厂务公开和民主参与,以及帮助困难职工等。在国家和地方立法层面,工会的积极作用表现得比较突出;但在企业层面,工会的依附性不但未见克服,在一定程度上反而更加严重,特别是在一些非公有制企业,雇主控制和介入工会的现象非常普遍。当劳动关系出现冲突时,大多数的工会只能将“维护职工权益”服从于“促进企业发展”。这种法律与现实之间的差距,使得工会的身份和作用相当模糊。而目前工会主席的“委派制”以及工会组织向上级负责的行政化特点,更弱化了工会的号召力和凝聚力。由于工会和劳动者缺乏一种内在的利益联系,即劳动者的利益并不是由工会代表并争取来的,工会也并不是由于工人的支持和认可而存在的,因此本应共同作为三方机制中劳方构成的工会和劳动者,在现实中却是相对分离的。

劳动关系三方协商机制是产业关系社会调整的重要机制。中国也在努力构建这一机制,2001 年 8 月,国家协调劳动关系三方机制建立。截至 2009 年年末,全国共建立各级劳动关系三方协调机制(包括地方和产业)1.4 万个,其中,所有 31 个省、直辖市、自治区均已建立省级三方机制。① 截至 2009 年上半年,市级建立三方机制的覆盖面达到 95.5%,县(区)级覆盖率达到 76.8%。② 但目前中国劳动关系的格局事实上并不符合法律制度所设计的三方协商,而是一种“四方结构”(如图 14-2)。也就是说,在中国目前的劳动关系三方协商机制中,劳动者实际上是游离于这一机制之外的。而且,这种状况在短期内还难以改变。

由于现实中劳方的形式主体和意志主体的分离③,在中国社会劳动关系中,劳动者的利益代表出现了“代表性模糊”和“代表性分散”的现象。所谓“代表性模糊”,是指尽管法律规定工会是劳动者代表,但在现实中工人利益

---

① 汪雁:《当前我国劳动关系和工会工作的新变化新特点》,《劳动关系与工会运动研究与动态》,第 5 期,2010 年 11 月 25 日。

② 田晶:《协调劳动关系三方机制发挥独特作用》,《中国企业报》,2010 年 1 月 11 日。

③ 在法律意义上,劳方主体是由工会和劳动者共同组成的,即劳动者是劳方的意志主体,工会是劳方的形式主体。参见常凯、张德荣著:《工会法通论》,中共中央党校出版社,1992 年版。

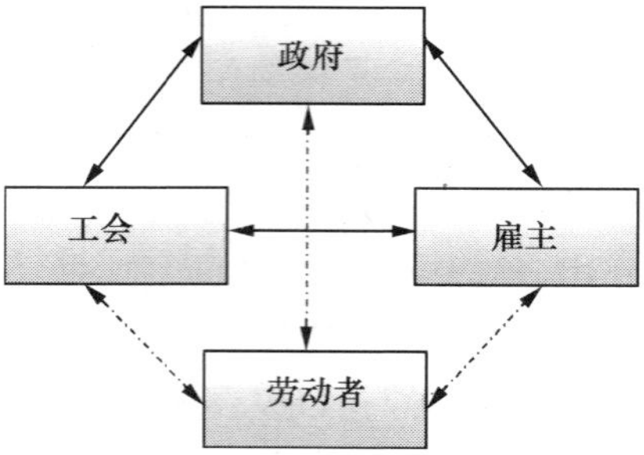

图 14-2 中国劳动关系格局中的四方主体

究竟由谁来代表,或者谁在代表着工人利益并不明晰。而“代表性分散”,即在法律规定的工会代表和维护劳动者权益未能有效落实时,出现了多方主体或机构代表工人利益的情况。首先,工会是劳动者的法定代表,但工会的代表性问题在现实中并没能完全解决。在现阶段政府在相当程度上也代表着劳动者①;而一些企业,特别是跨国公司也努力将自己标榜为工人的利益代表。② 除了这些体制内的机构,劳动者还开始通过一些自发的集体行动和工人领袖来代表和主张自己的利益诉求。

三方机制是一种集体劳动关系的调整方式。但由于工会作为劳动者代表的主体身份未能解决,工会在更大程度上向企业或政府而不是向劳动者负责,所以在中国出现了“三方四主体”的独特现象。劳动者由于没有特定的利益代表,事实上游离于这一机制之外,表现为分散的和个别的劳动关系。正因为这样,三方机制在国家和产业层面虽有积极效果,但到劳动者主体直接介入的企业层面,却难以发挥作用。

劳动者的组织和代表性问题,已经成为影响我国劳动关系法制化调整的关键。而解决这一问题的基本选择,就是要确认并实现工会作为劳动者代表的法律要求,使劳动者和工会真正形成一个共同的主体——劳方主体。只有这样,在企业层面,以个别劳动关系调整为基础、以工会集体协商为主导的集体性劳动关系调整才能形成;而在产业、地方和国家层面,劳动者才能真正介入,从而使三方协商真正成为三方,即劳方、资方和政府之间的协商。

---

① 相当多的劳动者认为,政府比工会更能代表自己的利益,而在实际工作中,政府与工会角色“错位”的情况,即政府劳动部门更强调劳动者利益,工会更强调“总体利益”的情况也是一个经常发生的现象。

② 如正在中国发展的企业社会责任运动(CSR),其中一个重要的理念即是要由企业来解决劳动者的利益问题。这一理念更深层的动因,是雇主希图通过 CSR 来排斥传统的工会运动,并来争夺企业层面的工人的代表权和控制权。

劳动关系调整机制:政府主导下的劳动关系调整机制

构建以劳动法制为中心的多元的劳动关系调整机制,是中国劳动关系协调发展的必然路径。在目前中国的劳动关系中,劳资力量对比极不平衡,尚不具备劳资自治的条件。很显然,劳权保障仅仅依靠工会是不可能完成的。因此,政府主导型的劳动关系将是最可行的选择。

劳动关系市场化转型完成以后,政府已经从劳动关系中退出。在劳动关系运行中,政府扮演规制者、监督者、损害控制者、调解与仲裁者角色。① 规制者,即政府通过劳动政策(包括法律和政令)的制定和实施来干预、调整和规范劳动关系。改革以来劳工政策一直在企业发展与劳工保护、发展经济与稳定社会之间不断调整。所幸政府已经意识到将劳工利益的保护作为一项基本的社会经济政策的必要性。当前提出的建设"和谐社会"的主张,即是对于以往忽略工人权益现象的一种矫正。同时,监督角色要求政府有力地保证法规执行。损害控制者,也就是要保护劳动者利益和社会利益。在劳资力量不对等和劳资自治不成熟的情况下,这一直接角色尤为重要。而调节与仲裁主要指政府在处理劳动争议和劳资冲突中的身份。相对于欧洲等市场经济国家在劳动关系方面放松政府规制的趋向,中国由于缺乏一个相对完善的劳动法制环境及一个能够代表工人的工会,不但不能放松政府规制,反而需要更加严格政府对劳动关系的介入,更好地发挥政府在劳动行政监督、损害控制和调解仲裁方面的作用。与此同时,我国需要进一步培育和完善劳资双方的组织能力和协商谈判能力,逐步推进劳资自治,以实现市场化下以政府为主导的劳动关系调整机制。

构建市场化的劳动关系调整机制的关键,是要有一个能够真正代表工人利益的工会。作为原计划经济的产物,行政化的工会在市场经济中面临着多重压力。这些压力既有政府对工会的要求,同时也有雇主对工会天然的反对和对抗,而且中国工会还面临着广大的劳动群众的信任危机,以及来自劳动者自发形成的非正规团体的竞争和压力。因此,中国工会要确认其作为劳动者代表的法律身份,必须转变其身份和工作机制,实现民主化和群众化。工会应当切实作到将维护职工合法权益作为基本职责,代表劳动者与资方进行集体谈判,推动民主参与,推行基层工会主席由职工直接选举,健全和加强产业工会,提高工会工作者专业化和职业化程度,实现工会工作的法制化等。

---

① Taylor, B., K. Chang, and Q. Li, *Industrial Relations in China*, Edward Elgar Publishing, Inc, 2003, 32-38.

作为劳动关系中的雇主方，企业应当遵守劳动法规并承担社会责任。随着市场化的深入，中国的雇主将会面对一个权利意识和组织意识都更强的劳动者阶层，以及更加严格的劳动法制环境。在这种情况下，将劳动者单纯作为生产成本的认识和做法，将会逐步得到改变。首先，企业方需要认真执行劳动法律和劳工标准，违法将付出更大成本；同时，在劳动关系国际化的压力下，企业还需要承担社会责任。此外，中国的雇主协会和雇主组织仍处于起步阶段，要实现雇主组织的规范性和代表性，多元化的雇主组织之间将会逐步形成联盟。

劳动关系调整方式：多元化的调整方式

就一般理论而言，市场化的劳动关系调节包括两个方面：一是国家介入，即政府作为独立的第三方，以公权介入的方式，通过制定并监督实施劳动标准、调解处理劳动争议等手段来协调稳定劳动关系。具体手段包括国家立法、劳动监察、争议处理等；二是劳资自治，即劳方和资方通过各自的代表组织，进行集体谈判以及其他集体行动，自行处理相关的劳资关系事务，主要包括劳动合同、集体合同、工人参与、集体行动等。

但在劳资力量极不平衡的状况下，劳动关系的调整更可能的选择将会是一种多元化调整方式。这种多元化的调整方式，首先应该强调政府部门的劳动执法和劳动行政管理职能；同时，企业内部的劳动关系管理和调整——目前主要是人力资源管理和企业社会责任运动——也是劳动关系调整的辅助方式；而最终，中国的劳动关系还需要发展为劳资自治的调整方式，尽管这还需要相当的努力和条件。

在多元化的调整方式下，传统劳动关系调整机制仍将是基础。目前劳资双方尚不具备自治能力，劳动法律是规制劳动关系最有力和有效的途径。劳动法律以劳权保障为出发点，确立劳动关系运行的基本框架和规则。目前《劳动合同法》、《劳动争议处理法》等法规的相继制定，表明中国劳动相关立法将进一步完善。而在劳动权利容易被侵害的情况下，加强劳动行政对法律实施的监管尤为重要。[①]

企业内部的劳动关系管理和调整也是辅助方式。企业的人力资源管理从 20 世纪 80 年代开始，在中国已经取得了相当的成就，并已形成一个庞大

---

① 中国的劳动监察力量是薄弱的，截至 2006 年年底，全国共有劳动保障监察机构 3201 个，各级劳动保障部门配备劳动保障专职监察员 2.2 万人。但这些监察力量对于 708.8 万个产业活动单位和两亿多劳动者来说，显然是杯水车薪。见劳动和社会保障部、国家统计局：《2006 年度劳动和社会保障事业发展统计公报》。

的职业阶层。在具备较完善的劳动法律和政策框架时,企业微观的人力资源管理可以在一定程度上促成企业范围内的和谐劳动关系。但是,这并不能取代传统的劳动关系调整。CSR 运动在中国的推行,对于在社会上和企业内宣传劳工标准和劳动法制方面,也有着积极的意义。但是,必须防止雇主企图通过"生产守则"来实现对工人的控制和对传统劳工运动的替代或排斥,以及企业只是通过 CSR 进行商业宣传或作秀。为了保证企业社会责任运动的健康发展,则必须将企业社会责任纳入劳动法制轨道。①

无论政府规制,还是劳动关系新的调整方式,都不能替代传统的工人团结和集体谈判。由于中国目前的产业结构仍然是以传统的加工业为基本构成,所以以传统的劳资关系调整方式为基础的劳资自治,仍然应该是中国劳资关系调整的基本方式。然而,劳资自治的基本条件之一是要有一个能够有力量代表工人的工会组织。要实现这一要求,在工会多元化至少在近期不可能实现的情况下,促成中华全国总工会的民主化和群众化的转型,成为一个更现实的选择。但实现这一点需要涉及中国的政治体制改革,因此,这一过程恐怕是长期的和艰难的。

---

① 常凯:《将企业社会责任运动纳入我国的劳动法制轨道》,《中国党政干部论坛》,2004 年第 3 期。

第15章 中国大陆地区的雇佣关系(三)

李应芳

中国拥有逾13亿人口,是目前世界上人口最多的国家。劳动力市场的参与率较高,而社会保障系统却还不健全,只能覆盖相对较小的人口比例,即主要是城镇人口。2006年,中国就业人口达到总人口的58.1%(7.64亿),其中城镇就业人口占就业人口的37%(见表15-1)。相比于其他国家,中国妇女的就业参与率较高,占到了城镇全日制就业人口的38%(2007年中国统计年鉴)。非全日制工作在中国并不常见,部分是由于国家在计划经济时期制定的低工资充分就业政策(李应芳,2005)。并且在马克思主义解放理论的推动下,国家积极鼓励妇女就业以获得经济独立,巩固她们的政治和社会地位。

社会主义中国的劳动力市场的发展可以分为三个阶段:第一个阶段是高管制或者更准确地说是高控制的劳动力市场,受计划经济时期的管理政策所支配。劳动力流动被高度限制且由户籍制度监管,这是个人在出生和居住地向当局注册的住宅登记制度。人口划分为城镇和农村居民,农村居民不得进入城区就业。而在第二个阶段,20世纪80年代至21世纪早期的放松管制时期,随着数以百万的农民移入城区就业以及数百万的国有企业职工下岗而被迫首次在劳动力市场上寻求再就业,这个限制就渐渐地消除了。2007年三大与就业有关的法律的颁布(见下文)标志着第三阶段的开始,这一时期政府试图通过立法干预再次管制劳动力市场,目的是要为劳动者尤其是国有部门之外的工作者提供更多的保障。应对劳动力市场的转型已经成为中国政府面临的最具挑战的任务之一(Fleisher & Yang,2003)。雇佣关系已经从劳动场所层面发展为处于劳动力市场转型的大背景下。

表 15-1　中国城市和农村地区按所有制形式的就业统计(百万人)

所有制	1978	1980	1985	1990	1995	1998	2000	2003	2006
城镇就业人口	95.14	105.25	128.08	166.16	190.93	206.78	231.51	256.39	283.10
国有单位	74.51	80.19	89.90	103.46	112.61	90.58	81.02	68.76	64.30
集体所有制单位	20.48	24.25	33.24	35.49	31.47	19.63	14.99	10.00	7.64
合资单位	—	—	—	—	—	1.36	1.55	1.73	1.78
联营单位	—	—	0.38	0.96	0.53	0.48	0.42	0.44	0.45
有限责任公司	—	—	—	—	—	4.84	6.87	12.61	19.20
股份制公司	—	—	—	—	3.17	4.10	4.57	5.92	7.41
私营企业	—	—	—	0.57	4.85	9.73	12.68	25.45	39.54
香港、澳门和台湾地区投资企业	—	—	—	0.04	2.72	2.94	3.10	4.09	6.11
外商投资单位	—	—	0.06	0.62	2.41	2.93	3.32	4.54	7.96
个体户	0.15	0.81	4.50	6.14	15.60	22.59	21.36	23.77	30.12
农村就业人口	306.38	318.36	370.65	472.93	488.54	492.79	489.34	487.93	480.93
乡镇企业	28.27	30.00	69.79	92.65	128.62	125.37	128.20	135.73	146.80
私营企业	—	—	—	1.13	4.71	7.37	11.39	17.54	26.32
个体户	—	—	—	14.91	30.54	38.55	29.34	22.60	21.47
总计	401.52	423.61	498.73	647.49	680.65	706.37	720.85	744.32	764.00

资料来源:改编自《中国统计年鉴—2003》第 126—127 页;《中国统计年鉴—2007》第 127 页。

主要参与者

国家的角色

作为一个在国家的政治和经济制度中有计划经济遗留的社会主义国家，中国政府或者更广泛地说是国家，其雇主、立法者以及经济管理者的角色占主导地位。尽管在过去的30年里，国有部门的就业人数占总就业人数的比例已经渐渐缩小，例如，在1978年也就是实行改革开放政策的那年，超过78%的城镇劳动力都在国有部门就业，然而至2006年这一比例已经减少到小于23%（见表15-1）。国有部门就业人数的急剧下降，尤其是20世纪90年代后期，主要是由国有企业（SOE）的裁员、工厂倒闭及其私有化导致的，这些都是国家推动改革的一部分。振兴过时且基本上亏损的国有企业开始于20世纪90年代初，在90年代后期达到了高峰，主要是因为当时的朱镕基总理在1997年宣布了国有企业改制的计划。按计划，业绩不佳的国有企业利用三年时间来自己解决。在紧接着的1998—2002年这五年间，超过2700万工人下岗（中国统计年鉴—2003）。

同时，国家通过消除政策限制和业务壁垒以及财政奖励等政策规定来鼓励私营部门发展（Granaut & Huang，2001）。这个部门为那些被国家解雇的工人、城镇新工人以及农村外出务工人员提供就业机会。私营部门曾经因为资本主义和社会主义的意识形态冲突而被边际和边缘化，现在却拥有了经济的主要比重，尽管私营部门的大部分公司规模较小、技术含量低且主要在价格上竞争（李应芳，2005）。相似地，自从20世纪90年代中期以来，外国投资企业（FIE）和那些香港、台湾和澳门地区投资企业也被赋予了更多在中国内地经营的自主权，包括设立外商独资企业（FOE）的权限。外商投资企业不再需要通过建立合资企业作为进入模式，在就业政策的制定上也获得了更多的自主权。

自20世纪80年代起，政府颁布了大量的劳动法律法规，其中具有里程碑意义的是1995年中国《劳动法》的推出。[①] 2007年，政府加强立法活动，通过了与就业相关的三大法律，并于2008年生效。它们是广受争议的《劳动合同法》、《就业促进法》和《劳动争议调解仲裁法》。这些法律的颁布标志着政府提高对当前劳动力市场形势下劳动力的保护水平的强大决心。当

---

① 关于中国法律法规（包括劳动相关的法律法规），详见北京大学的中国法律数据库，www.lawinfochina.com（访问时间2010.5.20）。

雇主触犯这些法律时,员工能够拥有更大的权力通过法律途径寻求正义。此外,政府近年来也颁布了若干规定,例如《劳动力市场工资率指南》(1999)、《劳动力市场管理条例》(2000,现由《就业促进法》取代)、《关于最低工资的特别规定》(2004)、《对就业服务和管理的规定》(2008)。

这些劳动法律法规提供了一个法律框架,使得雇佣关系的管理和劳动力市场的规范都依据原则来进行。它们实施的主要目标就是要实现更加有效和公平的劳动力市场。与此同时,劳动争议处理制度也逐渐形成,虽然它还远不够完善(见下一节)。有人认为,除了结社自由例外,中国由一系列劳动法律法规制定的劳动标准并没有明显逊色于相比较的国家甚至是发达国家(Cooney,2007:674)。剩下的最大问题是缺乏有效的执行(Cooney,2007;Tayloy et al.,2003)。虽然执行不力是所有监管制度的共同问题(Cooney,2007),然而由于中央、省、市各级政府颁布的就业相关法律、指令规定和行政政策的多样性,在一些调控手段上模棱两可的状态以及工人寻求法律保障的渠道混淆,中国法律执行的问题尤其突出(Porter,1999;Cooney,2007)。

除此之外,有人认为,就业相关的法规主要是针对在正规就业部门拥有正规雇佣关系的工人(Hu,2004)。关于是否需要制定应用于非正规就业中的部门和工人的法律法规还存在很大的歧义(见下文进一步的讨论)。雇主也会利用监管漏洞来争取豁免(李应芳,2008b)。虽然劳动法拥有更多的法律权利,但是对劳动力市场的规定却有限。尽管一直说劳动力市场的相关法规有一定效果,但是与同一系列其他的就业相关的法规一样,它基本上是具有有限的权利和可执行性的行政政策法规(Hu,2004)。

中国的法律法规的一个突出特点是中央政府提供广泛的框架,而地方政府据此制定地方化的法律法规以适应当地特点。对于幅员辽阔的国家如中国,这种灵活性是必要的,因为其存在着显著的地区经济差距。然而,解释和执行的权力下放也产生了实施延误的机会,当地政府官员和劳动部门的权力执行和决定可能会被优先经济发展所左右,一些甚至与雇主共同选择。

雇主、工人以及雇佣关系的特征

在发达国家,雇主协会的发展为雇主会员提供了一系列服务,并形成压力团体影响政府的政策和立法。不同于发达国家,中国的雇主协会远没有形成,除了中国企业联合会(CEC)在雇佣关系中发挥着有限的作用。如同与全国工会联合会(ACFTU)的关系一样(见下文),国家只承认一个国家一级的正式雇主组织,作为部门利益的唯一代表。国家与这些组织形成了一些不平等的伙伴关系，这些组织可以代表国家，协助实施政府政策（Unger & Chan，1995）。然而，必须注意到中国雇主的游说能力正在上升。如果即将实施的法规和政策会对他们的商业环境造成消极的影响，他们能够迅速组成压力团体对政府施加压力。新颁布的《劳动合同法》（2008）就是个很好的例子——由于雇主的游说，最后的版本要比草案淡化很多。

从表 15-1 中我们可以看到，国家已经不是城镇部门的主导雇主，尽管仍然是主要的雇主。私营公司和国外投资企业也渐渐成为重要的雇主。不同所有制形式的雇主在不同的历史、法律、经济和劳动力市场环境中经营，他们的商业战略和雇佣政策很大程度上受到外部因素的影响。在国有部门外，雇佣关系主要形成在企业层面，且因所有制形式呈现出不同的特征，下文将详细展示。

中国政府的经济政策不仅引发了经济结构的剧烈变化，也给工人的意识认同和人口状况带来了根本性的变化。这些变化包含了对劳动力市场地位和谈判能力的不同影响。在计划经济时期，工人相对来说是一个同类的群体，包括主要在国有部门就业的城镇员工。社会主义中国的工人的政治地位和经济地位等同。工人被认为是国家的主人（详细讨论见 Sheehan，1999）。国有部门的雇佣关系曾一度很和谐，工人通过他们的工会组织和工人代表参与工作场所的民主管理和生产活动。近二十年来持续进行的国有企业改制已经给工人和国家雇主之间的雇佣关系带来了深远的变化。一个突出的变化就是就业保障的结束和福利经费的减少。这些变化已经破坏了甚至在有些情况下终结了国家雇主和工人之间的家长式纽带关系。劳动不满和争议有相当大的比例来自那些受到这些变化消极影响的工人。但是值得注意的是，大量的国有企业已经成功转型，继续良好运作（例如，Nolan，2001），特别是由中央政府控制的超大型国有企业（央企）。运作良好的国有企业沿用家长式管理风格，并且由于企业绩效得到改善，它为其员工提供比以前更好的福利（Chan & Unger，2008）。

同时，经济开放也吸引了数百万的农民工到城镇就业，他们在中国当代经济发展中发挥了关键的作用。农民工进城的浪潮始于 20 世纪 80 年代后期。1995 年，农民工数量已达到约 5 000 万人（Chen et al.，2001）。至 2006 年，农民工已上升至约 1.5 亿人，占工业部门工人的 58%，服务业部门的 52%（国务院，2006）。他们最初在制造工厂和建筑工地工作，或者当家庭佣工，而现在农民工就业于广泛的行业和职业范围，但是主要还是在私营企业、外国投资的血汗工厂和非正规部门。这些地方劳工标准低且经常违反就业法规,他们大多数没有签订劳动合同,无培训,无休息日,无社会保障,也几乎没有健康和安全保护。他们的工作时间长,居住环境差,且无组织无代表(例如 Chan,2001;Gallagher,2005;Lee,2007;Pun & Smith,2007)。工资延付也很寻常,尤其在建造业(李应芳,2008a)。农民工所承受的艰苦的工作条件是政府采用的高度非平均主义的社会主义发展战略的遗留,即城镇的发展是以牺牲农村人口为代价(例如 Solinger,1999;Meng,2000)。而当农民工进城务工时,这种制度化的歧视性做法还依然继续。虽然自从 20 世纪 90 年代,政府就已经努力通过法规和政策干预消除歧视性做法,但是由于立法范围不全面和私营、非正规部门有效执行的缺乏,这些工人依然不能得到保护(李应芳,2008b)。

与以上两类工人截然相反的是年轻一代的大学毕业生,他们主要就业于政府和公共部门组织、表现良好的私营企业和有声望的跨国公司。由于 21 世纪早期的高等教育膨胀,中国每年产生数百万的大学毕业生,除了留学海外的数千人。例如,2006 年,超过 400 万的学生毕业于大专院校,这还不包括从海外归来的拥有研究生学历的 4.2 万学子(中国统计年鉴—2007)。中国人才匮乏(例如 Farrell & Grant,2005;Malila,2007),使得他们中的一些人在确定其条款和条件时具有很高的议价能力,尽管越来越多的大学毕业生由于缺乏工作经验而面对就业困难。公司主要依靠物质奖励(例如,工资上调、奖金和股票期权)和职业发展机会来吸引和保留有能力有经验的员工(Arkless,2007;Wang et al.,2007)。新一代的工人,尤其是"80 后",往往有不同于老一代工人的价值观和职业道德。那些老一代的工人更多受中国传统文化价值观和社会主义职业道德的影响,如忠诚、服从和勤奋。年轻的大学生职员对工会不大了解(李应芳,2008c),更物质,具有较强的职业志向,更加渴望取得进展(Arkless,2007;Malila,2007)。

工会

中国只有一个被政府认可的工会——全国工会联合会。工会和中国共产党的联系要追溯到 20 世纪 20 年代(工会成立于 1925 年 5 月 1 日),那时基层工会组织作为党成员的招聘基地,通过动员工人为中国共产党提供了重大的帮助。自从社会主义中国成立以来,全国工会联合会已经成为八个群众组织中的一个,这些组织都能够组织和代表某些群体的人,如妇女、青年和工人。这些政治组织的一个突出特点是需要被中国共产党认可并由其领导。

全国工会联合会机构的治理结构是以纵向和横向的报告线形式。它们由同级的当地政府和更高级的组织机构共同控制。全国工会联合会机构负责联络企业级的工会组织和争取获得雇主的认可。

工会的角色和职责记载于许多法律，即《工会法》(1950,1992,2001 修订)、《劳动法》(1995)和最近的《劳动合同法》(2008)。根据《工会法》(2001)，工会的基本功能和职责就是保障雇员的合法权益。在拥护全国人民的总体权益的同时，工会也应该代表和捍卫雇员的权益(第六条)。第七条进一步规定，“工会动员和组织职工积极参加经济建设努力完成生产任务和工作任务。教育职工不断提高思想道德、技术业务和科学文化素质，建设有理想、有道德、有文化、有纪律的职工队伍”。

根据 Martin 的类型学(1989)，中国工会作为国家的工具属于专制范畴，执行着关于生产和保护问题的明确的从属作用(1989:78)。工会主要对国家负责(Martin,1989)，而国家的利益并不一定与工人一致。社会主义体系下，国家雇主和工人应分享共同利益，而工会的主要功能就是要组织社交活动，关心工人福利，帮助管理层实施运营决策，组织技能培训，提升员工士气以及协调管理层和工人之间的关系(Verma & Yan,1995)。他们通过作为共产党和工人之间的输送带来有效的执行这一功能(Hoffman,1981)。全国工会联合会成立和运作的方式已经引起了国际工会组织、工人运动活动家以及关注全国工会联合会作为工会的合法性的学者的质疑(例如，Taylor & Li,2007)。

自 20 世纪 90 年代中期以来，国有企业裁掉了数百万的工人，技能培训和帮助下岗工人再就业成了工会的两个主要功能。随着国有经济外新的所有制形式的增长以及随之而来的在国有部门开展的社会福利改革，国家的福利作用已经减弱。曾经相对和谐的管理-劳动关系被特点为利益冲突、越来越多的纠纷和合约安排中的不平等加剧的管理-劳动关系所取代。然而，工会的作用，或者更准确地说是工会官员对他们职责的看法，并没有及时改变以反映新的现实。一般而言，工会官员缺乏资源和权利、技能、法律知识来履行集体谈判的作用，捍卫成员的权利(Warner & Ng,1999;Cooke,2008c)。他们通常面对管理特权，无法有效地代表工人的利益，有时甚至向着管理层(例如，White,1996;O'Leary,1998;Lee,1999;Clarke,2005)。经常会发现，企业经理或党委书记担任工会主席，尽管这是违背法规的。相似地，科级工会官员很少是由选举产生的，而是由当地政府任命，并经常在政府部门间轮岗。

但是，以注册的正式成员的数量为衡量标准，全国工会联合会是全球最大的国家工会组织(Warner & Zhu,2009)。如表 15-2 所示，自 1990 年起，在成立基层工会的作业场所,工会成员的数量水平一直维持在 90% 以上。至 2006 年年末,已经有超过 130 万的基层工会组织和将近 1.7 亿的工会成员。工会分会的专职官员的数量也一直在稳步增长。2001—2004 年,作为国有部门改革的一部分,工会组织也进行结构重组和减员,在经历短期的下降之后,至 2006 年年末,工会专职官员的数量已逾 50 万人。到 2008 年 6 月,已有 2.09 亿工会成员和 170 万基层工会组织(人民网,2008)。这里必须注意的是,工会成员数量的增加并没有给工人带来真正的权利。一旦一个公司成立一个工会单位,尤其在城市部门,它实际上是强制员工成为会员。

表 15-2　建立工会的组织中工会会员水平

年份	基层工会(千人)	雇员(千人)	女雇员(千人)	会员数(千人)	女会员数(千人)	工会密度(%)	专职工会官员(千人)
1952	207	13 932	—	10 023	—	71.9	53
1962	165	26 671	—	19 220	—	72.1	86
1979	329	68 972	21 717	51 473	—	74.6	179
1980	376	74 482	25 186	61 165	—	82.1	243
1985	465	96 430	35 976	85 258	31 492	88.4	381
1990	606	111 569	42 910	101 356	38 977	90.8	556
1995	593	113 214	45 153	103 996	41 165	91.9	468
2000	859	114 721	45 345	103 615	39 173	90.3	482
2001	1 538	129 970	50 879	121 523	46 966	93.5	—
2002	1 713	144 615	51 576	133 978	46 652	92.6	472
2003	906	133 016	50 793	123 405	46 012	92.8	465
2004	1 020	144 367	55 026	136 949	51 353	94.9	456
2005	1 174	159 853	60 163	150 294	55 748	94.0	477
2006	1 324	181 436	67 193	169 942	61 778	93.7	543

注:自 2003 年起,基层工会数量统计的范围已有所调整(原始标注)。

资料来源:改编自中国统计年鉴—2007,第 883 页。

中国加入工会的模式与发达和发展中国家相似。换句话说国有部门的工会化水平要比私营部门高出很多。据估计,只有 30% 的私营公司建立了工会。多数基层工会组织没有专职官员(《工人日报》,2004.11.2)。然而,官方数据表明,自 2003 年起,工会会员水平一直在增加(中国劳动统计年鉴—2007)。这是全国工会联合会招募活动的结果。2003 年 8 月,全国工会联合会正式将市区的农民工列入工人阶级成员,并要求工会组织农民工(《羊城晚报》,2003.8.8)。截至 2004 年年底,已有 2 000 万农民工成为工会会员(《工人日报》,2004.12.7)。至 2008 年 6 月,这一数字上升到 6 600 万

(人民网,2008)。全国工会联合会的战略就是要招揽尽可能多的农民工加入工会,不管他们来自哪里,作什么工作,工作了多久,甚至不管他们是否就业(《工人日报》,2005.2.25)。这种在工作场所外通过提供一系列服务的组织模式与 Kelly 和 Heery(1989:198—199)所描述的"距离扩张"招聘战略相类似。但这不大可能帮助工会获得认可,应对工作场所猖獗的剥削和虐待。

工会会员的招募成功不应被高估,解释官方数据需特别谨慎。例如,《中国劳动统计年鉴—2007》就显示,2006 年集体企业中工会成员的数量(945 万成员)比总就业人数(764 万员工)还多。而相差的这 181 万工会会员都解释为集体企业的退休或下岗职工是非常值得怀疑的。类似地,《中国劳动统计年鉴—2007》中,私营企业和其他非国有部门的工会的密度水平似乎也比独立学术研究显示的数据要高(例如,Chan,2001;Cooke,2002,2008c;Taylor et al.,2003;Gallagher,2005)。在农民工主要就职的私营和非正规部门中,工会密度水平相对较低,这在很大程度上是雇主对认可工会的强大抵抗和工人建立工会的需求不足的结果。这部分是因为工人不熟悉工作场所代表性的概念,但更多是由于工会在推进工人权益上的功能无效(李应芳,2008b)。

雇佣关系的过程

集体协商和集体合同

在 20 世纪 90 年代早期《工会法》(1992)授权企业级的工会与雇主签订集体合同后,"集体谈判"这一概念首次被引入中国的雇佣关系。当涉及定义雇佣关系的正式过程时,国家更偏好于"集体协商"一词而不是"集体谈判"。据称,协商是一种比谈判更具建设性的方法,因为它符合中国非对抗、避免冲突的文化。1994 年,劳动部发布了《集体合同的规定》,为 1994 年通过的《中国劳动法》中概述的集体合同条款提供了详细的法规(更详细的讨论见 Taylor et al.,2003;Brown,2006)。当与雇主进行协商时,工会已经被赋予了代表工人的正式角色。工会的这一立场在后来修订的《工会法》(2001)和取代 1994 年版本的新《集体合同的规定》(2004)中得到强化和扩充。根据《工会法》(2001)第二十条,工会应代表雇员进行平等协商,签订集体合同。集体合同中签订的事宜可能包括劳动报酬、工作时间、休假、职业安全和健康、职业培训和保险福利。此外,当地的劳动部门负责促进和监督协商过程。

三方协商制度的建立被认为是协调劳动关系中加强政府、工会和企业的社会对话与合作的重要机制。该制度实施 10 年后已经取得了显著的成效。据全国工会联合会统计,至 2005 年 9 月末,全国已经签署了 754 000 份集体合同,覆盖 137 800 家企业和 1.0384 亿员工。签订的集体合同的涵盖范围也越来越广,涉及工作标准的诸多方面,虽然工资仍是主要问题(Zhang,2006)。全国工会联合会也在推动覆盖面广的集体合同,如基于区域和行业的集体合同。但是,有人认为,集体协商制度并没有提供一个真正的调节雇佣关系的独立框架(Clarke 等,2004),大部分集体合同只是雇主和工会之间的示范协定,并没有工人的直接参与和实际的谈判过程(Brown,2006)。同样地,区域或全国性的集体合同可能太过宽泛而与当地需求相脱离,从而给了企业经理无视当地工会代表的借口。最近的沃尔玛(中国)案例是个很好的例子(*China Labor News Translations*,2008)。除此之外,集体合同在国有企业比在私营企业得到更广泛的采用(Warner & Ng,1999)。

解决劳资纠纷

劳动争议调解制度建立于 20 世纪 50 年代初。经过“文化大革命”一段时期的中断(1966—1976),这个制度随着《国营企业劳动争议处理暂行规定》的颁布,在 1987 年恢复。这个暂行规定在 1993 年进行了修正,并以《中华人民共和国企业劳动争议处理条例》实施。这个条例后来被纳入《劳动法》(1995),形成了劳动争议的法律依据。《劳动法》将所有企业的劳资纠纷纳入了劳动争议处理机制的管辖范围内(李应芳,2008a)。

中国的劳动争议处理制度分为三个阶段:调解、仲裁和诉讼(详细描述见 Taylor et al.,2003)。调解是最初的程序,一般由调解委员会在发生劳动争议的企业里进行,委员会由雇主、雇员和工会或者是争议双方认可的第三方的代表组成。国家鼓励通过协商和自愿调解来解决劳动争议。在此阶段或之后达成的任何协议都具有法律约束性。如果这种方法失败,争议的其中一方向劳动争议仲裁委员会提出申请解决。然后就会形成一个仲裁委员会来调解这个争议。当出现纠纷时,如果认为调解不大能解决争议的话,也可以直接提交到仲裁委员会处理而不用经过企业级的调解阶段。但是,劳动争议案只有经过仲裁程序后才能被接受诉讼。由仲裁委员会解决的争议被归类为通过调解、仲裁或其他方式解决。如果其中有任何一方对仲裁裁决不满意,那么案件就可以提交到当地人民法院。在每个阶段,重点都是要通过谈判、相互理解和直接参与方的自愿协议来解决冲突。中国的劳动争议分为个人或集体纠纷,集体纠纷应包含至少三个对争议持相同理由的员工(李应芳,2008a)。

自从实施《劳动法》(1995)以来,劳动争议趋势呈现出了诸多的特征。第一,各级仲裁委员会接受的劳动争议的数量每年都在上升,从1996年的48121起增加到2006年的317162起(中国劳动统计年鉴—2007)。第二,工资、社会保险、劳动合同的变更和终止以及工伤/工作安全已成为争议的主要原因,尤其是工资和社会保险的争议占据了每年争议总数的一半多。第三,劳动争议的性质越来越对抗和对立。由仲裁和上诉解决的案例的比例持续增加,而由调解解决的争议案的比例则持续降低。例如,1996年,仲裁委员会接受的争议案中,52%是由调解解决的,27%是由仲裁解决的。而到2006年,只有34%的争议案是通过调解解决而超过45%的案子是通过仲裁解决的(中国劳动统计年鉴—2007)。第四,工人胜诉的案子的比例显著低于由工人提交的案子的比例。第五,在20世纪90年代,外国投资企业和中国香港、澳门、台湾地区企业中劳动争议的比例最高,既指在总就业人口中的比例,也包括增长速度(李应芳,2008a)。

当前和今后的问题及趋势

劳动力市场的灵活性

如果说发达国家采用的劳动部署策略的主要特点是临时就业、工作共享、年均小时、兼职和季节性工作,那么中国劳动力市场的灵活性则是通过非正规就业部门的迅速扩张实现的。它的主要动机是节约成本(从雇主的角度出发)和创造就业机会(从政府的角度出发)。因此,从20世纪90年代中期起,中国就在经历从由国家劳动部门主导的严格的内部劳动力市场到越来越非正式和无保护的劳动力市场的巨大转变。国有企业的下岗工人和农民工是非正规就业中的主体。

非正规就业中临时性、季节性、非正式的和按小时付费工作这种形式的运用早已在中国长期存在,虽然规模要小很多。但是,“非正规就业”在中国还是相对较新的一个术语,由上海劳动部门在1996年首次引入(李应芳,2008b)。对于非正规就业的准确定义和分类的认识的缺乏,以及关于在该领域中就业的总人数及就业形式的官方统计的缺失,已引起了广泛的注意(例如,Penguin & Yao,2004;Shi & Wang,2007;Zhang,2004)。而且,据估计,至少有1.5亿工人在城镇从事非正规就业(国务院,2006)。

非正规就业中的大多数工人没有和雇主签署合同。一些雇主则利用政策漏洞随意雇佣和解雇工人,进一步导致工人工作的不安全感。由于这些工人的大多数是通过个人关系网络找到工作的,鉴于个人关系,他们会更加容忍雇主的虐待（Zhang，2008）。在雇佣关系很复杂的一些情况下，如机构的工作人员和职业介绍所介绍的家庭保姆，由于不清楚谁是雇主，招聘方往往会推卸和逃避责任（李应芳，2008）。

职业介绍所

伴随着非正规就业的增长，针对劳动力市场低端的职业介绍所的数量近年来也大幅增加。2001 年，总共有 26 973 个职业介绍所，其中 70% 由各级劳动部门资助，作为多层次的就业服务网络的一部分。到 2005 年，职业介绍所的数量已增至 35 747 家，其中三分之二由劳动部门资助。在这些职业介绍所工作的员工的数量从 2001 年的 84 440 家增加到 2005 年的 111 000 家（2002 年和 2006 年的中国劳动统计年鉴）。原则上，这些职业介绍所通过发挥多种作用代表着劳动力市场中体制的存在。这些作用包括提供劳动力市场信息、培训、筛查、招聘和安置员工，影响工资设定，规范劳动力市场，重新分配就业相关的风险以及担当雇主。据称，这种形式的雇佣关系既有利于工人也有利于客户，因为工人可以享受更高水平的工作保险和劳动权益保护，而客户则可以得到持续的劳动力供应（《工人日报》，2005. 2. 22）。实践中，这种三角雇佣关系很复杂，并且如上文所提到的，由于地位模糊容易导致推卸职责。

1995 年国家颁布的《职业介绍所规例》规定，由当地劳动部门建立的职业介绍所应该是非营利性的，而由私营企业或组织建立与劳动部门无关的介绍所可以是营利的或者非营利的。实际上，多数职业介绍所都征收服务费，往往超过劳动部门设定的价格。职业介绍所由于缺乏专业性、缺少最新市场信息和与劳动力市场服务相关的各类组织的合作而饱受批评。它们的培训资金不足且设备很差。培训的内容过时，不能反映雇主的急切需求（Li，2000）。职业介绍所作为劳动力市场经纪人的合法性也备受求职者的质疑。调查结果显示，只有小部分的国有企业下岗工人和农民工曾经去过职业介绍所，而且很少有人是通过介绍所找到工作的（Li，2003；Mu，2003）。

据预期，《劳动合同法》（2008）制定后，职业介绍所的雇员将会减少，促进工人和雇主间直接稳定的雇主关系。而现实与此形成了鲜明的对比。预期到新劳动法对雇佣成本的负面影响后，许多雇主都加入了 2007 年年底的浪潮，解雇了在公司工作多年的员工，并根据新的临时合同重新雇用他们。其他雇主则解雇工人并重新雇用他们，或者通过职业介绍所雇用新的机构工作者。结果，职业介绍所又繁荣起来，登记在册的工人也不断增加。

工作与生活的平衡

中国经济市场化的一个直接后果就是工作强化，尤其是在私营和非正规部门。根据国家劳动部门每年的抽样调查（见中国劳动统计年鉴—2007），城镇地区每周的工作时间近年来呈现稳步增长，已从2003年的超过45小时增长到2006年的超过47小时。尤其那些从事制造、建设、运输、物流和邮政服务、批发和零售、酒店和餐饮及社区服务的工人工作时间最长（每周都超过50小时）。2006年，调查中超过47%的农民工每周工作至少48小时，而相比于此，有城镇居民身份的工人中，只有31%会工作到这么长时间。

国外投资企业的血汗制造工厂和私营企业的工人的真正工作时长可能永远不会被得知，因为雇主们不会公开这些真实数据，这样作是为了确保既得利益，避免支付加班费和逃避法律制裁。从小规模的学术研究中得知，国外投资企业制造工厂和私营企业的工人工作时间极长，往往超过60小时，几乎没有休息日（例如，Chan，2001；Lee，2007；Pun & Smith，2007）。在低工资工作中，工人经常需要加班机会，以此希望能够获得正常的工资率而不是法律规定的加班保险费。雇主也很乐意利用额外的人手以较低的劳动力成本提供加班。平衡工作与生活对这些工人来说，无疑成了一个问题，他们宁愿工作加班也不愿参加雇主组织的社交活动或者陪同家人。提高他们的工资水平是最有效但可能性不大的解决方案，主要是由于工人缺乏谈判能力以及雇主会面临成本压力。

在快速增长的行业，如电子通信、信息技术、咨询、金融和房地产，与工作时间长和紧张的工作节奏相关的工作强化也正在成为专业人员和管理人员的问题。它已经导致了健康和保留问题。一些公司已经着手通过为雇员组织下班后的社交生活，雇用专业人员提供顾问服务，引入员工援助计划（EAP）来解决这些问题。在国有企业和少数私营企业，为雇员（和他们的家人）组织社交生活作为中国家长式文化的一部分一直是工作福利。而员工援助计划相对来说比较新而且主要提供给专业人员和管理人员。这些例子说明，中国的工作-生活冲突有许多根源，这些根源不同于西方社会表现的那样，因此，在中国情境下，需要采取不同的人力资源措施和政府政策干预。

结论

在经济改革过程中，中国的雇佣关系已经发生了巨大的变化。显然，雇佣关系的特征在不同的所有制关系、产业部门和工人群体间都有差异,这也是发达经济体呈现的一个趋势,尽管中国与发达国家存在着根本差异,特别是在工会的独立性和权力方面。由于工会和雇主协会缺乏代表力,中国的雇佣关系主要形成于雇主和工人之间,且大多数工人几乎没有谈判能力。就业实践中发生的变化主要是就业相关的法律法规颁布实施的结果。因此,在可预见的未来,雇佣关系形成中国家的作用仍然很关键。这里必须注意的是,尽管政府渴望通过加强立法治理为工人创造更加人性化的就业环境,但预期的效果总是不能完全实现。雇主会继续设法绕过法律限制,而工人因害怕丢失工作也会容忍这种不合法的行为。

尽管推行了组织国有部门外的工会的新举措,比如组织小型企业工会、失业社区工会和建设项目工会,但工会主要还是活跃于国有部门以及有强大政府关系的私营企业。工会很大程度上发挥了一个福利作用,而这相比于私营部门和管理不善的国有企业的工人的代表性需求,是远远不足的。因此毫不奇怪,那些经历了剧烈的就业恶化的国有企业的员工对工会的不满水平会如此之高。同样地,农民工对工会认可的水平很低,主要是由于工会未满足他们的代表性需求。相比而言,公共部门的员工更容易接受也确实需要工会的福利作用。在这个部门,雇佣关系相对比较稳定,较少受到市场经济的挑战。工会仍可改善他们的(福利)功能(李应芳,2008c)。

更广泛地说,工会的福利作用不应被消除,因为它既反映了政府建立和谐雇佣关系的思想意识,也是中国传统文化的体现。仁慈的家长式、和谐的集体主义是中国文化的关键特点,也在工作关系中特别突出。工作场所在提供社交活动以发展和维持员工与员工、公司和员工之间的和谐关系上发挥了重要的作用。中国公司传统上认为,提供员工福利和娱乐活动是提高员工士气,提升公司生产力的重要因素(李应芳,2008c)。工会对组织社会活动及提供福利作用,提升员工的工作和家庭生活水平,是很有帮助的。特别是,大多数中国组织的人力资源功能还没有发展完善,这种作用就尤其重要。

中国政府推行的雇佣关系的理想模式和受中国传统文化影响的雇佣关系,与西方经济中的劳资关系学者推行的当代雇佣关系的新多元化方式有所相似。这种方式强调社会凝聚力,着重于社会价值高于个人利益、合作高于冲突以及信任高于权力的重要性(Ackers,2002)。在中国情境下,显然,与市场化经济相应而生的工会界别的多样性对工会来说既是机遇也是挑战。这就要求它们在基层采用不同的角色和组织战略去解决各种问题,如果它们想要最大化发挥工会效用的话。

中国雇佣关系大事记(1949 年至今)

1949	中华人民共和国成立。由中国共产党执政。
1950	《工会法》颁布。
1966—1976	“文化大革命”时期,生产活动减慢或者停止,国家经济处于瘫痪的边缘。
1978	中国改革开放经济政策开始实施,与国有企业拥有不同就业政策的国外投资企业和私营企业增加。
1992	中国市场经济的建筑师——邓小平发表了重要的南方谈话,即支持民营经济和创业精神的重要作用,使得私营部门迅速增长,并成为主要的雇主。
1993	《企业最低工资规定》颁布,首次为全职工人设定了每月最低工资。
1994	劳动部发布了《集体合同规定》,为《劳动法》中概述的集体合同制度提供了详细的说明。
1995	《劳动法》颁布,这是中国首个重要的就业法。
1997	国有企业激进的重构开始,导致数百万工人下岗。
2000	劳动和社会保障部发布了《工资集体协商试行办法》,要求雇主和工人(由管理层和工会代表)集体协商工资报酬相关的事宜。
2001	《工会法》(2001 年修订)颁布。
2001	中国加入 WTO,竞争加剧,迫使中国公司改变其企业用工行为。
2003	胡锦涛主席和温家宝总理上任,开始追求强调社会公正、社会和谐和环境保护的经济发展政策,而不是前辈实行的效益驱动的经济发展政策。
2003	温家宝总理发起了由政府主导的运动,试图解决在主要雇用农民工的行业尤其是建筑业普遍发生的工资延付问题。
2003	全国工会联合会启动招聘农民工加入工会,它也领导了给国外投资企业施压使其承认中国工会的运动。
2004	劳动和社会保障部发布了《集体合同规定》,规范了实行集体谈判和签订集体合同的行为。

2007	预计到将要颁布的《劳动合同法》的影响,中国大量企业包括大型的、经营良好的和各种所有制形式的企业都解雇了它们的长期工,并在不同的合同下重新雇用他们以避免法律责任。
2008	《劳动合同法》、《就业促进法》、《劳动争议调解仲裁法》颁布。

第16章 中国台湾地区的雇佣关系

李诚　周慧如

中国台湾地区的雇佣关系的发展

中国台湾地区(以下简称台湾地区)雇佣关系的发展,基本上是延续大陆地区1949年以前的雇佣关系制度。在国民党当局进入台湾地区以后,经济发展基本上是依循市场经济的发展路线,因此,台湾地区雇佣关系的发展与大陆地区很不一样。我们大致可以把台湾地区雇佣关系的发展分成三个阶段:第一时期是传统威权式、大家长制与政府严格控制工会活动的时期;第二时期是劳工法令积极介入雇佣关系的时期;第三时期是劳工法令松绑,弹性兼安全的雇佣关系时期。

传统威权式、大家长制与政府严格控制工会活动的雇佣关系时期:1946—1983

自第二次世界大战后,台湾地区面临着通货膨胀、高失业、低产能及外汇短缺等严重的经济问题。1946—1960年间,台湾当局着手于基础设施的重建及发展当时迫切需要的民生工业,如电力、肥料及纺织等。台湾当局亦推行土地政策及税制改革并管制汇率。在第一次四年的经济计划时期,台湾当局优先发展进口替代产业。为了保护幼稚的进口替代产业,台湾当局课征30%以上的关税。

在此期间,台湾地区的雇佣关系简单,雇主具有绝对的权力,因为在此时期,劳动市场及工作场所的规模都不大,企业平均雇用劳工的人数在1954年是4.9人,1961年是5.4人。因为高失业率及工作场所规模不大,雇主很容易招募到雇员。员工的来源大半是邻居、亲戚或者同乡。这种亲密的关系，让雇主对于其员工有绝对的控制能力。但是也因为这种关系，使雇主对员工有照顾的责任，因为雇员把他当作大家长，大家长有照顾家庭成员的义务，因此在此时期虽然经济有所波动，但在不景气时期，雇主绝不轻易辞退员工，大家都是共度时艰。即使雇主在财务上无法支持时，因为农业部分仍相当大，所以雇主可以请多余的员工回到农村的家里休息一下，等经济复苏后再回到工作岗位。

此时期的工会受到台湾当局严格的管制，因为第二次世界大战后，在国民党控制下的大陆地区有很多罢工事件，影响政府正常运作，是国民政府失去大陆地区的主要原因之一。有了这种经验，国民党于 1949 年搬迁来台后，积极组织"国营"企业及大型民营企业的员工，并通过提名或任命国民党的党员为工会领袖的方法控制工会，防止有心人士再次渗透入工作场所，掌控工运，反对国民党当局。

20 世纪 60 年代，台湾当局察觉到单靠发展进口替代产业，无法提供快速成长人口充分就业的机会。因此，台湾当局转而扶持出口导向的产业，使台湾地区的产品得以进入工业化国家的广大市场。为了达到此目标，台湾当局推行税制改革、设立加工出口区，并且实行其他相关的措施，使台湾地区的环境有利于储蓄及投资的进行。出口导向的产业政策推行相当有效，使台湾地区的经济得以快速的成长。比如 1961—1972 年间，台湾地区的实质经济成长率达到 10.2%，而 1973—1980 年间，也达到 8.9%。快速的经济发展导致失业率的下降与劳动所得的增加。1961—1980 年间，台湾地区的失业率从 4% 下降至 1.2%，劳工所得占比从 1964 年的 25.5%，上升到 51.9%。

台湾当局为什么要在严格控制工会的同时又鼓励"国营"企业与大型民间企业组织工会？Deyo 及其他学者认为，大部分采取出口导向工业发展政策的政府（当局），都会采取压抑工会的政策（Deyo，1989），因为它们要压制工资的上涨以增加本国（地区）产品在国际市场上的竞争力，也通过对工会的管制使国内（地区内）没有劳资纠纷事件，以便吸引外资的流入。这些学者常举新加坡、韩国、台湾地区对工会实行高压政策的例子。但是台湾地区采取压抑性的劳工政策并不是为了维持低工资率。台湾地区的工资并不是由制度性的因素如工会、"最低工资法"所决定，而是由员工的边际生产力所决定的（Lee，1980；Chang，1983；Wu，1985）。因为台湾地区有 97% 以上的企业是中小企业，员工在不同企业间很容易流动，因此是市场因素决定工资，而非人为的制度性因素决定工资。如上所述，台湾当局控制工会是因为怕有心人士利用工会颠覆台湾当局，当局鼓励"国营"与大型民营企业组织工会是因为台湾地区在1971年丧失了在联合国的席位,外交孤立,为了保持与其他国家(地区)的关系,台湾当局必须利用民间渠道(例如民间组织、专业的协会、工会),和其他国家(地区)建立外交关系,如当时台湾地区的"中华总工会"与美国的AFL-CIO及卡车司机Tenester有很密切的关系,它们会在国会中为台湾地区游说。20世纪80年代,工会成员的快速成长的另一原因,是职业工会利用劳工保险条例的漏洞,为自营作业、无固定雇主的人士办理劳工保险,这些员工是为参加劳保而不是因为工会的功能而参加职业工会(Lee,1988)。

台湾当局在此期间亦曾利用工会团体协约,来辅助"耕者有其田"政策的推行。比如在1953年,台湾当局为了实施"耕者有其田",将四家"国营"企业出售给地主,使他们退出农业转入工业。当时这四家"国营"企业的两万名员工担心转为民营企业后,就业安定与员工福利会受影响,台湾当局为了消除他们的忧虑,将这四家企业的员工组成工会,协助他们与新雇主签订团体协约,协约规定员工可享受到与"国营"时期相同的工资与福利(Lee,1988)。此时期的工会亦协助台湾当局推动"职工福利金"条例。此条例规定企业按资本额、营业额等项目提取职工福利金,然后由工会及企业代表组成的"职工福利委员会"共同处理职工福利。但是除了少数大规模的"国营"企业依法提取职工福利基金外,其他企业都没有提取福利金(李诚、徐育珠,1975)。

为了避免最低工资导致都市高失业率与城乡双元劳动市场,台湾当局故意不积极调升基本工资,使其停留在低水平。比如在1960年基本工资是每月300元新台币,只有当时制造业平均薪资的39.7%。台湾当局在1969年将基本工资调整到600元,1969年与1977年之间完全没有作任何调整,以致基本工资占制造业平均薪资的比例渐渐下降到12.3%。因为基本工资并没有高于市场工资,而工会亦没有强大的力量,因此,在此阶段台湾地区的工资一直是由市场的因素所决定的。比如说,在此期间台湾地区劳动生产力的平均成长率是5.19%,而实际工资成长率也只有5.91%,二者的成长率大致相同。

但是这并不表示台湾地区的劳动市场完全按照古典经济学派所预期的方式运作。因为台湾地区劳动市场的工资虽然是由市场因素所决定的,员工也可以在不同企业间自由移动,使人力资源得以充分的运用,但是在工业安全与卫生方面市场却无法发挥其功能,以致在此期间台湾地区的工业灾害死亡率很高。台湾地区劳动市场在劳工安全及卫生方面,明显有市场失灵的现象。在1980年以前,劳动统计数字很不完整,但是如表16-1显示,即使在1981—1990年间,台湾地区职业灾害死亡率仍然比新加坡、韩国都高。

表 16-1　各国(地区)职业灾害死亡率及其“国民”所得(1981—1990)

	中国台湾地区	加拿大	法国	英国	新加坡	韩国
制造业						
1981 年	0.31	0.08	0.08	0.02	0.03	0.18
1990 年	0.19	0.07	0.06	0.02	0.02	0.16
建筑业						
1981 年	0.88	0.36	0.29	0.10	0.03	0.51
1990 年	0.46	0.24	0.25	0.10	0.05	0.21
“国民”所得(美元)						
1990 年	7 954	20 736	21 016	17 163	11 856	5 652

资料来源:劳委会(1992)、经建会(1993)。

在工业部门蓬勃发展及工作场所规模不断扩大后,企业人事管理也开始正规化,比如越来越多的厂商成立人事部门,专门从事人力资源管理的工作及制定正规的人事政策。根据作者在 1979 年对 151 家制造业厂商的调查,五分之一的受访厂商有正式的人力方面的规划与计划,三分之一的厂商有简单的人力需求的预测。调查数据显示,规模愈大的厂商,设有健全的人事部门、劳资会议及人力规划计划的比例愈大(Lee,1980)。

简言之,台湾地区早期的雇佣关系属威权式、家长式的雇佣关系,雇主具有绝对的权力,工会受到台湾当局严格的控制,无法像西方国家的工会一样,可自由进行团体协商,扮演改善劳工工资与福利的角色。此时期自由放任的劳动市场政策虽然使工资的决定不受人为因素的影响,人力在不同部门间可自由移动,人力资源可充分运用,但缺乏工会与台湾当局的监督,使台湾地区工业灾害死亡率偏高,这是其他国家(地区)想采用自由放任的劳动市场政策时该注意的事项。

劳工法令积极介入时期的雇佣关系:1984—2000

此处以 1981 年为分水岭,因为台湾当局在 1984 年通过了影响很大的“劳动基准法”。经过 20 年经济快速的成长,台湾地区不仅跃升进入了新兴工业化经济体之列,更迈向成熟经济体。在 20 世纪 80 年代早期,台湾地区累积了大量的外汇存底,但这也造成了台币升值的强大压力。事实上,80 年代晚期,台币升值了 30%。工业部门的扩张,造成土地与劳动供给不足,土地价格与工资快速上升,结果使劳力密集型产品丧失了其在国际市场的竞争优势,于是外商纷纷将工厂移转到低廉工资的中国大陆地区与东南亚国家。

此时,台湾当局认识到发展资本密集及技术密集型产业以代替劳力密集型产业的需求。于是资本密集及技术密集型产业(化学业、化学制品、基本钢铁制品、机械制品及设备、电力电子机械器材、精密仪器)蓬勃发展。

因产业结构的转变,劳工就业形态也随之改变。1984—2010 年,台湾地区的就业人口开始由制造业转向服务业。比如制造业劳工由 1984 年占劳动人口的 34.2% ,下降至 2010 年的 27.3% ;同一时期,服务业劳工占全部劳工的比例,由 40.1% 上升至 58.8% 。

此时期不仅产业结构发生变化,雇佣关系、人力资源管理以及政府的劳工政策,都有明显的改变。一般而言,此时期企业的雇佣关系趋向于正规化,即台湾当局则试图以积极的劳工“立法”来保护劳工的权利,提升员工的福利。造成此种政策改变的原因是台湾地区的政治环境受到经济快速成长、充分就业、高学历、社会开放等因素的影响,社会转向开放,国民党逐渐失去其一党独大的优势。为了争取选票,国民党认识到必须改变劳工政策。因此,台湾当局在 1982 年,修改了“团体协约法”、1988 年的“劳资争议处理法”及“劳工保险条例”、1983 年的“职业训练法”。台湾当局同时也通过了其他新的劳工法令,其中最重要、影响最大的是 1984 年的“劳动基准法”、1992 年的“就业服务法”。除了来自岛内的压力,台湾当局同时也遭受岛外的压力,要求其采取积极的劳工政策。例如 20 世纪 80 年代中期,因对美贸易呈现大幅顺差,造成美国和台湾地区间的贸易摩擦,引起美国政府及工会要求台湾地区改善劳工工作环境,否则将采取限制产品进口的行动(Chiao,1990)。

于是台湾当局不但在 1984 年通过“劳动基准法”,并在 1987 年废除“戒严法”之后成立劳工委员会,认真执行“劳动基准法”及处理日益增加的劳资争议案件。台湾当局在此期间不但每年调整基本工资,而且调幅都在两位数(见表 16-2)。

表 16-2 1989 年后基本工资调整一览表

发布日期	每月基本工资(单位:新台币元)	调幅(%)
1989 年 6 月 26 日	8 820	8.49
1990 年 7 月 25 日	9 750	10.6
1991 年 8 月 1 日	11 040	13.2
1992 年 8 月 13 日	12 365	12
1993 年 8 月 13 日	13 350	8
1994 年 8 月 19 日	14 010	4.9
1995 年 7 月 17 日	14 880	6.2
1996 年 8 月 31 日	15 360	3.2
1997 年 10 月 16 日	15 840	3.1
2007 年 7 月 1 日	17 280	9.1
2010 年 9 月 13 日	17 880	3.5
2011 年 7 月 21 日	18 780	5.03

资料来源:劳委会。

除了政治环境的改变,台湾地区经济环境的改变,例如劳工短缺、劳动力密集型产业外移、民众受教育程度大幅提升等,都对雇佣关系及人力资源管理有重大的影响。其影响约可归类成以下四个方面:

工会地位的强化

经济持续高速的成长,导致政治与社会的民主化,其结果是"执政党"对工会的影响力减小,工会领袖由工会会员自己选举产生,而非像以往由"执政党"提名。一些不属于"中华民国全国总工会"的自主工会,在 1988 年也开始组织它们自己的联合会,并于 1998 年筹组成立全台湾地区级的产业总工会。

这个时期选举出来的工会领袖,其态度及作风比以往的工会领袖强硬、独立。尤其是在 1987 年台湾地区解严后,工会发现了集体休假等新方法来对抗雇主,并可遵循一定的法律程序举行罢工活动。工会不仅更具独立性,在工作场所中的影响力也越来越大。李诚与吴惠林在 1991 年的一项针对 7 693 家制造业与其他工业的厂商调查中发现,21.6% 的厂商签有团体协约。其中 73% 的契约对年终奖金有些影响,61% 对工时及劳工福利的决定有影响,超过一半的协约对工资的决定有影响,工会的影响力比起 1979 年增强了许多(Lee & Wu, 1991)。

同一调查也发现,除了团体协约的签订之外,工会更有督促雇主确实遵循"劳动基准法"的功能。例如大部分拥有工会的厂商,有劳工退休计划、产假、劳资会议、分红等福利项目,而这些福利也是"劳动基准法"对雇主的规范。鉴于工会力量日渐强大,雇主也开始反击。他们将工会领袖调职或解雇,以降低工会的影响力,而劳委会与法院并无任何有效的对策(Wu & Liao, 1991)。

人事政策的正规化

"劳动基准法"规定,凡是雇用 30 名员工以上的企业,必须制定工作规则,并在报请主管机关核备后公布。此项规定要求雇主必须明确制定其人事管理政策,不能像从前那样独裁、独自地决定其人事政策。在 1991 年,约三分之二的厂商,已制定了工作规则(Wu & Liao,1991)。

雇主管理弹性的减少

"劳动基准法"对雇主人事管理的权力有所限制。例如此法规定男性员工每月的加班时数不得超过 36 小时,女工则不得超过 24 小时,其结果所有的劳工每月加班均不得超过 24 小时,其原因是男女通常同时在同一生产线上,雇主无法制定两套工时制度。"劳动基准法"对劳工还有许多其他的限制,例如规定女性工作人员不得在夜间 10 点以后工作、劳工每工作 7 日必须有1日休假等。1998年“劳动基准法”的适用范围更扩展到服务业、金融业。“劳动基准法”的强硬性,使这些行业的雇主几乎无法生存。近年来台湾当局发现规范过分强硬,已陆续通过多次的行政命令,修正一些不合理的规定,增加管理弹性。

企业组织的改造

“劳动基准法”规定了许多的劳工福利,使得雇主的成本有所提高且减少了经营弹性。作者在1992年的调查中发现,有40%的厂商因“劳动基准法”的推行,生产成本上升10%,23%的厂商成本上升11%—20%,有2.5%的厂商,其成本上升超过30%(Lee & Wu, 1992a)。为了应付日益增加的劳工成本,雇主采取了许多应对策略。例如雇用外籍劳工、提高劳工工作效率以及利用自动化机器、转包、承揽的方式来节省加班费、退休金、资遣费及其他费用(详见 Lee & Wu,1992a)。

劳工法令松绑与就业安全法令保障提升的雇佣关系时期:2000年至今

自主工会与白领工会兴起,但工会人数减少

21世纪在信息科技的推波助澜下,国际化、全球化与自由化的无国界竞争改变了企业的竞争模式与劳工工作形态。例如,企业为了维持在国际市场上的竞争优势,使组织扁平化、用人精简化,更大量的以机器、计算机取代人力,或通过委外,甚至海外委办的方式节省用人成本。此外,由于计算机网络的蓬勃发展,有相当多的企业成立虚拟办公室,或以网络外劳的方式进行远距离作业,比如许多文书、助理或语音客服工作开始移往菲律宾、印度等以英语为母语且薪资较低廉的国家,中文的语音客服与文书、翻译等工作移到上海。台湾地区在这一波全球化的冲击下,企业的经营形态以及雇佣关系产生了相当大的变化。台湾地区早期采用单一工会制,但由于劳资争议不断,劳工为了摆脱“执政党”的控制,在同一组织内组成自主性工会,由于这些自主性工会不符合“工会法”单一工会的规定,故称为体制外工会。在1987年解严以后至1997年以前多为自主性工会,目的在于脱离党的控制;1997年至1999年则多为救济型工会,目的在于联合其他工会,强化工会谈判的力量(见表16-3);2000年政党轮替以后,民进党执政之初,为了答谢自主性工会对它们取得政权的支持与援助,对于违反“工会法”的体制外工会给予默认,无任何取消或限制发展的行动。因此,在2000年以后,除了原有的体制外工会获得承认外,许多其他的全台湾地区性总工会或全台湾地区性联合会、地区总工会等也都纷纷成立,但在工厂层级的产业工会成长上,则仍然是相当有限。

2000 年以后的工会发展与雇佣关系经历了几项重大的改变,特别是在放宽工会的筹组条件方面。例如,人数在 30 人以上的企业得以发起、组织工会,工会的设立分成四种形态,企业工会(由同一企业内的劳工组成,亦即原先台湾地区最基本的企业内产业工会形态)、产业工会(由同一产业的劳工组成,如纺织业、石化业)、职业工会(由相关职业技能的劳工组成,如泥水工组成),以及综合性工会(由相关产业及相关职业技能的劳工组成),并以工会自由化、自主化、多元化以及低度规范原则,删除工会筹组的区域限制和联合组织发起条件的限制,可以依工会需求自由筹组联合会,并以自主登记取代目前的许可制(《工商时报》,2005 年 1 月 13 日)。此外,亦包括了军公教结社权(教师对筹组工会的诉求、教育单位技工工友放宽成立产业工会)、企业联合会形态的兴起等。

表 16-3　两个不同阶段体制外工会的比较

比较项目＼阶段	1987—1997	1998—1999
形成原因	因劳资争议,体制内工会功能不彰,而由劳动者自行组织而成	鉴于个别力量有限,原有总工会功能不彰,趋向以结盟方式,壮大力量
目的	劳资争议时的自力救济	增强工会功能及谈判力量
范围	单一工厂或企业内	同一县市地区不同自主工会的结盟
存续时间	短,多视争议持续时间而定	常设性组织
组织性质	劳资争议的自救组织	协商组织
主管机关的态度	视为违法或非法外力	中立,并辅导其合法化
案例	福昌纺织自救会、彰化羽田机械自救会	台北县产业总工会、宜兰县产业总工会

资料来源:自行整理而得。

过去“工会法”规定,军公教不得筹组成立工会,但这一规定是 1929 年时制定的,已不符合当前的社会现状,且陆续有相当多的私立学校,因为董事会的弊案,致使教师权益受损,例如 2001 年的景文弊案,创校基金被挪用 5 亿新台币,景文遭淘空举债金额累计为 20 亿新台币;2001 年亲民工专校产遭淘空数亿新台币等,均致使教师的薪资遭积欠,且无法组成自救性质的组织,为教师争取权益。因此,全台湾地区的教师在 1999 年 2 月 1 日根据“教师法”第 26 条(1995 年制定)筹组成立“中华民国全国教师会”(简称全教会)。全教会会员团体由各县市教师会组成,总会员人数约 25 万人。台湾地区的教师团体虽然对于筹组工会已争取多时,但是教师目前仍然排除在

“工会法”的适用范围外，并另外制定“教师团体法”加以规范，教师有结社、协商权但是没有罢教权(《中时晚报》,2002 年 5 月 1 日)。全教会为争取合法的工会筹组权，于 2003 年 12 月 6 日举行“全国教师工会筹备会”成立大会,2004 年 5 月 29 日高雄县教师会通过筹组教师工会提案，并发起联署通过筹组教师工会，全教会曾发动 10 万人的街头抗议。

2010 年 6 月 23 日新修订的“工会法”，赋予教师可组产业或职业工会的权利，不过为了保护学生的受教权，另在“劳资争议处理法”中规定教师不得罢工。教师只能跨校、跨区加入产业工会和职业工会，不得在各校成立以学校为单位的教师工会。“全国教师工会总联合会”已在 2011 年 7 月 11 日成立，劳委会主委王如玄说，现阶段劳委会不鼓励罢工，若未来教师也可罢工，将设“必要服务条款”，要求部分教师罢工时仍需留下来照顾学生(“中国时报”,2011 年 7 月 12 日)。

至于公务人员，仍不适用“工会法”，依“公务人员协会法”处理，公务员可以组协会，但不能组织工会与罢工。现役军人与“国防部”所属的军火工业员工，也不得组织工会。不过，根据大法官的“释宪”，公务机关技工、驾驶、工友与“国防事业”非军职人员之工作者适用“劳动基准法”者，均可依法筹组产业工会。例如，政治大学技工工友产业工会以及若干学校成立中小学技工工友产业工会均获得筹组成立(“中国时报”,2001 年 6 月 19 日)。

由于以上的发展，台湾地区的工会有增加的趋势，比如在 2011 年 3 月底，台湾地区共有 4 945 个工会，这些工会中，有 78 个是总工会，104 个产业工会联合会，34 个职业联合工会。基层工会中的产业工会是 892 个，职业工会 3 837 个，会员达 270 万余人(劳委会,2011 第 1 季)。另一类增加的产业工会则来源于“公共行政”部门，由一群在公务部门但不具有公务人员资格的技工、工友所组成的产业工会也纷纷成立。

从以上的发展我们可以得知，台湾地区的工会版图有逐渐从制造业的蓝领工人转移为金融、保险与不动产业、公共行政、教师以及白领工人的趋势。但是就工会会员人数而言，则在不断地减少中。其原因是当劳动人口从工业部门转入服务业部门时，服务业员工是很难组成工会的，此外，当全球化的竞争、信息通信科技发达时，有越来越多的企业采用部分工时、派遣员工等非典型雇佣的方式来降低雇佣成本，根据“行政院”主计处在 2010 年 11 月 30 日发布的《2010 年人力运用调查报告》，台湾地区企业雇佣人力派遣、临时雇佣及部分工时等“非典型就业”，在这一年达到 723 000 人，但实际数字远超过台湾当局公布的数字。“非典型就业”员工的增加，也是造成工会筹组困难、工会会员数下降的原因之一。

劳动法令的松绑与就业安全法令的制定

由于全球经济的重组与劳动的国际分工，各国的雇佣关系制度都产生了重大的改变。先进国家(地区)的雇佣关系由强调集体的雇佣关系转向强调个人关系的人力资源管理与劳雇关系。台湾地区也不例外。一方面，台湾地区从以工业特别是以制造业为主的经济体转向以服务业为主的经济体，服务业的竞争力来自个人的服务态度、服务热忱。另一方面，2000 年以后台湾地区开始向知识经济发展。这两个方向的发展都表示雇主所要的不再是生产线集体员工的劳动，而是个别员工的热忱工作、创意与解决问题的能力。当台湾地区经济的国际化、自由化程度越来越深的时候，雇主越来越需要更多的管理弹性以适应国际市场上的瞬息万变。在此种情况下，雇主强烈要求政府修改现行的以制造业为基础的“劳工法令”，如“劳动基准法”，以增加企业的管理弹性与拟定奖励个人行为的权利。于是在此种压力下，台湾当局自 2000 年起不断地修改现有的劳工法令，使其更具有弹性。比如 2000 年修改“劳动基准法”的工时规范，使工时以两周计算，二周共 84 小时，而非每周 42 小时，如此雇主在忙碌的一周可以使员工工作超过 42 小时，但两周内不超过 84 小时便属合法。此外，政府又在 2007 年制定“劳工退休金条例”，改变了“劳动基准法”规定员工必须在同一企业内工作 25 年才能领取退休金的规定，改而制定可携带式的退休金，如此员工可以随时更换工作，而不会影响他的退休金给付数目。

但是与此同时，经济结构与生产技术的快速改变，使员工的就业稳定度大幅度下降，员工可以因为产业结构的改变、生产技术的落伍而失去其原有工作。为稳定员工的就业机会与永续就业的能力，台湾当局一方面制定法规强化员工就业的稳定度，如 2003 年制定、2008 年修订的“大量解雇劳工保护法”，避免因企业大量解雇劳工时，导致员工权利的受损与社会的动荡。其所谓“大量解雇”是指：(1) 同一事业单位之同一厂场雇用劳工人数未满三十人者，于六十日内解雇劳工逾十人。(2) 同一事业单位之同一厂场雇用劳工人数在二百人以上者，于六十日内解雇劳工逾所雇用劳工人数三分之一或单日逾五十人；其雇用劳工人数在三十人以上未满二百人者，于六十日内解雇劳工逾所雇用劳工人数三分之一或单日逾二十人。(3) 同一事业单位雇用劳工人数在五百人以上者，于六十日内解雇劳工逾所雇用劳工人数五分之一。此外，对积欠工资以及资遣费也有相关的立法。

台湾当局亦在 2002 年制定、2011 年修订“就业保险法”，其目的在于提升劳工就业能力，保障员工在职业训练与失业期间有基本的生活费，对个人失业期间的劳保、健保投保单位、保险给付等都有清楚的规定。其他稳定员工的就业机会与提升员工永续就业能力的立法有“职业训练法”与“就业服务法”。在保障个别员工的权益上，有2001年的“职业灾害劳工保护法”，2002年的“劳工安全卫生法”，以校正过去市场失灵对员工造成的职业伤害。台湾当局并规定每年4月28日为工殇日，以加强企业与员工对职业安全训练与教育的重视。

除就业安全与卫生以外，台湾当局亦制定“两性工作平等法”，保障两性工作权之平等，消除性别歧视，提倡促进工作平等的措施，如生理假、产假、陪产假、育婴留职停薪及复职的规定。“两性工作平等法”实施5年后，社会对不同性向的态度也更开放，立委黄淑英认为“两性”无法涵盖“性别多元”的社会发展，因此提案将“两性工作平等法”修正为“性别工作平等法”，并将“性倾向”纳入“性别工作平等法”的保障范围，保障“同志”工作权，未来雇主不得因为“性倾向”而在招募、进用、薪资、考绩、资遣及各项福利、训练等方面予以歧视，保障不同性别者获得平等的工作权。她的提案在2008年获“立法院”三读通过，更名为“性别工作平等法”。

劳委会基于保障所有劳工权益的目标，主动研拟“劳动派遣法草案”，但是受到劳工团体意见纷纭的影响，进度缓慢。但是台湾地区72万余非典型就业人力及50余万派遣人力的工作权益与保障，亦不能忽视，马英九在2008年上任时，曾宣示所有的劳工都应纳入“劳动基准法”的保障，因此劳委会目前的做法是倾向于在“劳动基准法”内增设一章，名为“派遣专章”，但至2011年8月，派遣专章草案仍在劳委会内部研拟，尚未向“行政院”提出，立法之路仍然漫长。

2011年6月台湾当局修订“劳动基准法”，目的在于防止员工“过劳死”，其原因是2010年年底至2011年上半年之间，高科技产业发生多起工程师因超时工作，疑似“过劳死”的事件，引起社会关注。由于过劳猝死，很难获得职业灾害补偿，在死者家属公开泣诉喊冤后，劳委会决定放宽“过劳死”认定基准，而且修订“劳动基准法”，大幅提高违反“劳动基准法”的相关裁罚规定，未来雇主若让劳工违法超时工作，相关裁罚将从现行的6 000元到6万元，提高为2万到30万元，而且只要被查处一次，就要公布事业单位及事业主的名称，而且加重雇主刑责，明订雇主不得以强暴、胁迫、拘禁或其他非法之方法，强制劳工从事劳动，违者将处5年以下有期徒刑、拘役或科或新台币75万元以下罚金。

由以上的发展我们很清楚地得知，自2000年经济全球化与自由化兴起以后，台湾的雇佣关系由集体的雇佣关系转向以个别员工为主的劳雇关系，台湾当局的“立法”亦配合此方向的发展，保障个人工作与就业安全及平等的权利，台湾当局虽然无法保障人们终身就业的权利，但该法通过各种训练的方法，保障员工永续就业的能力。换言之，在此时期台湾当局的劳动市场与雇佣关系的政策是弹性兼安全就业。尽管在雇佣关系上，企业转向人力资源管理，当局转向保障个别员工的劳雇关系，但是工会仍然是工业关系的三个主角之一，虽然它的功能在下降中，但不能完全忽视，所以台湾当局在近年来又修订了劳工“三法”，强化工会的组织与活动能力，这“三法”是“工会法”、“团体协约法”、“劳资争议处理法”。虽然三部法律在“立法院”完成修订的时间不同，但由于内容互有关联，再加上母法完成修订后，尚须制定相关子法配合实施，因此待“三法”中审议最久的“工会法”在 2010 年 6 月完成三读后，“行政院”决定，“三法”在 2011 年 5 月 1 日劳动节同步颁布实施。

劳动“三法”颁布后，劳工的团结权、议约权、争议权更有保障。举例而言，过去工会如果要求进行团体协商，若资方拒绝，工会无可奈何，但“团体协约法”实施后，工会若要求团体协商，资方若无正当理由将不能拒绝，否即将视为不当劳动行为，依法处以 6 万到 30 万元罚款，而且可以连续罚，至于资方提出的理由是否正当，则将由劳委会裁决委员会认定。

而且，不是只有工会可以提出团体协商的权利，资方若认为有需要与工会就企业经营劳动管理条件的调整进行讨论，雇主也可以提出团体协商的要求，工会同样亦不得拒绝。尽管进行团体协商后，不见得劳方或资方就要同意对方提出的要求，但是通过团体协商，可让彼此了解对方立场，希望减少分歧。

新劳动“三法”的修正(见表 16-4)，对劳工较有利的一点是，以往劳资有争议虽有调解、仲裁等机制，但实际上，劳、资难以取得协商，最后劳资争议大都只能循诉讼法律途径，对劳方较为不利。2011 年 5 月 1 日新劳动“三法”实施后，“劳资争议处理法”新增不当劳动行为裁决机制。雇主若有“工会法”第 35 条及团体“协约法”第 6 条等事项，劳工可直接申请裁决，由劳委会组成的裁决委员会进行裁决。裁决等同于法院判决效力，裁决确定后，可直接要求恢复原状态或原职、原薪，免于遵循法院诉讼旷日废时。

表 16-4 2000 年以后台湾当局所修订的劳动法律

法规名称	修订或制定状况
“职业灾害劳工保护法”	2001.10.11 制定 (2011.10.31 公布)
“两性工作平等法”	2002.1.16 制定
“劳动检查法”	2002.05.29 修订(1931.02.10 制定)
“职业训练法”	2002.05.29 修订(1983.12.05 制定)
“劳工安全卫生法”	2002.06.12 修订(1974.04.16 制定)
“职工福利金条例”	2003.01.29 修订(1943.01.26 制定)

（续表）

法规名称	修订或制定状况
“公共服务扩大就业暂行条例”	2004.06.18 废止(2003.02.06 制定)
“劳工退休金条例”	2007.07.04 修订（2004.6.30 制定）
“团体协约法”	2008.01.09 修订（1930.10.28 制定）
“性别工作平等法”	（“两性工作平等法”于 2008.01.16 更名为“性别工作平等法”）2011.04.27 修订
“大量解雇劳工保护法”	2008.05.23 修订（2003.2.07 制定）
“劳资争议处理法”	2009.07.01 修订(1928.06.09 制定)
“就业服务法”	2009.05.13 修订(1992.05.08 制定)
“工会法”	2010.06.23 修订(1929.10.21 制定)
“就业保险法”	2011.04.27 制定（2002.05.15 制定）
“劳工保险条例”	2011.04.27 修订(1958.07.21 制定)
“劳动基准法”	2011.06.29 修订(1984.07.30 制定)

资料来源：劳委会、“全国法规”数据库(2011 年 8 月)。

人力资源管理的兴起

全球化以及经济重组，除了对工会的成长率、政府相关“劳动法规”以及劳工轮班工时、劳动派遣等造成影响外，对于企业内部的人力资源管理政策与做法也产生了相当大的冲击和影响。主要的几个影响包括策略性人力资源管理的兴起，例如公司的人力资源管理政策与措施都能够与公司的整体经营目标、日常营运活动以及企业功能活动的目标等相配合。吴秉恩(2002)的调查研究结果发现，企业在人力资源管理的目的方面已经慢慢脱离传统的人事行政作业时期，有逐渐往创造组织独特竞争优势、追求劳资最适生存的策略期迈进的趋势。

此外，在企业的人力资源管理作业形态与功能方面，e 化的兴起最为明显地改变了 HR 的作业形态，无论是在招募、甄选、训练、考勤、薪资以及各项人力资源管理功能上，都逐渐以 e-HR(人力资源信息系统，HRIS)的作业方式进行(Lee，2001)。

台湾地区的工会现状

工会的组织

全台湾地区性工会

目前台湾地区共有 8 个全台湾地区性工会，包括台湾总工会、“中华民国全国总工会"、"全国产业总工会"、"全国工人总工会"、"中华民国全国职业总工会"、"中华民国全国职业工会联合总会"、"中华民国全国联合总工会"、"中华民国全国劳工联盟总会"等(详见表 16-5)。

表 16-5　全台湾地区性工会

工会名称	成立日期
"台湾总工会"	1948.02.24 2002.05.01 更名
"中华民国全国总工会"	1948.04.18
"全国产业总工会"	2000.05.01
"中华民国全国联合总工会"	2000.08.10
"中华民国全国劳工联盟总会"	2000.09.18
"中华民国职业工会全国联合总会"	2001.02.27
"中华民国全国职业总工会"	2001.03.04
"全国工人总工会"	2001.03.06
"全国劳工联合总工会"	2009.10.21
"全国产职业总工会"	2009.12.03

资料来源:劳委会(2011)。

"中华民国全国总工会"

"中华民国全国总工会"(简称"全总"),成立于 1948 年。截至 2010 年年底,共有 56 个直属工会,包括各县市总工会、产业工会联合会、职业工会联合会及全台湾地区性单一事业单位之产业工会,会员人数约 91 万余人。"全总"的主要功用如下:(1) 提出会员所关注的公共政策;(2) 将工会成员所关注的议题提升至国际层面;(3) 组织新工会;(4) 提供各种信息给会员;(5) 协助工会处理劳资争议事件。目前工会的运作方式为首先发函给直属工会,再转发函给下面的基层工会;同时也发函给工会代表、理监事,并定期召开代表大会或理监事会,讨论最近所发生的一些问题等,经由大家相互交换意见后,"全总"需针对整体经济因素与劳工事务的法律部分,进行总体的意见表达并提拟方案。

"全国产业总工会"

由于"全总"的政治色彩过于浓厚,无法真正为大多数劳工争取权益,因此,由"全国总工会"分裂成三个大型的全台湾地区级的总工会,除了"中华民国全国总工会"("全总")外,尚有"全国产业总工会"("全产总")以及"中华民国全国劳工联盟总会"("全劳总")。

"全国产业总工会"(简称"全产总")结合了各县市的产业工会联盟以及公营事业工会等,筹组于 1997 年年初,并于 2000 年 5 月 1 日获得官方正式承认。也是台湾地区第一个非由台湾当局扶植，而由劳工觉醒、筹组成立的第一个自主且合法的全台湾地区性工会组织。

截至2009年，“全国产业总工会”由22个会员工会组成，包括各类产业工会，例如台湾电力工会、台湾石油工会、台湾烟酒公司产业工会联合会、“中华电信工会”、“中华航空公司产业工会”、自来水公司产业工会、台糖工会、大同工会、“中华邮政工会”等，以及第一银行产业工会、台湾银行产业工会、台湾企银产业工会、土地银行产业工会与“银行员全国联合会”等五个银行产业工会联合会，此外尚有7个县市产业总工会以及“中华民国全国教师会”加入“全产总”。会员人数共有25万人。“全产总”的主要功用与任务如下：(1) 筹组县市产总，扩大组织基盘；(2) 迎战失业，捍卫阶级团结；(3) 修改法令，打造劳工愿景；(4) 跨国团结，结盟国际工运；(5) 劳工参选，集结政治力量。

“全产总”目前在推动公营事业产业民主条款的修订；协助台汽、“中船”、中兴纸业、“国产汽车”、桃勤、北市技工工友会以及新竹县产总等百余件劳资争议等，除积极代表劳工向台湾当局发声外，还致力于加强与国际工会组织间的串联与结盟，目前已与香港职工会联盟(HKCTU)结成姊妹会，并与AFL-CIO、ICEM、IUF、PACE、KCTU等国际工会保持密切联系与合作关系，2005年亦曾受邀参加美国总工会的代表大会，并往正式加入国际自由劳联迈进。

“中华民国全国劳工联盟总会”

“中华民国全国劳工联盟总会”(简称“全劳总”)于2000年9月18日正式成立。截至2011年8月底，所属会员工会共29个，包括15个县市总工会和3个北、高两市以及北县职业总工会、8个省级产(职)业联合会、全台湾地区性产(职)业联合会等。会员人数共有1 935 662人。“全劳总”的主要任务与功用如下：(1) 有关各会员工会会务、业务上之协助与支持事项；(2) 推动或辅导会员工会之团体协约缔结事项；(3) 推动与劳工有关之经济、文化、教育、职训、社会、福利等事项；(4) 关于劳工政策、劳工立法、劳(健)保险、就业安全与证照制度等之研究、建议、推动与倡导等事项；(5) 有关劳工安全卫生教育训练之举办与代检事项；(6) 协助或支持会员工会之劳资争议事件调处服务事项；(7) 推动劳动相关法令之制定、修改、废止等事项；(8) 合于本会章程第三条所揭事项及其他有关法令规定事项。

全台湾地区性各业联合会

截至2011年9月底，台湾地区共有75个全地区性各业联合会，其中于2000年前成立的仅4个，包括“中华民国铁路工会全国联合会”、“国际金属工人联合会中华民国委员会”、“中华民国台湾区仓储运输业工会联合会”以及"中华民国银行员工会全国联合会"，其余均为 2000 年以后成立，且其中又以职业工会联合会占大多数。

直属工会

截至 2011 年 8 月底，台湾地区有 8 个不属于全地区性工会但位阶高于"省工会"的直属工会。包括台湾电力工会、台湾铁路工会、"中华电信公司产业工会"、台湾石油工会、"中华海员总工会"、"中华航空公司产业工会"、台湾公路工会、"中华邮政工会"等，其中除了"中华邮政工会"于 2003 年成立外，其余均为早期成立的工会(详见表 16-6)。

表 16-6　直属工会

工会名称	成立日期
"中华海员总工会"	1946.12.05
台湾铁路工会	1947.08.14
台湾公路工会	1954.04.15
台湾电力工会	1958.05.30
台湾石油工会	1959.09.26
"中华航空公司产业工会"	1988.05.04
"中华电信公司产业工会"	1996.11.06
"中华邮政工会"	2003.07.01

资料来源：劳委会(2011)。

"省级"各业联合会工会

截至 2011 年 8 月底，共有 63 个产业工会及职业工会属于"省级"工会。其中产业工会有 19 个，包括台湾纺织染整业产业工会联合会、台湾烟酒(股)公司产业工会联合会、台湾制糖业产业工会联合会、台湾林业产业工会联合会、台湾肥料产业工会联合会、台北市金属业产业工会联合会、台湾电工器材业产业工会联合会、台湾造纸业产业工会联合会、台北市纺织染整业产业工会联合会、台湾人造纤维业产业工会联合会、台湾机械业产业工会联合会、台湾自来水公司产业工会、台湾总工会、台盐公司产业工会联合会、台湾食品加工业产业工会联合会、台湾加工出口区产业工会联合会、台北市公务机关产业工会联合会、高雄市公务机关产业工会联合会、高雄市机械业产业工会联合会等。而职业工会共有 38 个。

县市总工会

截至 2011 年 8 月底，共有 58 个县市总工会。这些工会并不从事团体契约的协议及劳资争议的处理。相反，其热衷于政治、社会、教育及娱乐方面的活动。这些县市总工会大部分都有其专属办公大楼，大楼内多拥有提供休闲娱乐的场所及娱乐设备。例如，1988 年花莲县联合工会将县政府所补助的 4 000 万元,拿来为其成员兴建休闲的娱乐中心。

根据“工会法”,没有固定性雇主的员工(例如理发师、裁缝或者出租车司机),应以县市为单位组织职业工会。这些职业工会并不为其成员从事与其雇主协商的工作,主要功能为提供劳工保险,以及向其成员提供社会上、教育上和娱乐方面的服务。

工会的功能与运作

除了自主工会以外,大部分的工会都因为“工会法”的规定有相同的组织。“工会法”规定,工会的最高权力单位是工会代表所组成的会员大会。全台湾地区性工会每 3 年召开 1 次会员大会,“省”(市)以下各级工会,每年召开 1 次。在大会召开期间,工会代表由其代表中选举出理事组成理事会,理事会的功能为协助工会理事长制定工会日常业务的政策,而工会理事长的产生是由理事中选出的。在会员大会召开期间,会员代表同时选举出监事,并于监事会议中选出一位监事长。监事的功能是审核工会账目及稽查各种事业进行状况。

工会通常设有一位秘书及多位职员来处理工会各种不同的业务(日常事务、工会组织、会员福利、训练与教育、信息等)。但大多数的工会普遍因经费不足,无法雇用全职的干部来处理工会事务。在新“工会法”通过后,此情况会有所改善。

工会的国际活动

虽然台湾地区自 1972 年就已不是国际劳工组织(ILO)的成员,但是“全国总工会”以及其他 6 个全地区性的总工会与 62 个全地区性各业联合总工会仍积极参与其他国际性的劳工组织。“全国总工会”是国际自由工会联合会(ICFTU,于 1951 年创立)亚洲地区分部的创始会员之一。“全国总工会”参与国际自由工会联合会亚洲地区分部的所有会议与首长选举。其他全地区性的总工会与全地区各业联合总工会也参加了国际性的工会组织。例如“全产总”已与香港职工会联盟(HKCTU)结成姊妹会,“中华民国铁路工会全国联合会”及“中华海员总工会”自 1955 年以来一直都活跃于国际运输工人联盟。

而“中华民国邮务工会全国联合会”也是国际邮政、电话、电信工人联合工会(PTTI)的成员。鉴于网络、通信科技的进步,对人们的沟通产生革命性的影响,PTTI 之下的国际通信工会(Communications International, CI),以邮政及电信产业为主,结合:(1) 国际商业文书及技术雇员联合会(International Federation of Commercial, Clerical Professional and Technical Employees, FI-ET),绝大部分成员为民营的银行业、商业、服务业等部门的白领阶层;(2) 国际制图工会(Inter-national Graphic Federation, IGF),主要成员为印刷及出版业,这是因为许多印刷业普遍使用计算机及网络作业;(3) 国际媒体及娱乐工会(Media and Entertainment International, MEI),在 2000 年成立国际网络工会(Union Network International, UNI)。

国际网络工会是由全球 145 个国家 900 多个工会组成,总会员数超过 2 000 万的工会联合会。国际网络工会下有电信、邮政、金融、商业、保全、娱乐、美发、媒体、旅游、艺术等产业工会加盟。“中华电信工会”也有加入,并与日本电信工会和韩国电信工会三国电信工会遂讨论成立“东亚电信工会论坛”,由三个工会每年轮流选定劳工权益主题,主办年会,关系很密切。

因为只有全台湾地区性的工会才能够加入国际性劳工组织,所以“全国总工会”将地方性质的工会,组织成数个可以加入国际性劳工组织的委员会(详见表 16-7),自 2000 年后更成立了为数众多的全台湾地区性各业联合总工会,对于国际性劳工组织的参与有更大的助力。例如:

(1) 电力工人委员会是 ICEF 的会员,台湾电力工人工会负责此委员会。

(2) 纺织工人委员会是 ITGLWF 的会员。由台湾纺织工会联合会代表所组成。纺织工人委员会是国际纺织、成衣及皮革工人联盟的会员。

(3) 化学及能源工人委员会是由台湾石油工会联合会、台湾制纸业工会联合会及台湾塑料工人工会联合会等的代表所组成。化学及能源工人委员会是 ICEF 的会员。

(4) 农场工人委员会是由台湾制糖工人工会联合会、台湾林业工人工会联合会的代表所组成。农场工人委员会为 IFPAAW 的会员。

(5) 机械工人委员会是由各地方上的机械工会联合会所组成。机械工人委员会是 IMF 的会员。

国际劳工组织(ILO)是联合国辖下负责全球劳工议题的专责机构,在国际间堪称最具代表性的劳工组织。台湾地区虽因退出联合国而失去其会员身份,但是近年来在国际性劳工组织协助下,由 ILO 每年主办的“国际劳工大会”(Session of the International Labour Conference, ILC),均会邀请台湾地区组成“政、劳、资”三方代表团,以观察员身份与会,强化台湾地区工会团体参与国际活动的能量,了解国际间对人权与劳工权益等重大课题的发展趋势。

两岸政府于 2010 年 6 月签署经济合作协议(ECFA)后,台海两岸对立气氛有所改善,希望未来有进一步的发展。

表 16-7 台湾地区参与重要国际性劳动组织活动表

国际劳工组织	全地区性劳工组织名称	组成之会员
国际劳工大会(ILC)	“中华民国全国总工会”以观察员身份出席	由“政、资、劳”代表参加
国际工会联盟(ITUC)	“中华民国全国总工会”	—
国际公共事业劳工联合会(PSI)	“中华民国全国总工会”	—
国际纺织、制衣、皮革业工人联合会(ITGLWF)	“中华民国全国总工会纺织业劳工委员会”	台湾纺织染整业产业工会联合会 台北市纺织染整业产业工会联合会 台湾人造纤维业产业工会联合会
国际化学能源业工人联合会(ICEF)	“中华民国全国总工会化学能源劳工委员会”	台湾石油工会 台湾水稻业产业工会联合会 台湾造纸业产业工会联合会
	“中华民国全国总工会电力业劳工委员会”	台湾电力工会
国际邮电工会(PTTI)	“中华民国全国总工会电信业劳工委员会”	台湾电信工会
	—	“中华民国邮务工会全国联合会”
国际网络工会(UNI)	—	“中华电信工会”
国际种植工人联合会(IFPAAW)	“中华民国全国总工会种植业劳工委员会”	台湾制糖业产业工会联合会 台湾林业产业工会联合会
国际金属工人联合会(IMF)	“国际金属工人联合会中华民国委员会”	台湾机械业产业工会联合会 台湾电工器材业产业工会联合会 台湾加工出口区产业工会联合会 台北市金属业产业工会联合会 高雄市机械业产业工会联合会
国际运输工人联合会(ITF)	—	“中华民国铁路工会全国联合会” 台湾码头装卸搬运职业工会“全国联合会” 台北市旅游业职业工会 “中华航空公司产业工会” “中华海员总工会”
国际建筑业工人联合会(IFBWW)	“中华民国全国总工会营造业劳工委员会”	台湾营造业工会联合会 台北市营造业工会 高雄市营造业工会
国际矿工联合会(MIF)	—	“中华民国矿业工会全国联合会”

资料来源:邱清辉(1998:32)、劳委会(2011 年 8 月)。

台湾地区雇主组织在雇佣关系中的现状

“中华民国全国工业总会”

历史简述

“中华民国全国工业总会”（简称“工总”）成立于 1942 年。早期称为“中国全国工业协会”，抗战胜利后，国民政府于 1948 年 9 月设立“全国工业总会”，并于同年 11 月在南京召开成立大会，选出理事 45 人，监事 15 人，并设有理事长 1 人、监事长 1 人，分别负责理事会与监事会的运作。1949 年国民政府到台湾地区后，工业团体会员仅 31 家，1998 年时有 139 个单位，会员代表 381 位。此外，于 2003 年增设两席副理事长，截至 2011 年 8 月，团体会员共有 11 类，174 个单位，会员厂商 79 681 家，并分成 7 个会员等级（详见表 16-8）。

表 16-8　工业总会团体会员分类及会员代表数

团体类别	团体数	会员厂商
省市工业会	24	27 328
纺织工业	17	1 267
食品工业	22	1 081
化学皮胶业	24	2 929
机电金属业	30	12 349
一般工业	15	2 288
建材工业	12	1 167
建筑工程业	13	25 772
矿业	3	195
特区工业	6	590
赞助会员	8	4 715
合计	174	79 681

资料来源：“中华民国全国工业总会”（2011.8）。

组织架构

“工总”主要依据 1974 年通过的“工业团体法”而成立，其性质为准公法人地位，主要主管机关为“内政部”，目的事业的主管机关则为“经济部”。

主要法定任务

根据“工业团体法”以及“全国工业总会”章程的规定，“工业总会”的任务有：(1) 关于台湾地区内外工业之调查、统计、研究、改良及发展事项；

(2) 关于原料来源之调查及协助调配事项;(3) 关于会员生产、运销之调查、统计及推广事项;(4) 关于技术合作之联系及推广事项;(5) 关于会员合法权益之维护事项;(6) 关于会员业务状况之调查事项;(7) 关于会员产品之展览事项;(8) 关于会员与会员代表基本数据之建立及动态调查、登记事项;(9) 关于同业纠纷之调解处理及劳资纠纷之协助调解处理事项;(10) 关于劳动生产力之研究、促进与同业员工技能训练及讲习之举办事项;(11) 关于会员公益事业之举办事项;(12) 关于接受机关、团体或会员之委托服务事项;(13) 关于政府经济政策与工业法令之协助推行及研究建议事项;(14) 关于各项社会运动之参加事项;(15) 依其他法令规定应办理之事项。

近年来主要促进雇佣关系工作成果

“工总”在 1997 年应劳委会的建议,站在资方代表的角度,直接与负责劳方代表的“中华民国总工会”协商基本工资的调整,之后并未再有类似的活动。而该次的协商活动,虽然双方达成协议在 1997 年不提升基本工资,但每个企业都要提升员工平均薪资的 3%。此协议未取得双方会员的通过,因此未能达成历史上第一个全地区性的劳资协议。此外,“工总”自 1999 年以来的主要工作成果,可分成促进产业升级、办理人力培育、促进雇佣关系、研提金融赋税意见、外贸投资服务、大陆经贸事务、保护知识产权以及推动贸易发展等八大项。在促进雇佣关系事务上,主要成果在于参与劳工退休金条例的商议以及对产业冲击的评估、外籍劳工政策的研究、调查工商团体纳入适用“劳动基准法”的意愿以及办理“工会法”、“团体协约法”以及“劳资争议处理法”的研讨会等,“工总”的主要立场在于维护工业团体资方的权益,而对于工资的集体协商以及劳动条件的改善则鲜少关注。

“中华民国全国商业总会”

“中华民国全国商业总会”(简称“商总”)成立于 1946 年。早期称为“中华民国商会全联合会”,在 1950 年随国民党进入台湾地区。由于 1973 年“商业团体法”规定其更名为“中华民国全国商业总会”,是台湾地区目前商业界的最高组织。目前设置理事 45 人,组织理事会,并选出理事长 1 位,名誉理事长 1 位;并设置监事 15 人,组织监事会,并选出监事长 1 位。至 2011 年 8 月,会员共有“省”市商会 4 个团体会员、台湾地区各业同业商业公会 28 个团体会员、台湾地区各业输出业同业公会 22 个团体会员、台湾地区各业商业同业公会全联会 55 个团体会员,以及赞助会员 1 个团体会员,代表各级商业团体 2 343 个单位。“商总”目前对台湾地区雇佣关系的事务很少参与,没有什么影响力。

雇主与工会的团体协约现状

团体协约的缔结受到“团体协约法”（于 1930 年公布施行，1980 年修订）的规范。根据“团体协约法”的规定，团体协约应包含许多项目，但少有正式缔约的团体协约中包含所有的项目。“团体协约法”赋予政府批准、不批准或修改团体协约的权力。在台湾地区，定期团体协约的期限不得超过 3 年，超过 3 年者，视为 3 年。团体协约期限不定，其当事人之一于团体协约制定一年后，可随时终止团体协约，但应于事前 3 个月，以书面通知对方当事人。

团体协约签订数

尽管“团体协约法”的制定提供了团体协约的基本架构，而相关法令也赋予人民集会的自由，但在 1988 年前，团体协约很少存在。即使有，也是非常简陋，内容仅有数页，大多仅包括法令规定所要求的最低工作条件，而工资及其他福利则鲜少于团体协约中披露。这些议题都完全被资方所回避。根据劳委会雇佣关系处的历年统计数据显示，台湾地区的事业单位所签订的团体协约数相当有限，在 2005 年，仅 227 个团体协约，其中由产业工会所签订的有 198 个，由职业工会所签订的有 29 个（详见表 16-9）。但是，自 2006 年开始，台湾地区事业单位签订团体协约的数目骤降至 100 以下，团体协约的签订数量不断减少的一个重要因素是产业结构的改变。当制造业不断外移时，产业工会数目自然下降，而近年来台湾地区经济结构转向服务业与知识经济为主的经济结构，当然也会造成工会数目与团体协约数字的下降，台湾当局部分对劳工关系的不重视也是原因之一。

表 16-9　台湾地区事业单位团体协约现况

年份	总计	性质		签订单位	
		公营	民营	产业工会	职业工会
1990	289	289		283	6
1991	302	302		295	7
1992	306	116	190	299	7
1993	292	112	180	287	5
1994	296	117	179	290	6
1995	287	119	168	282	5
1996	289	117	172	284	5
1997	297	121	176	293	4

（续表）

年份	总计	性质		签订单位	
		公营	民营	产业工会	职业工会
1998	300	122	178	296	4
1999	301	123	178	297	4
2000	301	121	180	297	4
2001	309	126	183	305	4
2002	283	108	175	281	2
2003	206	60	146	206	2
2004	260	98	162	241	19
2005	227	81	146	198	29
2006	75	16	59	73	2
2007	71	15	56	69	2
2008	60	14	46	59	1
2009	43	12	31	42	1
2010	43	13	30	42	1
2011.3	43	13	30	42	1

资料来源：劳委会(2011.8)。

“全国劳资协商”

“全国总工会”曾积极提倡团体协约的缔结，但没有什么效果。不过在1997年，“全国总工会”曾与代表雇主的“全国工业总会”共同针对基本工资以及工资调整问题展开协议，虽然协商最后终归失败，但还是开启了“全国总工会”与“全国商业总会”、“全国工业总会”间针对劳动条件展开集体协议的先例。

自1997年6月起，“工总”与“全总”在协商过程中，双方曾达成五点共识，作为协商的准则。这五点共识为：

(1) 1998年度劳工调薪幅度，依各行各业获益能力，并参考物价指数，至少调升3%以上。

(2) “工总”与“全总”分别经其理事会决议后，定于1997年7月底前择期签订劳资团体协约。

(3) “工总”必须负责协约的执行。

(4) 劳资双方签订的团体协约自1997年8月1日起生效，有效期间为一年。

(5) 现行基本工资已达制造业平均薪资45%以上，因此不必调整(张恒裕,1997:23)。

劳资调薪案劳资协商的失败,最主要的原因在于各界对于此次协商的定位不同。促成此事的雇佣关系协进会与“工总”以及“全总”将此次协约定位于“纲领性协议”,建立基本的大原则,至于细节的部分,则可经由下层劳资协商时予以确立。劳委会与工运团体则将这一劳资协商所签订的协议视为“团体协约”,因而要求必须依团体协约法的规定行事。全台湾地区层级的“全总”与“工总”签订“纲领性协议”的理念未能与会员达成共识,是造成此次协商失败的最大主因。虽然此次协商失败,但经由劳资协商以求达成共识的方式,已经开启。虽然劳委会希望,雇佣关系的未来发展,台湾当局的角色应由传统的主导演变为辅导,台湾当局只负责创造适合的环境,由劳资双方拟定最适合其企业经营与员工福利的政策。但是由每年讨论基本工资应否调升的例子来看,劳、雇双方从未以理性、平和的态度达成共识,最后都由担任基本工资审议委员会主席的劳委会主委达成政治决定。劳、雇双方都在不满意的情况下,无奈接受“行政院”核定的调幅。

结论

劳资关系的三个主角是雇主、员工以及他们的代表——工会以及当局。在 20 世纪 80 年代中期以前,台湾地区的雇主在劳资关系中扮演一个决定性的角色,因为在此时期,工会受台湾当局的严格控制,劳工法令虽然很多,但绝大部分是 20 世纪 20 年代和 30 年代所制定,那些法令受社会主义影响非常深,因此不适用于推行三民主义与市场经济的台湾地区,所以劳资关系很少受到工会与政府法令的影响,雇主便成为劳资关系中拥有最大权力的主角。在此时期,雇主与员工的关系不差,台湾地区并没有发生英国及欧洲国家员工受雇主严重剥削的情况,原因在于:其一,在此时期雇主雇用的人员绝大部分是他们的同乡、同宗或是同学,因此雇主对他们有责任感,而员工也把雇主认为是大家长,有服从的义务,因此在任用、晋升、薪资等的决定上都是雇主说了算,没有人向他们挑战, 二者相安无事。其二,台湾地区绝大部分的企业是中小企业,规模很小,在劳动密集产业的时代,员工使用的技术也不专精,互操作性大,因此假如有一个雇主蓄意剥削一个或一群员工,他们也不会反抗,但在忍耐一段时期后,便拉着整条生产线的员工到另一个工厂工作,此种高劳动流动的特性使雇主很难蓄意剥削劳工。换言之,在 80 年代以前台湾劳资关系的特性是雇主扮演最重要的角色,工会被台湾当局严加管理以后,成为一个很低调的、蜻蜓点水式的工会,没有真正的影响力。

“国营”事业的工会则比较例外，因为这些都是垄断的企业，如台肥、台电、中油、台船、烟酒公卖局等，利润高，员工福利好，工会是台湾当局扶植的组织，台湾当局在此时期也扮演着一个很低调的角色。

在1980年年中到2000年，台湾当局通过劳工法令的制定与执行，企图在劳资关系中扮演一个积极的角色，亦即使用各种法令来保障员工的权利、福利与工业安全、就业安全。因为1984年台湾地区“戒严法”的去除，政治走向民主之路，民间组织受到影响，工会也开始组织自组工会，企图与雇主争取薪资、福利、就业安定的权利。但是台湾地区属岛屿经济，在经济自由化以后，企业可以在不同国家间自由游走，因此在1988—1989年工会使用其罢工权时，在法令上虽然合法，但企业开始外移，最后受害者是员工本身。工会受此教训后很少举行罢工，在台湾地区工会要抗议时，大多数会在政府机构(如劳委会)办公室之前，要求当局对那些企业家施压，使其改善员工的薪资福利或就业安全。

然而，当台湾当局使用积极性劳工法令政策保护员工干预劳动关系时，雇主的管理弹性与劳动成本受到高度的影响，一方面推行人力资源管理方法，主动满足员工要求，另一方面极力抵抗工会的发展，强烈要求台湾当局对于劳工法令的松绑，提升企业弹性，以便他们在国际市场中得以生存。台湾当局在2000年年中以后放松劳动法令，除增加劳动市场的弹性外，也订立了一些新的劳工法律保护个别员工而非集体员工的福利；也就是说，企图推动一些弹性兼安全的劳动市场政策。

但是在21世纪，台湾地区开始进入知识经济的时代，企业所需要的是个别员工的创意与解决问题的能力，台湾当局虽然修订了劳动“三法”，希望强化员工组织工会与团体协商的能力，但其效果是非常有限的。因为劳动“三法”是提升集体劳动的议价能力，但今日知识经济是强调个体的差别，个别员工的能力强调他们的差异性而不是生产在线的同构性。简言之，今日全球先进国家(地区)都面临着旧有雇佣关系制度已无法保障员工工作条件、薪资与就业安全的情况，它们必须寻找一个新的劳资关系模式，台湾地区也不例外。到底什么是新的、适用于知识经济时代的劳资关系系统？欧美特别是美、加、英、澳等英美式资本主义国家宣布劳资关系已死，转而讨论雇佣关系、人力资源管理，这就是为什么本书到第三版以后改成“雇佣关系”，一般大学的劳工和工业关系系所也改名为“人力资源与工业关系”，或“人力资源管理与雇佣关系研究所”。

参考文献

Abegglen, J.C. (1958) *The Japanese Factory: Aspects of its Social Organisation*. Glencoe, IL: The Free Press.

Abegglen, J.C. & Stalk, G. Jr (1985) *Kaisha: The Japanese Corporation*. New York: Basic Books.

ACAS (annually) *Annual Report*. London: Advisory, Conciliation and Arbitration Service, Her Majesty's Stationery Office.

ACAS (2008) *Annual Report and Accounts 2007/08*. <www.acas.org.uk> (Accessed 1 October 2008).

Australian Council of Trade Unions (ACTU) (2008) *Submission to the House Standing Committee on Employment and Workplace Relations: Inquiry into Pay Equity and Associated Issues Related to Increasing Female Participation in the Workforce* (27 October).

Accornero, A. (1976) 'Problemi del movimento sindacale in Italia: 1943–1973', in *Annali Della Fondazione Giangiacomo Feltrinelli*. Milan: Feltrinelli, pp. 685–1013.

Ackers, P. (2002) 'Reframing employment relations: The case for neo-pluralism'. *Industrial Relations Journal*, 33(1): 2–19.

Ackers, P. & Payne, J. (1998) 'British trade unions and social partnership: Rhetoric, reality and strategy'. *International Journal of Human Resource Management*, 9: 529–550.

Adams, G. (1995) *Canadian Labour Law*, 2nd ed. Aurora, ON: Canada Law Book.

Adams, R.J. (1980) *Industrial Relations Systems in Europe and North America*. Hamilton, ON: McMaster University.

Adell, B., Grant, M. & Ponak, A. (2002) *Strikes in Essential Services*. Kingston, ON: Queen's University IRC Press.

Agarwala, R. (2008) 'Reshaping the social contract: Emerging relations between the state and informal labor in India'. *Theory and Society*, 37(4): 375–408.

Allen, M. (2004) 'The varieties of capitalism paradigm: Not enough variety?', *Socio-Economic Review*, 2: 87–108.

Almond, P. & Ferner, A. (eds) (2006) *American Multinationals in Europe: Managing Employment Relations Across National Borders*. Oxford: Oxford University Press.

Almond, P. & Tempel, A. (2006) 'Multinationals and national business systems: A "Power and Institutions Perspective"', in P. Almond & A. Ferner (eds), *American Multinationals in Europe: Managing Employment Relations Across National Borders*. Oxford: Oxford University Press, pp. 10–35.

Amable, B. (2003) *The Diversity of Modern Capitalism*. New York: Oxford University Press.

Ambruster-Sandoval, R. (2005) 'Workers of the world unite? The contemporary anti-sweatshop movement and the struggle for social justice in the Americas'. *Work and Occupations*, 32(4): 464–485.

Anderman, S. 1986. 'Unfair dismissal and redundancy', in R. Lewis (ed.), *Labour Law in Britain*. Oxford: Blackwell, pp. 415–447.

Andersen, S.K. (2001) *Mellem politik og marked. Interesseorganisering og lønregulering på de kommunale/regionale arbejdsmarkeder i EU*. Copenhagen: DJØF Publishing.

Andersen, S.K. (2003) 'Danmark: Vejen mod en erga omnes model', in S.K. Andersen (ed.), *EU og det nordiske spil om lov og aftale. De nordiske lande og de europæiske aftaler/direktiver om deltid og tidsbegrænset ansættelse*, Stockholm: Institute for Working Life, pp. 41–72.

Andersen, S.K. & Mailand, M. (2005) 'Flexicurity of det danske arbejdsmarked—et review med fokus på overenskomstsystemet', in *Flexicurity—udfordringer for den danske model*. Copenhagen: Ministry of Employment.

Andolfatto, D. (ed.) (2007) *Les syndicats en France*. Paris: La Documentation Française.

Andolfatto, D. & Labbé, D. (2006) *Histoire des syndicats (1906–2006)*. Paris: Seuil.

Annual Reports of the Certification Office, London (1980–2000).

Aoki, M. (1988) *Information, Incentives and Bargaining in the Japanese Economy*. Cambridge: Cambridge University Press.

Appelbaum, E. (2008) 'Fairness at work pays off'. Paper presented at the University of Manchester Fairness at Work Research Group Launch. 22 October.

Appelbaum, E., Bailey, T., Berg, P. & Kalleberg, A. (2000) *Manufacturing Competitive Advantage: The Effects of High Performance Work Systems on Plant Performance and Company Outcomes*. New

York: Cornell University Press.

Applebaum, E. & Batt, R. (1994) *The New American Workplace*. Ithaca, NY: ILR Press.

Arkless, D. (2007) 'The China talent paradox'. *China-Britain Business Review*, June: 14–15.

Armstrong, M. (2002). *Employee Reward*, 3rd ed. London: CIPD.

Arrowsmith, J. & Marginson, P. (2006) 'The European cross-border dimension to collective bargaining in multinational companies'. *European Journal of Industrial Relations* 12(3): 245–266.

Artus, I. (2001) *Krise des deutschen Tarifsystems: Die Erosion des Flächentarifvertrags in Ost und West*. Wiesbaden: Westdeutscher Verlag.

Asian Development Bank (ADB) (2005) *Asian Labour Market Indicators*. Manila: ADB.

Attali, J. (2008) *Rapport pour la libération de la croissance française*. Paris: La Documentation française.

Auer, P. (2008) 'Labour market institutions and the European social model in a globalizing world', in R. Rogowski (ed.), *The European Social Model and Transitional Labour Markets: Law and Policy*. Aldershot: Ashgate, pp. 323–350.

Auroux, J. (1981) *Report on the Right of Workers*. Paris: Ministère du Travail.

Australian Bureau of Statistics (ABSa) *Australian System of National Accounts* cat. no. 5204.0, Canberra: ABS (quarterly).

Australian Bureau of Statistics (ABSb) *Labour Force Australia* cat. no. 6202.0, Canberra: ABS (quarterly).

Australian Bureau of Statistics (ABSc) *Employee Earnings, Benefits and Trade Union Membership Australia* cat. no. 6310.0 Canberra: ABS (quarterly).

Australian Bureau of Statistics (ABSd) *Consumer Price Index* cat. no. 6401.0 Canberra: ABS (quarterly).

Badigannavar, V. (2006) 'Industrial Relations in India', in M. J. Morley, P. Gunnigle and D. G. Collings (eds), *Global Industrial Relations*, London: Routledge, 198–217.

Baccaro, L. (2001) 'Union Democracy Revisited: Decision-Making Procedures in the Italian Labour Movement', *Economic and Industrial Democracy*, 22, 183–210.

Baccaro, L. (2007) 'Political economy della concertazione sociale'. *Stato e Mercato*, 1: 47–77.

Baccaro, L., Carrieri, M. & Damiano, C. (2003) 'The resurgence of the Italian confederal unions: Will it last?' *European Journal of Industrial Relations*, 9: 43–59.

Baccaro, L. & Simoni, M. (2004) 'Il referendum sull'articolo 18 E gli interventi per la flessibilità del mercato del lavoro', in V. Della Sala & M. Fabbrini (eds), *Politica in Italia*. Bologna: Il MuliNo.

Baccaro, L. & Simoni, M. (2007) 'Centralized wage bargaining and the "Celtic Tiger" phenomenon'. *Industrial Relations*, 46:426–455.

Bach, S., Bordogna, L., Della Rocca, G. & Winchester, D. (eds) (1999) *Public Service Employment Relations in Europe: Transformation, Modernization or Inertia*. London: Sage.

Bain, G.S. & Price, R.J. (1983) 'Union growth in Britain: Retrospect and prospect'. *British Journal of Industrial Relations* 11(1): 46–68.

Baird, M. & Charlesworth, S. (2007) 'After the baby: A qualitative study of working time arrangements following maternity leave'. *Labour and Industry*, 17(3): 97–118.

Bamber, G.J., Gittell, J.H., Kochan, T.A. & von Nordenflytch, A. (2009) *Up in the Air: How Airlines Can Improve Performance by Engaging their Employees*, Ithaca: Cornell University Press.

Bamber, G., Lansbury, R. & Wailes, N. (2004) 'Introduction', in G. Bamber, R. Lansbury & N. Wailes (eds.) *International and Comparative Employment Relations: Globalisation and the Developed Market Economies*, 4th ed. Sydney: Allen & Unwin, pp. 1–35.

Bamber, G., Ryan, S. & Wailes, N. (2004) 'Globalisation, employment relations and human resources indicators in ten developed market economies: International data sets'. *The International Journal of Human Resource Management*, 15(8): 1481–1516.

Bamber, G., Sheldon, P. & B. Gan (2010) 'Collective bargaining: Facing growing challenges', in R. Blanpain (ed), *Comparative Labour Law and Industrial Relations in Industrialized Market Economies*, 10th ed. The Netherlands: Kluwer Law International, (in press)

Barbash, J. (1967) *American Unions: Structure, Government and Politics*. New York: Random House.

Barbash, J. & Barbash, K. (eds) (1989) *Theories and Concepts in Comparative Industrial Relations*. Columbia, SC: University of South Carolina Press.

Barca, F. & Magnani, M. (1989) *L'industria tra capitale e lavoro: Piccole e grandi imprese dall'autunno caldo alla ristrutturazione*. Bologna: Il MuliNo.

Barrell, P. & Pain, N. (1997) 'The EU, an attractive investment', *New Economy* 4(1): pp. 50–54.

Bean, R. (1994) *Comparative Industrial Relations: An Introduction to Cross-National Perspectives*, rev. ed. London: Routledge.

Beardsmore, R. (2006) 'Labour disputes in 2005'. *Labour Market Trends*, June: 174–190.

Beaumont, P.B. (1987) The *Decline of the Trade Union Organisation*. London: Croom Helm.

Beggs, J.J. & Chapman, B.J. (1987) 'Australian strike activity in an international context: 1964–1985'. *Journal of Industrial Relations*, 29(2): 137–149.

Bell, D. (1962) *The End of Ideology: On the Exhaustion of Political Ideas in the Fifties*. New York: The Free Press.

Bellmann, L., Kohaut, S. & Schnabel, C. (1999) 'Flächentarifverträge im Zeichen von Abwanderung und Widerspruch: Geltungsbereich, Einflußfaktoren und Öffnungstendenzen', in L. Bellman & V. Steiner (eds), *Panelanalysen zu Lohnstruktur, Qualifikation und Beschäftigungsdynamik*. Nürnberg: IAB, pp. 11–40.

Bennett, L. (1995) 'Bargaining away the rights of the weak: Non- union agreements in the federal jurisdiction', in P. Ronfeldt & R. McCallum (eds), *Enterprise Bargaining, Trade Unions and the Law*. Sydney: Federation Press.

Berger, S. (1996) 'Introduction', in S. Berger & R. Dore (eds), *National Diversity and Global Capitalism*. Ithaca, NY: Cornell University Press, pp. 1–27.

Bernstein, I. (1970) *The Turbulent Years*. Boston: Houghton Mifflin.

Berridge, J., Cooper, C.L. & Highley-Marchington, C. (1997) *Employee Assistance Programmes and Employee Counselling*. Chichester: John Wiley and Sons.

Bertelsmann-Stiftung & Hans-Böckler-Stiftung (1998) *Mitbestimmung und neue Unternehmenskulturen—Bilanzen und Perspektiven: Bericht der Kommission Mitbestimmung*. Gütersloh: Verlag Bertelsmann-Stiftung.

Betcherman, G., McMullen, K., Leckie, N. & Caren, C. (1994) *The Canadian Workplace in Transition*. Kingston, ON: IRC Press, Queen's University.

Bevort, A. (2008) 'De la position commune sur la représentativité au projet de loi: renouveau et continuité du modèle social français'. *Droit Social*, 7–8: 823–833.

Bevort, A. & Jobert, A. (2008) *Sociologie du travail: les relations professionnelles*. Paris: Armand Colin College University.

Biagi, M., Sacconi, M., Dell'Aringa, C., Forlani, N., Reboani, P. & Sestito, P. (2002) *White paper on the labour market in Italy, the quality of European industrial relations and changing industrial relations*. The Netherlands: Kluwer Law International.

Bishop, V., Korczynski, M. & Cohen, L. (2005) 'The invisibility of violence: Constructing violence out of the Job Centre workplace'. *Work, Employment and Society*, 19(3): 583–602.

Bispinck, R. & WSI-Tarifarchiv (2008) *Tarifhandbuch 2008*. Frankfurt: Bund-Verlag.

Blake, D. (2000) 'Two decades of pension reform in the UK'. *Employee Relations* 22(3): 223–245.

Blanchflower, D., Bryson, A. & Forth, J. (2007) 'Workplace industrial relations in Britain 1980–2004'. *Industrial Relations Journal*, 38(4): 285–302.

Blanden, J., Machin, S. & Van Reenen, J. (2006) 'Have unions turned the corner? New evidence on recent trends in union recognition in UK firms'. *British Journal of Industrial Relations*, 44(2): 169–90.

Blanpain, R. (2010) 'Comparativism in labour law and industrial relations', in R.Blanpain (ed), *Comparative Labour Law and Industrial Relations in Industrialized Market Economies*, 10th ed. The Netherlands: Kluwer Law International, pp.3–24.

Blau, F.D. & Kahn, Lawrence L.M.K. (1996) 'International differences in male wage inequality: Institutions versus market forces'. *Journal of Political Economy*, 106: 791–837.

Block, R.N., Friedman, S., Kaminski, M & Levin, A. (2006) 'An introduction to the current state of workers' rights' in R. N. Block, S. Friedman, M. Kaminski & A. Levin (eds), *Justice on the Job: Perspectives on the erosion of collective bargaining in the United States* W.E. Kalamazoo, Michigan: Upjohn Institute for Employment Research, pp. 1–17.

Bordogna, L. (1994) *Pluralismo Senza Mercato: Rappresentanza E Conflitto Nel Settore Pubblico*. Milan: Angeli.

Bordogna, L. (1997) 'Un decennio di contrattazione aziendale nell'-industria'. In L. Bellardi & L. Bordogna (eds), *Relazioni Industriali E Contrattazione Aziendale. Continuita' E Riforma Nell'esperienza Italiana Recente*. Milano: Angeli.

Bordogna, L. (1999) 'Il fattore dimensionale nelle relazioni industriali e nella contrattazione collettiva in azienda', in F. Trau (ed.), *La 'Questione Dimensionale' Nell'industria Italiana*. Bologna: Il MuliNo, pp. 561–592.

Bordogna, L. & Provasi, G.C. (1989) 'La conflittualita', in G.P. Cella & T. Treu (eds), *Relazioni Industriali. Manuale Per L'analisi Dell'esperienza Italiana*. Bologna: Il MuliNom, pp. 275–306.

Bosch, G. & Weinkopf, C. (eds) (2008) *Low-wage work in Germany*. New York: Russell Sage Foundation.

Bray, M. & Walsh P. (1998). 'Different paths to neo-liberalism? Comparing Australia and New Zealand'. *Industrial Relations*, 37(3): 358–387.

Brewer, M., Goodman, A., Muriel, A. & Sibieta, L. (2007) *Poverty and Inequality in the UK: 2007*. London: Institute for Fiscal Studies.

Briggs, C. (2005) 'Lockout law in comparative perspective: Corporatism, pluralism and neo-liberalism'. *International Journal of Comparative Labour Law and Industrial Relations*, 21(3): 481–502.

Briggs, C. & Cooper, R. (2006) 'Between individualism and collectivism? Why employers choose non-union collective agreements', *Labour and Industry*, 17(2): 1–23.

Bronfenbrenner, K. (1997) 'The role of union strategies in NLRB certification elections'. *Industrial and Labor Relations Review*, 50: 195–212.

Brown, D. & Harrison, M.J. (1978). *A sociology of industrialisation:. An introduction*. London: Macmillan.

Brown, D.J.M. & Beatty, D.M. (2005) *Canadian Labour Arbitration*. 5th ed (looseleaf). Agincourt, ON: Canada Law Book.

Brown, R. (2006) 'China's collective contract provisions: Can collective negotiations embody collective bargaining?' *Duke Journal of Comparative and International Law*, 16: 35–77.

Brox, H., Rüthers, B. & Henssler, M. (2007) *Arbeitsrecht*, 17th rev. ed. Stuttgart: Kohlhammer.

Bryson, A. (2004) 'Managerial responsiveness to union and non-union worker voice in Britain'. *Industrial Relations*, 1: 213–241.

Bryson, A. & Gomez, R. (2005) 'Why have workers stopped joining unions? The rise in never-membership in Britain'. *British Journal of Industrial Relations*, 43(1): 67–116.

Buchanan, J. & Briggs, C. (2002) 'Works councils and inequality at work in contemporary Australia', in P.J. Gollan & G. Patmore (eds), *Partnership at Work: The Challenge of Employee Democracy*. Sydney: Pluto Press, pp. 48–73.

Bureau of Economic Analysis (2008) 'Gross domestic product 2008: Second quarter 2008 (final)'. Media release, 26 September, <www.bea.gov/newsreleases/national/gdp/gdpnewsrelease.htm> (accessed 18 January 2010).

Bureau of Labor Statistics (2008a) 'Union members in 2007'. Media release, 25 January, www.bls.gov/news.release/union.nr0.htm (accessed 9 March 2010).

Bureau of Labor Statistics (2008b) 'Labor force statistics from the current population survey: Civilian labor force for September 2008', <http: //data.bls. gov/cgi-bin/surveymost?ln> (accessed 25 October 2008).

Bureau of National Affairs (2000) 'Kaiser, AFL-CIO detail contract hailed as model for health care sector'. *Daily Labor Report*, Washington, DC, 27 September, 188: A–6.

Bureau of National Affairs (2005) 'SEIU, IBT disaffiliate from AFL-CIO, announce plan to set up new federation', *Daily Labor Report*, Washington, DC, 26 July, 142: AA–1.

Bureau of National Affairs (2007) 'Groundbreaking UAW-GM contract receives 66 percent union membership approval vote', *Daily Labor Report*, Washington DC, 11 October, 196: A–14.

Bureau of National Affairs (2008) 'High priority in Democrats' 2008 platform is "Good jobs with good pay and benefits"', *Daily Labor Report*, Washington, DC, 29 August, 168: A–7.

Burgess, J. & Campbell, I. (1998) 'Casual employment in Australia: Growth, characteristics, a bridge or a trap?'. *Economic and Labour Relations Review* 9 (1): 31–54.

Burns, P. (2001) 'A telling intervention'. *People Management*, 7(14): 30–33.

Calmfors, L. & Driffill, J. (1988) 'Bargaining structure, corporatism and macroeconomic performance'. *Economic Policy*, 6: 13–61.

Cammack, P. (1997) *Capitalism and Democracy in the Third World: The Doctrine for Political Development*. London: Leicester University Press.

Cappelli, P. (1985) 'Competitive pressures and labor relations in the airline industry'. *Industrial Relations*, 24: 316–338.

Cappelli, P. (1999) *The New Deal at Work*. Boston: Harvard Business School Press.

Carlin, W. & Soskice, D. (2009) 'German economic performance: Disentangling the role of supply-side reforms, macroeconomic policy and coordinated economy institutions'. *Socio-Economic Review*, 7: 67–99.

Carrieri, M. (1985) 'Accordi non conclusi, accordi non efficaci, accordi non voluti', in Carrieri, M. and Perulli, P. (eds), *Il Teorema Sindacale*. Bologna: Il MuliNo.

Carrieri, M. (1995) *L'incerta Rappresentanza*. Bologna: Il MuliNo.

Carrieri, M. (1996) 'Le rsu nel sistema Italiano di relazioni Industriali'. *Lavoro e Diritto*, 1: 153–185.

Carrieri, M. (1997) *Seconda Repubblica: Senza Sindacati?* Rome: Ediesse.

Carrieri, M. (2008) *L'altalena Della Concertazione*. Rome: Donzelli.

Cella, G.P. (1976) 'Stabilita'e crisi del centralismo nell'organizzazione sindacale', in A. Accornero (ed.), *Problemi Del Movimento Sindacale in Italia 1943–76*. Milan: Feltrinelli, pp. 639–672.

Cella, G.P. & Treu, T. (1989) 'La contrattazione Collettiva', in G.P. Cella & T. Treu (eds), *Relazioni Industriali. Manuale Per L'analisi Dell'esperienza Italiana*. Bologna: Il MuliNo.

Cella, G.P. & Treu, T. (2009) *Relazioni Industriali E Contrattazione Collettiva*. Milano: Il MuliNo.

Certification Officer (2008) *Annual Report of the Certification Officer 2007–2008*. London: Certification Office for Trade Unions and Employers' Associations.

Certification Officer (1980–2000) *Annual Reports*. London: Certification Office for Trade Unions and Employers' Associations.

Chan, A. (2001) *China's Workers Under Assault: The Exploitation of Labour in a Globalising Economy*. New York: M.E. Sharpe.

Chan, A. & Unger, J. (2008) 'Is China's core industry closer to the Japanese-German or the Anglo-American model? Management–employee relations at a Chinese state enterprise'. Paper presented at the international conference, Breaking Down Chinese Walls: The Changing Faces of Labor and Employment in China, Cornell University, Ithaca, NY, 26–28 September.

Charlesworth, S. & Campbell, I. (2008) 'Right to request legislation: Two new Australian models'. *Australian Journal of Labour Law*, 21(2): 116–136.

Chaykowski, R. & Verma, A. (1992) *Industrial Relations in Canadian Industry*. Toronto: Holt, Rhinehart and Winston.

Chen, F. (2003) 'Between the state and labour: The conflict of Chinese trade unions' double identity in market reform'. *China Quarterly* 176: 1006–1028.

Chen, J.G., Lu, Z. & Wang, Y.Z. (2001) *China Social Security System Development Report*. Beijing: Social Science Document Publishing House.

China Labor News Translations (2008) 'Promising Wal-Mart trade union chair resigns over collective contract negotiations', <http://news.ifeng.com/opeinion/200807/0729> (Accessed 24 September 2008).

China Labour Bulletin (2005) 'ACFTU unit stunned as Siemens China sacks sales force', <www.china-labour.org.hk/public/contents/articles> (Accessed 13 November 2005).

China Labour Statistical Yearbook 2002, 2006 & 2007. Beijing: China Statistics Press.

China Statistical Yearbook 2003 & 2007. Beijing: China Statistics Press.

Clark, I. & Almond, P. (2006) 'Overview of the US Business System', in P. Almond & A. Ferner (eds), *American Multinationals in Europe—Managing Employment Relations Across National Borders*. London: Oxford University Press, pp. 37–56.

Clark, T., Gospel, H. & Montgomery, J. (1999) 'Running on the spot? A review of twenty years of research on the management of human resources in comparative and international perspective'. *International Journal of Human Resource Management*, 10(3): 520–544.

Clarke, S. (2005) 'Post-socialist trade unions: China and Russia'. *Industrial Relations Journal* 36(1): 2–18.

Clarke, S., Lee, C. & Li, Q. (2004) 'Collective consultation and industrial relations in China'. *British Journal of Industrial Relations* 42(2): 235–254.

Claydon, T. (1989) 'Union derecognition in Britain in the 1980s'. *British Journal of Industrial Relations* 27(2): 214–224.

Claydon, T. (1998) 'Problematising partnership', in P. Sparrow & M. Marchington (eds), *Human Resource Management: The New Agenda*. London: Financial Times/Pitman, pp. 180–192.

CNEL (2007) *Lineamenti Della Contrattazione Aziendale Nel Periodo 1998–2006*. Rome: CNEL.

Cochrane, J.L. (1976) 'Industrialism and industrial man in retrospect: A preliminary analysis', in J.L. Stern & B.D. Dennis (eds), *Proceedings of the Twenty-ninth Annual Winter Meetings, Industrial Relations Research Association Series*. Madison, WI: IRRA, pp. 274–287.

Cole, R.E. (1971) *Japanese Blue Collar:The Changing Tradition*. Berkeley, CA: University of California Press.

Colling, T. (1997) 'Managing human resources in the public sector', in I. Beardwell & L. Holden (eds), *Human Resource Management*, 2nd ed., London: Pitman, pp. 654–680.

Colling, T. (2000) 'Personnel management in the extended organisation', in S. Bach & K. Sisson (eds), *Personnel Management: A Comprehensive Guide to Theory and Practice*. Oxford: Blackwell, pp. 70–90.

Colvin, A.J.S. (2006) 'Flexibility and fairness in liberal market economies: The comparative impact of the legal environment and high performance work systems'. *British Journal of Industrial Relations*, 44: 73–97.

Colvin, A.J.S. (2007) 'Empirical research on employment arbitration: Clarity amidst the sound and fury?' *Employee Rights and Employment Policy Journal*, 11: 405–447.

Combet, G. (2003) 'Employee consultation in the Australian context', in P. Gollan & G. Patmore (eds), *Partnership at Work: The Challenge of Employee Democracy*. Sydney: Pluto Press, pp. 134–139.

Commons, J.R. (1909) 'American shoemakers'. *Quarterly Journal of Economics*, 24: 39–81.

Cooke, F.L. (2002) 'Ownership change and the reshaping of employment relations in China: A study of two manufacturing companies', *Journal of Industrial Relations* 44(1): 19–39.

Cooke, F.L. (2005) *HRM, Work and Employment in China*. London: Routledge.

Cooke, F.L. (2008a) 'The dynamics of employment relations in China: An evaluation of the rising level of labour disputes'. *Journal of Industrial Relations* 50(1): 111–138.

Cooke, F.L. (2008b) 'Labour market regulations and informal employment in China: To what extent are workers protected?' Paper presented in Annual China Task Force Meeting, 25–27 June, University of Manchester, UK.

Cooke, F.L. (2008c) 'Are Chinese women workers protected? A study of female workers' representational needs and forms and effects of (un)organizing'. Paper presented at international conference, Breaking Down Chinese Walls: The Changing Faces of Labor and Employment in China, Cornell University, Ithaca, NY, 26–28 September.

Cooney, S. (2007) 'China's labour law, compliance and flaws in implementing institutions'. *Journal of Industrial Relations* 49(5): 673–686.

Cooper, R. (2000) 'Organise, organise, organise! The 2000 ACTU Congress'. *Journal of Industrial Relations* 42(4): 582–594.

Cooper, R. (2002) 'Trade unionism in 2001'. *Journal of Industrial Relations*, 44(2): 247–262.

Cooper, R. & Ellem, B. (2008) 'The neoliberal state, trade unions and collective bargaining in Australia'. *British Journal of Industrial Relations*, 46(3): 532–554.

Coupar, W. & Stevens, B. (1998) 'Towards a new model of industrial partnership: Beyond the "HRM versus industrial relations" argument', in P. Sparrow & M. Marchington (eds), *Human Resource Management: The New Agenda*. London: Financial Times/Pitman, pp. 145–159.

Cox, A., Zagelmeyer, S. & Marchington, M. (2006) 'Embedding employee involvement and participation at work'. *Human Resource Management Journal*, 16(3): 250–267.

Coyle-Shapiro, J., Morrow, P. & Kessler, I. (2006) 'Serving two organizations: Exploring the employment relationship of contracted employees'. *Human Resource Management*, 45(4): 561–583.

Crouch, C. (1993) *Industrial Relations and European State Traditions.* Oxford: Clarendon Press.

Crouch, C. (2005) *Capitalist Diversity and Change: Recombinant governance and institutional entrepreneurs*. Oxford: Oxford University Press.

Crouch, C. & Pizzorno, A. (eds) (1978) *The Resurgence of Class Conflict in Western Europe Since 1968*. New York: Holmes & Meier.

Cully, M., Woodland, S., O'Reilly, A. & Dix, G. (1999) *Britain at Work: As Depicted by the 1998 Workplace Employee Relations Survey*. London: Routledge.

DA (1998) *Arbejdsmarkedsrapport 1998.* Copenhagen: Dansk Arbejdsgiverforening.

DA (2007). *Arbejdsmarkedsrapport 2007*. Copenhagen: Dansk Arbejdsgiverforening.
DA (2008). *Arbejdsmarkedsrapport 2008*. Copenhagen: Dansk Arbejdsgiverforening.
DARES Research Institute of the French Ministry of Labor (2006) *'Premières synthèses'*. L'individualisation des hausses de salaire de base, Ministère de l'emploi, de la cohésion sociale et du logement, mars, n° 09.1.
DARES Research Institute of the French Ministry of Labor (2007) *'Premières synthèses'*, Des conflits du travail plus nombreux et plus diversifiés, Ministère de l'emploi, de la cohésion sociale et du logement, février, n° 08.1.
DARES Research Institute of the French Ministry of Labor (2008) *'Premières synthèses'*, Les élections aux comités d'entreprise en 2005–2006 Ministère de l'emploi, de la cohésion sociale et du logement, octobre, n° 40.3.
Dasgupta, M. (2008) 'Public interest litigation for labour: How the Indian Supreme Court protects the rights of India's most disadvantaged workers'. *Contemporary South Asia*, 16(2): 159.
Davies, P. & Kilpatrick, C. (2004) 'UK worker representation after single channel'. *Industrial Law Journal*, 33(2): 121–151.
Deakin, S. & Morris, G.S. (2005) *Labour Law*, 4th ed., Oxford: Hart.
Debroy, B. (1997) 'Labour market reform'. Policy Paper No. 22 prepared for *Project LARGE (Legal Adjustments and Reforms for Globalizing the Economy)*. New Delhi: Allied Publishers.
Deeg, R. & Jackson, G. (2007) 'Towards a more dynamic theory of capitalist diversity'. *Socio-Economic Review*, 5(1): 149–179.
Dell'Aringa, C., Della Rocca, G. & Keller, B. (eds) (2001) *Strategic Choices in Reforming Public Service Employment*. London: Macmillan.
Denis, J.-M. (ed.) (2005) *Le conflit en greve: Tendances et perspectives de la conflictualité contemporaine*. Paris: La Dispute.
Department of Trade and Industry (DTI) (1998) *Fairness at Work*, Cmnd 3968. London: HMSO.
Department of Trade and Industry (DTI) (2007) *Success at Work: Consultation on Measures to Protect Vulnerable Agency Workers*. London: HMSO.
Dickens, L. (2000) 'Doing more with less: ACAS and individual conciliation', in B. Towers & W. Brown (eds), *Employment Relations in Britain: 25 Years of the Advisory, Conciliation and Arbitration Service*. Oxford: Blackwell, pp. 67–92.
Dickens, L. & Hall, M. (2006) 'Fairness—up to a point: Assessing the impact of New Labour's employment legislation'. *Human Resource*

Management Journal, 16(4): 338–356.
Dilger, A. (2002) *Ökonomik betrieblicher Mitbestimmung. Die wirtschaftlichen Folgen von Betriebsräten*. München: Hampp.
Dix, G. (2000) 'Operating with style: The work of the ACAS conciliator in individual employment rights cases', in B. Towers & W. Brown (eds), *Employment Relations in Britain: 25 years of the Advisory, Conciliation and Arbitration Service*. Oxford: Blackwell, pp. 93–122.
Doellgast, V. (2008) 'National industrial relations and local bargaining power in the US and German telecommunications industries'. *European Journal of Industrial Relations*, 14(3): 265–287
Doeringer, P.B. (1981) 'Industrial relations research in international perspective', in P.B. Doeringer, P. Gourevitch, P. Lange & A. Martin (eds), *Industrial Relations in International Perspective: Essays on Research and Policy*. London: Macmillan, pp.1–21.
Doeringer, P. & Piore, M. (1971) *Internal Labor Markets and Manpower Analysis*. Lexington, MA: D.C. Heath.
Dølvik, J.-E. & Waddington, J. (2005) 'Can trade unions meet the challenge? Unionisation in the marketised services', in G. Bosch & S. Lehndorff (eds), *Working in the Service Sector*. London: Routledge, pp. 316–341.
Donovan, T.N. (1968) *Royal Commission on Trade Unions and Employers' Associations: Report*, Cmnd 3623. London: Her Majesty's Stationery Office.
Dore, R. (1973) *British Factory, Japanese Factory: The Origins of National Diversity in Industrial Relations*. London: Allen & Unwin.
Dore, R. (1987) *Taking Japan Seriously*. Stanford, CA: Stanford University Press.
Drache, D. & Glasbeeck, H. (1992) *The Changing Workplace: Reshaping Canada's Industrial Relations System*. Toronto: James Lorimer.
Dreyfus, M. (1995) *Histoire de la CGT*. Bruxelles: Editions complexes.
Dreyfus, M., Gautron, G. & Pigenet, M. (eds) (2003) *La naissance de FO: Autour de Robert Bothereau*. Rennes: Presses Universitaires de Rennes.
Duclos, L. & Mériaux, O. (2001) 'Autonomie contractuelle et démocratie sociale: Les implicites de la refondation'. In *Regards sur l'actualité*. Paris: La Documentation française, janvier, pp. 19–33.
Due, J. & Madsen, J.S. (2003) *Fra magtkamp til konsensus. Arbejdsmarkedspensionerne og den danske model*. Copenhagen: DJØF Publishing.
Due, J. & Madsen, J.S. (2005) 'Denmark: The survival of small trade unions in the context of centralised bargaining', in J. Waddington (ed.), *Restructuring Representation: The Merger Process and*

Trade Union Structural Development in Ten Countries. Bruxelles: PIE/Peter Lang, pp. 87–112.

Due, J. & Madsen, J.S. (2006). *Fra storkonflikt til barselsfond. Den danske model under afvikling eller fornyelse*. Copenhagen: DJØF Publishing.

Due, J. & Madsen, J.S. (2008a) 'The Danish model of industrial relations: Erosion or renewal'. *Journal of Industrial Relations*, 50: 513–529.

Due, J. & Madsen, J.S. (2008b). *OK 2007 og OK 2008—Perspektiver og konsekvenser*. FAOS' Forskningsnotat 100. København: FAOS, Sociologisk Institut, Københavns Universitet.

Due, J., Madsen, J.S. & Strøby Jensen, C. (1993). *Den danske Model. En historisk sociologisk analyse af det kollektive aftalesystem*. Copenhagen: DJØF Publishing.

Due, J., Madsen, J.S., Strøby Jensen, C. & Petersen, L.K. (1994) *The Survival of the Danish Model: A Historical Sociological Analysis of the Danish System of Collective Bargaining*. Copenhagen: DJØF Publishing.

Dunlop, J.T. (1958) *Industrial Relations Systems*. New York: Henry Holt and Company.

Dunlop, J.T. et al. (1994) *The Dunlop Commission on the Future of Worker-Management Relations: Final Report*. Washington DC: US Department of Labor: <www.ilr.cornell.edu/library/e_archive/> (accessed 20 May 2010).

Dustmann, C. & Weiss, Y. (2007) 'Return migration: Theory and empirical evidence from the UK'. *British Journal of Industrial Relations*, 45(2): 236–256.

Earnshaw, J. & Cooper, C.L. (1996) *Stress and Employer Liability*. London: Institute of Personnel and Development.

Eaton, J. (2000) *Comparative Employment Relations: An Introduction*. Oxford: Polity Press.

Ebbinghaus, B. (2003a) 'Die Mitgliederentwicklung deutscher Gewerkschaften im historischen und internationalen Vergleich', in W. Schroeder & B. Wessels (eds), *Die Gewerkschaften in Politik und Gesellschaft der Bundesrepublik Deutschland. Ein Handbuch*. Wiesbaden: Westdeutscher Verlag, pp. 174–203.

Ebbinghaus, B. (2003b) 'Ever larger unions: Organisational restructuring and its impact on union confederations' industrial relations'. *Industrial Relations Journal*, 34: 446–460.

Ebbinghaus, B. & Visser, J. (2000) *Trade Unions in Western Europe Since 1945*. London: Macmillan.

Economic Report of the President (2001) Washington DC: US Government Printing Office.

Edwards, P. (1995) 'Strikes and industrial conflict', in P. Edwards (ed.), *Industrial Relations: Theory and Practice in Britain*. Oxford: Blackwell.

Edwards, P. & Ram, M. (2006) 'Surviving on the margins of the economy: Working relationships in small, low-wage firms'. *Journal of Management Studies*, 43(4): 895–916.

Edwards, T., Almond, P., Clark, I., Colling, T. & Ferner, A. (2005) 'Reverse diffusion in US multinationals: Barriers from the American business system'. *Journal of Management Studies*, 42(6): 1261–1286.

Edwards, T., Colling, T. & Ferner, A. (2007) 'Conceptual approaches to the transfer of employment practices in multinational companies: An integrated approach'. *Human Resource Management Journal* 17(3): 201–217.

Egels-Zandén, N. (2008) 'TNC motives for signing international framework agreements: A continuous bargaining model of stakeholder pressure'. *Journal of Business Ethics*, 84: 529–547.

Egels-Zandén, N. & Hyllman, P. (2007) 'Evaluating strategies for negotiating workers' rights in transnational corporations: The effects of codes of conduct and global agreements on workplace democracy'. *Journal of Business Ethics*, 76: 207–223.

Ehrenstein, I. (2007) 'Mitbestimmte Unternehmen 2006'. *Die Mitbestimmung*, 53: 70.

Elgar, J. & Simpson, B. (1993) 'The impact of the law on industrial disputes in the 1980s', in D. Metcalf & S. Milner (eds), *New Perspectives in Industrial Relations*. London: Routledge, pp. 70–114.

Ellem, B. (2001) 'Trade unionism in 2000'. *Journal of Industrial Relations*, 43(2): 196–218.

Ellguth, P. & Kohaut, S. (2007) 'Tarifbindung und betriebliche Interessenvertretung: Aktuelle Ergebnisse aus dem IAB-Betriebspanel 2006'. *WSI-Mitteilungen*, 60: 511–514.

Elvander, N. (2002) 'The new Swedish regime for collective bargaining and conflict resolution: A comparative perspective'. *European Journal of Industrial Relations*, 8(2): 197–216.

Engerman, S. (2003) 'The history and political economy of international labour standards', in K. Basu, H. Horn, L. Roman & J. Shapiro (eds), *International Labour Standards: History Theory, Policy Options*. London: Blackwell, pp. 9–45.

Equal Opportunities Commission (2001) *Just Pay: Report of the Equal Pay Task Force*. Manchester: EOC.

Equal Opportunity for Women in the Workplace Agency EOWA (2008) *EOWA Survey on Workplace Flexibility*, Sydney.

Erickson, C.L. (1992) 'Wage rule formation in the aerospace industry'. *Industrial and Labor Relations Review*, 45: 507–522.

Erickson, C.L. (1996) 'A re-interpretation of pattern bargaining'. *Industrial and Labor Relations Review*, 49: 615–634.

Esping-Andersen, G. & Regini, M. (2000) 'The dilemmas of labor market regulation', in G. Esping-Andersen & M. Regini (eds), *Why Deregulate Labor Markets?* Oxford: Oxford University Press, pp. 11–29.

Estevez-Abe, M. (2006) 'Gendering the varieties of capitalism: A study of occupational segregation by sex in advanced industrial societies'. *World Politics*, 59(1): 142–175.

European Industrial Relations Observatory (EIRO) (2008) *Developments in industrial action 2003–2007*. Dublin: European Foundation for the Improvement of Living and Working Conditions.

Evans, P. (1997) 'The eclipse of the state? Reflections on stateness in an era of globalisation'. *World Politics* 50(1): 62–87.

Ewing, K., Moore, S. & Wood, S. (2003) *Unfair Labour Practices: Trade Union Recognition and Employer Resistance*. London: Institute of Employment Rights.

Faini, R. & Sapir, A. (2005) 'Un modello obsoleto? Crescita e specializzazione dell'economia Italiana', in T. Boeri, R. Faini, A. Ichino, G. Pisauro & C. Scarpa (eds), *Oltre Il Declino*. Bologna: Il Mulino, pp. 19–65.

Fairbrother, P. (2002) 'Unions in Britain: Towards a new unionism?' in P. Fairbrother, & G. Griffin (eds.), *Changing Prospects for Trade Unionism: Comparisons Between Six Countries*. London: Continuum.

Fajertag, G. & Pochet, P. (eds) (1997) *Social Pacts in Europe*. Brussels: ETUI.

Fajertag, G. & Pochet, P. (eds) (2000) *Social Pacts in Europe—New Dynamics*. Brussels: ETUC.

Farber, H.S. (1998) 'Has the rate of job loss increased in the nineties?' unpublished working paper, Industrial Relations Section, Princeton University.

Farrell, D. & Grant, A. (2005) 'China's looming talent shortage'. *The McKinsey Quarterly*, 4, <www.mckinseyquarterly.com/article_page.aspx?ar=1685> (Accessed 3 March 2007).

Ferner, A. (1997) 'Country of origin effects and HRM in multinational companies'. *Human Resource Management Journal*, 7(1): 19–37.

Ferner, A. & Hyman, R. (1998) 'Introduction: Towards European industrial relations?' in A. Ferner & R. Hyman (eds), *Changing Industrial Relations in Europe*, 2nd ed. Oxford: Blackwell, pp. xi–xxvi.

Ferner, A. & Quintanilla, J. (1998) 'Multinationals, national business systems and HRM: The enduring influence of national identity or a process of "Anglo-Saxonisation"?' *International Journal of Human Resource Management*, 9(7): 10–31.

Ferner, A., Quintanilla, J. & Varul, M. (2001) 'Country of origin effects, host country effects and the management of HR in multinationals: German companies in Britain and Spain'. *Journal of World Business*, 36(2): 107–127.

Feuille, P. & Wheeler, H.N. (1981) 'Will the real industrial conflict please stand up?' in J. Stieber, R.B. McKersie & D.Q. Mills (eds), *US Industrial Relations 1950–1080: A Critical Assessment*, Madison WI: IRRA, pp. 255–295.

Finkelman, J. & Goldenberg, S. (1983) *Collective Bargaining in the Public Service: The Federal Experience in Canada*, 2 vols. Montreal: Institute for Research on Public Policy.

Fleisher, B. & Yang, D. (2003) 'Labour laws and regulations in China'. *China Economic Review*, 14: 426–433.

Foner, P.S. (1947) *History of the Labor Movement in the United States Vol. 1.* New York: International Publishers.

Förster, M. & d'Ercole, M.M. (2005) *Income Distribution and Poverty in OECD Countries in the Second Half of the 1990s*. Paris: OECD.

Fox, A. (1985) *History and Heritage: The Social Origins of the British Industrial Relations System* London: Allen & Unwin.

Francis, H. & Keegan, A. (2006) 'The changing face of HRM: In search of balance'. *Human Resource Management Journal*, 16(3): 231–249.

Franzese, R. & Hall, P. (2000) 'Institutional dimensions of coordinating wage bargaining and monetary policy', in T. Iversen, J. Pontusson & D. Soskice (eds), *Unions, Employers and Central Banks: Macro-Economic Coordination and Institutional Change in Social Market Economies*. New York: Cambridge University Press, pp. 173–204.

Freeman, R.B. (1989) *On the Divergence in Unionism Among Developed Countries.* Discussion Paper No. 2817. Cambridge MA. National Bureau of Economic Research.

Freeman, R.B. (2008) 'Labour market institutions around the world', in P. Blyton, N. Bacon, J. Foirito & E. Heery (eds), *Sage Handbook of Industrial Relations.* London: Sage, pp. 640–658.

Frege, C. & Kelly, J. (eds) (2004) *Varieties of Unionism: Strategies for Union Revitalisation in a Globalising Economy*, Oxford: Oxford University Press.

Frenkel, S. & Kuruvilla, S. (2002) 'Logics of action, globalization, and the changing employment relations in China, India, Malaysia and the Philippines'. *Industrial & Labor Relations Review* 55(3): 387–512.

Freyssinet, J. (ed.) (2006) *Travail et emploi en France, état des lieux et perspectives*. Paris: La Documentation française.

Frick, B. (ed.) (2003) 'Symposium "The economics of mandated codetermination"'. *Schmollers Jahrbuch*, 123: 337–454.

Frick, B., Kluge, N. & Streeck, W. (eds) (1999) *Die wirtschaftlichen Folgen der Mitbestimmung. Expertenberichte für die Kommission Mitbestimmung*. Frankfurt: Campus.

Friis, J. & Hegna, T. (eds) (1974) *Arbeidernes Leksikon*. Oslo: Pax.

Fukao.T. (2002) "Chokusetsu Tohshi to Koyo no Kudoka" (Foreign Direct Investment and Hollowing of Employment) The Japanese Journal of Labor Studies 44, (4), April. pp.34–37.

Galenson, W. (1952) *The Danish System of Labor Relations: A Study of Industrial Peace*. Cambridge, MA: Harvard University Press.

Gall, G. (2003) 'Employer opposition to union recognition', in G. Gall (ed.), *Union Organizing: Campaigning for Trade Union Recognition*. London: Routledge, pp. 79–96.

Gall, G. (2004) 'Trade union recognition in Britain, 1995–2002: Turning a corner?' *Industrial Relations Journal*, 35(3): 249–270.

Gall, G. & McKay, S. (1994) 'Trade union derecognition in Britain, 1988–1994'. *British Journal of Industrial Relations* 32(3): 433–448.

Gallagher M. (2005) *Contagious Capitalism: Globalisation and the Politics of Labor in China*. Princeton, NJ: Princeton University Press.

Garavini, S. (1976) 'La centralizzazione contrattuale e le strategie del sindacato', in A. Accornero (ed.), *Problemi Del Movimento Sindacale in Italia: 1943–76*. Milan: Feltrinelli, pp. 673–684.

Garnaut, R. & Huang, Y.P. (2001) *Growth Without Miracles: Readings on the Chinese Economy in the Era of Reform*. Oxford: Oxford University Press.

Garrett, G. (1998) 'Global markets and national policies: Collision course of virtuous circle?' *International Organization* 52(4): 787–824.

Georgi, F. (1995) *L'invention de la CFDT 1957–1970* Paris: L'Atelier-CNRS Editions.

Gerum, E. (2007) *Das deutsche Corporate-Governance-System. Eine empirische Untersuchung*. Stuttgart: Schäffer-Poeschel.

Getman, J.G. (1998) *The Betrayal of Local 14*. Ithaca, NY: Cornell University Press.

Giacinto, E. (2007) 'Sindacalizzazione in Bilico', in A. Bianco & E. Giacinto (eds), *Sindacato Oh Sindacato! Quarto Rapporto Della Biblioteca Centrale Cisl*. Rome: CISL, pp. 118–128.

Giles, A. (2000) 'Globalisation and industrial relations theory'. *Journal of Industrial Relations* 42 (2): 173–194.

Gill, C. & Krieger, H. (1999) 'Direct and representative participation in Europe: Recent evidence'. *The International Journal of Human Resource Management* 10(4): 572–591.

Gleason, S.E. (ed.) (2006) *The Shadow Workforce: Perspectives on Contingent Work in the United States, Japan, and Europe.* Kalamazoo, MI: W.E. Upjohn Institute for Employment Research.

Godard, J. (2000) *Industrial Relations: The Economy and Society*, 2nd ed., North York, ON: Captus Press.

Godard, J. (2005) 'The new institutionalism, capitalist diversity and industrial relations', in B.E. Kaufman (ed.), *Theoretical Perspectives on Work and the Employment Relationship*. Champaign, IL: Industrial Relations Research Association, pp. 229–264.

Goetschy, J. (1983) 'A new future for industrial democracy in France'. *Economic and Industrial Democracy* 1: 85–103.

Goetschy, J. (1995) 'Major developments and changes in French industrial relations since the 1980s', in M. Mesh (ed.), *Sozialpartnerschaft und Arbeitsbeziehungen in Europa*. Wien: Manz Verlag.

Goetschy, J. (1998) 'France: The limits of reform', in A. Ferner & R. Hyman (eds), *Changing Industrial Relations in Europe.* Oxford: Blackwell, pp. 357–395.

Golden, M. (1988) *Labor Divided: Austerity and Working-Class Politics in Contemporary Italy*. Ithaca, NY: Cornell University Press.

Goldthorpe, J.H. (1984) 'The end of convergence: Corporatist and dualist tendencies in modern Western societies', in J.H. Goldthorpe (ed.), *Order and Conflict in Contemporary Capitalism: Studies in the Political Economy of Western European Nations.* Oxford: Clarendon, pp. 315–343.

Gollan, P.J., Markey, R. & Ross, I. (eds) (2002) *Works Councils in Australia.* Sydney: Federation Press.

Gollan, P.J. & Patmore, G. (eds) (2003) *Partnership at Work: The Challenge of Employee Democracy.* Sydney: Pluto Press.

Gomez-Mejia, L.R., Balkin, D.B. & Cardy, R.L. (1995) *Managing Human Resources.* Englewood Cliffs, NJ: Prentice-Hall.

Goodman, J.F.B. & Earnshaw, J. (1995) 'New industrial rights and wrongs: The changed framework of British employment law'. *New Zealand Journal of Industrial Relations* 19(3): 305–321.

Goodman, J.F.B. (1994) 'The United Kingdom', in *Towards Social Dialogue: Tripartite Co-operation in National Economic and Social Policy-Making.* Geneva: ILO, pp. 273–296.

Goodman, J.F.B. (2000) 'Building bridges and settling differences: Collective conciliation and arbitration under ACAS', in B. Towers & W. Brown (eds), *Employment Relations in Britain: 25 Years of the Advisory, Conciliation and Arbitration Service.* Oxford, Blackwell, pp. 31–65.

Goodman, J.F.B. & Earnshaw, J. (1995) 'New industrial rights and wrongs: The changed framework of British employment law'. *New Zealand Journal of Industrial Relations* 19(3): 305–321.

Goodman, J.F.B. & Whittingham, T.G. (1969) *Shop Stewards in British Industry*. London: McGraw-Hill.

Gordon, A. (1985) *The Evolution of Labor Relations in Japan*. Cambridge: Council on East Asian Studies, Harvard University.

Gospel, H.F. & Littler, C.R. (1983) *Managerial Strategies and Industrial Relations: An Historical and Comparative Study*. London: Heinemann.

Gospel, H. & Pendleton, A. (2005) 'Corporate governance and labour management: An international comparison', in H. Gospel & A. Pendleton (eds), *Corporate Governance and Labour Management: An International Comparison*. Oxford: Oxford University Press, pp. 1–32.

Gottlieb, B., Kelloway, E. & Barham, E. (1998) *Flexible Work Arrangement: Managing the Work/Family Boundary*. Chichester: John Wiley & Sons.

Government of India (1931) *Royal Commission on Labour: Report*. New Delhi: Government of India Press.

Government of India (1969) *Report of the National Commission on Labour*. New Delhi: Government of India Press.

Government of India (2002) *Annual Report of the Ministry of Labour*. New Delhi: Ministry of Labour.

Grant, D. (1997) 'Japanisation and new industrial relations', in I. Beardwell (ed.), *Contemporary Industrial Relations: A Critical Analysis*. Oxford: Oxford University Press, pp. 201–233.

Gratton, L., Hope Hailey, V., Stiles, P. & Truss, C. (1999) *Strategic Human Resource Management*. Oxford: Oxford University Press.

Green, F. (1992) 'Recent trends in trade union density'. *British Journal of Industrial Relations* 30(3): 445–458.

Grimshaw, D. (2009) 'The UK: A progressive statutory minimum wage in a liberal market economy context', in D. Vaughan-Whitehead (ed.), *Minimum Wage Systems in an Extended Europe*. Geneva: ILO, pp. 465–500.

Grimshaw, D., Earnshaw, J. & Hebson, G. (2003) 'Private sector provision of supply teachers: A case of legal swings and professional roundabouts'. *Journal of Education Policy*, 18(3): 267–288.

Grimshaw, D., Willmott, H. & Vincent, S. (2002) 'Going privately: Practices of partnership in the outsourcing of services in the public sector'. *Public Administration*, 80(3): 475–502.

Grote, J.R., Lang, A. & Traxler, F. (2007) 'Germany', in F. Traxler & G. Huemer (eds), *Handbook of Business Interest Associations,*

Firm Size and Governance. A Comparative Analytical Approach. London: Routledge, pp. 141–176.
Groux, G. & Pernot, J.M. (2008) *La greve*. Paris: Sciences Po, les Presses.
Guest, D. & Conway, N. (2000) *The Psychological Contract in the Public Sector*. London: Chartered Institute of Personnel and Development.
Guest, D. & Hoque, K. (1994) 'The good, the bad and the ugly: Employment relations in new non-union workplaces'. *Human Resource Management Journal* 5(1): 1–14.
Guest, D. & Peccei, R. (1998) *The Partnership Company: Benchmarks for the Future. The Report of the IPA Survey Principles, Practice and Performance*. London: Involvement and Participation Association.
Guest, D. & Peccei, R. (2001) 'Partnership at work: Mutuality and the balance of advan tage'. *British Journal of Industrial Relations*, 39(2): 207–236.
Gumbrell-McCormick, R. (2008) 'International actors and international regulation', in P. Blyton, N. Bacon, J. Foirito & E. Heery (eds), *Sage Handbook of Industrial Relations*. London: Sage, pp. 325–345.
Gunderson, M. & Taras, D.G. (2008) *Union–Management Relations in Canada*. 5th ed. Toronto: Pearson.
Gurtoo, A. (2008) 'A framework for labour policy reforms in India: Balancing economic growth and social development'. *The International Journal of Sociology and Social Police*, 28(11/12): 472–484.
Hall, L. & Torrington, D. (1998) *The Human Resource Function: The Dynamics of Change and Development*. London: Pitman.
Hall, M. (2006) 'A cool response to the ICE regulations? Employer and trade union approaches to the new legal framework for information and consultation'. *Industrial Relations Journal*, 37(5): 456–472.
Hall, P. & Gingerich, D. (2004) *Varieties of Capitalism and Institutional Complementarities in the Macro-Economy*, Discussion Paper 04/5. Cologne: Max Plank Institute for the Study of Societies.
Hall, P.A. & Soskice, D. (eds) (2001) *Varieties of Capitalism: The Institutional Foundations of Comparative Advantage*. New York: Oxford University Press.
Hall, R. (2008) 'The politics of industrial relations in Australia in 2007'. *Journal of Industrial Relations*, 50(3): 371–382.
Hall, R. & Wailes, N. (2009) 'International and comparative human resource management', in A. Wilkinson, N. Bacon, T. Redman & S. Snell (eds), *Sage Handbook of Human Resource Management*. London: Sage, pp. 115–132.
Hamann, K. & Kelly, J. (2008) 'Varieties of capitalism and industrial relations', in P. Blyton, N. Bacon, J. Fiortio & E. Heery (eds), *Sage*

Handbook of Industrial Relations, London: Sage, pp. 129–148.

Han, J. & Jang, J. (2000), 'Job history and career in the transition between regular and non-regular jobs'. *Korean Journal of Labor Economics*, 23(2): 33–53. (in Korean)

Hanami, T. (1979) *Labour Relations in Japan Today*. Tokyo: Kodansha-International.

Hancke, B., Rhodes, M. & Thatcher, M. (2006) 'Introduction: Beyond varieties of capitalism', in B. Hancke, M. Rhodes & M. Thatcher (eds). *Beyond Varieties of Capitalism: Conflict, Contradictions and Complementarities in the European Economy*. Oxford: Oxford University Press, pp.3–38.

Hancock, K. (1984) 'The first half century of wage policy', in B. Chapman, J. Isaac & J. Niland (eds), *Australian Labour Relations Readings*. Melbourne: Macmillan, pp. 44–99.

Hansen, J. & Andersen, S.K. (2008) *Østeuropæiske arbejdere i bygge- og anlægsbranchen*. FAOS Forskningsnotat. University of Copenhagen, Department of Sociology.

Harcourt, M. & Wood, G. (2007) 'The importance of employment protection for skill development in coordinated market economies'. *European Journal of Industrial Relations*, 13(2): 141–159.

Hashimoto, M. (1990) *The Japanese Labor Market in a Comparative Perspective with the United States*. Kalamazoo, MI: W.E. Upjohn Institute for Employment Research.

Hassel, A. (2006) 'What does business want? Labour market reform in CMEs and its problems', in B. Hancke, M. Rhodes & M. Thatcher (eds), *Beyond Varieties of Capitalism: Conflict, Contradictions and Complementarities in the European Economy*. Oxford: Oxford University Press, pp.253–277.

Hassel, A. (2008) 'The evolution of a global labour governance regime'. *Governance: An International Journal of Policy, Administration and Institution*, 21(2): 231–251.

Haworth, N. (2005) '"You've got to admit it's getting better..." Organised labour and internationalisation', in B. Harley, J. Hyman & P. Thompson (eds), *Participation and Democracy at Work*, London: Palgrave, pp. 186–203.

Haworth, N. & Hughes, S. (2003) 'International political economy and industrial relations'. *British Journal of Industrial Relations*, 41(4): 665–682.

Haynes, P. & Allen, M. (2001) 'Partnership as union strategy: A preliminary evaluation'. *Employee Relations* 23(2): 164–187.

Hearn Mackinnon, B. (2008) 'Employer matters in 2007'. *Journal of*

Industrial Relations, 50(3): 463–474.
Hebdon, R. & Brown, T. (2007) *Industrial Relations in Canada: An HR Perspective*. Toronto: Nelson Education.
Hébert, G., Jain, H.M. & Meltz, N.M. (eds) (1989) *The State of the Art in Industrial Relations*. Kingston: Industrial Relations Centre, Queen's University and Centre for Industrial Relations, University of Toronto.
Heery, E. (1998) 'The relaunch of the Trades Union Congress'. *British Journal of Industrial Relations*, 36(3): 339–360.
Heery, E. (2002) 'Partnership versus organising: Alternative futures for British trade unionism'. *Industrial Relations Journal*, 33(1): 20–35.
Heery, E., Bacon, N., Blyton, P. & Fiorito, J. (2008) 'Introduction: The field of industrial relations', in P. Blyton, N. Bacon, J. Fiortio & E. Heery (eds), *Sage Handbook of Industrial Relations*. London: Sage, pp. 1–32.
Heery, E., Delbridge, R. & Simms, M. (2003) *The Organising Academy*. London: Trades Union Congress.
Heery, E., Simms, M., Delbridge, R., Salmon, J. & Simpson, D. (2000) 'Union organizing in Britain: A survey of policy and practice'. *International Journal of Human Resource Management*, 11(5): 986–1007.
Hession, C.H. & Sardy, H. (1969) *Ascent to Affluence: A History of American Economic Development*. Boston: Allyn & Bacon.
Hill, E. (2009) 'The Indian industrial relations system: Struggling to address the dynamics of a globalizing economy'. *Journal of Industrial Relations*, 51: 395–410.
Himmelweit, S. (2007) 'The right to request flexible working: A "very British" approach to gender (in)equality?' *Australian Bulletin of Labour*, 33(2): 246–263.
Hirschmeier, J. & Yui, T. (1975) *The Development of Japanese Business, 1600–1973*. Cambridge, MA: Harvard University Press.
Hirst, P. & Thompson, G. (1996) *Globalisation in Question: The International Economy and the Possibilities of Governance*. Cambridge: Polity Press.
Hodson, R. (2001) *Dignity at Work*. Cambridge: Cambridge University Press.
Hoel, H. & Beale, D. (2006) 'Workplace bullying, psychological perspectives and industrial relations: Towards a contextualized and interdisciplinary approach'. *British Journal of Industrial Relations*, 44(2): 239–262.

Hoffman, C. (1981) 'People's Republic of China', in A. Albert (ed.), *International Handbook of Industrial Relations*, Westport, CT: Greenwood Press.

Holgate, J., Hebson, G. & McBride, A. (2006) 'Why gender and "difference" matter: A critical appraisal of industrial relations research'. *Industrial Relations Journal*, 37(4): 310–328.

Höpner, M. (2005) 'What connects industrial relations and corporate governance? Explaining institutional complementarity' *Socio-Economic Review*, 3: 331–358.

Houseman, S. & Osawa, M. (eds) (2003) *Nonstandard Work in Developed Economies: Causes and Consequences*. Kalamazoo, MI: W.E. Upjohn Institute for Employment Research.

Howell, C. (1992) *Regulating Labor: The State and Industrial Relations Reform in Postwar France*. Princeton, NJ: Princeton University Press.

Howell, C. (2003) 'Varieties of capitalism: and then there was one?' *Comparative Politics* 36(1): 103–122.

Howell, C. (2005) *Trade Unions and the State: The Construction of Industrial Relations Institutions in Britain, 1890–2000*. Princeton, NJ: Princeton University Press.

Hu, X.J. (2004) 'On the legal system of China's labour market'. *Journal of Anhui University of Technology* (Social Sciences Edition) 21(5): 19–20.

Hughes, S. (2005) 'The International Labour Organisation'. *New Political Economy*, 10(3): 413–425.

Hughes, S. & Wilkinson, R. (1998) 'International labour standards and world trade: No role for the World Trade Organisation'. *New Political Economy*, 3(3): 375–389.

Human Resources and Social Development Canada (n.d.) Website: <www.hrsdc.gc.ca/en/labour/labour_relations/info_analysis/index/shtml> (accessed 21 November 2008).

Hyman, R. (1997) 'The future of employee representation'. *British Journal of Industrial Relations* 35(3): 309–336.

Hyman, R. (1999) 'Imagined solidarities: Can trade unions resist globalization', in P. Leisink, (ed.), *Globalization and Labour Relations*. Cheltenham: Edward Elgar, pp. 94–115.

Hyman, R. (2005) 'Trade unions and the politics of the European social model'. *Economic and Industrial Democracy*, 26(1): 9–40.

Ilsøe, A. (2008) *Tillidsrepræsentanter i industrien. Udbredelsen af tillidsrepræsentanter på overenskomstdækkede danske produktionsvirksomheder*. FAOS Research notes No. 93. Copenhagen: FAOS, University of Copenhagen.

Ilsøe, A., Due, J. & Madsen, J.S. (2007) 'Impacts of decentralisation—

erosion or renewal? The decisive link between workplace representation and company size in German and Danish industrial relations'. *Industrielle Beziehungen*, 14(3): 201–222.

Industrial Relations Services (1999) 'Trends in employee involvement'. *IRS Employment Trends*, 683: 6–16.

Institute for Employment Research (2001) *Projections of Occupations and Qualifications 2000/2001*. London: Department for Education and Employment.

International Labour Organisation (ILO) (2009) *Rules of the Game: A Brief Introduction to International Labour Standards*, rev. ed. Geneva: International Labour Organisation.

ISTAT (2002) *La Flessibilità Del Mercato Del Lavoro Nel Periodo 1995–1996*, Rome: ISTAT.

Iversen, T. (1999) *Contested Economic Institutions: The Politics of Macroeconomics and Wage Bargaining in Advanced Democracies*. Cambridge: Cambridge University Press.

Jackson, G. (2001) 'The origins of non-liberal corporate governance in Germany and Japan', in W. Streek & K. Yamamura (eds), *The Origins of Nonliberal Capitalism: Germany and Japan in Comparison*. Ithaca, NY: Cornell University Press, pp. 121–170.

Jacobi, O., Keller, B. & Müller-Jentsch, W. (1998) 'Germany: Facing new challenges', in A. Ferner & R. Hyman (eds), *Changing Industrial Relations in Europe*, 2nd ed., Oxford: Blackwell, pp. 190–238.

Jacoby, S. (1985) *Employing Bureaucracies*. New York: Columbia University Press.

Jacoby, S. (1999) 'Are career jobs headed for extinction?' *California Management Review* 42: 123–145.

Jacoby, S. (2005) *The Embedded Corporation: Corporate Governance and Employment Relations in Japan and the United States*. Princeton, NJ: Princeton University Press.

Japan Institute of Labour (1996) 'Industrial relations and labour law in changing Asian economies'. *Proceedings of the 1996 Asian Regional Conference on Industrial Relations*. Tokyo: Japan Institute of Labour.

Japan Institute of Labour Policy and Training (2003) *Kigyo no zinzi senryaku to rodosya no syugyo ishiki ni kansuru chosa* (*Survey on Firms' Human Resource Management Strategy and Sentiment of Workers*). Tokyo: Japan Institute of Labour Policy and Training.

Japan Institute of Labour Policy and Training (2006) *Gendai nihon kigyo no zinzai manezimento* (*Human Resource Management of the Modern Japanese Firm*). Tokyo: Japan Institute for Labour

Policy and Training.

Japan Institute of Labour Policy and Training (2006) *Human Resource Management of Today's Japanese Firms: Interim Report of the Research Project 'Comprehensive Analysis of Firms' Management Strategies, Personnel Treatment Systems, Etc.'*. Tokyo: JILPT Research Report No. 61.

Jobert, A. (2000) *Les espaces de la négociation collective, Europe et territories*. Toulouse: Octarès.

Jung, E. (2006) *Political Economics of Modern Labor Markets*. Seoul: Humanitas.

Juravich, T. & Bronfenbrenner, K. (1999) *Ravenswood: The Steelworkers' Victory and the Revival of the American Labor Movement*. Ithaca, NY: Cornell University Press.

Kassalow, E.M. (1974) 'The development of Western labor movements: Some comparative considerations', in L.G. Reynolds, S.A. Masters & C. Moser (eds), *Readings in Labor Economics and Labor Relations*. Englewood Cliffs, NJ: Prentice-Hall.

Katz, H.C. (1985) *Shifting Gears*. Cambridge, MA: MIT Press.

Katz, H.C. (1993) 'The decentralization of collective bargaining: A literature review and comparative analysis'. *Industrial and Labor Relations Review* 47(1): 1–22.

Katz, H.C. (1997) 'Introduction and comparative overview', in H.C. Katz (ed.), *Telecommunications: Restructuring Work and Employment Relations Worldwide*. Ithaca, NY: Cornell University Press, pp. 1–28.

Katz, H.C. (2005) 'Industrial relations and work', in S. Ackroyd, R.Bart, P. Thompson & P. Tolbert (eds), *The Oxford Handbook of Work and Organisations*. Oxford: Oxford University Press, pp. 263–282.

Katz, H.C., Batt, R. & Keefe, J.H. (2000) 'The revitalization of the CWA: Integrating political action, organizing, and collective bargaining', unpublished manuscript. NYSSILR-Cornell University.

Katz, H.C. & Darbishire, O. (2000) *Converging Divergences: Worldwide Changes in Employment Systems*. Ithaca, NY: Cornell University Press.

Katz, H.C., Kochan, T.A & Colvin, A.J.S. (2007) *An Introduction to Collective Bargaining and Industrial Relations*, 4th ed. New York: Irwin-McGraw Hill.

Katzenstein, P. (ed.) (1978) *Between Power and Plenty: Foreign Economic Policies of_Advanced Industrial States*. Madison, WI: University of Wisconsin Press.

Katzenstein, P. (ed.) (1985) *Small States in World Markets: Industrial Policy in Europe*. Ithaca, NY: Cornell University Press.

Kaufman, B.E. & Taras, D.G. (2000) *Non-union Employee Representation*.

Armonk, NY: M.E. Sharpe.

Keller, B. (1993) *Arbeitspolitik des öffentlichen Sektors*. Baden-Baden: Nomos.

Keller, B. (1999) 'Germany: Negotiated change, modernization and the challenge of unification', in S. Bach, L. Bordogna, G. Della Rocca & D. Winchester (eds), *Public Service Employment Relations in Europe: Transformation, Modernization or Inertia?* London: Routledge, pp. 56–93.

Keller, B. (2007) 'Wandel der Arbeitsbeziehungen im öffentlichen Dienst: Entwicklungen und Perspektiven'. *Die Verwaltung. Zeitschrift für Verwaltungsrecht und Verwaltungswissenschaften*, 40: 173–202.

Keller, B. & Henneberger, F. (1999) 'Privatwirtschaft und öffentlicher Dienst: Parallelen und Differenzen in den Arbeitspolitiken', in W. Müller-Jentsch (ed.), *Konfliktpartnerschaft*. 3rd ed., München: Hampp, pp. 233–256.

Keller, B. & Seifert, H. (eds) (2007) *Atypische Beschäftigung—Flexibilisierung und soziale Risiken*. Berlin: edition sigma.

Kelly, J. (1982) *Scientific Management, Job Redesign and Work Performance*. London: Academic Press.

Kelly, J. (1998) *Rethinking Industrial Relations: Mobilization, Collectivism and Long Waves*. London: Routledge.

Kelly, J. (1990). 'British trade unionism 1979–1989: Change, continuity and contradictions', *Work, Employment and Society*, 4 (special issue): 29–65.

Kelly, J. (1996) 'Union militancy and social partnership', in P. Ackers, C. Smith & P. Smith (eds), *The New Workplace and Trade Unionism*. Routledge: London, pp. 77–109.

Kelly, J. & Heery, E. (1989) 'Full-time officers and trade union recruitment'. *British Journal of Industrial Relations* 27(2): 196–213.

Kerala High Court (1997) *Bharat Kumar K. Palicha and Another v. State of Kerala and Others* <http://kerala.indlaw.com/search/caselaw> (accessed 24 May 2010).

Kerr, C. (1983) *The Future of Industrial Societies: Convergence or Continuing Diversity?* Cambridge, MA: Harvard University Press.

Kerr, C., Dunlop, J.T., Harbison, F.H. & Myers, C.A. (1960) *Industrialism and Industrial Man: The Problems of Labour and Management in Economic Growth*. London: Penguin.

Kersley, B., Alpin, C., Forth, J., Bewley, H. & Oxenbridge S. (2006) *Inside the Workplace: Findings from the 2004 Workplace Employment Relations Survey*. London: Routledge.

Kessler, I. & Purcell, J. (1994) 'Joint problem solving and the role of third parties: An evaluation of ACAS advisory work'. *Human Resource Management Journal*, 4(2): 1–21.

Kessler, S. & Bayliss, F. (1998) *Contemporary British Industrial Relations*, 3rd ed. Basingstoke: Macmillan.

Kim, S. & Sung, J. (2005) *Employment Policy in Korea*. Seoul: KLI. (in Korean)

Kim, Y. (2005) *Wage Policy for Korean Workers*. Seoul: Humanitas. (in Korean)

King, W.L.M. (1973 [1918]) *Industry and Humanity*. Toronto: University of Toronto Press.

Kitay, J. & Lansbury, R.D. (eds) (1997) *Changing Employment Relations in Australia*. Melbourne: Oxford University Press.

Knell, J. (1999) *Partnership at Work*. Employment Relations Research Series Number 7. London: Department of Trade and Industry.

Kochan, T. (1998) 'What is distinctive about industrial relations research?' in K. Whitfield and G. Strauss (eds), *Researching the World of Work: Strategies and Methods in Studying Industrial Relations*. Ithaca: Cornell University Press, pp. 31–49.

Kochan, T., Katz, H. & McKersie, R.B.(1994) *The Transformation of American Industrial Relations*. 2nd ed. Ithaca, NY: Cornell University Press.

Kochan, T.A., Lansbury, R.D. & MacDuffie, J.P. (eds) (1997) *After Lean Production: Evolving Employment Practices in the World Auto Industry*. Ithaca, NY: Cornell University Press.

Kohaut, S. (2007) 'Tarifbindung und tarifliche Öffnungsklauseln: Ergebnisse aus dem IAB-Betriebspanel'. *WSI-Mitteilungen* 60: 94–97.

Kohaut, S. & Schnabel, C. (2007) 'Tarifliche Öffnungsklauseln—Verbreitung, Inanspruchnahme und Bedeutung'. *Sozialer Fortschritt* 56: 33–40.

Koike, K. (1977) *Shokuba no Rodo Kumiai to Sanka* (Worker Participation and Labour Unions at Workplace level) Tokyo: Toyo Keizai Shinpo Sha.

Koike, K. (1988) *Understanding Industrial Relations in Modern Japan*. Macmillan, London.

Korean Labor Institute (2008) *2008 KLI Labor Statistics*. Seoul: KLI (in Korean).

Koshiro, K. (1983) *Nihon no roshi Kankei* (Industrial Relations in Japan). Tokyo: Yuhikaku.

Kramer, R.J. (1998) 'Equal employment opportunities', in M. Poole & M. Warner (eds), *The IEBM Handbook of Human Resource Management*. London: Thomson Learning, pp. 736–744.

Kronauer, M. & Linne, G. (eds) (2007) *Flexicurity: Die Suche nach*

Sicherheit in der Flexibilität, 2nd ed., Berlin: edition sigma.

Kubo, K. (2008) 'Japan: The resilience of employment relationship and the changing condition of work', in S. Lee & F. Eyraud (eds), *Globalization, Flexibilization and Working Conditions in Asia and the Pacific*. London: Chandos.

Kumar, P. (1993) *From Uniformity to Divergence: Industrial Relations in Canada and the United States*. Kingston, ON: IRC Press, Queen's University.

Kuruvilla, S. & Hiers, W. (2000) *Globalization and industrial relations in India*. Report for the International Labour Organization, Regional Office for Asia and the Pacific, Bangkok.

Kuruvilla, S. & Ranganathan, A. (2008) 'Economic development strategies and macro-and micro-level human resource policies: The case of India's "outsourcing" industry'. *Industrial & Labor Relations Review*, 62(1): 39.

Kuruvilla, S. & Venkata Ratnam, C.S. (1996) 'Economic development and industrial relations: The case of South Asia and Southeast Asia'. *Industrial Relations Journal* 27(1): 9–23.

Kuwahara, Y. (1989) *Industrial Relations Systems in Japan: A New Interpretation*. Tokyo: Japan Institute of Labor.

Labour Canada *Chronological Perspectives on Work Stoppages in Canada*. Toronto: Human Resources Development Canada (HRDC) http://srv131.services.gc.ca/dimt-wid/pcat-cpws/recherche-search.aspx?lang=eng> (accessed 9 March 2010)

Labour Canada (various issues, unpublished data, 1966–2000) *Strikes and Lockouts in Canada*. Toronto: Human Resources Development Canada (HRDC).

Labour Market Trends (various issues, monthly) Central Statistical Office. London: Her Majesty's Stationery Office.

Lallement, M. (2008) *Sociologie des relations professionnelles*. Paris: La Découverte, coll. Repères.

Lama, L. (1976) *Intervista Sul Sindacato*. Bari: Laterza.

Lange, P. & Vannicelli, M. (1982) 'Strategy under stress: The Italian union movement and the Italian crisis in developmental perspective', in P. Lange, G. Ross & M. Vannicelli (eds), *Unions, Change, and Crisis*. Boston, George Allen & Unwin, pp. 95–206.

Lansbury, R.D. (1985) 'The Accord: A new experiment in Australian industrial relations'. *Labour and Society*, 10(2): 223–235.

Lansbury, R.D. (2009) 'Workplace democracy and the global financial crisis: Implications for Australia'. *Journal of Industrial Relations*, 51(5): 599–616.

Lansbury, R.D. & Wailes, N. (2003) 'The meaning of industrial democracy in an era of neo-liberalism', in P.J. Gollan & G. Patmore (eds), *Partnership at Work: The Challenge of Employee Democracy.* Sydney: Pluto Press, pp. 37–46.

Lansbury, R.D. & Wailes, N. (2008) 'Employee involvement and direct participation', in P. Blyton, N. Bacon, J. Fiortio & E. Heery (eds), *Sage Handbook of Industrial Relations*. London: Sage, pp. 434–446.

Lebergott, S. (1984) *The Americans: An Economic Record.* New York: W.W. Norton.

Ledvinka, J. & Scarpello, V.G. (1991) *Federal Regulation of Personnel and Human Resource Management,* 2nd ed. Belmont, CA: Kent.

Lee, B. (2003), 'Industrial relations system', in J. Kim (ed.), *Employment and Industrial Relations in Korea*. Seoul: KOILAF, pp. 171–213.

Lee, B. (2005), 'Solidarity crisis of Korean labor movement'. *Korea Focus*, 13(1): 86–106.

Lee, B. (2006), 'Policy recommendation for collective bargaining of the public sector', Report presented to Tripartite Commission.

Lee, B. (2008), *Labor 20 Year in Statistics*. Seoul: KLI. (in Korean)

Lee, B. & Kwon, H. (2008) *Strategies for Union Organizing in the Era of Globalization*. Seoul: KLI. (in Korean)

Lee, C.K. (1999) 'From organized dependence to disorganized despotism: Changing labour regimes in Chinese factories'. *The China Quarterly*, 157: 44–71.

Lee, C.K. (2007) *Against the Law: Labor Protests in China's Rustbelt and Sunbelt.* Berkeley, CA: University of California Press.

Lee, J. (2002), 'Industrial unionization and change of bargaining structure'. Paper presented to the International Conference of International Labor Standards and Korean Industrial Relations, held by KLI and ILO in Seoul, South Korea.

Lee, W. & Lee, B. (2003), 'Industrial relations and labor standards in Korea', in O. Kwon (ed.), *Korea's New Economy Strategy in Globalization Era*. Cheltenham: Edward Elgar, pp. 173–191.

Legge, K. (2007) 'Networked organizations and the negation of HRM?' in J. Storey (ed.), *Human Resource Management: A Critical Text*, 3rd ed., London: Thomson.

Leibfried, S. & Wagschal, U. (eds) (2000) *Der deutsche Sozialstaat: Bilanzen—Reformen—Perspektiven.* Frankfurt: Campus.

Levine, S.B. (1984) 'Employers' associations in Japan' in J.P. Windmuller & A. Gladstone (eds) *Employers' Associations and industrial Relations: A Comparative Study*. Oxford: Clarendon, pp. 318–356.

Levy, F. & Murname, R.J. (1992) 'U.S. earnings levels and earnings inequality: A review of recent trends and proposed explanations'. *Journal of Economic Literature*, 30: 1333–1381.

Lewin, D. (2008) 'Employee voice and mutual gains'. In *Proceedings of the 60th Annual Meeting*. Champaign, Illinois: Labor and Employment Relations Association.

Li, H. (2000) 'An analysis of the situation of China's labour market'. *Journal of Beijing College of Management of Planning and Labour*, 3: 14, 57.

Li, Y.B. (2003) 'The progress and forecast of the Chinese labour market'. *Contemporary Finance and Economics*, 3: 15–19.

Linden, M. (1998) 'Doing comparative labour history: Some essential preliminaries', in J. Hagan & A. Wells (eds), *Australian Labour and Regional Change: Essays in Honour of R.A. Gollan*. Sydney: University of Wollongong in association with Halstead Press.

Lobel, S. (1996) *Work/Life and Diversity: Perspectives of Workplace Reponses*. Boston, MA: Center on Work and Family, Boston University.

Locke, R.M. (1992) 'The decline of the national union in Italy: Lessons for comparative industrial relations'. *Industrial and Labor Relations Review*, 45: 229–249.

Locke, R.M. (1995) *Remaking the Italian Economy*. Ithaca, NY: Cornell University Press.

Locke, R.M., Kochan, T.A. & Piore, M. (1995) *Employment Relations in a Changing World Economy*. Cambridge, MA: MIT Press.

Locke, R.M., Piore, M. & Kochan, T.A. (1995) 'Reconceptualising comparative industrial relations: Lessons from international research'. *International Labour Review* 134(2): 139–161.

Locke, R. & Thelen, K. (1995) 'Apples and oranges compared: Contextualized comparisons and the study of comparative politics'. *Politics and Society* 23(3): 337–367.

Low Pay Commission (2000) 'The national minimum wage: The story so far'. Second Report of the LPC, Cmnd 4571.

Macintyre, S. (1989) 'Neither labour nor capital: the policies of the establishment of arbitration' in S. Macintyre & R. Mitchell (eds), *Foundations of Arbitration: The origins and effects of state compulsory arbitration*, 1890–1914. Melbourne: Oxford University Press, pp. 176–201.

Macintyre, S. & Mitchell, R. (eds) (1989) *Foundations of Arbitration: The Origins and Effects of State Compulsory Arbitration, 1890–1914*. Melbourne: Oxford University Press.

Mailand, M. (2008) *Regulering af arbejde og velfærd—Mod nye arbejdsdelinger mellem staten og arbejdsmarkedets parter*. Copenhagen: DJØF Publishing.

Malila, J. (2007) 'The great look forward: China's HR evolution'. *China*

Business Review 34(4): 16–19.

Manow, P. & Seils, E. (2000) 'Adjusting badly: The German welfare state, structural change, and the open economy', in F.W. Scharpf & V.A. Schmidt (eds), *Welfare and Work in the Open Economy, Vol. II: Diverse Responses to Common Challenges.* Oxford: Oxford University Press, pp. 264–307.

Marchington, M. (1995) 'Employee relations', in S. Tyson (ed.), *Strategic Prospects for Human Resource Management.* London: Institute of Personnel and Development, pp. 81–111.

Marchington, M. & Cox, A. (2007) 'Employee involvement and participation: Structures, processes and outcomes', in J. Storey (ed.), *Human Resource Management: A Critical Text*, 3rd ed. London: Thomson.

Marchington, M., Grimshaw, D., Rubery, J. & Willmott, H. (eds) (2005) *Fragmenting Work: Blurring Organizational Boundaries and Disordering Hierarchies*. Oxford: Oxford University Press.

Marchington, M. & Parker, P. (1990) *Changing Patterns of Employee Relations.* Hemel Hempstead: Harvester Wheatsheaf.

Marchington, M. & Wilkinson A. (1998) 'Partnership in context', in P. Sparrow & M. Marchington (eds), *Human Resource Management: The New Agenda.* London: Financial Times/Pitman, pp. 208–225.

Marchington, M. & Wilkinson A. (2001) 'Employee involvement at work', in J. Storey (ed.), *Human Resource Management: A Critical Text*, 2nd ed. London: Thomson, pp. 232–252.

Marchington, M. & Wilkinson A. (2002) *People Management and Development.* London: Chartered Institute of Personnel and Development.

Marchington, M. & Wilkinson A. (2008). *Human Resource Management at Work*, 4th ed. London: CIPD.

Marchington, M., Wilkinson, A., Ackers, P. & Dundon, T. (2001) *Management Choice and Employee Voice.* London: Chartered Institute of Personel and Development.

Marginson, P., Gilman, M., Jacobi, O. & Krieger, H. (1998) *Negotiating European Works Councils: An Analysis of Agreements Under Article 13.* Dublin: European Foundation for the Improvement of Living and Working Conditions.

Martin, R. (1989) *Trade Unionism: Purposes and Forms.* Oxford: Clarendon Press.

Martin, R. & Bamber, G.J. (2004) 'International comparative employment relations theory: Developing the political economy perspective' in *Theoretical Perspectives on Work and the Employment Relationship*, Annual Research Volume, ed. B.E. Kaufman.

University of Illinois: The Industrial Relations Research Association, pp. 293–320.

Martinez Lucio, M. & Perret, R. (2009) 'The diversity and politics of trade union responses to minority ethnic and migrant workers: The context of the UK'. *Economic and Industrial Democracy* 30(3): 234–247.

Martinez Lucio, M. & Stuart, M. (2005) *Partnership and Modernisation in Employment Relations.* London: Routledge.

Mascini, M. (2000) *Profitti E Salari*. Bologna: Il MuliNo.

Mason, B. & Bain, P. (1993) 'The determinants of trade union membership in Britain: A survey of the literature'. *Industrial and Labor Relations Review*, 46(2): 332–351.

Matthews, K. & Minford, P. (1987) 'Mrs Thatcher's economic policies, 1979–1987'. *Economic Policy*, 2(2): 57–101.

McCallum, R. (1997) 'Australian workplace agreements: An analysis'. *Australian Journal of Labour Law*, 10(1): 50–61.

McCallum, R. & Patmore, G. (2002) 'Works councils and labour law', in P.J. Gollan, P.J., Markey & I. Ross (eds) (2002) *Works Councils in Australia.* Sydney: Federation Press, pp. 74–101.

McClendon, J.A., Kriesky, J. & Eaton, A. (1995) 'Member support for union mergers: An analysis of an affiliation referendum'. *Journal of Labor Research* 16(1): 9–23.

McDonald, T. & Rimmer, M. (1989) 'Award restructuring and wages policy'. *Growth* 37: 111–134.

McGovern, P. (2007) 'Immigration, labour markets and employment relations: Problems and prospects'. *British Journal of Industrial Relations*, 45(2): 17–35.

McKay, S. (2001) 'Between flexibility and regulation: Rights, equality and protection at work'. *British Journal of Industrial Relations*, 39(2): 285–303.

Mercer, S. & Notley, R. (2008) *Trade Union Membership 2007*. London: Department for Business, Enterprise and Regulationary Reform (National Statistics), <http://stats.berr.gov.uk/UKSA/tu/tum2008.pdf> (Accessed 18 January 2010).

McLaughlin, C. (2009) 'The productivity-enhancing impacts of the minimum wage: Lessons from Denmark and New Zealand'. *British Journal of Industrial Relations*, 47(2): 327–348.

McLoughlin, I. & Gourlay, S. (1994) *Enterprise Without Unions: Industrial Relations in the Non-Union Firm.* Buckingham: Open University Press.

Mehrotra, R. (1998) 'Notice of change: A must for voluntary retirement scheme? Impact of Bombay High Court decision in *KEC*

International Case'. *Current Law Reporter*, July: 3–10.

Meng, X. (2000) *Labour Market Reform in China*. Cambridge: Cambridge University Press.

Mesh, M. (ed.) (1995) *Sozialpartnerschaft und Arbeitsbeziehungen in Europa*. Wien: Manz Verlag.

Metcalf, D. (1991) 'British unions: Dissolution or resurgence?' *Oxford Review of Economic Policy*, 7: 18–32.

Metcalf, D. (1999) 'The British national minimum wage'. *British Journal of Industrial Relations* 37(2): 171–201.

Metcalf, D. (2005) 'Trade unions: Resurgence or perdition? An economic analysis', in S. Fernie & D. Metcalf (eds), *Trade Unions: Resurgence or Demise?* London: Routledge, pp. 83–117.

Milkman, R. & Kye, B. (2008) 'The state of the unions in 2008: A profile of union membership in Los Angeles, California, and the nation'. Los Angeles, CA: UCLA Institute for Research on Labor and Employment, <www.irle.ucla.edu/research/pdfs/unionmembership08-color.pdf> (Accessed 18 January 2010).

Millward, N., Bryson, A. & Forth, J. (2000) *All Change at Work? British Employment Relations 1980–1998, as Portrayed by the Workplace Industrial Relations Survey Series.* London: Routledge.

Millward, N., Stevens, M., Smart, D. & Hawes, W. (1992) *Workplace Industrial Relations in Transition.* Aldershot: Dartmouth

Ministry of Health, Labour and Welfare (2010) *Basic Survey on Wages* 1985 to 2004 [statistics]. Available from *Rodo Tokei Deta Kensaku Sisutemu (Labor Statistics Search System)* <http://stat.jil.go.jp/> (Accessed 16 February 2010).

Ministry of Internal Affairs and Communications (2010) *Labour Force Survey* 1987 to 2006 [statistics]. Available from *Rodo Ryoku Chosa Choki Zikeiretsu Deta (Labor Force Survey, Long-term Data)*, <http://www.stat.go.jp/data/roudou/longtime/03roudou.htm> (Accessed 16 February 2010).

Ministry of Labour (*Rodosho*). (1975) *Rodo Hakusho* (White Paper on Labour). Japan: Ministry of Finance Printing Office.

Molina, O. & Rhodes, M. (2002) 'Corporatism: The past, present, and future of a concept'. *Annual Review of Political Science*, 5: 305–331.

Morehead, A., Steele, M., Alexander, M., Stephen, K. & Duffin, L. (1997) *Changes at Work: The 1995 Australian Industrial Relations Survey*. Melbourne: Longman.

Morishima, M. (1992) 'Use of joint consultation committees by large Japanese firms'. *British Journal of Industrial Relations* 14(1): 5–16.

Moss, B.H. (1980) *The Origins of the French Labour Movement 1830–1914: The Socialism of Skilled Workers.* Berkeley, CA: University of

California Press.
Mouriaux, R. (1994) *Le syndicalisme en France depuis 1945*. Paris: La Découverte, coll. Repères.
Mu, J. (2003) 'Building a unified urban–rural labour market is an inevitable trend'. *Journal of Kunming University*, 2: 11–14.
Muir, K. (2008) *Worth Fighting For: Inside the Your Rights at Work Campaign*. Sydney: University of New South Wales Press.
Mukherjee, D. & Majumder, R. (2008) 'Tertiarisation of the Indian labour market: A new growth engine or sending distress signals?' *Journal of the Asia Pacific Economy*, 13(4): 387–413.
Müller-Jentsch, W. & Ittermann, P. (2000) *Industrielle Beziehungen: Daten, Zeitreihen, Trends 1950–1999*. Frankfurt: Campus.
Nam, J. & Kim, T. (2000), 'Are non-standard jobs a bridge or a trap?' *Korean Journal of Labor Economics*, 23(2): 85–105. (in Korean)
Nankervis, A., Compton, R. & Baird, M. (2008) *Human Resource Management: Strategies and Processes*, 6th ed. Sydney: Thompson.
Nath, S. (1997) Labour Policy and Economic Reforms in India, 1991–1996: A Study in the Context of Restructuring. MPhil dissertation. New Delhi: Indian Institute of Public Administration.
Nienhüser, W. & Hossfeld, H. (2004) *Bewertung von Betriebsvereinbarungen durch Personalmanager. Eine empirische Studie*. Frankfurt: Bund-Verlag.
Niland, J.R. (1976) *Collective Bargaining in the Context of Compulsory Arbitration*. Sydney: University of New South Wales Press.
Nitta, M. (1988) *Nihon no Roudousha Sanka* (Worker Participation in Japan). Tokyo: University of Tokyo Press.
Nolan, P. (2001) *China and the Global Economy*. London: Palgrave.
O'Leary, G. (ed.) (1998) *Adjusting to Capitalism: Chinese Workers and the State*. New York: M.E. Sharpe.
OECD (1984) *Economic Surveys: Italy*. Paris: OECD.
OECD (1986) *Flexibility in the Labour Market. The Current Debate*. Paris: OECD.
OECD (1997a) *Employment Outlook*. Paris: OECD.
OECD (1997b) *Implementing the OECD Job Strategy: Lessons from Member Countries' Experience*. Paris: OECD.
OECD (2006) *Employment Outlook 2006*. Paris: OECD.
OECD (2008) *Employment Outlook 2008*. Paris: OECD.
Ohmae, K. (1990) *The Borderless World: Power and Strategy in the Interlinked Economy*. New York: Harper Business.
Ohmae, K. (1995) *The End of the Nation State*. New York: The Free Press.
Ohtake, F. (2005) *Nihon no fubyodo—kakusa shakai no genso to*

mirai (Inequality in Japan). Tokyo: Nihon Keizai Shimbun. (in Japanese)

Orth, J.V. (1991) *Combination and Conspiracy: A Legal History of Trade Unionism, 1721–1906*. New York: Oxford University Press.

Osterman, P. (1994) 'How common is workplace transformation and how can we explain who does it?' *Industrial and Labor Relations Review*, 47: 175–188.

Osterman, P. (1999) *Securing Prosperity*. New York: Oxford University Press.

Osterman, P. (2000) 'Work reorganization in an era of restructuring: Trends in diffusion and effects on employee welfare'. *Industrial and Labor Relations Review*, 53: 179–196.

Page, R. (2006) *Co-determination in Germany: A beginners' guide*. Düsseldorf: Hans-Böckler-Stiftung.

Palmer, B.D. (1983) *Working class experience: The rise and reconstitution of Canadian labour, 1800–1980*. Toronto: Butterworths.

Panitch, L. & Swartz, D. (1993) *The Assault on Trade Union Freedoms: From Wage Controls to Social Contract*. Toronto: Garamond Press.

Papadakis, K. (2008) 'Research on transnational social dialogue and International Framework Agreements (IFAs)'. *International Labour Review*, 147(1): 100–104.

Park, J. (1992), *A Study on the Industrial Relations at Korean Large Firm*. Seoul: Baeksanseodang. (in Korean)

Park, W. & Roh, Y. (2001) *Changes in Human Resource Management and Industrial Relations in the Period of Post-Crisis*. Seoul: KLI.

Patmore, G. (2003) 'Industrial conciliation and arbitration in New South Wales before 1998', in G. Patmore (ed.), *Laying the Foundations of Industrial Justice: The Presidents of the NSW Industrial Relations Commission 1902–1998*. Sydney: Federation Press.

Pedersen, O.K. (2006) 'Corporatism and beyond: The negotiated economy', in J.L. Campbell, J.A. Hall & O.K. Pedersen (eds), *National identity and the Varieties of Capitalism: The Danish Experience*. Toronto: McGill-Queens University Press, pp. 245–270.

Peetz, D. (1990) 'Declining union density'. *Journal of Industrial Relations*, 32(2): 197–223.

Peetz, D. (1998) *Unions in a Contrary World: The Future of the Australian Trade Union Movement*. Melbourne: Cambridge University Press.

Peirce, J. (2003) *Canadian Industrial Relations*, 2nd ed. Scarborough, ON: Prentice Hall Canada.

Peng, X.Z. & Yao, Y. (2004) 'Clarifying the concept of informal employment and promote the development of informal employment'.

Social Science, 7: 63–72.

People's Daily Online (2008) 'Wang Zhaoguo: 209 million member ship, the ACFTU becomes the largest trade union in the world'. <http://acftu.people.com.cn/GB/8188849.html> (Accessed 19 December 2008).

Perraton, J., Goldblatt, D., Held, D. & McGrew, A. (1997) 'The globalisation of economic activity'. *New Political Economy*, 2(2): 257–277.

Pernot, J.M. (2005) *Syndicats: lendemains de crise*. Paris: Gallimard.

Piore, M.J. (1981) *Convergence in Industrial Relations? The Case of France and the United States*. Working Paper No. 286. Cambridge, MA: Massachusetts Institute of Technology, Department of Economics.

Pittard, M. (1997) 'Collective employment relationships: Reform of arbitrated awards and certified agreements'. *Australian Journal of Labour Law*, 10(1): 62–88.

Pizzorno, A., Regalia, I., Regini, M. & Reyneri, E. (1978) *Lotte Operaie E Sindacato in Italia: 1968–1972*. Bologna: Il MuliNo.

Pittard, M. (1997) 'Collective employment relationships: Reform of arbitrated awards and certified agreements'. *Australian Journal of Labour Law*, 10(1): 62–88.

Pizzorno, A., Regalia, I., Regini, M. & Reyneri, E. (1978) *Lotte Operaie E Sindacato in Italia: 1968–1972*. Bologna: Il MuliNo.

Plowman, D. (1989) 'Forced march: The employers and arbitration', in S. Macintyre & R. Mitchell (eds), *Foundations of Arbitration: The Origins and Effects of State Compulsory Arbitration, 1980–1914*. Melbourne: Oxford University Press, pp. 135–155.

Pocock, B., Elton, J., Preston, A., Charlesworth, S. et al. (2008) 'The impact of Work Choices on women in low paid employment in Australia'. *Journal of Industrial Relations*, 50(3): 475–488.

Pontusson, J. (1995) 'From comparative public policy to political economy: Putting political institutions in their place and taking interests seriously'. *Comparative Political Studies* 28(1): 117–148.

Potter, P. (1999) 'The Chinese legal system: Continuing commitment to the primacy of state power'. *China Quarterly* 159: 673–683.

Preston, A. & Jefferson, T. (2007) 'Trends in Australia's gender–wage ratio'. *Labour & Industry*, 18(2): 69–84.

Przeworski, A. & Teune H. (1970). *The Logic of Comparative Social Inquiry*. New York: Wiley.

Pugno, E. & Garavini, S. (1974) *Gli Anni Duri Alla Fiat: La Resistenza Sindacale E La Ripresa*. Turin: Einaudi.

Pulignano, V. (2006) 'The diffusion of employment practices of US-based multinationals in Europe: A case study comparison of British- and Italian-based subsidiaries between two sectors'. *British Journal of Industrial Relations*, 44: 497–518.

Pulignano, V. (2007) 'Going national or European? Local trade union politics within transnational business contexts in Europe'. In K. Bronfenbrenner (ed.), *Global Unions: Challenging Global Capita through Cross-Border Campaigns*. Ithaca, NY: Cornell University Press, pp. 137–154.

Pun, N. & Smith, C. (2007) 'Putting transnational labour process in its place: The dormitory labour regime in post-socialist China'. *Work, Employment and Society* 21(1): 47–65.

Purcell, J. & Hutchinson, S. (2007) *Bringing Policies to Life: The Vital Role of Front Line Managers in People Management*. London: CIPD.

Purcell, J., Purcell, K. & Tailby, S. (2004) 'Temporary work agencies: Here today, gone tomorrow?' *British Journal of Industrial Relations*, 42(4): 705–725.

Purcell, J. & Sisson, K. (1983) 'Strategies and practice in the management of industrial relations', in G. Bain (ed.), *Industrial Relations in Britain*. Oxford: Blackwell, pp. 95–120.

Ramsay, H. (1977) 'Cycles of control: Worker participation in sociological and historical perspective'. *Sociology*, 11: 481–506.

Ray, P.K. (2006) 'Labour policy and employment generation: A comparative note on India and China'. *Indian Journal of Labour Economics*, 49(2): 353–368.

Regalia, I. & Regini, M. (1998) 'Italy: The dual character of industrial relations'. In A. Ferner & R. Hyman (eds), *Changing Industrial Relations in Europe*, 2nd ed. Malden, MA, Blackwell, pp. 459–503.

Regini, M. (1985) 'Relazioni industriali e sistema politico: L'evoluzione eecente e le prospettive degli anni '80', in M. Carrieri & P. Perulli (eds), *Il Teorema Sindacale*. Bologna: Il MuliNo.

Regini, M., Kitay, J. & Baethge, J. (eds) (2000) *From Tellers to Sellers: Changing Employment Relations in Banks*. Cambridge, MA: MIT Press.

Reich, R. (1995) *Address to the Delegates of the 10th World Congress of International Industrial Relations Association*. Washington, DC: IRRA, 31 May–4 June.

Reilly, P., Tamkin, P. & Broughton, A. 2007. *The Changing HR Function: Transforming HR?* London: CIPD.

Reynaud, J.-D. (1975) *Les syndicats en France*. Paris: Seuil.

Rhodes, M. (1996) *Globalisation, Labour Markets and Welfare States: A Future of' 'Competitive Corporatism'?* Florence: European University Institute.

Rhodes, M. (2001) 'The political economy of social pacts: 'Competitive corporatism' and European welfare reform'. In P. Pierson (ed.), *The New Politics of the Welfare State*. Oxford: Oxford University Press, pp. 165–194.

Rideout, R.W. (1971) 'The *Industrial Relations Act* 1971'. *The Modern Law Review*, 34(6): 655–675.

Riisgaard, L. (2005) 'International Framework Agreements: A new model for securing workers' rights?' *Industrial Relations* 44(4): 707–737.

Rimmer, M. (1987) 'Australia: New wine in old bottles', in B. Bilson (ed.), *Wage Restraint and the Control of Inflation: An International Survey*. London: Croom Helm.

Ritzer, G. (1975) *Sociology: A Multiple Paradigm Science*. Boston: Allyn and Bacon.

Rollinson, D. & Dundon T. (2007) *Understanding Employment Relations*. London: Addison-Wesley.

Romagnoli, U. & Treu, T. (1981) *I Sindacati in Italia Dal '45 Ad Oggi: Storia Di Una Strategia*. Bologna: Il MuliNo.

Rosanvallon, P. (1988) *La question syndicale*. Paris: Seuil.

Rose, J. & Chaison, G. (2001) 'Unionism in Canada and the United States in the 21st Century'. *Relations Industrielles/Industrial Relations* 56(1): 34–65.

Rosenblum, J. (1995) *Copper Crucible*. Ithaca, NY: Cornell University Press.

Rossi, F. & Sestito, P. (2000) 'Contrattazione aziendale, struttura negoziale e determinazione del salario'. *Rivista di Politica Economica*, 90: 129–183.

Rostow, W.W. (1960) *The Stages of Economic Growth: A Non-Communist Manifesto*. Cambridge: Cambridge University Press.

Rubery, J., Carroll, M., Cooke, F.L., Grugulis, I. & Earnshaw, J. (2004) 'Human resource management and the permeable organisation: The case of the multi-client call centre'. *Journal of Management Studies*, 41(7): 1199–1222.

Rubery, J., Earnshaw, J., Marchington, M., Cooke, F. & Vincent, S. (2002) 'Changing organisational forms and the employment relationship'. *Journal of Management Studies*, 39: 645–672.

Rubinstein, S.A. & Kochan, T.A. (2001) *Learning from Saturn*. Ithaca, NY: Cornell University Press.

Ryan, S., Wailes, N. & Bamber, G.J. (2004) 'Globalisation, employment and labour: Comparative statistics', in G. Bamber, R. Lansbury and N. Wailes (eds), *International and Comparative Employment Relations*, 4th ed. Sydney: Allen & Unwin, pp. 357–402.

Sabel, C. (1982) *Work and Politics*. New York: Cambridge University Press.

Saich, T. (2001) *Governance and Politics of China*. Basingstoke:

Palgrave.

Salamon, M. (2000) *Industrial Relations: Theory and Practice*, 4th ed. Harlow: Financial Times/Prentice Hall.

Salisbury, D. (2001) 'The state of private pensions', in S. Friedman & D.C. Jacobs (eds), *The Future of the Safety Net: Social Insurance and Employee Benefits*. Champaign, IL: Industrial Relations Research Association.

Salvati, M. (1984) *Economia E Politica in Italia Dal Dopoguerra Ad Oggi*. Milan: Garzanti.

Santi, E. (1983) 'L'evoluzione delle strutture di categoria: Il caso cisl'. *Prospettiva Sindacale*, 48:102-122.

Schettkat, R. (2006) *Lohnspreizung: Mythen und Fakten. Eine Literaturübersicht zu Ausmaß und ökonomischen Wirkungen von Lohngleichheit.* Düsseldorf: Hans-Böckler-Stiftung.

Scheuer, S. (2008). 'Den danske model er under pressure'. *Ugebrevet A4*, 32: pp. 21–22.

Schmid, G., Reissart, B. & Bruche, G. (1992) *Unemployment Insurance and Active Labor Market Policy.* Detroit MI: Wayne State University Press.

Schmidt, V. (2002) *The Futures of European Capitalism*. Oxford: Oxford University Press.

Schnabel, C. (1998) 'The reform of collective bargaining in Germany: Corporatist stability vs firm flexibility', in R. Hoffmann, O. Jacobi, B. Keller & M. Weiss (eds), *The German Model of Industrial Relations Between Adaptation and Erosion.* Düsseldorf: Hans-Böckler-Stiftung, pp. 83–95.

Schnabel, C. (2000) *Tarifautonomie und Tarifpolitik.* Köln: Deutscher Industrie-Verlag.

Schroeder, W. & Wessels, B. (eds) (2003) *Die Gewerkschaften in Politik und Gesellschaft der Bundesrepublik Deutschland. Ein Handbuch.* Wiesbaden: Westdeutscher Verlag.

Schroeder, W. & Wessels, B. (eds) (2010) *Arbeitgeber-und-Wirtschaftsverbände in Deutschland. Ein Handbuch,* Wiesbaden, Verlag für Sozialwissenschaften.

Schuler, R., Budhwar, P. & Florkowski, G. (2002) 'International human resource management: Review and critique'. *International Journal of Management Reviews*, 4(1): 41–70.

Schulten, T., Bispinck, R. & Schäfer, C. (eds) (2006) *Mindestlöhne in Europa.* Hamburg: VSA-Verlag.

Sefton, T. & Sutherland, H. (2005) 'Inequality and poverty under New Labour', in J. Hills & K. Stewart (eds), *A More Equal Society? New Labour, Poverty, Inequality and Exclusion*. Bristol: Policy Press.

Seifert, H. (ed.) (2005) *Flexible Zeiten in der Arbeitswelt.* Frankfurt: Campus.

Seifert, H. (ed.) (2006) *Konfliktfeld Arbeitszeitpolitik. Entwicklungslinien, Gestaltungsanforderungen und Perspektiven der Arbeitszeit.* Bonn: Friedrich-Ebert-Stiftung.

Seifert, H. (ed.) (2008) 'Regulated flexibility: Flexible working time patterns in Germany and the role of works councils'. *The International Journal of Comparative Labour Law and Industrial Relations*, 24: 227–240.

Sethi, A. (ed.) (1989) *Collective Bargaining in Canada.* Scarborough, ON: Nelson.

Sexton, P.C. (1991) *The War Against Labor and the Left.* Boulder, CO: Westview.

Shalev, M. (1980) 'Industrial relations theory and the comparative study of industrial relations and industrial conflict'. *British Journal of Industrial Relations* 18(1): 26–43.

Sheehan, J. (1999) *Chinese Workers: A New History.* London: Routledge.

Sheldon, P. & Thornthwaite, L. (1999) 'Employer matters in 1998'. *Journal of Industrial Relations*, 41(1): 152–169.

Shephard, R.J. (1996) 'Financial aspects of employee fitness programmes', in J. Kerr, A. Griffiths & T. Cox (eds), *Workplace Health.* London: Taylor & Francis, pp. 29–54.

Shi, M.X. & Wang, B.Q. (2007) 'Modelling of labour relations in informal employment'. *China Labour*, 11: 22–24.

Shirai, T. (ed.) (1983) *Contemporary Industrial Relations in Japan.* Madison, WI: University of Wisconsin.

Shorter, E. & Tilly, C. (1974) *Strikes in France: 1830–1968.* Cambridge: Cambridge University Press.

Siaroff, A. (1999) 'Corporatism in 24 industrial democracies: Meaning and measurement'. *European Journal of Political Research*, 36: 175–205.

Simpson, B. (2000) 'Trade union recognition and the law: A new approach'. *Industrial Law Journal*, 29(3): 193–222.

Sims, A.C.L., Blouin, R. & Knopf, P. (1995) *Seeking a Balance: Canada Labour Code Review Part 1.* Ottawa: Minister of Public Works and Government Services.

Sisson, K. (ed.) (1994) *Personnel Management*. Oxford: Blackwell.

Skopcol, T. & Somers, M. (1980). 'The uses of comparative history in macrosocial inquiry'. *Comparative Studies in History and Society* 228(2): 174–192.

Smith, M. & Lyons, M. (2006) 'Women, wages and industrial relations in Australia: The past, the present and the future'. *International Journal of Employment Studies*, 14(2): 1–18.

Smith, P. & Morton, G. (2001) 'New Labour's reform of Britain's employment law'. *British Journal of Industrial Relations* 39(1): 119–138.

Solinger, D. (1999) *Contesting Citizenship in Urban China: Peasant Migrants, the State, and the Logic of the Market*. Berkeley, CA: University of California Press.

Somerville, W. (2007) *Immigration Under New Labour*. Bristol: Policy Press.

Soskice, D. (1990) 'Wage determination: The changing role of institutions in advanced industrialised countries'. *Oxford Review of Economic Policy*, 6: 36–57.

Standing, G. (2008) 'The ILO: An agency for globalisation?' *Development and Change*, 39(3): 355–384.

State Council (2006) *Report on Rural Migrant Workers in China*. Beijing: State Council of China.

Statistics Canada (2007). *Perspectives on Labour and Income*. Catalogue 75–001 XIE, August, Volume 8, No. 8. Toronto: Statistics Canada.

Statistics Canada (2008), Anonymous, 'Unionization', in *Perspectives on Labour and Income*, Vol 20, No. 3, pp. 70–78.

Statistics Canada (2009). 'Unionization'. *Perspectives on Labour and Income*. Vol. 20, No. 8. Toronto: Statistics Canada.

Statistics Canada *Literacy skills among Canada's immigrant population* <www.statcan.gc.ca/pub/81-004-x/2005005/9112-eng.htm> (accessed 25 February 2010).

Statistics Denmark (2006) *External Trade of Denmark 2006*. Copenhagen: Statistics Denmark.

Stewart, J. & Walsh, K. (1992) 'Change in the management of public services'. *Public Administration*, 70(4): 499–518.

Stone, K. (1996) 'Mandatory arbitration of individual employment rights: The yellow dog contract of the 1990s'. *Denver Law Review* 73: 1017–1034.

Strauss, G. (1998) 'Comparative international industrial relations', in K. Whitfield & G. Strauss (eds), *Researching the World of Work: Strategies and Methods in Studying Industrial Relations*. Ithaca: Cornell University Press, pp. 175–192.

Streeck, W. (1987) 'The uncertainty of management in the management of uncertainty: Employers, labour relations and industrial adjustments in the 1980s'. *Work, Employment and Society* 1(3): 281–308.

Streeck, W. (1997) 'Beneficial constraints: On the economic limits of rational voluntarism', in J. R. Hollingsworth & R. Boyer (eds) *Contemporary Capitalism: The Embeddedness of Institutions*. Cambridge: Cambridge University Press, pp. 197–219.

Streeck, W. (2000) 'Competitive solidarity: Rethinking the "European social model"', in K. Hinrichs, H. Kitschelt & H. Wiesenthal (eds), *Kontingenz Und Krise: Institutionenpolitik in Kapitalistischen Und Postsozialistischen Gesellschaften*. Frankfurt: Campus Verlag, pp. 245–262.

Streeck, W. & Thelen, K. (2005) 'Introduction: Institutional change in advanced political economies', in W. Streeck & K. Thelen (eds), *Beyond Continuity: Institutional Change in Advanced Political Economies*. Oxford: Oxford University Press, pp. 1–39.

Streeck, W. & Yamamura, K. (eds) (2001) *The Origins of Nonliberal Capitalism: Germany and Japan in Comparison*. Ithaca, NY: Cornell University Press.

Streeck, W. & Yamamura, K. (eds) (2003) *The End of Diversity? Prospects for German and Japanese Capitalism*. Ithaca, NY: Cornell University Press.

Sturmthal, A. (1973) 'Industrial Relations Strategies', in A. Sturmthal & J. Scoville (eds), *The International Labor Movement in Transition*. Urbana, IL: University of Illinois Press.

Sugeno, K. (2002) *Shin Koyo Shakai no Ho to Keizai*. Tokyo: Yuuhikaku.

Sundaram, K. (2007) 'Employment and poverty in India, 2000–2005'. *Economic and Political Weekly*, 28 July: 3121–3131.

Suzuki, H. (1998) *Senshinkoku ni okeru Hitenkeikoyo no Kakudai* (Growth of Atypical Employment in Industrialised Countries). Tokyo: Japan Institute of Labor.

Swenson, P. (1991) 'Bringing capital back in, or social democracy reconsidered: Employer power, cross-class alliances, and centralization of industrial relations in Denmark and Sweden'. *World Politics* 43(4): 513–545.

Swimmer, G. (2001) *Public Sector Labour Relations in an Era of Restraint and Restructuring*. Don Mills, ON: Oxford University Press.

Swimmer, G. & Thompson, M. (eds) (1995) *Public Sector Collective Bargaining in Canada: The End of the Beginning or the Beginning of the End?* Kingston, ON: IRC Press, Queen's University.

Tachibanaki, T. (2005). *Confronting Income Inequality in Japan: A Comparative Analysis of Causes, Consequences, and Reform*. Cambridge, MA: MIT Press.

Taft, P. (1964) *Organized Labor in American History*. New York: Harper & Row.

Tarantelli, E. (1986) *Economia Politica Del Lavoro*. Turin: UTET.

Taylor, B., Chang, K. & Li, Q. (2003) *Industrial Relations in China*. Cheltenham: Edward Elgar.

Taylor, B. & Li, Q. (2007) 'Is the ACFTU a union and does it matter?' *Journal of Industrial Relations*, 49(5): 701–715.

TeamLease Services (2006) *India Labour Report, 2006: A Ranking of Indian States by their Labour Ecosystem—Labour Demand, Supply and Labour Laws*. Bangalore: TeamLease Services.

Tempel, A. Wachter, H. & Walgenbach, P. (2006) 'The comparative institutional approach to human resource management in multinational companies', in M. Geppert and M. Mayer (eds), *Global, National and Local Practices in Multinational Companies*. London: Palgrave Macmillan.

Terry, M. & Dickens, L. (eds) (1991) *European Employment and Industrial Relations Glossary: United Kingdom*. London: Sweet and Maxwell/Luxembourg: Office for Official Publications of the European Communities.

Thelen, K.A. (1991) *Labor Politics in Postwar Germany*. Ithaca: Cornell University Press.

Thelen, K.A. (1993) 'Western European labour in transition: Sweden and German compared'. *World Politics* 46(1): 15–27.

Thelen, K.A. (2000) 'Why German employers cannot bring themselves to dismantle the German model', in T. Iversen, J. Pontusson & D. Soskice (eds), *Unions, Employers and Central Banks: Macro-Economic Coordination and Institutional Change in Social Market Economies*. New York: Cambridge University Press, pp. 138–170.

Thelen, K.A. (2001) 'Varieties of labor politics in the developed democracies'. In P.A. Hall & D. Soskice (eds), *Varieties of Capitalism: The Institutional Foundations of Comparative Advantage*. New York: Oxford University Press.

Thireau, I. & Hua, L. S. (2003) 'The moral universe of aggrieved Chinese workers: Workers' appeals to arbitration committees and letters and visits offices'. *The China Journal*, 50: 83–103.

Thomas, C. & Wallis, B. (1998) 'Dwr Cymru/Welsh Water: A case study in partnership', in P. Sparrow & M. Marchington (eds), *Human Resource Management: The New Agenda*. London: Financial Times/Pitman, pp. 160–170.

Thompson, M., Rose, J. & Smith, A. (eds) (2003) *Beyond the Regional Divide: Regional Dimensions of Industrial Relations*. Kingston: Queen's Centre for Policy Studies and Mc-Gill-Queen's University Press.

Towers, B. (1997) *The Representation Gap: Change and Reform in the British and American Workplace*. Oxford: Oxford University Press.

Trades Union Congress (1999) *Partners in Progress: New Unionism in the Workplace*. London: TUC.

Traxler, F. (1995) 'Farewell to labor market associations? Organized versus disorganized decentralization as a map for industrial relations', in C. Crouch & F. Traxler (eds), *Organized Industrial Relations in Europe: What Future?* Aldershot: Avebury, pp. 3–19.

Traxler, F. (2003) 'Bargaining (de)centralization, macroeconomic performance and control over the employment relationship'. *British Journal of Industrial Relations*, 41: 1–27.

Traxler, F. (2004) 'The metamorphosis of corporatism: From classical to lean patterns'. *European Journal of Political Research*, 43: 571–598.

Traxler, F., Blaschke, S. & Kittel, B. (2001) *National Labour Relations in Internationalized Markets: A Comparative Study of Institutions, Change and Performance*. Oxford: Oxford University Press.

Turner, H.A. (1962) *Trade Union Growth, Structure and Policy: A Comparative Study of the Cotton Unions*. London: Allen & Unwin.

Turner, L. (1991) *Democracy at Work: Changing World Markets and the Future of Labour Unions*. Ithaca, NY: Cornell University Press.

Turner, L., Katz, H.C. & Hurd, R.W. (2001) *Rekindling the Movement*. Ithaca, NY: Cornell University Press.

Turone, S. (1992) *Storia Del Sindacato in Italia*. Bari: Laterza.

Ulrich, D. & Brockbank, W. (2005) *The HR Value Proposition*. Boston, Harvard Business School Press.

Undy, R. (1999) 'New Labour's industrial relations settlement—The Third Way'. *British Journal of Industrial Relations* 37(2): 315–336.

Undy, R., Ellis, V., McCarthy, W. & Halmos, A. (1981), *Change in Trade Unions*. London: Hutchinson.

Unger, J. & Chan, A. (1995) 'China, corporatism, and the East Asian model'. *The Australian Journal of Chinese Affairs*, 33: 29–53.

US Census Bureau (2008) 'US trade in goods and services—balance of payments (BOP) basis'. Media release, 10 June, <www.census.gov/foreign-trade/statistics/historical/index.html> (Accessed 18 January 2010).

Vaciago, G. (1993) 'Exchange rate stability and market expectations: The crisis of the EMS'. *Review of Economic Conditions in Italy*, 1: 11–29.

Vartia, M. & Hyyti, J. (2002) 'Gender differences in workplace bullying among prison officers'. *European Journal of Work and Organizational Psychology*, 11(1): 113–126.

Vatta, A. (2007) 'Italy', in F. Traxler & G. Huemer (eds), *Handbook of Business Interest Associations: Firm Size and Governance*. London: Routledge, pp. 204–239.

Venkata Ratnam, C.S. (1997a) *Competitive Labour Policies in Indian States*. Working Paper prepared for Project LARGE. New Delhi: Allied Publishers.

Venkata Ratnam, C.S. (1997b) 'The role of the state in industrial relations in the era of globalization'. Paper presented at the sub-regional tripartite meeting on Globalization and Transformation of Industrial Relations in South Asia at New Delhi. New Delhi: ILO-South Asia Multidisciplinary Advisory Team (Mimeo).

Venkata Ratnam, C.S. (2006) *Industrial Relations*. New Delhi: Oxford University Press.

Venkata Ratnam, C.S. (2007) *Labour Reforms in Northern India*. New Delhi: Confederation of Indian Industry and International Management Institute (Mimeo).

Verma, A. & Chaykowski, R.P. (eds) (1999) *Contract & Commitment: Employment Relations in the New Economy*. Kingston, ON: Queen's University IRC Press.

Verma, A. & Yan, Z.M. (1995) 'The changing face of human resource management in China: Opportunities, problems and strategies', in A. Verma, T. Kochan & R. Lansbury (eds), *Employment Relations in the Growing Asian Economies*. London: Routledge, pp. 315–335.

Visser, J. (1990) 'In search of inclusive unionism'. *Bulletin of Comparative Labour Relations*, 18: 245–278.

Visser, J. (1996) 'Interest organizations and industrial relations in a changing Europe', in J. Van Ruysseveldt & J. Visser (eds), *Industrial Relations in Europe: Traditions and Transitions*. London: Sage, pp.1–41.

Visser, J. (2006) 'Union membership statistics in 24 countries'. *Monthly Labor Review*, 129: 38–49.

Visser, J. & Van Ruysseveldt, J. (1996) 'Robust corporatism, still? Industrial relations in Germany', in J. Van Ruysseveldt & J. Visser (eds), *Industrial Relations in Europe: Traditions and Transitions*. London: Sage, pp. 124–174.

Voelkl, M. (2002) *Der Mittelstand und die Tarifautonomie. Arbeitgeberverbände zwischen Sozialpartnerschaft und Dienstleistung*. München: Hampp.

Voos, P. (1984) 'Trends in union organizing expenditures: 1953–1977'. *Industrial and Labor Relations Review*, 38(1): 52–63.

Waddington, J. (1992) 'Trade union membership in Britain, 1980–1987: Unemployment and restructuring'. *British Journal of Industrial Relations*, 30(2): 287–324.

Waddington, J. (2000) 'United Kingdom: Recovering from the neo-liberal assault', in J. Waddington & R. Hoffman (eds), *Trade Unions in Europe: Facing Challenges and Searching for Solutions*. Brussels:

European Trade Union Institute, pp. 575–626.

Waddington, J. (2003) 'Heightening tension in relations between trade unions and the Labour government'. *British Journal of Industrial Relations*, 41(2): 335–358.

Waddington, J. (ed.) (2005) *Restructuring Representation. The Merger Process and Trade Union Structural Development in Ten Countries.* Brussels: Peter Lang.

Waddington, J. & Hoffmann, J. (2000) 'The German union movement in structural transition: Defensive adjustment or setting a new agenda?' in R. Hoffmann, O. Jacobi, B. Keller & M. Weiss (eds), *Transnational Industrial Relations in Europe*. Düsseldorf: Hans-Böckler-Stiftung, pp. 113–137.

Waddington, J. & Whitson, C. (1997) 'Why do people join unions in a period of membership decline?' *British Journal of Industrial Relations*, 35(4): 515–546.

Wade R. (1996) 'Globalisation and its limits: Reports of the death of the national economy are greatly exaggerated', in S. Berger & R. Dore (eds), *National Diversity and Global Capitalism.* Ithaca, NY: Cornell University Press, pp. 60–88.

Wagner Act (1935) *National Labor Relations Act*. Washington DC: National Labor Relations Board.

Wailes, N. (2007) 'Globalization, varieties of capitalism and employment relations in retail banking'. *Bulletin of Comparative Labour Relations*, 64: 1–14.

Wailes, N. (2008) 'Are national industrial relations regimes becoming institutionally incomplete?' in M. Ronnmar (ed.), *EU Industrial Relations v National Industrial Relations: Comparative and Interdisciplinary Perspectives*. Alphen aan den Rijn, Netherlands: Wolters Kluwer, pp. 3–14.

Wailes, N., Lansbury, R. & Kirsch, A. (2009) 'Globalisation and varieties of employment relations: An international study of the automotive assembly industry'. *Labour and Industry*, 20/1: 89–106.

Wailes, N., Ramia, G. & Lansbury, R. (2003) 'Interests, institutions and industrial relations'. *British Journal of Industrial Relations*, 41(4): 617–637.

Walton, R.E., Cutcher-Gerschenfeld. J.E. & McKersie, R.B. (1994) *Strategic Negotiations: A Theory of Change in Labor–Management Relations.* Boston, MA: Harvard Business School Press.

Walton, R.E. & McKersie, R.B. (1965) *A Behavioral Theory of Labor Negotiations: An Analysis of a Social Interaction System.* New York: McGraw-Hill.

Wang, X., Bruning, N. & Peng, S.Q. (2007) 'Western high performance

HR practices in China: A comparison among public-owned, private and foreign-invested enterprises'. *International Journal of Human Resource Management,* 18(4): 684–701.

Warner, M. & Ng, S.H. (1999) 'Collective contracts in Chinese enterprises: A new brand of collective bargaining under "Market Socialism"?' *British Journal of Industrial Relations* 37(2): 295–314.

Warner, M. & Zhu, Y. (2009) 'Labour–management relations in the People's Republic of China: Whither the "harmonious society"?' *Asia Pacific Business Review*, forthcoming.

Warrian, P. (1996) *Hard Bargain: Transform Labour–Management Relations.* Toronto: McGilligan Books.

Weber, H. (1986) *Le parti des patrons, le CNPF 1946–1986.* Paris: Seuil.

Wedderburn, K. (1986) *The Worker and the Law*, 3rd ed. Harmondsworth: Penguin.

Weiler, P. (1980) *Reconcilable Differences*. Toronto: Carswell.

Weiss, L. (1998) *The Myth of the Powerless State: Governing the Economy in a Global Era.* Cambridge: Polity Press.

Weiss, M. & Schmidt, M. (2000) *Labour Law and Industrial Relations in the Federal Republic of Germany* 3rd rev. ed. Deventer: Kluwer.

Wever, K.S. (1995) *Negotiating Competitiveness: Employment Relations and Organizational Innovation in Germany and the United States.* Boston: Harvard Business School Press.

Wheeler, H.N. (1985) *Industrial Conflict: An Integrative Theory.* Columbia, SC: University of South Carolina Press.

White, G. (1996) 'Chinese trade unions in the transition from socialism: Towards corporatism or civil society?' *British Journal of Industrial Relations*, 34(3): 433–457.

Whitehouse, G., Baird, M., Diamond, C. & Hosking, A. (2006) *The Parental Leave in Australia Survey: November 2006 Report,* St Lucia: University of Queensland.

Whitfield, K. & Strauss, G. (1998) 'Research methods in industrial relations', in K. Whitfield and G. Strauss (eds), *Researching the World of Work: Strategies and Methods in Studying Industrial Relations.* Ithaca, NY: Cornell University Press, pp. 5–31.

Whittaker, D.H. (1997) *Small firms in the Japanese Economy.* Cambridge: Cambridge University Press.

Wilkinson, R. (2002a) 'The World Trade Organisation'. *New Political Economy* 7(1): 129–141.

Wilkinson, R. (2002b) 'Peripheralising Labour: the ILO, the WTO and the completion of the Bretton Woods Project', in J. Harrod & R. O'Brien (eds), *Global Unions? Theory and Strategy of Organised Labour in the Global Political Economy* London: Routledge, pp. 204–220.

Wilkinson, R. (2002c) 'Locked out, shut down: Worker rights and the World Trade Organisation'. Paper presented to *British Journal of Industrial Relations* Conference on Politics and Industrial Relations, Windsor September.

Wills, J. (1998) 'Taking on the Cosmo-Corps? Experiments in transnational labour organization'. *Economic Geography* 74(2): 111–131.

Wills, J. (1999) 'European works councils in British firms'. *Human Resource Management Journal*, 9(4): 19–38.

Winchester, D. & Bach, S. (1995) 'The state: The public sector', in P. Edwards (ed.), *Industrial Relations: Theory and Practice in Britain*. Oxford: Blackwell.

Womack, J., Jones, D. & Roos, D. (1990) *The Machine that Changed the World*. New York: Rawson-Macmillan.

Woods, H.D., Carruthers, A.W.R., Crispo, J.H.G. & Dion, G. (1969) *Canadian Industrial Relations*. Ottawa: Information Canada.

Workers' Daily, 2 November 2004; 7 December 2004; 22 and 25 February 2005.

Workplace Information Directorate (various issues) *Workplace Gazette* (collective agreement data).

World Bank (2004) *Doing Business in 2004: Understanding Regulation*. Washington, DC: World Bank.

World Bank (2007) *Doing Business in India*. Washington, DC: World Bank.

WSI Tarifarchiv (2007) *Tarifbindung 1998–2006*, <www.boeckler.de>.

WSI-Projektgruppe (1998) 'Ausgewählte Ergebnisse der WSI-Befragung von Betriebs und Personalräten 1997/98'. *WSI-Mitteilungen*, 51: 653–667.

Yangcheng Evening News, 8 August 2003.

You, J. (1998) *China's Enterprise Reform: Changing State/Society Relations after Mao*. London: Routledge.

Zhang J.G. (2006) 'Chinese trade unions actively promoting development of tripartite consultation and collective contract mechanism'. <www.acftu.org.cn/template/10002/file.jsp?cid=70&aid=125> (Accessed 25 October 2008).

Zhang, L.B. (2004) 'On the definition and policy of "informal employment"'. *Economic Research Reference*, 81: 38–43.

Zhang, Y.H. (2008) 'On labour rights protection for workers in informal sector'. *Journal of China Institute of Industrial Relations*, 1: 43–46.

"全国"法规数据库网址,http://law. moj. gov. tw/Index. aspx。

工业总会服务网,("中华民国全国工业总会"、"中央大学产业经济研究所"(2005. 5. 16),劳退条例 VS. 产业),网址: http://www. cnfi. org. tw/kmportal/front/bin/ptdetail. phtml? Part = magazine9405-422-14。

"中华民国全国工业总会",http://www. cnfi. org. tw/kmportal/frønt/bin/home. phtml。

"中华民国全国商业总会",http://www. roccoc. org. tw/。

"全国产业总工会",http://www. tctu. org. tw/indexp. php。

桃园县劳工组织产业工会名册,http://www. tycg. gov. tw/cgi-bin/SM_theme? page = 3e9e72f4。

"中国劳工运动史编纂委员会":《中国劳工运动史》,1—5 册,1994。

王惠玲:《谈体制外工会形成与发展》,《雇佣关系》,15(1),第 19—30 页,1996。

朱柔若:《经济发展与工运变迁之跨国分析》,台北:华泰书局,1996。

朱柔若:《社会变迁中的劳工问题》,台北:扬智,1998。

李允杰:《台湾工会政策的政治经济分析》,台北:巨流图书,1992。

李诚:《工会在台湾经济发展过程中的功能》,《劳工季刊》,35,第 1—12 页,1974。

李诚:《从美国工会的衰退看台湾工会的发展》,《经济前瞻》,23,第 139—141 页,1991。

吴秉恩:《环境变迁过程,企业人力资源管理身份定位与功能转型之研究》,"行政院国家科学委员会"委托研究计划,2002。

邱清辉:《国际性劳工组织及活动介绍》,八十七年度处理国际劳工事务专才培训营会议数据,劳委会,第 32—38 页,1998。

孙友联:《小巨人的困境与悲哀 1997 年台湾工权报告之劳资争议篇》,《劳动者》,88,第 12—17 页,1997。

张裕恒:《调升基本工资问题的回顾与展望(二)》,《劳工之友》,563,第 20—24 页,1997。

郭国文:《全产总的崛起对台湾工运的意义》,《劳动者》,96,第 6—8 页,1998。

黄晓玲:《风起云涌成产总》,《劳动者》,93,第 2 页,1998。

赵守博:《劳工政策与劳工问题》,"中国生产力中心",1992。

卫民,工会组织与劳工运动,"国立空中大学",1993。

《四大工会连手反民营》,"中国时报",1996 年 4 月 10 日。

《工运澎湃,能否唤起劳工意识》,《联合报》,1995 年 1 月 11 日。

《劳工调薪案,全总追认通过》,"中国时报",1997 年 8 月 12 日。

《促签团体协约,劳委会说重话》,"中国时报",1997 年 8 月 30 日。

《裕隆新店厂劳资达成协议》,《经济日报》,1997 年 9 月 22 日。

《自立劳资夜谈,争议有转圜》,《中时晚报》,1999 年 1 月 29 日。

《全总抨扁政七大劳工政策跳票》,"中央日报",2004 年 2 月 20 日。

《教师工会成立 仍无罢工权》,"中国时报",2011 年 7 月 12 日。

《非典型就业 首度逾 70 万人》,《工商时报》,2011 年 12 月 1 日。

后　记

雇佣关系是市场经济领域中非常重要的一个方面。雇佣关系涉及的领域比较广泛，而且与雇方和受雇方的切身利益直接相关，因而显得复杂而敏感，任何一个国家都十分重视以“雇佣”为中心的相关议题。西方发达国家对于雇佣关系、劳资关系、工业关系的研究已经较为成熟，也各自形成了适合各国国情的雇佣关系管理模式。但是，随着经济全球化的趋势，国与国、地区与地区之间的相互投资、贸易往来、经营管理活动日益增多，从而国际雇佣关系的互动发展也引起了各国政府、企业和工会对其他国家雇佣市场形态特点的注意。

与此同时，中国的雇佣关系经历了一个曲折发展的历程，随着社会主义市场经济运行模式的形成，特别是劳动力市场的形成与完善，雇佣关系日益引起了人们的关注。一方面，雇佣关系为适应市场经济正逐步改革，与传统的劳动关系相比，发生了较大变化，而且还将面临进一步的完善。另一方面，雇佣关系中不稳定、不协调的因素有所增加，劳资冲突频繁发生，成为市场经济发展过程中日益突出的社会问题。目前国内外对于中国雇佣关系的研究尚在起步阶段，如何处理中国的雇佣关系，理论和经验的不足使得我们不得不以他国的雇佣关系历史沿革为鉴，从而可以更加准确地把握中国雇佣关系的发展。此外，对于其他国家而言，鉴于中国在21世纪经济中的战略地位，中国的雇佣关系也引起它们在经济扩张过程中足够的重视。

正是因为如此，当澳大利亚悉尼大学的 Russell Lansbury 教授邀请我加入本书由来自9个发达工业化市场经济国家（英国、美国、加拿大、澳大利亚、意大利、法国、德国、瑞典和日本）以及4个新兴的工业化国家或地区（韩国、印度、中国大陆地区和中国台湾地区）的知名学者组成的编写团队时，我非常欣然地接受了。本书的第一版、第二版、第三版、第四版曾经分别以英文在国外出版发行。本书第四版的中文版本于2008年分别在中国大陆和台湾地区两地出版，而此次本书第五版继续由台湾地区“中央大学”李诚教授与我合作，两岸学者各翻译一半章节。原书的第1章至第6章由台湾学者翻译，第7章至第13章由大陆学者翻译。其中，为了更加便于阅读，在此次简体版本中，我们将原书第13章“印度的雇佣关系”调整为第12章，原书第12章“中国的雇佣关系”调整为第15章“中国大陆地区的雇佣关系（三）”，同时增加分别由我和张捷撰写的第13章“中国大陆地区的雇佣关系（一）”、常凯教授和乔健教授撰写的第14章“中国大陆地区的雇佣关系（二）”以及李诚教授和周慧如教授撰写的第16章“中国台湾地区的雇佣关系”。我们在编著时，将中国的雇佣关系集中在本书的最后，从时间、管理和区域等不同视角对中国的雇佣关系进行比较和分析，以期能够让读者获得更为立体和丰富的信息。此外，本书将中国置于国际比较研究的系统当中，希望通过世界各主要国家和地区之间的雇佣实践比较，一方面能够为我国雇佣改革和相关公共政策的制定提供参考；另一方面，也能够对雇佣关系管理领域理论的建立提供相应的实践依据。

本书是国家自然科学基金项目“我国转型经济下企业劳资冲突发生机制及对策研究”（项目批准号：71172063）的部分研究成果，感谢国家自然科学基金的资助。在编写并出版本书的过程中，我的学生张捷从起草部分章节内容、协调翻译、校对稿件、联系进口版权到与出版社沟通，付出了艰辛的努力，在这里，我对她的工作表示感谢。另外，我还要对我的其他一些博士研究生表示感谢，他们和我共同研究，在翻译和编写的过程中查阅了大量的资料，他们是：周路路、王拓、许黎明、姚云、卢清、裴宇晶、席猛、章莹、李娜。另外，本书能够顺利出版，我还要感谢太太许晓梅和女儿赵宜萱对我工作和事业的理解与支持。

北京大学出版社总编辑助理林君秀女士和编辑张燕女士为本书的出版花费了许多精力和时间，在此一并表示感谢。

赵曙明

2012年10月于南京

教师反馈及教辅申请表

北京大学出版社以“教材优先、学术为本、创建一流”为目标，主要为广大高等院校师生服务。为更有针对性地为广大教师服务，提升教学质量，在您确认将本书作为指定教材后，请您填好以下表格并经系主任签字盖章后寄回，我们将免费向您提供相应教辅资料。

<table>
<tr><td>书号/书名/作者</td><td colspan="4"></td></tr>
<tr><td>您的姓名</td><td colspan="4"></td></tr>
<tr><td>校/院/系</td><td colspan="4"></td></tr>
<tr><td>您所讲授的课程名称</td><td colspan="4"></td></tr>
<tr><td>每学期学生人数</td><td colspan="2">______人 ______年级</td><td>学时</td><td></td></tr>
<tr><td>您准备何时用此书授课</td><td colspan="4"></td></tr>
<tr><td>您的联系地址</td><td colspan="4"></td></tr>
<tr><td>邮政编码</td><td></td><td>联系电话（必填）</td><td colspan="2"></td></tr>
<tr><td>E-mail（必填）</td><td></td><td>QQ</td><td colspan="2"></td></tr>
<tr><td colspan="3">您对本书的建议：</td><td colspan="2">系主任签字

盖章</td></tr>
</table>

我们的联系方式：

北京大学出版社经济与管理图书事业部

北京市海淀区成府路 205 号，100871

联 系 人：徐 冰

电　　话：010-62767312 / 62757146

传　　真：010-62556201

电子邮件：em@pup.cn　　xubingjn@yahoo.com.cn

网　　址：http://www.pup.cn

微　　博：北大出版社经管图书，http://weibo.com/pupem